》商业银行招聘考试用书

本系列图书以各大商业银行（工、农、中、建、交）考情、历年真题为依据编写，针对性及实用性。

》政策性银行招聘考试用书

本系列图书是在深入研究中国农业发展银行、国家开发银行、中国进出口银行考试真题、考试重难点、易错点基础上，依据命题趋势编写而成。

》中国人民银行招聘考试用书

本系列图书是在深入研究中国人民银行考试真题的基础上，结合考试难点，依据命题趋势，精心编写而成。

》邮政储蓄银行

本系列图书是中公研发师资在深入研究历年真题基础上编写而成，尽可能满足学员备考需求。

offcn 中公金融人｜依据中国农业银行招聘考试历年真题编写

中国农业银行招聘考试

通 关 攻 略

（第五版）

中公教育全国银行招聘考试研究院◎编著

西南财经大学出版社

（成都）

图书在版编目(CIP)数据

中国农业银行招聘考试·通关攻略 / 中公教育全国银行招聘考试研究院编著. —5 版. —成都:西南财经大学出版社,2018.5

ISBN 978 -7 -5504 -3439 -4

Ⅰ.①中… Ⅱ.①中… Ⅲ.①农业银行—招聘—考试—中国—自学参考资料 Ⅳ.①F832.33

中国版本图书馆 CIP 数据核字(2018)第 072193 号

中国农业银行招聘考试·通关攻略(第五版)

Zhongguo Nongye Yinhang Zhaopin Kaoshi Tongguan Gonglüe

中公教育全国银行招聘考试研究院 编著

责任编辑:朱斐然
总 策 划:中公·金融人
封面设计:中公教育图书设计中心
责任印制:朱曼丽

出版发行	西南财经大学出版社(四川省成都市光华村街 55 号)
网　　址	http://www.bookcj.com
电子邮件	bookcj@foxmail.com
邮政编码	610074
电　　话	028-87353785　　87352368
印　　刷	青岛华星爱商彩印包装有限公司
成品尺寸	185mm × 260mm
印　　张	25
字　　数	655 千字
版　　次	2018 年 5 月第 5 版
印　　次	2018 年 5 月第 1 次印刷
印　　数	1-9900 册
书　　号	ISBN 978 -7 -5504 -3439 -4
定　　价	36.00 元

中国农业银行股份有限公司(简称:中国农业银行)是一家同时在上海证券交易所、香港联合交易所挂牌的国有大型上市银行,资金实力雄厚,服务功能齐全,秉承"诚信立业 稳健行远"的核心价值观,坚持审慎稳健经营、可持续发展。中国农业银行以建设面向"三农"、城乡联动、融入国际、服务多元的国际一流大型现代商业银行为目标,秉承"以人为本、人才强行"的人力资源理念,为广大人才搭建施展才华的广阔舞台。面对具有挑战性的工作岗位和丰厚的薪资,数十万名考生摩拳擦掌,都已经做好准备。

本书剖析了中国农业银行招聘考试笔试真题,内容按照真题试卷的组成结构编排,考生阅读本书的过程也是了解中国农业银行真题试卷的过程。同时,本书对每个部分的重要知识点都进行提炼、讲解,并配以经典真题和同步训练,帮助考生把握考试的整体难度、命题特点、考查重点,使考生把握考试脉搏,零距离体验考场。

本书特点

1.分析真题,指明方向

多位中公教师深入研究近两年中国农业银行招聘考试的真题,总结中国农业银行招聘考试的考试规律和特点,形成每章的"考情分析";"备考指导"则是中公师资团队根据多年教学经验以及中国农业银行招聘考试的考试规律和特点,总结的考点复习方法和学习方向。

2.依据真题,浓缩考点

本书按照中国农业银行招聘考试真题的考查内容编写,从基础、重要的考点入手,将常考知识点糅合编排,组成每章的重要内容讲解部分,做到创新求变,模拟中国农业银行招聘考试真题,还原考试之全景。

3.学练结合,巩固基础

本书在讲解知识点的同时,在每章的最后配备了经典真题和同步训练。其中,"经典真题"部分全部为中国农业银行近两年考试真题,"同步训练"部分紧扣前面所讲考点,方便考生复习和巩固所学知识。

4.添加二维码,随时答疑

　　本书在能力测试、综合知识和英语三部分中,增添了部分二维码,方便读者在遇到疑问时,能随时听取讲解,进行深入学习。

　　鉴于时事政治内容具有较强的时效性,请各位考生平时多关注时政新闻,同时可在中公教育移动自习室"学习资料"栏目中及时获取最新的时政热点。

目 录

第一篇　中国农业银行备考须知

第二篇 综合知识

第三篇 能力测试

第四篇 英 语

第五篇 性格测试

 本教材含相关考点体验课程,高清精选视频在线学 听课地址:c.offcn.com

第一篇
中国农业银行备考须知

第一章 中国农业银行简介

第一节 中国农业银行概况

中国农业银行概况是应聘中国农业银行的考生在报考前需要了解的内容，中国农业银行为了考查应聘考生在求职前是否关注该银行，对该银行的主营业务、自创品牌、企业精神是否了解，在笔试环节综合知识部分设置了本行概况的相关题目。

一、中国农业银行概览

中国农业银行的前身最早可追溯至 1951 年成立的农业合作银行。20 世纪 70 年代末以来，中国农业银行经历了国家专业银行、国有独资商业银行和国有控股商业银行等不同发展阶段。2009 年 1 月，中国农业银行整体改制为股份有限公司，并更名为"中国农业银行股份有限公司"。2010 年 7 月，中国农业银行分别在上海证券交易所和香港联合交易所挂牌上市，完成了向公众持股银行的转变。

作为中国主要的综合性金融服务提供商之一，中国农业银行致力于建设面向"三农"、城乡联动、融入国际、服务多元的一流商业银行。中国农业银行凭借全面的业务组合、庞大的分销网络和领先的技术平台，向最广大客户提供各种公司银行和零售银行产品和服务，同时开展自营及代客资金业务，业务范围还涵盖投资银行、基金管理、金融租赁、人寿保险等领域。

截至 2016 年末，中国农业银行总资产 195 700.61 亿元，发放贷款和垫款 97 196.39 亿元，吸收存款 150 380.01 亿元，资本充足率 13.04%，全年实现净利润 1 840.60 亿元。

截至 2016 年末，中国农业银行境内分支机构共计 23 682 个，包括总行本部、总行营业部、3 个总行专营机构，37 个一级（直属）分行，365 个二级分行（含省区分行营业部），3 506 个一级支行（含直辖市、直属分行营业部，二级分行营业部）、19 714 个基层营业机构以及 55 个其他机构。境外分支机构包括 10 家境外分行和 3 家境外代表处。中国农业银行拥有 14 家主要控股子公司，其中境内 9 家，境外 5 家。

2014 年起，金融稳定理事会连续三年将中国农业银行纳入全球系统重要性银行名单。2016 年，在美国《财富》杂志世界 500 强排名中，中国农业银行位列第 29 位；在英国《银行家》杂志全球银行 1 000 强排名中，以一级资本计，中国农业银行位列第 5 位。中国农业银行标准普尔发行人信用评级为 A/A-1，惠誉长/短期发行人违约评级为 A/F1。

二、中国农业银行发展历程

1951年7月10日,中国农业银行的前身——农业合作银行建立,受中国人民银行领导,承担金融服务新中国农村经济社会恢复与发展的职责。1952年7月,与中国人民银行合并,职能并入中国人民银行。

1955年3月,按照为农业合作化提供信贷支持的要求,正式以"中国农业银行"名称建立。1957年4月,与中国人民银行再次合并。

1963年11月,根据统一管理国家支援农业资金的要求,中国农业银行再次建立,作为国务院直属机构。1965年11月,与中国人民银行第三次合并。

1979年2月23日,国务院发出《关于恢复中国农业银行的通知》,中国农业银行第四次恢复建立。

1984年6月1日,中国农业银行引进首笔世界银行贷款。

1985年6月24日,中国农业银行首次统一行名字体。

1985年6月25日,中央决定成立中国农业银行党委。

1993年12月,国务院明确做出"中国农业银行转变为国有商业银行"的决定,中国农业银行开始向国有商业银行转轨。

1994年4月,中国农业银行向新组建的中国农业发展银行划转了绝大部分政策性业务。

1996年8月,根据国务院《关于农村金融体制改革的决定》,中国农业银行不再领导管理农村信用社,与农村信用社脱离行政隶属关系。

1999年7月,中国农业银行向新组建的中国长城资产管理公司剥离不良资产。

2004年,中国农业银行第一次上报股改方案。

2007年1月,第三次全国金融工作会议明确提出中国农业银行"面向'三农'、整体改制、商业运作、择机上市"的改革总原则,中国农业银行进入股份制改革新阶段。

2007年9月,中国农业银行选择吉林、安徽、福建、湖南、广西、四川、甘肃、重庆等八个省(市)开展面向"三农"金融服务试点。

2008年1月23日,中国农业银行明确提出"3510"奋斗目标和发展战略。

2008年3月,中国农业银行开始推动在6个省11个二级分行开始"三农"金融事业部改革试点。

2008年8月,中国农业银行总行设立"三农"金融事业部,全面推动全行"三农"金融事业部制改革。

2008年10月,国务院常务会议审议并原则通过《中国农业银行股份制改革总体实施方案》,中国农业银行股份制改革进入实质性推进阶段。

2008年11月,中央汇金投资有限责任公司向中国农业银行注资,与财政部并列成为中国农业银行第一大股东。

2009年1月15日,中国农业银行股份有限公司成立。

2010年4月,中国农业银行启动首次公开募股(以下简称IPO)。

2010年7月,中国农业银行A+H股于15日、16日分别在上海证券交易所、香港联合交易所挂牌上市,实现全球最大规模IPO。

三、中国农业银行主营业务及主要品牌

(一)主营业务

1.公司金融业务

公司金融业务包括公司类存贷款业务、小微企业金融业务、机构业务、结算与现金管理业务、贸易融资和国际结算业务、投资银行业务。

(1)小微企业金融业务。中国农业银行继续积极探索大型商业银行服务小微企业的有效模式,采取多项措施解决小微企业"融资难、融资贵"问题。单列小微企业信贷计划和专项财务资源,试点集群性小微企业批量业务运作模式,创新小微金融产品,提升金融服务水平,努力解决小微企业"融资难"问题。创新还款方式,对优质小微企业通过新发放贷款结清已有贷款等形式续贷,避免高息"搭桥"融资,切实解决小微企业"融资贵"问题。

(2)机构业务。中国农业银行不断加强在政府、教育、卫生、文化、旅游等领域的综合金融服务,扩大对学校、医院、水利建设的信贷支持,完成中华慈善总会系统、国库集中支付电子化自助柜面系统、公务卡多渠道报销系统等新产品的需求制定和上线工作。

(3)贸易融资和国际结算业务。中国农业银行积极主动适应客户多样化贸易金融服务需求,加快产品创新步伐,积极拓展对外保函、应收账款融资、供应链融资等重点业务,创新研发银行保单融资、境内外联动保理等创新产品。积极服务人民币国际化发展,持续推进跨境人民币结算产品创新和业务普及,跨境人民币业务实现快速增长。

(4)投资银行业务。中国农业银行根据监管政策及市场形势变化,积极拓展债券承销、银团贷款、资产证券化等高端投资银行业务,推动对公业务投行化转型,持续提升投资银行金融服务实体经济的能力。

2.个人金融业务

个人金融业务包括个人贷款、个人存款、银行卡业务、私人银行业务。

在私人银行业务方面,中国农业银行推进私人银行客户服务体系建设,为高净值个人客户提供全方位、个性化、私密性的综合财富管理服务。加快产品创新步伐,成功推出全权委托资产管理服务,构建私人银行专属产品体系。拓展私人银行顾问咨询服务的新领域,推出境内家族信托服务,四大行首单境内家族信托业务落地本行;持续丰富跨境金融服务、上市公司股东综合金融服务、法律税务咨询服务等顾问咨询服务内涵。开展多轮风险合规检查,强化私人银行业务的风险管控。

3.资金业务

资金业务包括货币市场业务、投资组合管理(交易账户业务、银行账户业务)。中国农业银行坚持稳健经营原则,灵活应对国内外经济金融市场变化,适时调整投资策略,不断提升风险管理水平,资产运作效益进一步提升。

4.资产管理业务

资产管理业务包括理财业务(个人理财业务、对公理财业务、表外理财产品的核算及管

理)、资产托管业务、养老金业务、代客资金交易、资产证券化、代销基金业务、代理国债业务、贵金属业务。

(1)理财业务。①个人理财业务。中国农业银行在非保本开放式产品的基础上,研发推出了"本利丰天天利"保本型开放式产品;针对中高端客户,研发推出收益分级型理财产品;推出创新型产品银行理财计划和股指挂钩组合产品。②对公理财业务。中国农业银行推出收益稳定、期限灵活的"安心快线"开放式系列产品、"本利丰"对公系列理财产品、"安心得利"对公系列理财产品、"汇利丰"对公系列理财产品以及"开阳"权益类系列理财产品。③表外理财产品核算及管理。中国农业银行表外理财产品会计核算和管理符合会计准则和相关监管规定。每只理财产品单独建账,单独核算。

(2)贵金属业务。中国农业银行作为境内主要贵金属做市银行,依托上海黄金交易所、上海期货交易所及伦敦贵金属市场,通过黄金租赁、对客贵金属衍生品交易、实物贵金属买卖等业务为客户提供贵金属交易、投资和套期保值等服务。

5.分销渠道

分销渠道包括物理网点、电子银行(网上银行、电话银行、掌上银行、自助银行)和互联网金融。

(1)物理网点。中国农业银行遵循"调、改、转、增"的网点工作方针,围绕"控制总量、优化城市、稳定县域"的网点规划目标,持续推进网点布局优化调整,深入开展网点转型工作。进一步加强网点布局和竞争力分析,结合互联网金融发展,前瞻性研究未来银行物理渠道的定位与发展思路,努力提升网点渠道的市场竞争力。

(2)电子银行。中国农业银行追踪互联网技术创新趋势,在渠道协同领域加大创新,进一步完善功能齐全的网上银行、电话银行、掌上银行、自助银行等多元化电子渠道。整合客户信息,升级优化网站平台,提升客户体验,促进电子银行由基础金融服务向商务服务转型。建立网上客服、微博客服、微信客服等多渠道的客户服务体系,推进客服中心精细化管理,着力提升客户服务水平。

(3)互联网金融。中国农业银行紧抓互联网金融的战略机遇,充分依托线下资源优势,紧密围绕小微市场、三农市场和长尾零售市场,大力实施互联网金融创新试点工程。全面深化互联网技术的应用和互联网思维的融合,建立配套产品研发体系、运营支持体系和在线风险防控体系,致力于探索互联网经济新常态下经营转型的新模式。正式上线互联网金融综合服务平台(即盘云平台),初步形成具有农行特色的"平台+数据+金融"的互联网金融综合服务体系,在网络支付、网络融资、电子商务等领域取得了重要进展。

(二)主要品牌展示

1.金钥匙

金钥匙忠实传承"大行德广　伴您成长"的企业灵魂,镂空部分双侧的心形通过农行行徽

紧密相连,寓意金钥匙品牌与客户心心相通,金钥匙齿部由特色古钱币"刀币"排列演化而成,寓示金钥匙品牌将以渠道便利、品种齐全、功能强大的个人金融产品和服务满足客户多元化、个性化的金融需求。

标识图形与中英文字艺术化地融为一体,融汇传统与现代,贯通今朝与未来,昭示信誉和成就,象征荣耀和合作,品牌识别性和趋势感极强,给客户以安全、高效、信赖、勃发的强烈感受。

这是一把开创中国农业银行个人金融品牌辉煌时代的"金钥匙"。

宣传语 开启财富,引领生活

2.金光道

金光道,指中国农业银行以客户需求为导向,通过创新产品与服务,全面整合各类本外币存贷款及中间业务,为客户提供专业的对公金融服务品牌。

金光道是中国农业银行品牌下的二级品牌,隶属于中国农业银行五金品牌工程。它传承中国农业银行"承诺是金,一诺千金;专业是金,智汇于金;合作是金,点时成金;服务是金,同心如金;价值是金,笃行铸金"的"金理念",打造综合性全方位企业金融服务平台,与客户真诚相伴,共同成长,成就宏图远景。

金光道的品牌理念是:全方位的金融服务、客户专业金融伙伴。

宣传语 智通道合,偕行以远

3.金 e 顺

金 e 顺是中国农业银行基于现代电子信息技术的在线金融服务品牌,主要包括网上银行、电话银行、手机银行、自助银行、电视银行(家居银行)等在内的交易渠道体系,以及客户服务中心、消息服务和经营门户网站等在内的服务渠道体系。以"全面的账户管理,灵活的资金调度,轻松的投资理财,安全的技术保障"为基本特征。

金 e 顺,其名称体现金融电子渠道特征。金,传承五金品牌体系冠名特点。e,体现电子银行的特性,同时 e 谐音"易"寓意金 e 顺便捷、高效的自助金融服务。顺,含义美好,寓意便捷顺畅的业务办理和广阔无阻的在线平台,饱含农行与客户携手共赢,相伴永恒的美好希冀。

金 e 顺的品牌理念是:e 路安全、e 路快捷、e 路高效。

宣传语 轻松在线,拥有无限

4.金益农

金益农,中国农业银行针对"三农"客户推出的中国第一个"三农"金融服务品牌,其金融产品涵盖为农民生产生活服务、为发展现代农业服务、为农村商品流通服务、为农村中小企业服务、为农村基础设施建设与资源开发服务、为农村城镇化建设服务、为农村社会事业发展服务、加强与其他金融机构的合作八大领域。

金益农，是中国农业银行品牌旗下的二级品牌，隶属于中国农业银行"五金工程"，它同样传承中国农业银行的"金理念"，助力"三农"创富，开创"三农"新局面。

金益农，"益"涵盖两层含义。一是益友良伴，体现金益农品牌定位，是"三农"群体的益友，是同心同行的伙伴；二是互益共赢，实现"三农"、社会与农行的三方共赢，鲜明地秉承农业银行"大行德广、伴您成长"的企业文化宗旨。

金益农，名称通俗明了，突出目标客户"三农"群体，容易为公众领会和接受。

金益农的品牌理念是：益农、益行、益国。

宣传语　惠农天下，益农万家

5.金穗卡

金穗卡，中国农业银行银行卡产品品牌，包含信用卡、借记卡两大产品体系，以先进的电子化手段为依托，实现以城市为中心覆盖全国的服务网络，充分满足不同客户群体消费、支付结算、汇兑、储蓄、代理业务、投资、理财等多种金融需求。

金穗卡，是中国农业银行品牌旗下的二级品牌，隶属于中国农业银行"五金工程"，它同样传承中国农业银行的"金理念"，服务于客户日常金融需求，奉献给持卡人周到、细致、诚信、高效、安全的服务体验。

金穗卡根据功能侧重点不同，分为金穗借记卡与金穗信用卡两大产品体系。

金穗借记卡是中国农业银行发行的具有存取现金、转账结算、消费、理财等全部或部分功能的金融支付工具。以用户的需求为中心，金穗借记卡形成多层次的产品体系，包括：金穗借记卡普卡、金穗借记卡金卡、金穗借记卡贵宾卡、金穗星座卡和金穗校园卡等全国统一品牌。以强大的服务网络和丰富的服务渠道为依托，金穗借记卡服务于最广大中国人民的日常金融需求，成为持卡人生活中不可或缺的金融伙伴。

金穗卡，名称亲切，贴近大众。以金秋的收获寓意美好的生活、未来的成就。中国农业银行情系大众、服务民生，以金穗卡为平台，以客户为核心，不断改进服务功能，完善产品线体系，满足不同用户的日常金融需求，协力客户收获美好生活，实现未来成就。

金穗卡的品牌理念是：民心所享，金穗所想。

宣传语　卡随心动，金随卡行

四、中国农业银行企业文化核心理念

中国农业银行企业文化核心理念主要包括使命、愿景、核心价值观以及核心价值观指导下的相关理念。具体内容如表 1-1-1 所示。

表 1-1-1 企业文化核心理念

使命	面向"三农" 服务城乡 回报股东 成就员工	
愿景	建设国际一流大型商业银行	
核心价值观	诚信立业 稳健行远	
核心价值观指导下的相关理念	经营理念	以市场为导向 以客户为中心 以效益为目标
	管理理念	细节决定成败 合规创造价值 责任成就事业
	服务理念	客户至上 始终如一
	风险理念	违规就是风险 安全就是效益
	人才理念	德才兼备 以德为本 尚贤用能 绩效为先
	廉洁理念	清正廉洁 风清气正

五、中国农业银行必知信息

中国农业银行的客服热线、网址、广告语是有志加入农行的考生必须了解的信息,也是中国农业银行笔试的常考内容。具体如表 1-1-2 所示。

表 1-1-2 中国农业银行必知信息

客服热线	95599
网址	www.abchina.com
广告语	大行德广 伴您成长
中国农业银行 logo	中国农业银行 AGRICULTURAL BANK OF CHINA

第二节 中国农业银行招聘情况介绍

一、校园招聘(以 2018 年秋季招聘为例)

(一)应聘基本条件

(1)全日制大学本科及以上学历,其中,境内院校毕业生应能够在 2018 年 7 月 31 日前毕业,取得毕业证、学位证、就业报到证;海外留学生应为 2017 年 1 月 1 日至 2018 年 7 月 31 日间毕业,入行报到时需取得国家教育部国外学历学位认证书。

(2)英语须通过国家大学英语六级 CET6(大学本科学历须通过大学英语四级 CET4)考试(或成绩 425 分以上),或托业(TOEIC)听读公开考试 715 分及以上,或新托福(TOEFL-IBT)考试 85 分及以上,或雅思(IELTS)考试 6.5 分及以上。上述考试成绩及证书须在有效期内。

(3)诚实守信、遵纪守法;综合素质较好,具有较强的研究分析、文字综合、沟通协调和开拓创新能力,有团队合作精神。

(4)身体健康。

(5)其他应聘条件见具体岗位要求。

(二)招聘流程

(1)在线注册并填写简历,投报岗位;(2)笔试;(3)面试;(4)体检;(5)录用签约。

(三)报名方式及时间

(1)报名方式:应聘者请登录中国农业银行招聘网站(http://job.abchina.com)进行在线注册、填写简历、进行职位搜索并投报简历。

(2)报名时间:2017 年 9 月 19 日-10 月 9 日(其中软件开发中心,数据中心,国际结算单位中心、长春、天津、武汉培训学院岗位报名时间为 2017 年 9 月 19 日-10 月 18 日)。

二、校园招聘(以 2018 年春季招聘为例)

(一)应聘基本条件

(1)全日制大学本科及以上学历,其中,境内院校毕业生应能够在 2018 年 7 月 31 日前毕业,取得毕业证、学位证、就业报到证;海外留学生应为 2017 年 1 月 1 日至 2018 年 7 月 31 日间毕业,入行报到时需取得国家教育部国外学历学位认证书。

(2)英语须通过国家大学英语六级(CET6)考试(或成绩 425 分以上),或托业(TOEIC)听读公开考试 715 分及以上,或新托福(TOEFL-IBT)考试 85 分及以上,或雅思(IELTS)考试 6.5 分及以上。上述考试成绩及证书须在有效期内。

(3)诚实守信、遵纪守法;综合素质较好,具有较强的研究分析、文字综合、沟通协调和开拓创新能力,有团队合作精神。

(4)身体健康。

(5)其他应聘条件见具体岗位要求。

(二)招聘流程

①在线注册并填写简历,投报岗位;②笔试;③面试;④体检;⑤录用签约。

(三)报名方式及时间

(1)报名方式:应聘者请登录中国农业银行招聘网站(http://job.abchina.com)进行在线注册、填写简历、进行职位搜索并投报简历。

(2)报名时间:各机构报名时间不同,一般为 2 月至 3 月。

三、大学生村干部招聘

(一)招聘岗位

中国农业银行境内分支机构县域基层岗位。具体招聘需求请于报名开始后登录中国农业银行招聘网站(http://job.abchina.com)查看各分支机构的职位说明。

(二)招聘条件

以2018年中国农业银行大学生村干部招聘为例,其招聘条件如下:

(1)资格要求。大学毕业后直接担任大学生村干部并于2017年7月1日至2018年10月31日期间第一个任期期满,聘期考核优良或称职,有县(县级市)委组织部门出具的聘用期间工作鉴定(可于期满后提供)。在任村干部期间表现突出,年度考核连续优秀、担任村"两委"负责人、被评为县级及以上优秀大学生村干部的优先。

(2)学历要求。全日制本科及以上学历。国定贫困县等执行特殊校园招聘政策的地区,对照校园招聘政策放宽学历要求。

(3)专业要求。合理招收各类专业,不包括艺术、体育、医学、军事等4类专业。经济、金融、财会、计算机类专业优先。

(4)招聘岗位。定向县域地区基层岗位。应聘岗位应在其担任村干部工作所在县,或家庭常住地所在县。

(三)招聘流程

(1)网上报名;(2)资格审查;(3)笔试;(4)面试和体检;(5)签约。

经典真题

1.中国农业银行的核心价值观是( )。

A.诚信务实 开拓创新　　　　B.诚信立业 稳健行远

C.诚信为本 稳健经营　　　　D.诚信服务 创新发展

2.中国农业银行的客户服务电话是( )。

A.95599　　　　B.95588

C.95533　　　　D.95566

3.以下( )是中国农业银行的英文简称。

A.BOC　　　B.ABC　　　C.CCB　　　D.ICBC

4.2016年,中国农业银行在美国《财富》杂志世界500强排名中,位列第( )位。

A.29　　　B.19　　　C.39　　　D.49

5.以下哪一项不是中国农业银行的产品品牌名称?( )

A.金钥匙　　　　B.金葵花

C.金穗卡　　　　D.金益农

经典真题参考答案及解析

1.【答案】B。解析:中国农业银行是中国大型上市银行,资金实力雄厚,服务功能齐全,秉承"诚信立业,稳健行远"的核心价值观,坚持审慎稳健经营、可持续发展。

2.【答案】A。解析:中国农业银行的客户服务电话是95599;中国工商银行的客户服务电话是95588;中国建设银行的客户服务电话是95533;中国银行的客户服务电话是95566。

3.【答案】B。解析:中国农业银行的英文简写是ABC,全名为 Agricultural Bank of China;中国银行的英文简写是BOC,全名为 Bank of China;中国建设银行的英文简写是CCB,全名为 China Construction Bank;中国工商银行的英文简写是ICBC,全名为 Industry and Commercial Bank of China。

4.【答案】A。解析:2014年起,金融稳定理事会连续三年将中国农业银行纳入全球系统重要性银行名单。2016年,在美国《财富》杂志世界500强排名中,中国农业银行位列第29位;在英国《银行家》杂志全球银行1 000强排名中,以一级资本计,中国农业银行位列第5位。

5.【答案】B。解析:中国农业银行品牌展示——"五金",分别为金钥匙、金光道、金e顺、金益农、金穗卡。

同步训练

1.中国农业银行推出的理财产品是(　　)。

A.本利丰　　　　　B.稳得利　　　　　C.创富　　　　　D.乾元

2.中国农业银行黄金产品品牌名称是(　　)。

A.金光道　　　　　　　　　　B.赛尔金

C.臻品　　　　　　　　　　　D.传世之宝

3.中国农业银行私人银行的品牌宗旨是(　　)。

A.信赖、贴心、成就　　　　　B.步步为赢,贴心银行

C.恒业行远,至诚相伴　　　　D.以客为尊,锐意进取

同步训练参考答案及解析

1.【答案】A。解析:中国农业银行是国内最早发行人民币理财产品的银行之一,"本利丰"人民币理财业务作为农业银行面向人民币理财市场的主打品牌,创立于2005年年初。

2.【答案】D。解析:"传世之宝"实物黄金是中国农业银行自主品牌的实物黄金产品。

3.【答案】C。解析:中国农业银行私人银行的品牌宗旨是"恒业行远,至诚相伴"。

第二章 中国农业银行考试特点及复习策略

第一节 中国农业银行笔试概况

一、2015—2018 年中国农业银行招聘考试考情分析

中国农业银行招聘考试笔试分分行和总行招聘试卷,总行需要专门考查专业知识(经济金融、法律、计算机和财务会计),而分行考试专业知识只是作为综合知识的一部分进行考查。我们主要以分行考试来进行分析。中国农业银行分行招聘考试试卷基本上分为四个部分,分别为综合知识、能力测试、英语和性格测试。具体考情见表 1-2-1。

表 1-2-1 2015—2018 年中国农业银行招聘考试考情分析

年份	考试内容	题型	具体考点	题量
2018 年	综合知识	单选题	行业相关知识:经济、金融、管理、会计、计算机、常识等	共 60 题
		单选题/多选题	时事	
		单选题	中国农业银行特色知识	
	能力测试	单选题	言语理解	共 50 题
			数字运算	
			逻辑推理	
			思维策略	
			资料分析	
	英语	单选题	选词填空、阅读理解	共 80 题
	职场个性测试	选择题	性格测试	共 12 页
2017 年	综合知识	单选题	时事	共 70 题
		单选题	中国农业银行特色知识	
		单选题	行业相关知识:经济、金融、管理、会计、计算机、法律、常识	
	能力测试	单选题	言语理解	共 45 题
		单选题	数学运算	

表 1-2-1(续)

年份	考试内容	题型	具体考点	题量
2017 年	能力测试	单选题	逻辑推理	共 45 题
		单选题	思维策略	
		单选题	资料分析	
	英语	单选题	选词填空、阅读理解	共 80 题
	性格测试	选择题	你是一个……的人	共 12 页
2016 年	能力测试	单选题	言语理解与表达	共 45 题
			数学运算	
			逻辑推理	
			思维策略	
			资料分析	
2016 年	综合知识	单选题	行业相关知识:经济、金融、管理、会计、计算机(电子商务为主)、法律、常识判断	共 70 题
			中国农业银行特色知识	
			时事	
	英语	单选题	选词填空,阅读理解(为托业阅读)	共 80 题
	性格测试	选择题	你是一个……的人	共 12 页
2015 年	综合知识	单选题	专业相关知识:时事热点、会计与财务管理、金融、经济、管理、计算机(电子商务为主)、法律、常识判断	共 70 题
			本行常识	
	能力测试	单选题	言语理解与表达	共 45 题
			数学运算	
			逻辑推理	
			思维策略	
			资料分析	
	英语	单选题	选词填空,阅读理解(为托业阅读)	共 80 题
	性格测试	选择题	你是一个……的人	共 12 页

二、考试形式

中国农业银行校园招聘考试实行全国统一上机考试,校园定向招聘由于是各省分行独立组织,所以笔试形式有上机考试也有纸面笔答的形式。若应聘者被通知参加校园定向招聘考试,要以中国农业银行的官方笔试通知为准。

第二节 中国农业银行笔试复习策略

从近三年考试的考试真题来看,中国农业银行校园招聘笔试的试卷主要有综合知识、能力测试、英语、性格测试四个部分。下面我们将详细介绍每个部分的考查范围。

一、综合知识

(一)笔试范围

综合知识部分考查范围较广,题量也较大,2018年综合知识部分的总题量为60道题。

综合知识考查的内容主要有时事热点、经济、金融、会计与财务管理、法律、计算机、管理、常识、中国农业银行概况等。

(二)考查题量

以中国农业银行2018年校园招聘笔试的试卷为例,综合知识各部分知识点考查题量如表1-2-2所示。

表1-2-2 综合知识考查题型题量

题型	题量
金融	6
经济	5
会计与财务管理	2
法律	4
计算机	9
管理	9
常识	10
时事	10
本行特色知识	5

二、能力测试

(一)笔试范围

能力测试部分与公务员考试的行政职业能力测试部分类似,但题量没有公务员考试的行政职业能力测试大,题型也更少。2018年能力测试题量为45道题。

能力测试部分考查的题型主要有:言语理解与表达、数学运算、判断推理、思维策略以及资料分析。

(二)考查题量

以中国农业银行2018年校园招聘笔试的试卷为例,能力测试各部分知识点考查题量如表1-2-3所示。

表1-2-3 能力测试考查题型题量

部分	类别	题量
言语理解与表达	逻辑填空	4
	片段阅读	2
数字运算	数学运算	13
逻辑推理	图形推理	10
	数字推理	3
思维策略	—	13
资料分析	—	1篇资料共5题

三、英语

(一)笔试范围

中国农业银行校园招聘笔试英语题包括选词填空和阅读理解,题量总共为80道。

(二)考查题量

以中国农业银行2018年校园招聘笔试的试卷为例,英语各部分题型、题量如表1-2-4所示:

表1-2-4 英语考查题型题量

题型	题量	文章篇数
选词填空	共45题	—
阅读理解	共35题	共7篇

四、性格测试

中国农业银行性格测试一般采用MMPI、EPQ、霍兰德职业兴趣测试、MBTI等工具进行客观测试。性格测试部分的题目较多,其中会有重复的题目,需要考生按照自己的实际情况诚实作答。

五、中国农业银行笔试复习策略

1.提早复习

(1)基础学习阶段。时间6~7月。考生精读最新辅导教材,掌握常考考点;每天至少要花2~3小时时间复习专业教材,同时可以选择相应的辅导班,以了解做题技巧,复习常考知识。

(2)专项强化阶段。时间8~9月。考生此阶段应以综合知识和英语科目的重点难点为主,全面强化知识体系,掌握系统化的知识网络。同时,针对能力测试科目薄弱项,选择性地进行强化训练突破。

(3)综合练习与考前模拟阶段。时间10月至考前。此为第三轮复习阶段,要求对职业能力测验、综合知识和英语的复习进行查漏补缺。

2.全面复习

中国农业银行笔试考核的知识面非常广,既有能力测试部分的言语理解、判断推理、资料分析、逻辑推理,又有综合知识中涉及的金融、经济、法律等相关知识,对英语的掌握也有一定要求,同时还考核当年的时事热点,考核得非常全面。这就要求考生在提前复习的过程中,对各个学科知识点都要复习到,避免出现学习盲区。

3.有针对性复习

在全面复习笔试涉及的知识时,考生必须多做真题,研究真题,多做针对性强、契合考试情况的模拟试卷。一方面,可以提高解题速度;另一方面,可以通过练习来强化知识点。另外,考试涉及的知识非常全面,选对教材、选择针对考试专门研发的教材及模拟试卷,就能做到事半功倍,不走冤枉路。

第二篇
综合知识

第一章 管理

第一节 备考攻略

一、考情分析

管理学是中国农业银行招聘考试重点考试内容之一,建议考生重点复习本部分内容。

表 2-1-1 2015-2018 年中国农业银行管理部分题量

年份	题量
2018	9
2017	10
2016	8
2015	10

二、备考指导

中国农业银行招聘考试对管理学的内容考查得比较基础,但是由于考查的题量相对较大,对管理学考查的面也比较广,建议考生着重理解相关概念,通过表格的方式归类对比整理,再多做一些管理学的题目,通过题目去完善整合自己的知识体系,以取得较好的分数。

第二节 重要知识点讲解

一、组织设计

(一)行政层级式组织形式

表 2-1-2 行政层级式组织形式

决定因素 (德国学者 马克斯·韦伯 首先使用)	(1)权力等级:权力集中程度较高,对权力等级较为侧重
	(2)分工:分工较为精细
	(3)规章:正式的书面规定。规章的增加可以使组织更加规范化,但是过多的规章会限制个体的自主性
	(4)程序规范:员工执行任务及处理问题时必须遵循的、预定的步骤顺序。行政层级式组织往往比较强调规章和程序规范
	(5)非个人因素:对待组织成员及组织以外人员时,在某些范围内不应考虑的个人属性
	(6)技术能力:决定工作地位的主要因素是技术能力和绩效,而不是其他非个人因素
适用范围	在复杂/静态环境中最有效

(二)组织设计的常用类型

表 2-1-3 组织设计的常用类型

类型	职能制结构(法约尔模型)	矩阵组织形式
特点	(1)职能分工(专业化分工,各自履行一定管理职能) (2)直线—参谋制(一类是直线指挥机构和人员,一类是参谋机构和人员) (3)管理权力高度集中(各个职能部门和人员只负责某一个方面的职能工作,决策权集中于最高领导层)	(1)一名员工有两位领导 (2)组织内部有两个层次的协调 (3)产品部门(或项目小组)所形成的横向联系灵活多样
优点	(1)相互影响和相互支持的机会较多 (2)可以消除设备及劳动力的重复,对资源最充分地利用 (3)有利于管理人员注重并能熟练掌握本职工作的技能,强化专业管理,提高工作效率 (4)整个组织有较高的稳定性 (5)管理权力高度集中,便于最高领导层对整个企业实施严格的控制	(1)有利于加强各职能部门之间的协作配合 (2)有利于顺利完成规划项目,提高企业的适应性 (3)有利于减轻高层管理人员的负担 (4)有利于职能部门与产品部门相互制约,保证企业整体目标的实现
缺点	(1)狭隘的职能观念 (2)横向协调差 (3)适应性差 (4)企业领导负担重 (5)不利于培养具有全面素质、能够经营整个企业的管理人才	(1)组织的稳定性较差 (2)双重领导的存在,容易产生责任不清、多头指挥 (3)机构相对臃肿,用人较多
适用范围	(1)简单/静态 (2)适用于中小型的、产品品种比较单一、生产技术发展变化较慢、外部环境比较稳定的企业	(1)复杂/动态 (2)适合于因技术发展迅速和产品品种较多而具有创新性强、管理复杂的特点的企业(如军事工作、航天工业公司);一般企业中的科研、新产品试制和规划工作

(三)组织设计的其他类型

表 2-1-4 组织设计的其他类型

事业部制	特点	美国通用公司原总裁斯隆提出: 把企业的生产经营活动,按产品或地区分别建立事业部,实行集中决策指导下的分散经营
	优点	(1)有利于总公司的高层管理者摆脱具体管理事务,集中精力于战略决策和长远规划 (2)增强企业的活力 (3)有利于把联合化和专业化结合起来,提高生产效率
	缺点	(1)容易使各事业部只顾自身的利益,减弱整个公司的协调一致性 (2)公司和各个事业部的职能机构重复,会增加费用和管理成本
	适用范围	产品种类多且产品之间工艺差别大,或市场分布范围广且市场情况变化快、要求适应性强的大型联合企业或公司

表2-1-4(续)

团队结构	(1)团队已成为目前组织工作活动的最流行的方式
	(2)主要特点:打破部门界限并把决策权下放到工作团队成员手中
	(3)小型组织中,可以把团队结构作为整个组织形式;大型组织中,团队结构一般作为行政层级组织形式的补充
虚拟组织	(1)实质:"可以租用,何必拥有?"
	(2)是一种规模较小,但可以发挥主要职能的核心组织,它的决策集中化程度很高,但部门化程度很低或根本不存在(如戴尔计算机公司)
	(3)优势:灵活性
	(4)缺点:公司管理人员对公司的主要职能活动缺乏有力的控制
无边界组织	(1)通用电气公司前总裁韦尔奇提出
	(2)寻求通过组织扁平化来减少指挥链,对管理幅度不加限制,取消各种职能部门,代之以获得授权的团队

二、绩效考核方法

表2-1-5 绩效考核方法

种类		相关内容	优点	缺点
系统方法	目标管理法(MBO)	管理者与员工共同制定需要完成的工作目标。此目标要基于组织战略,可量化、可测量	能提供一种组织绩效的系统化解决方案,对组织战略发展的支持程度高	设计成本较高,需要耗费大量的人力、物力
	平衡计分卡法(BSC)	(1)四个角度:财务、客户、内部流程和学习发展 (2)要点:更加全面地反映组织的绩效		
	关键绩效指标法(KPI)	核心工作是建立起用于描述组织关键成功要素的关键绩效指标体系		
	标杆超越法	核心:选择同行业内的一流企业作为本企业比较、学习、借鉴的榜样,实现组织赶超一流企业、不断提升市场竞争力的目标	更有利于激励组织内部成员的潜力,也有利于促进经营者激励制度的完善	(1)容易使组织陷入模仿标杆的漩涡中,失去自身的特色 (2)可能导致决策失误
非系统的方法	排序法	(1)优点:简单、实用 (2)缺点:容易给员工造成心理压力	(1)针对员工的整体绩效水平给出比较 (2)成本低廉、评价尺度统一	不能显示员工在某个具体领域的绩效问题、无法应用于绩效反馈面谈
	配对比较法	(1)优点:更加具体、科学 (2)缺点:评价的工作量会几何级数递增		
	强制分布法	(1)优点:排除了评价者主观因素对考核结果的影响 (2)缺点:员工同样优秀时,公平性大打折扣		

表 2-1-5(续)

种类		相关内容	优点	缺点
非系统的方法	关键事件法(CIT)	管理者记录员工的关键事件,作为绩效考核的事实依据	设计成本低	(1)可执行性不高 (2)不同职位的员工之间的绩效不具备可比性
	不良事故评价法	通过预先设计事故的清单对员工的绩效进行考核	能有效规避工作差错造成的组织利益的巨大损失	不能提供丰富的绩效反馈信息
	行为锚定法	将每项工作的特定行为用一张等级表进行反映,该等级表将每项工作划分为各种行为级别,评价时评价者只需将员工的行为对号入座	(1)可执行性很好、评价误差低 (2)能够反映员工各个维度的绩效表现 (3)非常适合绩效反馈面谈	设计成本很高、设计周期很长

三、管理层次

管理层次是随着组织规模的扩大和关系的复杂化而产生的,与规模、管理幅度密切相关。

1.管理幅度

管理幅度是指一个主管人员能直接有效地管辖的下属人数。管理幅度与层次成反比关系。

2.影响管理幅度的因素

影响管理幅度的因素有:①管理者的素质和能力。②下属的素质和能力。③工作相似性。④环境:稳定—幅度大,不稳定—幅度小。⑤计划的完善程度、授权、人员空间分布、配备助手。

四、决策

(一)决策的定义

决策,是指为了达到一定的目标,采用一定的科学方法和手段,从两个以上的可行方案中选择一个满意方案的分析判断过程。

准确理解决策需要把握以下问题:

(1)决策要有明确的目标。

(2)决策要有可供挑选的可行方案。

(3)决策要做分析评价。

(4)决策具有科学性。

(5)决策要遵循满意原则。

（二）决策的类型

(1)按照决策的重要程度,可以将其分为战略性决策、战术性决策和业务性决策。

(2)按照决策的条件不同,可以将其分为确定型决策、风险型决策和不确定型决策。

(3)按照决策的重复性不同,可以分为程序化决策和非程序化决策。

(4)按决策者的性质不同,可以分为群体决策和个人决策。

（三）决策制定的过程

决策制定过程包括八个步骤:

(1)识别决策问题。决策制定开始于一个存在的问题,或者说开始于现状和希望的差异。

(2)确定决策标准。管理者必须决定什么与制定决策有关。

(3)为决策标准分配权重。管理者必须为每一项标准分配权重,以便正确地规定优先次序。

(4)开发备择方案。这一步要求决策制定者列出可供选择的决策方案。这些方案要能够解决决策所面对的问题,无须进一步对所列方案进行分析,只需列出即可。

(5)分析备择方案。一旦确定了备择方案,决策制定者必须认真分析每种方案,与决策标准进行比较,得出每种方案的优缺点。

(6)选择备择方案。根据分析的各种方案的优缺点,选择在上一步中得分最高的方案。

(7)实施备择方案。将选定的方案付诸实施。

(8)评估结果。看看问题是否得到解决,实施结果是否达到预期要求。

（四）决策的方法

1.定性决策方法

定性决策方法是决策者根据所掌握的信息,通过对事物运动规律的分析,在把握事物内在本质联系基础上进行决策的方法。定性决策方法主要有德尔菲法、头脑风暴法等。

(1)德尔菲法。德尔菲法是一种定性决策方法,一种改进的专家意见法。其实质是有反馈的函询调查,包括两个基本点,即函询和反馈。这种方法是就某一问题发函给某些专家,请他们提出意见或看法。经过多轮反复,直到意见趋于集中为止。

(2)头脑风暴法。头脑风暴法也叫思维共振法、畅谈会法。

头脑风暴法的目的在于营造一种自由奔放思考的环境,诱发创造性思维的共振和连锁反应,产生更多的创造性思维。

2.定量决策方法

定量决策方法是利用数学模型优选决策方案的方法。根据所选方案结果的可靠性不同,一般分为确定型决策方法、风险型决策方法和不确定型决策方法三类。

(1)确定性情况:盈亏平衡点法。确定型决策方法的特点是只要满足数学模型的前提条件,模型就给出特定的结果。这种方法是依据与决策方案相关的产品产销量、成本、利润之间的相互关系,来分析判断方案对企业盈亏发生的影响,评价和选择决策方案。

(2)风险性情况:决策树法。决策树分析法,是指将构成决策方案的有关因素,以树状图形的方式表现出来,并据以分析和选择决策方案的一种系统分析法。它是风险型决策最常用的方法之一,特别适于分析比较复杂的问题。

(3)不确定性情况:冒险法、保守法和折中法。出现的概率不清楚时,可采用的决策方法有保守法(悲观、小中取大)、冒险法(乐观、大中取大)、折中法。

(4)多目标情况:多目标决策方法。由一个方案同时引起多个结局,它们分别属于不同属性或所追求的不同目标,这时一般采用多目标决策方法。例如化多为少的方法、分层序列法、直接找所有非劣解的方法等。

(5)多人决策情况:对策论、冲突分析、群决策。在同一个方案内有多个决策者,他们的利益不同,对方案结局的评价也不同。这时采用对策论、冲突分析、群决策等方法。

除上述各种方法外,还有对结局评价等有模糊性时采用的模糊决策方法和决策分析阶段序贯进行时所采用的序贯决策方法等。

五、沟通

(一)沟通的含义

沟通,简单地说就是信息交流,是指一方将信息传递给另一方,期待其做出反应的过程。

(二)沟通的目的

(1)说明事物:陈述事实→引起思考→影响见解。
(2)表达情感:表示观感→流露感情→产生感应。
(3)建立问候:暗示情分→友善(不友善)→建立问候。
(4)进行企图:透过问候→说明(暗示)→达成目标。

(三)沟通的分类

1.正式沟通与非正式沟通

按沟通的组织系统,可将沟通分为正式沟通和非正式沟通。

(1)正式沟通。正式沟通指的是通过组织明文规定的渠道进行信息的传递和交流。正式沟通的优点是:沟通效果较好,有较强的约束力,易于保密,一般重要的信息通常都采用这种沟通方式。缺点是:因为依靠组织系统层层传递,因而沟通速度比较慢,而且显得刻板。

(2)非正式沟通。非正式沟通指的是正式沟通渠道之外进行的信息传递和交流。如员工之间私下交换意见、背后议论别人、小道消息、"马路新闻"的传播等,均属于非正式沟通。非正式沟通方式的优点是沟通方便、内容广泛、方式灵活、沟通速度快,可用于传播一些不便正式沟通的信息。由于在这种沟通中比较容易把真实的思想、情绪、动机表露出来,因而能提供一些正式沟通中难以获得的信息。但是,一般来说这种非正式沟通比较难以控制,传递的信息往往不确切,易于失真、曲解,容易传播流言蜚语、混淆视听,应予重视,注意防止和克服其消极的方面。

2.上行沟通、下行沟通和平行沟通

按信息传播的方向划分,有上行沟通、下行沟通和平行沟通。

(1)上行沟通。上行沟通是指自下而上的沟通,即下级向上级汇报情况,反映问题。这种沟通既可以是书面的,也可以是口头的。为了做出正确的决策,领导者应该采取措施如开座谈会、设立意见箱和接待日制度等鼓励下属尽可能多地进行上行沟通。

(2)下行沟通。下行沟通指自上而下的沟通,即领导者以命令或文件的方式向下级发布指示、传达政策、安排和布置工作计划等。下行沟通是传统组织内最主要的一种沟通方式。

(3)平行沟通。平行沟通主要是指同层次、不同业务部门之间以及同级人员之间的沟通。平行沟通符合过程管理学派创始人法约尔提出的"跳板原则",它能协调组织横向之间的联系,在沟通体系中是不可缺少的一环。

3.链式、轮式、Y式、环式和全通道式沟通

按沟通网络的基本形式,可将正式沟通划分为链式、轮式、Y式、环式和全通道式沟通。

(1)链式沟通。链式沟通属于控制型结构,在组织系统中相当于纵向沟通网络。网络中每个人处在不同的层次中,上下信息传递速度慢且容易失真,信息传递者所接收的信息差异大。但由于结构严谨,链式沟通形式比较规范,在传统组织结构中应用较多。

(2)轮式沟通。轮式沟通又称主管中心控制型沟通。该网络图中,只有一名成员是信息的汇集发布中心,相当于一个主管领导直接管理几个部门的权威控制系统。这种沟通形式集中程度高,信息传递快,主管者具有权威性。但由于沟通渠道少,组织成员满意程度低,士气往往受到较大的影响。

(3)Y式沟通。Y式沟通在沟通结构中,有一个个体处于沟通的中心,已成为沟通媒介。在组织中,相当于从参谋机构到组织领导再到下级的信息沟通形态。这种沟通结构集中化程度比较高,解决问题速度快,一般适合于领导任务繁重,需要有人协助进行信息的筛选,提供决策的依据,同时又要对组织实施有效控制的情形。但是此种方式易于造成信息的曲解或失真,影响组织成员的士气,阻碍组织工作效率的提高。

(4)环式沟通。环式沟通与链式结构一样,两端相互衔接,形成一个闭环的信息沟通形态。每一个个体都可以与两侧的个体进行沟通。在这种结构中,组织的集中化程度和领导人的预测程度都较低,信息流动渠道不多,组织成员具有比较一致的满意度,组织士气比较高。

(5)全通道式沟通。全通道式沟通是一个开放式的沟通网络系统,其中每一个成员之间都有一定的联系,组织的集中化程度相对较低。由于其沟通渠道比较多,成员之间的满意度差异较小,士气高昂,具有良好的合作氛围。但是这种结构易于造成管理上的混乱,有时会影响工作效率。

此外,按照功能沟通可以分为工具式沟通和感情式沟通,按照是否进行反馈可分为单向沟通和双向沟通。

六、控制

(一)控制的定义

控制是管理人员监视各项活动以保证它们按计划进行并纠正各种显著偏差的过程。控制工作就是指接受系统内外的有关信息,按既定的目标对系统进行监督、检查,一旦发现偏差,采取正确的措施使系统按预定的计划运行,或适当地调整计划,以达到预期目的的管理活动。

(二)控制与计划的关系

计划和控制是一个问题的两个方面。计划是实现控制工作的依据,控制是实现计划的保证。两者的关系具体表现在:

(1)一切有效的控制方法首先就是计划方法。

(2)之所以需要控制,是因为要实现目标和计划。

(3)控制职能使管理工作成为一个闭路系统,成为一个连续的过程。

控制工作既是一个管理过程的终结,又是一个新的管理过程的开始。控制工作不仅限于衡量计划执行中出现的偏差,更在于通过采取纠偏措施,把那些不符合计划要求的管理活动引回到正常的轨道上来,使组织系统稳步地实现预定目标。

(三)控制的类型

1.预防性控制和更正性控制

根据控制活动的性质,可以把控制分为预防性控制和更正性控制。

(1)预防性控制。预防性控制是为了防止资金、时间或其他资源的损耗而采取的一种预防保证措施。一般说来,法律法规、规章制度、工作程序、人员训练和培养计划等,在管理活动中,都起着重要的预防控制的作用。当然,这些预防性措施要想真正被遵守,还必须有良好的监控机构作为保证。

(2)更正性控制。更正性控制往往是由于管理者没有预见到问题,当问题出现后使用的一种控制措施。在实践中,这种控制用得也是较为广泛的。这一控制的目的是,当出现偏差时,使行为或实施进程返回到预见确定的或所希望的水平。

2.预先控制、过程控制和事后控制

根据控制活动进程的阶段,可以将控制划分为预先控制、过程控制和事后控制。

(1)预先控制。预先控制位于管理活动过程的初始端。在这一点上进行控制,可以防止组织使用不合要求的资源,保证组织的投入在数量和质量上达到预定的目标,在整个活动开始之前能剔除那些在管理过程中难以挽回的先天缺陷。

(2)过程控制。过程控制是对正在进行的活动给予指导与监督,以保证活动按规定的政策程序和方法进行。这一控制一般都是在现场进行的,因为遥控不能取得良好的效果。一般地讲,对于简单重复的体力劳动也许采取严厉的监督可以导致良好的工作效果;而对于创造性劳动,控制的内容应当转向如何创造出良好的工作环境。

(3)事后控制。事后控制亦称为成果控制。事后控制位于管理活动过程的终点,把好这最

后一关,才不会使错误的势态扩大,有助于保证系统处于正常状态。但是事后控制的致命缺点在于,整个管理过程已经结束或者说整个活动已经告一段落,管理活动中出现的偏差已在系统内部造成损害,并且无法补偿。

3.反馈控制和前馈控制

根据控制信息的类型可以把管理控制划分为反馈控制和前馈控制。

(1)反馈控制。反馈控制就是用过去的情况指导现在和将来,从而实现对管理过程的控制。在实际工作中,管理人员在分析偏差产生的原因之后,必须设计出采取更正措施的程序或方法,以便确保控制活动达到预期的目的。

(2)前馈控制。尽管反馈控制运用广泛,但它不能解决一切问题,其主要原因是存在时滞问题,即从发现偏差到采取更正措施之间可能有时间延迟现象。在解决这类问题方面,前馈控制可以收到很好的效果。前馈控制又称知道将来的控制,它的具体办法是不断利用最新信息进行预测,把所期望的结果同预测的结果进行比较,采取措施使投入的实施活动与期望的结果相吻合。

4.直接控制和间接控制

根据控制的手段可以把控制划分为直接控制和间接控制

(1)直接控制。直接控制是控制者与被控制对象直接接触进行控制的形式。

(2)间接控制。间接控制是控制者与被控制对象之间不直接接触,而是通过中间媒介进行控制的形式。

(四)控制工作的步骤

控制工作分为三个步骤:确定控制标准;根据标准衡量执行情况;纠正实际执行中偏离标准或计划的误差。

(五)控制工作的要求

控制工作的要求有:目的性、及时性、经济性、客观性、灵活性、适应性、关键点与例外情况。

七、创新

(一)创新的含义

1.熊彼特的"创新"概念

创新:"第一次应用的事物或方法把发明和创造实用化与商业化,或把新的方法运用于经济活动"的过程。创新就是建立一种新的生产函数,在经济活动中引入新的思想、方法以实现生产要素新的组合。

熊彼特的"创新"的五种情况:引进新产品、引进新技术、开辟新市场、控制原材料的新供应来源、实现企业新的组织形式。

2.德鲁克的"创新"概念

创新可以被定义为赋予人力和物质资源以新的、更大的创造财富的能力的任务。管理者必须把社会的需要转变为企业的盈利机会。

企业的目的只有一个,就是创造顾客。由于企业的目的是创造顾客,所以企业有且只有两个基本功能,即市场营销和创新。

(二)创新的类别

(1)从创新的规模以及创新对系统的影响程度考察,可将其分为局部创新和整体创新。

(2)从创新与环境的关系来分析,可将其分为消极防御型创新与积极攻击型创新。

(3)从创新发生的时期来看,可将其分为系统初建期的创新和运行中的创新。

(4)从创新的组织程度上看,可分为自发创新与有组织的创新。

(三)创新的基本内容

创新主要包含以下内容:

(1)目标创新。

(2)技术创新。其包括要素创新、要素组合创新、产品创新。

(3)制度创新。其包括产权制度、经营制度、管理制度三方面的创新。

(4)组织机构和结构的创新。

(5)环境创新。

八、激励

(一)激励概述

激励是指激发人的动机的心理过程。人们的行为是由动机支配的,而动机又是由人的需要引起的。

1.激励的类型

从内容上分为物质激励和精神激励。

从性质上分为正激励与负激励。

从对象上分为内部激励与外部激励。

2.激励的作用

激励是实现组织目标的重要工具。

激励是企业提升人才市场竞争能力的重要手段。

激励可提高组织绩效与员工工作效率。

激励有利于员工素质的提高。

(二)激励理论

1.内容型激励理论

(1)马斯洛需要层次理论。美国心理学家马斯洛把人的需要分成五个层次,分别是:

第一层次需要,即维持人们生存的基本需要,包括衣、食、住、行等基本要求;

第二层次需要,即人们的社会保障、安全保障、工作保障等需要;

第三层次需要,即人们的友谊、感情、交往等需要;

第四层次需要,即自尊、受人尊重、被认可、被赏识等需要;

第五层次需要,即实现自身的抱负,获得成就感、满足感等需要。

马斯洛认为,以上五个层次的需要,从初级到高级,循序渐进。第一、二层次的需要是低层次需要,主要是物质需要;第三、四、五层次的需要是高层次的需要,属于精神需要。管理者应认真了解员工的需要,并根据其需要有针对性地激发其潜在能力,以达到不断提高组织生产效率的目的。

(2)双因素理论。美国管理学家赫茨伯格的双因素理论认为,促使人们产生工作满意感的因素是激励因素,而促使人们产生不满意感的因素是保健因素。激励因素是指与工作内容紧密相连的因素,包括职业上的成长与认同、成就感、工作的挑战性等。这类需要的满足往往能对员工有较大的激励,使他们保持旺盛的精神状态并努力工作。保健因素是指与工作条件、工作环境紧密相关的因素,如个人生活、薪金、奖励、人际关系、安全感等。这些因素如果处理不当,会造成员工的不满,或挫伤其积极性,不能使员工产生满足感。

赫茨伯格认为,激励因素是内在因素,是直接满足;保健因素是外在因素,是间接满足。前者是在工作时产生的,后者则在工作以后或工作场所以外才具有意义和价值。但也有少量的保健因素能在工作进行过程中产生少量的激励作用。当员工对内在激励较为满意时,能对外在因素的不满产生一定的忍受力;反之,则将难以忍受并使工作的积极性下降。

2.过程型激励理论

过程型激励理论着重探讨激励的心理过程,它研究"激励是怎样产生的"的问题,解释人的行为是怎样被激发、引导、维持和阻止的,着重分析人们怎样面对各种满足需要的机会以及如何选择正确的激励方法,解释的是"为什么员工会努力工作"和"怎样才会使员工努力工作"这两个问题。其代表性的理论有期望理论、公平理论和强化理论等。

(1)期望理论。美国心理学家弗鲁姆在1964年提出了期望理论。他认为,一个人从事某项活动的动力取决于他对这一行动全部价值的预期结果及其成功的概率乘积的总和。其公式为:

$$激励力量=\sum 目标价值\times期望概率$$

目标价值也可称为效价,即达到目标后的效用价值;期望概率是实现目标可能性的大小;激励力量即效价和期望值的结合。弗鲁姆通过考察人们的努力与其所获报酬之间的因果关系来解释激励过程。努力与报酬及需要满足之间的关系是:

$$努力\rightarrow绩效\rightarrow报酬\rightarrow需要$$

期望理论认为,激励是随着以下三种情况增大的:

当自己的努力能产生高绩效时。

当高绩效可以产生特定的结果(报酬)时。

当该结果对本人具有强大吸引力时。

(2)公平理论。公平理论又称社会比较理论,它是美国行为科学家亚当斯提出来的一种激励理论。它的基本观点是:当一个人做出了成绩并取得了报酬以后,他不仅关心自己所得

报酬的绝对量,而且关心自己所得报酬的相对量。用公式表示如下:

$$(O/I)A=(O/I)B$$

公式中,O代表报酬,如工资、奖金、提升、赏识、受人尊敬等,包括物质方面和精神方面的所得;I代表投入,如工作的数量和质量、努力程度、能力、精力、时间等;A代表当事人;B代表参照对象,参照对象通常是自己的同事、同行、亲朋好友(一般是与自己状况相当的人)等,也可能是自己的过去。

通过比较,结果有三种情况:

当$(O/I)A=(O/I)B$时,说明当事人会觉得报酬是公平的,他可能会因此而保持工作的积极性和努力程度。

当$(O/I)A<(O/I)B$时,当事人就会感到不公平,此时他可能会要求增加报酬,或自动地减少投入以便达到心理上的平衡。

当$(O/I)A>(O/I)B$时,说明当事人得到了过高的报酬或投入较少。在这种情况下,当事人一般不会要求减少报酬,而有可能会自觉地增加投入量。但过一段时间后他就会因为重新过高估计自己的投入而对高报酬心安理得,于是其投入又会恢复到原先的水平。

(3)强化理论。美国心理学家斯金纳认为,人的行为可分为三类:本能行为、反应性行为和操作性行为。

操作性行为是来自于环境的刺激反复作用的结果。人具有学习的能力。如果以前的某种行为满足其某种需要,人们为了满足同类需要,便会根据学到的经验重复此种行为,使这种行为的频率增加,这种状况即称为强化刺激。能增强这种行为发生频率的刺激物称为强化物。由于操作性行为会随着强化刺激的增强而增强,也会随着强化刺激的减弱而减弱,人们就可以通过控制强化物来控制行为,引起行为的改变。由于这一理论的中心思想在于通过强化刺激来改变人们的行为方向,故又称为行为改造理论。

利用强化的手段改造行为,一般有四种方式:正强化、负强化、自然消退、惩罚。

(三)激励体系

(1)激励体系的构成要素:工资、奖金、福利、培训、精神鼓励。

(2)分层次的员工激励体系:

董事会、经理层成员激励方式——现金收入、经营者持股、延迟报酬计划、在职消费、带薪休假、培训进修。

中层管理者的激励方式——充分授权、业绩工资、年终奖励、在职培训和工作轮调。

科技人员的激励方式——环境激励、技术入股、科技成果奖、科技攻关奖、技术革新奖、研究基金。

一般员工的激励方式——参与战略决策、岗位工资、技能等级补贴、员工持股、在职教育、提供便利设施和服务等。

经典真题

1.不是为保证现行决策的圆满实现,而是为了有利于下一个环节的工作得以顺利开展的控制属于(　　)。

A.预先控制　　　　　　　　　　B.前馈控制

C.过程控制　　　　　　　　　　D.成果控制

2.关于Y式沟通的特点,以下选项中不正确的是(　　)。

A.由于信息中间环节多,可能使上级不了解下级的真实情况

B.信息传递和解决问题的速度较快,组织控制比较严格

C.组织成员之间缺少直接和横向沟通,不能越级沟通

D.包括节点在内,全体成员的满意程度比较高

3.在对策论中,如果双方在选取策略时接受界限不清的约束,这时需要应用(　　)。

A.随即对策论　　　　　　　　　B.模糊对策论

C.灰色对策论　　　　　　　　　D.有限对策论

4.现场控制是整个控制系统的关键环节,关于现场控制的表述,错误的是(　　)。

A.现场控制的重点是正在进行的计划实施过程,因此必须严格遵照计划

B.现场控制活动的有效性主要取决于主管人员的个人素质,与被控对象无关

C.主管人员必须以计划或标准为依据,遵从正式指挥系统的指挥,逐级实施控制

D.现场控制活动的标准来自计划工作所确定的活动目标、政策、规范和制度

5.某工厂设置厂长1名,3名车间主任,每个车间有50名工人。那么,厂长的管理幅度是(　　)。

A.3人　　　　　　B.1人　　　　　　C.51人　　　　　　D.154人

6.从管理的角度看,需要盖"一两百个公章"的根源在于(　　)。

A.在外资引进中,各部门设置障碍,避免不良资本进入

B.当地政府管理效率低下,存在冗员现象

C.采用专业化分工搭建组织架构,横向协调能力需进一步提高

D.工作人员服务意识差,不能衡量整体利益,关心地方经济发展

经典真题参考答案及解析

1.【答案】D。解析:成果控制主要不是为了保证现行决策的圆满执行,而是为了有利于下一个环节的工作得以顺利开展。

2.【答案】D。解析:Y式沟通的优点是集中化程度高,较有组织性,信息传递和解决问题的速度较快,组织控制比较严格。但是,由于组织成员之间缺少直接和横向沟通,不能越级沟通,除节点外,全体成员的满意程度比较低,组织气氛大都不和谐。Y式沟通模式其成员之间

交流信息,是采用上情下达和下情上传的逐级传达的形式,虽然信息传递快,但由于信息经过层层筛选,中间环节过多,可能使上级不能了解下级的真实情况,信息被过多的中间环节控制。这样,信息传递中间环节的操纵可能造成信息失真,给企业工作带来不良影响。

3.【答案】B。解析:当决策者在对方也有决策的情况下进行决策时,就需要应用对策论。如果双方在选取策略时接受一定的模糊约束,这就需要应用模糊对策论。

4.【答案】B。解析:现场控制是指在某项活动或者工作过程中,管理者在现场对正在进行的活动或行为给予必要的指导、监督,以保证活动和行为按照规定的程序和要求进行的管理活动。现场控制是一种主要为基层主管人员所采用的一种控制方法。现场控制活动的标准来自计划工作所确定的活动目标、政策、规范和制度;现场控制的重点是正在进行的计划实施过程;现场控制的有效性主要取决于主管人员的个人素质,下属人员也要积极参与。进行现场控制时,要避免单凭主观意志进行工作,主管人员必须加强自身的学习和提高,亲临第一线进行认真仔细地观察和监督,以计划或标准为依据,服从组织原则,遵从正式指挥系统的统一指挥,逐级实施控制。

5.【答案】A。解析:所谓管理幅度,又称管理宽度,是指在一个组织结构中,管理人员所能直接管理或控制的部属数目。由题目可知,厂长直接管理的部属是3名车间主任。故本题选A。

6.【答案】C。解析:办一件事需要盖"一两百个公章",这反映了政府机构是按照专业化分工的方式设置的,各部门只管自己的职责范围,至于整体上投资如何、效率如何、外商是否满意等则无人过问。因此横向协调能力需进一步提高。故本题选C。

同步训练

1.根据马斯洛的需要层次理论,下列需要层次中,主要靠内在因素来满足的需要层次是(　　)。

A.生理需要　　　　　　　　B.安全需要

C.归属需要　　　　　　　　D.尊重需要

2.传统观点总把金钱看成最好的激励手段,但在很多企业中,增加同样的奖金并没有起到同等的激励作用,这说明(　　)。

A.组织可以忽略员工的低层次需要

B.组织用来满足员工低层次需要的投入是效益递减的

C.组织应当为员工提供较低的福利待遇

D.组织必须考虑所有员工的自我实现需要

3.技术发展迅速,产品品种较多且具有创新性强、管理复杂等特点的企业,最适合采用(　　)组织形式。

A.行政层级式　　　　　　　B.职能制

C.矩阵结构式　　　　　　　D.虚拟结构式

4.行政层级式组织形式在( )环境中最为有效。

A.简单/静态 B.复杂/静态

C.简单/动态 D.复杂/动态

5.下列中不属于系统的绩效考核方法的是( )。

A.目标管理法 B.平衡计分卡法

C.标杆超越法 D.关键事件法

6.下列绩效考核方法中,( )是一种新型的战略性绩效管理工具和方法。

A.目标管理法 B.平衡计分卡法

C.标杆超越法 D.关键绩效指标法

同步训练参考答案及解析

1.【答案】D。

2.【答案】B。

3.【答案】C。解析:矩阵结构式适合于因技术发展迅速和产品品种较多而具有创新性强、管理复杂特点的企业(如军事工作、航天工业公司);一般企业中的科研、新产品试制和规划工作。

4.【答案】B。

5.【答案】D。解析:D项属于非系统的绩效考核方法。

6.【答案】B。解析:平衡计分卡法是一种新型的战略性绩效管理工具和方法。

第二章 计算机

第一节 备考攻略

一、考情分析

计算机知识是中国农业银行招聘考试的重要考查内容之一,且难度较高,题量较大,建议考生重点复习。

表 2-2-1 2015—2018 年中国农业银行计算机部分题量

年份	题量
2018	6
2017	11
2016	10
2015	10

二、备考指导

中国农业银行招聘考试对计算机知识的考查比较基础,大部分是我们日常接触的内容,所以考生在掌握基础知识的同时,需做一定量的题目,查漏补缺即可。

第二节 重要知识点讲解

视频讲解

一、计算机的应用

计算机的应用领域已渗透到社会的各行各业,正在改变着传统的工作、学习和生活方式,推动着社会的发展。计算机的主要应用领域有:

1.科学计算(或数值计算)

科学计算是指利用计算机来完成科学研究和工程技术中提出的数学问题的计算。在现代科学技术工作中,科学计算问题是大量的和复杂的。利用计算机的高速计算、大存储容量和连续运算的能力,可以解决人工无法解决的各种科学计算问题。

2.数据处理(或信息处理)

数据处理是指对各种数据进行收集、存储、整理、分类、统计、加工、利用、传播等一系列活动的统称。据统计,80%以上的计算机主要用于数据处理,这类工作量大面宽,决定了计算机应用的主导方向。

3.辅助技术(或计算机辅助设计与制造)

计算机辅助技术包括计算机辅助设计(CAD)、计算机辅助制造(CAM)和计算机辅助教学(CAI)等。

4.过程控制(或实时控制)

过程控制是指利用计算机及时采集检测数据,按最优值迅速地对控制对象进行自动调节或自动控制。采用计算机进行过程控制,不仅可以大大提高控制的自动化水平,而且可以提高控制的及时性和准确性,从而改善劳动条件、提高产品质量及合格率。因此,计算机过程控制已在机械、冶金、石油、化工、纺织、水电、航天等部门得到广泛的应用。

5.人工智能(或智能模拟)

人工智能是计算机模拟人类的智能活动,诸如感知、判断、理解、学习、问题求解和图像识别等。现在人工智能的研究已取得不少成果,有些已开始走向实用阶段。例如,能模拟高水平医学专家进行疾病诊疗的专家系统,具有一定思维能力的智能机器人等。人工智能是计算机科学的一个分支,它企图了解智能的实质,并生产出一种新的能以人类智能相似的方式做出反应的智能机器。该领域的研究包括机器人、语言识别、图像识别、自然语言处理和专家系统等。

6.网络应用

计算机技术与现代通信技术的结合构成了计算机网络。计算机网络的建立,不仅解决了一个单位、一个地区、一个国家中计算机与计算机之间的通信,各种软、硬件资源的共享,也大大促进了国际的文字、图像、视频和声音等各类数据的传输与处理。

二、Internet 服务

作为全世界最大的国际性计算机网络——Internet,为全球的科研界、教育界、娱乐界等方面提供了极其丰富的信息资源和最先进的信息交流手段。

本部分主要介绍 Internet 的服务,如 DNS 域名服务、E-mail 电子邮件服务、WWW 服务、FTP 文件传输服务等。

1.DNS 域名服务

Internet 中的域名地址与 IP 地址是等价的, 它们之间是通过域名服务 DNS 来完成映射变换的。DNS 是一种分布地址信息数据库系统,服务器中包含整个数据库的某部分信息,并供客户查询。DNS 允许局部控制整个数据库的某些部分,但数据库的每一部分都可通过全网查询得到。

域名系统采用的是客户机/服务器模式,整个系统由解析器和域名服务器组成。

2.E-mail 电子邮件服务

电子邮件就是利用计算机进行信息交换的电子媒体信件。电子邮件是一种通过计算机网络与其他用户进行联系的快速、简便、高效、价廉的现代化通信手段。电子邮件地址的一般格式为:用户名 @ 主机名,例如 ABC@china.com。

E-mail 系统基于客户机/服务器模式,整个系统由 E-mail 客户软件、E-mail 服务器和通信协议三部分组成。E-mail 客户软件是用户用来收发和管理电子邮件的工具。E-mail 服务器主要采用 SMTP 协议,本协议描述了电子邮件的信息格式及其传递的处理方法,保证被传送的电子邮件能够正确地寻址和可靠地传输。它是面向文本的网络协议,其缺点是不能用来传递非 ASCII 码文本和非文字性附件。

POP(Post Office Protocol,邮局协议)协议有两个版本:POP2 和 POP3。目前使用的 POP3 既能与 SMTP 共同使用,也可以单独使用,以传送和接收电子邮件。POP 协议是一种简单的纯文本协议,每次传输以整个 E-mail 为单位,不能提供部分传输。

3.WWW 服务

万维网 WWW(World Wide Web)是一种交互式图形界面的 Internet 服务,具有强大的信息连接功能,是目前 Internet 中最受欢迎的、增长速度最快的一种多媒体信息服务系统。

万维网是基于客户机/服务器模式的信息发送技术和超文本技术的综合,WWW 服务器把信息组织为分布的超文本,这些信息节点可以是文本、子目录或信息指针。WWW 浏览程序为用户提供基于超文本传输协议 HTTP(Hyper Text Transfer Protocl)的用户界面,WWW 服务器的数据文件由超文本标记语言 HTML(Hyper Text Markup Language)描述,HTML 利用统一资源定位器 URL 的指标是超媒体链接,并在文本内指向其他网络资源。

在 WWW 上查询信息,必不可少的一项操作是在浏览器中输入查询目标地址,这个地址就是 URL,也称 Web 地址,俗称"网址"。一个 URL 指定一个远程服务器域名和一个 Web 页,即每个 Web 页都有唯一的 URL。URL 也可指向 FTP,WAIS 和 GOPHER 服务器代表的信息。通常用户只需要了解和使用主页的 URL,通过主页再访问其他页。

4.FTP 文件传输服务

文件传输协议(File Transfer Protocol,FTP)是将文件复制到使用 TCP/IP 协议的网络上的远程计算机系统中,或从远程计算机系统中将文件复制出来的协议。该协议还允许用户使用 FTP 命令对文件进行操作。通过 FTP 可传输任意类型、任意大小的文件,也为远程管理、更新 WWW 服务器中的内容提供了极大的支持。由于 Internet 有各种免费和共享的资源,如果想将他们下载到用户的计算机上,最主要的方法是通过 FTP 来实现,它是 Internet 中广为使用的一种服务。

通常,用户需要在 FTP 服务器中进行注册,即建立用户账号,在拥有合法的登录用户名和密码后, 才可能进行有效的 FTP 连接和登录。实际上 Internet 上的 FTP 服务是一种匿名 FTP 服务,它设置了一个特殊的用户名——anonymous,供公众使用,任何用户都可以使用这个用户名与提供这种匿名 FTP 服务的主机建立连接,并共享这个主机对公众开放的资源。

5.社交网络服务

社交网络服务(亦称社交网站),主要作用是为一群拥有相同兴趣与活动的人创建在线社区。这类服务往往是基于互联网,为用户提供各种联系、交流的交互通路,如电子邮件、实时通信服务等。此类网站通常通过朋友,一传十、十传百地把网络展延开去,就像树叶的脉络,华语地区一般称之为"社交网站"。

6.电子商务"三流"与"四流"

电子商务是随着计算机网络、通信技术的迅速发展,特别是互联网的普及而出现并迅速发展起来的一种崭新的商务运作方式。电子商务的"三流"包括信息流、资金流和物流。电子商务的"四流"包括信息流、商流、资金流、物流。四者的关系可以表述为:以物流为物质基础,以商流为表现形式,信息流贯穿始终,引导资金流正向流动的动态过程。

7.云计算

云计算概念是由 Google 提出的。它旨在通过网络把多个成本相对较低的计算实体整合成一个具有强大计算能力的完美系统,并借助 SAAS、PAAS、IAAS、MSP 等先进的商业模式把这强大的计算能力分布到终端用户手中。云计算的核心思想,是将大量用网络连接的计算资源统一管理和调度,构成一个计算资源池向用户按需服务。云计算引入了全新的以用户为中心的理念,具有节省成本、高可用性、易扩展等众多优点。

8.大数据

大数据指的是所涉及的资料量规模巨大到无法通过目前主流软件工具,在合理时间内达到撷取、管理、处理、并整理成为帮助企业经营决策更积极目的的资讯。大数据有 4V 特点:Volume(大量)、Velocity(高速)、Variety(多样)、Value(价值)。2014 年 6 月,我国首个大数据交易行业规范发布——《中关村数海大数据交易平台规则》(征求意见稿)。

大数据之所以走红,主要归结于互联网、移动设备、物联网和云计算等快速崛起,全球数据量大大提升。物联网、移动互联网再加上传统互联网,每天都在产生海量数据,而大数据又通过云计算的形式,将这些数据筛选处理分析,提出有用的信息,这就是大数据分析。

三、互联网金融

一般来说,互联网金融是互联网与金融的结合,是借助互联网和移动通信技术实现资金融通、支付和信息中介功能的新兴金融模式。广义的互联网金融既包括作为非金融机构的互联网企业从事的金融业务,也包括金融机构通过互联网开展的业务。狭义的互联网金融仅指互联网企业开展的、基于互联网技术的金融业务。

互联网金融的主要特征:一是以大数据、云计算、社交网络和搜索引擎为基础,挖掘客户信息并管理信用风险;二是以点对点直接交易为基础进行金融资源配置;三是通过互联网实现以第三方支付为基础的资金转移,第三方支付机构的作用日益突出。

我国互联网金融的主要业态:①互联网支付,指通过计算机、手机等设备,依托互联网发起支付指令、转移资金的服务,其实质是新兴支付机构作为中介,利用互联网技术在付款人和收款人之间提供的资金划转服务;②P2P 网络借贷,指的是个体和个体之间通过互联网平台实现的直接借贷;③非 P2P 的网络小额贷款,是指互联网企业通过其控制的小额贷款公司,向旗下电子商务平台客户提供的小额信用贷款;④众筹融资,是指通过网络平台为项目发起人筹集从事某项创业或活动的小额资金,并由项目发起人向投资人提供一定回报的融资模式;⑤金融机构创新型互联网平台;⑥基于互联网的基金销售。

四、移动通信

1. 4G 技术

世界很多组织给 4G 下了不同的定义,而 ITU 代表了传统移动蜂窝运营商对 4G 的看法,认为 4G 是基于 IP 协议的高速蜂窝移动网,现有的各种无线通信技术从现有 3G 演进,并在 3GLTE 阶段完成标准统一。ITU4G 要求传输速率比现有网络高 1000 倍,达到 100Mbit/s。

在 2005 年 10 月的 ITU-RWP8F 第 17 次会议上,ITU 给了 4G 技术一个正式的名称 IMT-Advanced。按照 ITU 的定义,当前的 WCDMA、HSDPA 等技术统称为 IMT-2000 技术;未来新的空中接口技术,叫作 IMT-Advanced 技术。IMT-Advanced 标准继续依赖 3G 标准组织已发展的多项新定标准加以延伸,如 IP 核心网、开放业务架构及 IPv6。同时,其规划又必须满足整体系统架构能够由 3G 系统演进到未来 4G 架构的需求。

2.LBS

LBS,Location Based Service,基于位置的服务,它是通过电信移动运营商的无线电通信网络(如 GSM 网、CDMA 网)或外部定位方式(如 GPS)获取移动终端用户的位置信息(地理坐标或大地坐标),在地理信息系统平台 GIS 的支持下,为用户提供相应服务的一种增值业务。它包括两层含义:首先是确定移动设备或用户所在的地理位置;其次是提供与位置相关的各类信息服务。所以说 LBS 就是要借助互联网或无线网络,在固定用户或移动用户之间,完成定位和服务两大功能。

3."三网合一"的网络(三网融合)

三网融合是指电信网、广播电视网、互联网在向宽带通信网、数字电视网、下一代互联网演进过程中,三大网络通过技术改造,其技术功能趋于一致,业务范围趋于相同,网络互联互通、资源共享,能为用户提供语音、数据和广播电视等多种服务。三网合并不意味着三大网络的物理合一,而主要是指高层业务应用的融合。三网融合应用广泛,遍及智能交通、环境保护、政府工作、公共安全、平安家居等多个领域。以后的手机可以看电视、上网,电视可以打电话、上网,电脑也可以打电话、看电视。三者之间相互交叉,形成你中有我、我中有你的格局。

五、电子支付

(一)基本概念

2005 年 10 月,中国人民银行公布《电子支付指引(第一号)》规定:"电子支付是指单位、个人(以下简称客户)直接或授权他人通过电子终端发出支付指令,实现货币支付与资金转移的行为。电子支付的类型按电子支付指令发起方式分为网上支付、电话支付、移动支付、销售点终端交易、自动柜员机交易和其他电子支付。"简单来说,电子支付是指电子交易的当事人,包括消费者、厂商和金融机构,使用安全电子支付手段,通过网络进行的货币支付或资金流转。电子支付是电子商务系统的重要组成部分。

(二)类型

电子支付的业务类型按电子支付指令发起方式分为网上支付、电话支付、移动支付、销售点终端交易、自动柜员机交易和其他电子支付。

1.网上支付

网上支付是电子支付的一种形式。广义地讲,网上支付是以互联网为基础,利用银行所支持的某种数字金融工具,发生在购买者和销售者之间的金融交换,而实现从买者到金融机构、商家之间的在线货币支付、现金流转、资金清算、查询统计等过程,由此为电子商务服务和其他服务提供金融支持。

2.电话支付

电话支付是电子支付的一种线下实现形式,是指消费者使用电话(固定电话、手机)或其他类似电话的终端设备,通过银行系统就能从个人银行账户里直接完成付款的方式。

3.移动支付

移动支付是使用移动设备通过无线方式完成支付行为的一种新型的支付方式。移动支付所使用的移动终端可以是手机、PDA、移动 PC 等。

六、TCP/IP 体系结构

TCP/IP 协议是一个分层结构。协议的分层使得各层的任务和目的十分明确,这样有利于软件编写和通信控制。TCP/IP 模型分为四层,由下至上分别是网络接口层、网络层、传输层和应用层。图 2-2-1 是 TCP/IP 模型与 OSI 模型的对比。

图 2-2-1 OSI 与 TCP/IP 对比图

最上层是应用层,用户在应用层上进行操作,如收发电子邮件,文件传输等。简单网络管理协议 SNMP 就是一个典型的应用层协议。

传输层的主要功能是对应用层传递来的用户信息进行分段处理,然后在各段信息中加入一些附加的说明,如说明各段的顺序等,保证对方收到可靠的信息。该层有两个协议:一个是传输控制协议 (Transfer Control Protocol, 简称 TCP);另一个是用户数据包协议(User Datagram Protocol,简称 UDP)。SNMP 是基于 UDP 的一个应用协议。

网络层将传输层形成的一段一段的信息打成 IP 数据包,在报头中填入地址信息,然后选择发送的路径。

最底层是网络接口层,其功能是接收和发送 IP 数据包,负责与网络中的传输介质打交道。

TCP/IP 规范了网络上的所有的通信,尤其是一个主机与另一个主机之间的数据往来格式以及传送方式。

七、网络安全控制技术

为了保护网络信息的安全可靠，除了运用法律和管理手段外，还需依靠技术方法来实现。网络安全控制技术目前有：防火墙技术、加密技术、用户识别技术、访问控制技术、网络反病毒技术、网络安全漏洞扫描技术、入侵检测技术、统一威胁安全管理技术等。

1.防火墙技术

防火墙通常是运行在一台单独计算机上的一个特别的服务软件，用来保护由许多台计算机组成的内部网。它可以识别并屏蔽非法请求，有效防止跨越权限的数据访问。它既可以是非常简单的过滤器，也可能是精心配置的网关，但它们的原理都是检测并过滤所有内部网和外部网之间的信息交换。

(1)防火墙的功能。①对进出的数据包进行过滤，滤掉不安全的服务和非法用户；②监视因特网安全，对网络攻击行为进行检测和报警；③记录通过防火墙的信息内容和活动；④控制对特殊站点的访问，封堵某些被禁止的访问行为。

(2)防火墙的优缺点。防火墙的优点包括：防火墙能强化安全策略；防火墙能有效记录因特网上的活动；防火墙是一个安全策略的边防站。防火墙的缺点包括：防火墙不能防范不经由防火墙的攻击；防火墙不能防止感染了病毒的软件或文件的传输；防火墙不能防止数据驱动式攻击。

(3)防火墙的分类。根据防火墙实现原理不同可以将防火墙分为包过滤防火墙、应用层网关防火墙、状态检测防火墙(动态包过滤防火墙)、复合型防火墙。

2.加密技术

加密技术是网络信息安全主动的、开放型的防范手段，对于敏感数据应采用加密处理，并且在数据传输时采用加密传输，目前加密技术主要有两大类：一类是基于对称密钥的加密算法，也称私钥算法；另一类是基于非对称密钥的加密算法，也称公钥算法。加密手段，一般分软件加密和硬件加密两种。软件加密成本低而且灵活方便，硬件加密效率高，安全性高。密钥管理包括密钥生产、分发、更换等，是数据保密的重要一环。

3.用户识别技术

用户识别和验证也是一种基本的安全技术。其核心是识别访问者是否属于系统的合法用户，目的是防止非法用户进入系统。目前一般采用基于对称密钥加密或公开密钥加密的方法，采用高强度的密码技术来进行身份认证。

4.访问控制技术

访问控制是控制不同用户对信息资源的访问权限。根据安全策略，对信息资源进行集中管理，对资源的控制粒度有粗粒度和细粒度两种，可控制到文件、Web 的 HTML 页面、图形、CCT、Java 应用。

5.网络反病毒技术

计算机病毒从 1981 年首次被发现以来，在近 20 年的发展过程中，在数目和危害性上都在飞速发展。因此，计算机病毒问题越来越受到计算机用户和计算机反病毒专家的重视，并且开发出了许多防病毒的产品。

6.漏洞扫描技术

漏洞扫描系统是一种自动检测远程或本地主机安全性弱点的程序。通过使用漏洞扫描系统，系统管理员能够发现所维护的 Web 服务器的各种 TCP 端口的分配、提供的服务、Web 服务软件版本和这些服务及软件呈现在因特网上的安全漏洞，从而在计算机网络系统安全保卫战中，及时修补漏洞，构筑坚固的安全长城。

漏洞扫描系统基本工作原理：当用户通过控制平台发出了扫描命令之后，控制平台即向扫描模块发出相应的扫描请求，扫描模块在接到请求之后立即启动相应的子功能模块，对被扫描主机进行扫描。通过对被扫描主机返回的信息进行分析判断，扫描模块将扫描结果返回给控制平台，再由控制平台最终呈现给用户。

八、计算机病毒及防护

计算机病毒是指编制或者在计算机程序中插入的破坏计算机功能或者毁坏数据，影响计算机使用，并能自我复制的一组计算机指令或者程序代码；它是一段非常短的，通常只有几千个字节，会不断自我复制、隐藏和感染其他程序或计算机的程序代码。当执行时，它把自己传播到其他计算机系统、程序里。携带有计算机病毒的计算机程序被称为计算机病毒载体或被感染程序。计算机病毒的再生机制，即它的传染机制使计算机病毒代码强行传染到一切可传染的程序之上，迅速地在一台计算机内，甚至一群计算机之间进行传染、扩散。每一台被感染了计算机病毒的计算机本身既是一个受害者，又是一个新的计算机病毒传染源。感染计算机病毒的计算机往往在一定程度上丧失或部分丧失了正常工作的能力，如运行速度降低、功能失常、文件和数据丢失，同时计算机病毒通过各种可能的渠道，如软盘、光盘、计算机网络去传染其他计算机。

1.计算机病毒的特性

计算机病毒具有传染性、隐蔽性、潜伏性、破坏性、针对性、衍生性、寄生性、未知性。

2.计算机病毒的攻击对象

计算机病毒的攻击对象及方法主要有：攻击系统数据、攻击文件、键盘、干扰系统运行、攻击内存、占用资源、扰乱屏幕显示、攻击 CMOS、吞噬网络资源。

3.计算机病毒的防治

（1）病毒的预防。计算机病毒的预防技术是根据病毒程序的特征对病毒进行分类处理，然后在程序运行中凡有类似的特征点出现时就认定是计算机病毒，并防止其进入系统内存或阻止其对磁盘进行操作尤其是写操作，以达到保护系统的目的。

反病毒软件可以帮助防止病毒感染，在系统上扫描病毒、删除病毒甚至可以给系统一种保护性的疫苗。病毒扫描软件是一类反病毒程序，可以扫描软件并进入系统搜索病毒，不论它们在内存、硬盘还是移动磁盘中；另一类反病毒程序是完整性检查程序，它们与病毒扫描软件不同，是通过识别文件和系统的改变来发现病毒的影响的。这种程序的缺点是在病毒正在工作并且做了一些事情时它才能起作用。

(2)病毒的消除。预防病毒的攻击固然重要,但如果有病毒出现在磁盘上时,最重要的就是要消除病毒。杀毒程序必须拥有这种病毒如何工作的信息,然后才能将病毒从磁盘上删除。对文件型病毒,杀毒程序需要知道病毒如何工作,然后计算出病毒代码的起始位置和程序代码的起始位置,然后将病毒代码从文件中清除,文件则恢复到原来的状态。

4.网络病毒

开放性的因特网为计算机病毒的传播提供了有利的环境,因特网本身的安全漏洞也为培育新一代病毒提供了良好的条件,病毒程序制造者利用各种技术,通过网络将病毒程序渗透到个人计算机中,这就是近两年兴起的第二代病毒,即所谓的"网络病毒"。

(1)网络病毒相对于传统计算机病毒的特点及危害性。

破坏性强:网络病毒破坏性强,直接影响网络工作,轻则降低速度,影响工作效率,重则使网络瘫痪。

传播性强:网络病毒普遍具有较强的再生机制,一接触就可通过网络扩散与传染。一旦某个公用程序感染了病毒,那么病毒将很快在整个网络上传播,感染其他程序。

具有潜伏性和可激发性:在一定的环境下受到外界因素刺激便能活跃起来。

针对性强:网络病毒并非一定对网络上所有的计算机都进行感染与攻击,而是具有某种针对性。

扩散面广:由于网络病毒能通过网络进行传播,所以其扩散面很大,一台 PC 机的病毒可以通过网络感染与之相连的众多机器。

传播速度快:在单机环境下,病毒只能从一台计算机传播到另外一台计算机上,而在网络中则可以通过网络通信机制进行迅速扩散。

难以彻底清除:单机上的计算机病毒有时可通过删除带毒文件、低级格式化硬盘等措施将病毒彻底清除。而在网络中,只要有一台工作站未能清除干净,就可能使整个网络重新被病毒感染。

(2)网络病毒防护。计算机病毒及其传播途径日趋多样化,因此大型企业网络系统的防病毒工作需要建立多层次、立体的病毒防护体系,而且要具备完善的管理系统来设置和维护对病毒的防护策略。

基于网络系统的病毒防护体系主要包括以下几个方面的策略:

防毒一定要实现全方位、多层次防毒。

网关防毒是整体防毒的首要防线。应将网关防毒作为最重要的一道防线来部署。

没有管理的防毒系统是无效的防毒系统,因此一定要保证整个防毒产品从管理系统中及时得到更新。

九、数据库技术

数据库技术作为数据管理的实现技术,已成为计算机应用技术的核心。从某种意义而言,数据库的建设规模、数据库信息量的大小和使用频度,已成为衡量一个国家信息化程度的重要标志。

(一)基本概念

数据是描述现实世界事物的符号记录,是用物理符号记录的可以鉴别的信息。物理符号有多种表现形式,包括数字、文字、图形、图像、声音及其他特殊符号。数据的各种表现形式,都可以经过数字化后存入计算机。

数据库是长期存储在计算机内、有组织的、可共享的数据集合。这种集合具有如下特点:最小的冗余度,应用程序对数据资源共享,数据独立性高,统一管理和控制。

数据库管理系统(DBMS)是位于用户与操作系统之间的一个数据管理软件,它的基本功能包括以下几个方面:数据定义功能、数据操纵功能、数据库的运行管理功能、数据库的建立和维护功能。

数据库系统是指在计算机系统中引入数据库后构成的系统。一般由数据库、操作系统、数据库管理系统(及其开发工具)、应用系统、数据库管理员和用户构成。

数据库系统的体系结构划分为集中式系统、个人计算机系统、分布式系统、客户/服务器系统和浏览器/服务器系统五类。目前,客户/服务器系统和浏览器/服务器系统是数据库系统中最为常用的结构。

(二)数据模型

数据模型(DataModel)也是一种模型,它是实现数据特征的抽象。数据库系统的核心是数据库,数据库是根据数据模型建立的,因而,数据模型是数据库系统的基础。

1.构成

数据模型通常都是由数据结构、数据操作和数据完整性约束三个要素组成。

(1)数据结构研究数据之间的组织形式(数据的逻辑结构)、数据的存储形式(数据的物理结构)以及数据对象的类型等。存储在数据库中的对象类型的集合是数据库的组成部分。

数据结构用于描述系统的静态特性,是刻画一个数据模型性质最重要的方面。因此,在数据库系统中,通常按照其数据结构的类型来命名数据模型。例如层次结构、网状结构、关系结构的数据模型分别命名为层次模型、网状模型和关系模型。

(2)数据操作用于描述系统的动态特性。数据操作是指对数据库中的各种对象(型)的实例(值)允许执行的操作的集合,包括操作及有关的操作规则。数据库主要有查询和更新(包括插入、删除、修改)两大类操作。数据模型必须定义这些操作的确切含义、操作符号、操作规则(如优先级)以及实现操作的语言。

(3)数据完整性约束是一组完整性规则的集合。完整性规则是给定的数据模型中数据及其联系所具有的制约和储存规则,用以符合数据模型的数据库状态以及状态的变化,来保证数据的正确、有效和相容。

2.种类

数据库领域中,最常用的数据模型有层次模型、网状模型和关系模型。其中,层次模型和网状模型统称为非关系模型。非关系模型的数据库系统在 20 世纪 70 年代非常流行,到了20 世纪 80 年代,关系模型的数据库系统以其独特的优点逐渐占据了主导地位,成为数据库系统的主流。

(1)层次模型是数据库中最早出现的数据模型,层次数据库系统采用层次模型作为数据的组织方式。用树型(层次)结构表示实体类型以及实体间的联系是层次模型的主要特征。

(2)网状模型。在现实世界中事物之间的联系更多的是非层次关系的,用层次模型表示非树形结构是很不直接的,网状模型则可以克服这一弊端。用网状结构表示实体类型及实体之间联系的数据模型称为网状模型。记录之间联系是通过指针实现的,因此,数据的联系十分密切。

(3)关系模型是目前最常用的一种数据模型。关系模型中用于描述数据的主要结构是关系。关系可分为以下三种类型:基本表、查询表、视图表。在关系模型中,数据在用户观点下的逻辑结构就是一张二维表。每一张二维表称为一个关系。关系在用户看来是一个表格,记录是表中的行,属性是表中的列。

(三)结构化查询语言 SQL

1.SQL 概述

虽然在命名 SQL 语言时,我们使用了"结构化查询语言",但是实际上 SQL 语言有四大功能:查询(Query)、操纵(Manipulation)、定义(Definition)和控制(Control)。这四大功能使 SQL 语言成为一个综合的、通用的、功能强大的关系数据库语言,SQL 语言的特点如下:

(1) 语言一体化的特点。SQL 语言一体化的特点主要表现在 SQL 语言的功能和操作符上。SQL 语言能完成定义关系模式、录入数据以及建立数据库、查询、更新、维护、数据库重构、数据库安全性控制等一系列操作要求,具有集 DDL(Data Definition Language)、DML(Data Manipulation Language)、DCL(Data Control Language)为一体的特点。用 SQL 语言可以实现数据库生命期中的全部活动。因为在关系模型中实体以及实体间的联系都用关系来表示,这种单一的数据结构带来了数据操纵符的统一性,因此,要想操作仅以一种方式表示的信息,只需要一种操作符。

(2)两种使用方式、统一的语法结构。SQL 语言有两种使用方式:联机交互使用方式和嵌入某种高级程序设计语言中进行数据库操作的方式。在联机交互使用方式下,SQL 语言为自含式语言,可以独立使用,这种方式适合非计算机专业人员使用;在嵌入某种高级语言的使用方式下,SQL 语言为嵌入式语言,它依附于主语言,这种方式适合程序员使用。

尽管用户使用 SQL 语言的方式可能不同,但是 SQL 语言的语法结构是基本一致的。这就大大改善了最终用户和程序设计人员之间的通信。

(3)高度非过程化。在使用 SQL 语言时,无论是在哪种使用方式下,用户都不必了解文件的存取路径。存取路径的选择和 SQL 语句操作的过程由系统自动完成。

(4)语言简洁、易学易用。虽然 SQL 语言的功能非常强大,但是它的语法一点都不复杂,十分简洁。标准 SQL 语言完成核心功能一共用了 6 个动词,其他的扩充 SQL 语言一般又在数据定义部分加了 DROP,在数据控制部分加了 REVOKE。SQL 语言的语法接近英语口语,因此,易学易用。

表 2-2-2 中所列出的 SQL 语言能够实现的各个功能和使用的语法,我们将在以下内容中给大家讲解。

表 2-2-2 SQL 语言使用的动词

SQL 语言的功能	动词
数据库查询	SELECT
数据定义	CREATE、DROP
数据操纵	INSERT、UPDATE、DELETE
数据控制	GRANT、REVOKE

2.SQL 数据定义

SQL 语言的数据定义(DDL)功能包括三部分:定义基表、定义视图和定义索引。其中定义基表中又包括建立基表、修改基表和删除基表;定义视图中包括建立视图和删除视图;定义索引中包括建立索引和删除索引。它们的语句分别为:CREATE TABLE、ALTER TABLE、DROP TABLE;CREATE VIEW、DROP VIEW;CREATE INDEX、DROP INDEX。

(1)定义基表。

第一,建立基表。建立基表的格式如下:

CREATE TABLE 表名(列名 1 数据类型 1[约束条件][,列名 2 数据类型 2[约束条件]] …)[IN 数据库空间名];

一个表可以由一个列或者多个列,列的定义要说明列名、数据类型,指出列的值是否允许为空值(NULL)。如果某列作为该基表的关键字,应该定义该列为非空(NOT NULL)。

一般情况下,标准 SQL 语言支持以下数据类型:

INTEGER:全字长(精度为 31 位)的十进制整数。

SMALLINT:半字长(精度为 15 位)的十进制整数。

DECIMAL(p,q):压缩十进制数,共 p 位,小数点后有 q 位;15≥p≥q≥0,q=0 时可省略。

FLOAT:双字长的浮点数。

CHAR(n):长度为 n 的定长字符串。

VARCHAR(n):变长字符串,最大长度为 n。

第二,修改基表。修改基表的格式如下:

ALTER TABLE 表名 ADD 列名 数据类型;

该语句的功能是在已经存在的表中增加一列。

第三,删除基表。删除基表的格式如下:

DROP TABLE 表名;该语句把一个基表的定义,连同表中的所有数据记录、索引以及由此表导出的所有视图全部删除,并释放相应的存储空间。

(2)定义视图。

用户对视图的查询与基本表一样,从用户的观点来看,视图与基本表都是关系,但由于视图是虚表,它并不对应一个存储的数据文件,因此通过视图对数据的修改要受到一定限制。

建立视图有两个作用：

a.可以简化查询命令。这一作用是由于在定义视图时已经对数据做了一定范围的限定。

b.可以限制某些用户查询范围。这一作用可通过对用户授权体现出来。

①定义视图。

命令格式:create view <视图名称> （属性名 1,属性名 2,…）

               as select 查询模块

               [with check option];

②取消视图。

命令格式:drop view <视图名称>

取消视图后,其定义以及在它基础上所建立的其他视图将自动删除。

(3)定义索引。

索引就是针对一个基表根据应用环境的不同需要建立的能够提供多种存取路径的文件。通常情况下,只有 DBA 或数据库设计人员负责索引的建立和删除,用户不必也不能在存取数据时选择索引,存取路径的选择由系统自动进行。

第一,建立索引。建立索引的格式如下:

CREATE [UNIQUE] INDEX 索引名 ON 基表名

(列名 1 [ASC/DESC][,列名 2 [ASC/DESC]]…)

[PCTFREE={10/整数}];

该语句允许在基表的一列或者多列上建立索引,最多不超过 16 列。索引可按升序(ASC)或者降序(DESC)排列,缺省时为升序。UNIQUE 表示每一索引值只对应唯一的数据记录。

选项 PCTFREE 指明在建立索引时,索引页中为以后插入或者更新索引想保留的自由空间的百分比,缺省值为 10%。

在一个基表上可以建立多个索引,以提供多种存取路径。索引一旦建立,在它被删除前一直有效。系统能够自动提供最优存取路径,使存取代价为最小。

第二,删除索引。删除索引的格式如下:

DROP INDEX 索引名;该语句可删除基表上建立的索引。在删除索引的同时,系统会自动把有关索引的描述从数据字典中删除。另外,当一个基表被删除时,在此基表上建立的索引也随之被删除。

3.SQL 数据检索、更新和控制

SQL 语言的数据操纵功能主要包括两个方面:检索和更新(包括增加、修改、删除)。涉及四个语句:查询(SELECT)、插入(INSERT)、删除(DELETE)和更新(UPDATE)。SQL 语言的核心是数据库查询语句。

SQL 语言的数据更新功能保证了 DBA 或数据库用户可以对已经建好的数据库进行数据维护,SQL 语言的更新语句包括修改、插入和删除三类语句。

SQL 语言的数据控制功能是指控制数据库用户对数据的存取权力。实际上,数据库中的数据控制包括数据的安全性、完整性、并发控制和数据恢复。

经典真题

1.以下关于宏病毒的叙述,错误的是(   )。

A.宏病毒会感染 DOC 文档文件和 DOT 模板文件

B.宏病毒是一种寄存在文档或模板的宏中的计算机病毒

C.感染宏病毒后,宏中必然含有对文档读写操作的宏指令

D.宏病毒是一种寄存在可执行文件中的电脑病毒

2.在 TCP/IP 协议族中,TCP 和 UDP 端口的类型不包括(   )。

A.动态端口   B.注册端口

C.静态端口   D.公认端口

3.电声系统中除有用信号以外,将音响设备噪声和放音环境噪声两部分统称为(   )。

A.环境噪声   B.本底噪声

C.前景噪声   D.合成噪声

4.以下选项中不属于人工智能的是(   )。

A.机器人   B.语言识别

C.自然语言识别   D.搜索引擎

5.下列不属于电子支付类型的是(   )

A.网上支付   B.电话支付

C.移动支付   D.现金支付

经典真题参考答案及解析

1.【答案】D。解析:宏病毒是一种寄存在文档或模板的宏中的计算机病毒。一旦打开这样的文档,其中的宏就会被执行,于是宏病毒就会被激活,转移到计算机上,并驻留在 Normal 模板上。从此以后,所有自动保存的文档都会"感染"上这种宏病毒,而且如果其他用户打开了感染病毒的文档,宏病毒又会转移到他的计算机上。可执行文件病毒依附在可执行文件或覆盖文件中,当病毒程序感染一个可执行文件时,病毒会修改原文件的一些参数,并将病毒自身程序添加到原文件中。

2.【答案】C。解析:根据 TCP/IP 协议规定,电脑端口可分为 TCP 端口和 UDP 端口两种。端口分类为,第一类:公认端口,从 0 到 1023,它们紧密绑定于一些服务。第二类:注册端口,从 1024 到 49151,它们松散地绑定于一些服务。第三类:动态和/或私有端口,从 49152 到 65535。故本题选 C。

3.【答案】B。解析:本底噪声,也称为背景噪声,是指电声系统中除有用信号以外的总噪声,包括音响设备噪声和放音环境噪声两部分。故本题选 B。

4.【答案】D。解析:人工智能(Artificial Intelligence),英文缩写为 AI。它是研究、开发用于

模拟、延伸和扩展人的智能的理论、方法、技术及应用系统的一门新的技术科学。人工智能是计算机科学的一个分支,它企图了解智能的实质,并生产出一种新的能以人类智能相似的方式做出反应的智能机器,该领域的研究包括机器人、语言识别、图像识别、自然语言处理和专家系统等。

5.【答案】D。

同步训练

1.在下列关于数据库技术的描述中,错误的是( )。

A.关系模型是目前在 DBMS 中使用最广泛的数据模型之一

B.从组成上来看,数据库系统由数据库和应用程序组成,它不包括 DBMS 及用户

C.SQL 语言不限于数据查询,还包括数据操作、定义、控制和管理等多方面的功能

D.OFFICE 软件包中的 ACCESS 软件是数据库管理系统

2.若网络形状是由站点和连接站点的链路组成的一个闭合环,则称这种拓扑结构为( )。

A.星形拓扑　　　　　　　　　　B.总线拓扑

C.环形拓扑　　　　　　　　　　D.树形拓扑

3.TCP/IP 体系结构中的 TCP 和 IP 所提供的服务分别为( )。

A.链路层服务和网络层服务　　　B.网络层服务和运输层服务

C.运输层服务和应用层服务　　　D.运输层服务和网络层服务

4.下列四项中,合法的电子邮件地址是( )。

A.abc.sina.com.cn　　　　　　　B.sina.com.cn.abc

C.sina.com.cn@abc　　　　　　D.abc@sina.com.cn

5.Internet 中使用最广泛的协议是( )。

A.SMTP 协议　　　　　　　　　B.SDH/SONET 协议

C.OSI/RM 协议　　　　　　　　D.TCP/IP 协议

6.关于 WWW 服务系统的描述,错误的是( )。

A.WWW 是在 Internet 上最典型的服务之一

B.传输协议为 HTML

C.页面到页面的连接由 URL 维持

D.常见的客户端应用程序包括网页浏览器、电子邮件客户端等

同步训练参考答案及解析

1.【答案】B。解析:数据库系统一般由数据库、数据库管理系统(及其开发工具)、应用系统、数据库管理员和用户构成,B 项错误。

2.【答案】C。解析:环形拓扑是所有的转发器及其物理线路构成了一个环状的网络系统。

总线型拓扑是采用主线传输作为共用的传输介质,将网络中所有的计算机通过相应的硬件接口和电缆直接连接到这根共享总线上。星型拓扑结构是所有计算机连接到一个中心点,此中心点可以是文件服务器,也可以是网络的集线器。

3.【答案】D。解析:TCP 和 IP 所提供的服务分别在运输层服务和网络层服务。

4.【答案】D。解析:电子邮件地址有统一的标准格式:用户名 @ 服务器域名。

5.【答案】D。解析:在 Internet 中最广泛的协议就是 TCP/IP 协议,故本题选 D。

6.【答案】B。解析:传输协议是 HTTP。

第三章 常识判断

第一节 备考攻略

一、考情分析

常识判断是中国农业银行招聘考试的重要内容,通过对考试的真题进行分析,我们不难发现,常识判断题考试重点是地理、人文、生物、科技、历史常识等,考生应该重点关注这部分内容。

表 2-3-1 2015—2018 年中国农业银行常识判断部分题量

年份	题量
2018	10
2017	11
2016	12
2015	10

二、备考指导

常识判断主要测查考生应知应会的基本知识以及运用这些知识分析判断的基本能力。考生在备考常识判断部分内容时,首先应当注意基础知识的积累。常识需要的是积累和训练,前期备考阶段考生应在基础知识方面有一个系统归纳和梳理,如果没有基础的话,可以进行系统化的学习。其次考生应加强真题和模拟题的训练,只有在试题训练中才能不断发现问题,从而了解自己的不足,才能进步。最后是重新翻阅自己的笔记和做错过的题,温故知新,要沉静下来归纳真题中的主要知识点和难点。

第二节　重要知识点讲解

一、文学常识

1.中国文学

(1)第一部兵书:《孙子兵法》。

(2)第一部纪传体通史:《史记》。

(3)第一部词典:《尔雅》。

(4)第一部大百科全书:《永乐大典》。

(5)第一部诗歌总集:《诗经》。

(6)第一部文选:《昭明文选》。

(7)第一部字典:《说文解字》。

(8)第一部神话集:《山海经》。

(9)第一部文言志人小说集:《世说新语》。

(10)第一部文言志怪小说集:《搜神记》。

(11)第一部语录体著作:《论语》。

(12)第一部编年体史书:《春秋》。

(13)第一部断代史:《汉书》。

(14)第一部国别史:《国语》。

(15)第一部记录谋臣策士门客言行的专集:《战国策》。

(16)第一部专记个人言行的历史散文:《晏子春秋》。

(17)第一首长篇叙事诗:《孔雀东南飞》。

(18)第一部文学批评专著:《典论·论文》(曹丕)。

(19)第一部文学理论和评论专著:南北朝梁人刘勰的《文心雕龙》。

(20)第一部科普作品,以笔记体写成的综合性学术著作:北宋沈括的《梦溪笔谈》。

(21)第一部日记体游记:明代徐宏祖的《徐霞客游记》。

(22)我国第一部长篇讽刺小说:《儒林外史》。

(23)我国第一部介绍进化论的译作:严复译的赫胥黎的《天演论》。

(24)我国第一部个人创作的文言短篇小说集:《聊斋志异》。

(25)司马光编写的《资治通鉴》,是一部著名编年体通史,叙述了从战国到五代1300多年的历史。

(26)我国新文学史上第一篇短篇小说:《狂人日记》。

(27)第一篇报告文学作品:夏衍的《包身工》。

(28)战国四君:齐国的孟尝君、赵国的平原君、楚国的春申君、魏国的信陵君。

(29)初唐四杰:王勃、杨炯、卢照邻、骆宾王。

(30)北宋文坛四大家:王安石、欧阳修、苏轼、黄庭坚。

(31)元曲四大家:关汉卿、马致远、白朴、郑光祖。

(32)唐宋八大家:唐宋时期八大散文作家的合称,即唐代的韩愈、柳宗元和宋代的苏轼、苏洵、苏辙("三苏")、欧阳修、王安石、曾巩。

(33)北宋四大书法家:苏轼、黄庭坚、米芾、蔡襄。

(34)竹林七贤:嵇康、阮籍、山涛、向秀、阮咸、王戎、刘伶。

(35)建安七子:孔融、陈琳、王粲、徐干、阮瑀、应玚、刘桢。

(36)楷书四大家:唐代的颜真卿、柳公权、欧阳询;元代的赵孟頫。

(37)四大古典小说:《三国演义》《水浒传》《西游记》《红楼梦》。

(38)四大谴责小说:《官场现形记》(李宝嘉)、《二十年目睹之怪现状》(吴趼人)、《老残游记》(刘鹗)、《孽海花》(曾朴)。

(39)鲁迅,现代文学家。他的《狂人日记》是现代文学史上的第一篇白话小说。

(40)郭沫若,现代文学家。代表作有诗集《女神》、历史剧《屈原》《蔡文姬》等。

(41)茅盾,现代文学家。代表作有中篇小说《蚀》三部曲、长篇小说《子夜》等。

(42)巴金,现代文学家。代表作有长篇小说《激流三部曲》(《家》《春》《秋》)等。

(43)老舍,现代小说家、剧作家。代表作有长篇小说《骆驼祥子》,话剧《茶馆》等。文笔朴实、幽默,富有浓郁的北京地方特色,是"京派"文学的代表人物。

(44)朱自清,现代散文家、诗人。代表作有诗文集《踪迹》、散文集《背影》等。

2.外国文学

(1)但丁,伟大诗人,文艺复兴的先驱。恩格斯称他是"中世纪的最后一位诗人,同时又是新时代的最初一位诗人"。主要作品为叙事长诗《神曲》(《地狱》《炼狱》《天堂》)。

(2)英国莎士比亚的四大悲剧:《哈姆雷特》《李尔王》《奥赛罗》《麦克白》,喜剧:《仲夏夜之梦》《皆大欢喜》《第十二夜》《威尼斯商人》。

(3)莫里哀,伟大的喜剧家,世界喜剧作家中成就最高者之一。主要作品为《伪君子》《悭吝人》等共37部喜剧。

(4)雨果,伟大作家,欧洲19世纪浪漫主义文学最卓越的代表。主要作品为长篇小说《巴黎圣母院》《悲惨世界》《笑面人》《九三年》等。

(5)巴尔扎克,世界文学界的伟人,现实主义大师。主要作品为《人间喜剧》(包括《高老头》《欧也妮·葛朗台》《贝姨》《邦斯舅舅》等),是世界文学中规模最宏伟的创作之一,也是人类思维劳动最辉煌的成果之一。

(6)莫泊桑,被称为"短篇小说巨匠"。主要作品为长篇小说《一生》《俊友》,短篇小说《羊脂球》《我的叔叔于勒》《项链》。

(7)歌德,德国文学最高成就的代表者。主要作品为书信体小说《少年维特之烦恼》、诗剧《浮士德》。

(8)列夫·托尔斯泰,杰出的现实主义作家,主要作品为长篇小说《战争与和平》《安娜·卡列尼娜》《复活》等。世界现实主义文学的顶峰之一,列宁称之为"俄国革命的一面镜子"。

(9)契诃夫,作家。主要作品为短篇小说《小公务员之死》《变色龙》《套中人》,中篇小说《第六病室》,剧本《海鸥》《万尼亚舅舅》《三姊妹》。他是俄罗斯唯一以短篇小说创作登上世界文坛高峰的作家。

(10)高尔基,无产阶级伟大作家。主要作品为自传体三部曲《童年》《在人间》《我的大学》,长篇小说《母亲》,散文诗《海燕》等。

(11)尼古拉·奥斯特洛夫斯基,主要作品为《钢铁是怎样炼成的》。

(12)安徒生,童话作家。主要作品为《丑小鸭》《皇帝的新装》《卖火柴的小女孩》等。

(13)马克·吐温,作家。主要作品为长篇讽刺小说《镀金时代》,儿童文学《哈克贝里·芬历险记》《汤姆·索亚历险记》,短篇小说《竞选州长》《百万英镑》等。

(14)海明威,作家,诺贝尔文学奖获得者。代表作是中篇小说《老人与海》。

(15)泰戈尔,印度诗人、作家,诺贝尔文学奖获得者。诗集有《吉檀迦利》《飞鸟集》《新月集》,长篇小说《沉船》等。

二、历史常识

1.先秦时期

夏朝建立	商汤灭夏	武王伐纣	东周建立	三家分晋	商鞅变法	长平之战
公元前2070年	公元前1600年	公元前1046年	公元前770年	公元前403年	公元前356年 公元前350年	公元前260年

图 2-3-1 先秦时期

【重点名词解释】

商代"甲骨文":是中国已知最早成体系的文字形式。

春秋五霸:一般认为是指齐桓公、宋襄公、晋文公、秦穆公和楚庄王。

战国七雄:指战国时期实力最强的七个诸侯国,即齐、楚、秦、燕、赵、魏、韩。

商鞅变法:秦孝公时,商鞅于公元前356年和公元前350年两次变法。主要内容为"废井田、开阡陌,实行郡县制,奖励耕织和战斗,实行连坐之法"。

2.秦汉时期

秦朝建立	西汉建立	七国之乱	王莽篡汉	东汉建立	官渡之战	赤壁之战
公元前221年	公元前202年	公元前154年	8年	25年	200年	208年

图 2-3-2 秦汉时期

【重点名词解释】

焚书坑儒:秦始皇从公元前213年开始的焚毁五经、活埋儒士的事件。导致国民思想的禁锢,大量典籍被焚毁。

文景之治:公元前180年至公元前141年,汉文帝和汉景帝统治时期,实行"轻徭薄役,与民休息"的政策,使农业生产得到恢复和发展。

太学:公元前124年,汉武帝建立太学,是汉代出现的设在京师的全国最高教育机构。

"新儒学"：是经过董仲舒改造的，以先秦儒学为基础，吸取融合了道、法、阴阳诸家中的合理因素，构成的以"天人感应""五德终始""德主刑辅""三纲五常"和"大一统"等学说为主要内容的思想体系。

官渡之战：公元200年，曹操与袁绍在官渡进行的争夺北方霸权的战争。此战之后，曹操基本统一了北方。

赤壁之战：公元208年，曹操与孙刘联军在赤壁进行的大战。该战为三国鼎立局面的形成奠定了基础。

3.三国两晋南北朝时期

曹丕称帝 东汉灭亡	夷陵之战	西晋建立	八王之乱	西晋灭亡	淝水之战	孝文帝 开始改革
220年	222年	266年	291年	316年	383年	485年

图 2-3-3 三国两晋南北朝时期

【重点名词解释】

淝水之战：公元383年，前秦与东晋之间发生的战争，以前秦的失败告终，北方重新陷入混乱。

北魏孝文帝改革：北魏孝文帝于公元485年开始实行改革，主要内容包括实行俸禄制、均田令、迁都洛阳和鲜卑族汉化等。此举加快了北方的民族融合，促进了统一。

4.隋唐五代时期

杨坚代周 隋朝建立	大运河完工	隋朝灭亡 唐朝建立	武则天称帝	安史之乱爆发	甘露之变	朱全忠代唐 唐朝灭亡
581年	610年	618年	690年	755年	835年	907年

图 2-3-4 隋唐五代时期

【重点名词解释】

罄竹难书：隋末瓦岗军发布的檄文中，列举隋炀帝十大罪状，写道："罄南山之竹，书罪未穷；决东海之波，流恶难尽。"多指罪恶的事情很多，难以书写完。

武则天：中国历史上唯一名实相符的女皇帝。

开元盛世：唐玄宗开元年间，厉行改革，政治清明，唐朝进入长达四十余年的鼎盛期，史称"开元盛世"。杜甫的《忆昔》中写道："忆昔开元全盛日，小邑犹藏万家室。稻米流脂粟米白，公私仓廪俱丰实。九州道路无豺虎，远行不劳吉日出。齐纨鲁缟车班班，男耕女桑不相失。"

五代十国：指唐朝灭亡到宋朝建立之间的历史时期。《水浒传》中写到："朱李石刘郭，梁唐晋汉周。都来十五帝，播乱五十秋。"这里说的便是"五代"。

5.辽宋夏金元时期

陈桥兵变 北宋建立	澶渊之盟	王安石变法	靖康之变 北宋灭亡	风波亭事件	元朝建立	崖山之战 南宋灭亡
960年	1005年	1069年	1127年	1141年	1271年	1279年

图 2-3-5 辽宋夏金元时期

【重点名词解释】

澶渊之盟:北宋与辽在澶州缔结的盟约。此后,宋、辽之间进入了一段很长的相对稳定时期,促进了两国经济和政治上的和平往来。

王安石变法:1069 年至 1085 年进行。主要内容有青苗法、募役法、农田水利法、方田均税法、市易法和保甲法等。

6.明清时期(至 1840 年)

明朝建立 元朝灭亡	郑和第一次 下西洋	张居正改革	明朝灭亡 清军入关	郑成功 收复台湾	《四库全书》 编纂完成	虎门销烟
1368 年	1405 年	1573 年	1644 年	1662 年	1793 年	1839 年

图 2-3-6 明清时期

【重点名词解释】

郑和下西洋:1405 年至 1433 年,郑和奉命七次远航,最远到达非洲东海岸和红海沿岸。

《尼布楚条约》:1689 年清政府与沙俄政府在尼布楚签订,为中俄第一份边界条约。

军机处:1729 年雍正设立,为辅佐皇帝的政务机构。军机处的设立,使皇权得到进一步加强。

虎门销烟:指中国清朝政府委任钦差大臣林则徐在广东虎门集中销毁鸦片的历史事件,此事成为第一次鸦片战争的导火线。

7.中国近代史(1840 年至 1919 年)

中英鸦片 战争爆发	火烧圆明园; 《北京条约》 签订	江南制造 总局成立	《马关条约》 签订; 公车上书	八国联军 侵华	同盟会成立; 科举制度废除	中华民国成立; 清帝退位, 清朝灭亡	五四运动
1840 年	1860 年	1865 年	1895 年	1900 年	1905 年	1912 年	1919 年

图 2-3-7 中国近代史(1840 年至 1919 年)

【重点名词解释】

《南京条约》:1842 年签订,是中国近代史上第一个不平等条约。

《马关条约》:《马关条约》的签订,使中国社会半殖民地半封建化的程度大大加深。

新文化运动:最早于 1915 年兴起,是一次"反传统、反孔教、反文言"的思想文化革新、文学革命运动,宣扬民主和科学。

三、地理常识

(一)我国的地理概况

1.我国的领土疆域

我国的陆地面积约 960 万平方千米,居世界第 3 位。仅次于俄罗斯、加拿大,第 4 位为美国。

我国的最东端在黑龙江和乌苏里江的主航道中心线的相交处,最西端在帕米尔高原附近,东西相距约 5 000 千米,跨经度 60 多度。最南端在曾母暗沙,最北端在漠河以北黑龙江主航道的中心线上,南北相距约 5 500 千米,跨纬度约 50 度。

我国陆上国界长达 22 000 多千米,共有 14 个陆上邻国,从鸭绿江口开始到北仑河口依次为朝鲜、俄罗斯、蒙古、哈萨克斯坦、吉尔吉斯斯坦、塔吉克斯坦、阿富汗、巴基斯坦、印度、尼泊尔、不丹、缅甸、老挝、越南。

我国有 18 000 千米长的海岸线,自北向南濒临的近海有渤海、黄海、东海和南海。与我国隔海相望的国家有 6 个,分别是韩国、日本、文莱、马来西亚、印度尼西亚、菲律宾。

2.我国的山脉

山地延伸成脉状即为山脉。山脉构成中国地形的骨架,常常是不同地形区的分界,山脉延伸的方向称作走向,中国山脉的分布按其走向可分为五种情况:

(1)东西走向的山脉:天山—阴山;昆仑山—秦岭;南岭。

(2)东北—西南走向的山脉:大兴安岭—太行山—巫山—雪峰山;长白山—武夷山;台湾山脉。

(3)西北—东南走向的山脉:阿尔泰山和祁连山。

(4)南北走向的山脉:六盘山、横断山脉和贺兰山脉。

(5)弧形山脉:喜马拉雅山,分布在中国与印度、尼泊尔等国边界上,绵延 2 400 多千米,平均海拔6 000 米,其主峰珠穆朗玛峰,海拔 8 844.43 米,是世界最高峰。

3.我国的主要岛屿与半岛

我国是世界上岛屿众多的国家之一。我国沿海分布着大大小小 6 500 多个岛屿。台湾岛、海南岛、崇明岛分别是我国第一、第二、第三大岛。舟山群岛、庙岛群岛、澎湖列岛、南海诸岛是我国的四大群岛。浙江省是我国岛屿分布最多的省。

我国的半岛自北向南有辽东半岛、山东半岛、雷州半岛。

4.我国的海域

渤海是一个半封闭的内陆湾,属于我国的内海,面积约 80 000 平方千米,由辽东湾、渤海湾、莱州湾和中央海盆四部分组成。流入的主要河流有辽河、海河和黄河等。从辽东半岛的老铁山到山东半岛的蓬莱角之间的连线为渤海和黄海的分界线。渔业、港口、石油、旅游和海盐是渤海的五大优势资源。

黄海位于中国内地和朝鲜半岛之间,面积约 380 000 平方千米。流入的主要河流有鸭绿江、大同江、汉江等。长江口至济州岛的连线为黄海和东海的分界线。

东海北部邻接黄海南部,面积约 760 000 平方千米,是一个比较开阔的边缘海。从我国广东省南澳岛经澎湖列岛至台湾省一线为东海和南海的分界线。台湾海峡属东海大陆架区。流入的主要河流有长江、钱塘江、闽江、浊水溪等。

南海总面积约为 3 500 000 平方千米。整个南海的四周几乎被大陆和岛屿所包围,是一个深海盆。流入南海的主要河流有珠江、韩江、红河、湄公河、湄南河等。

5.我国的河流

我国的河流总长度达 226 800 千米,径流总量约为 26 000 亿立方米,相当于全世界河川径流总量的 6.8%。我国众多的河流,各成系统,组成庞大的水系,大致可以分为黑龙江水系、辽河水系、黄河水系、淮河水系、长江水系、珠江水系、东南沿海水系、台湾及海南岛等海岛水系、西南水系、北冰洋水系、藏北高原内陆水系、新疆内陆水系、青海柴达木内陆水系、甘肃与内蒙古内陆水系等。主要的大江大河有长江、黄河、黑龙江、淮河、钱塘江、湘江、珠江、闽江等。

6.我国的湖泊

我国有大量的湖泊。据统计,全国天然湖泊面积在1平方千米以上的有2800多个,其中面积超过1000平方千米的湖泊有13个,全部湖泊面积达8万平方千米。鄱阳湖、洞庭湖、洪泽湖、太湖、巢湖是我国五大淡水湖,其中江西省北部、长江南面的鄱阳湖是最大的淡水湖。青藏高原上的青海湖是最大的咸水湖;世界海拔最高的湖是地处我国西藏日喀则地区仲巴县隆嘎尔乡境内的森里错湖;艾丁湖是我国海拔最低的湖,位于新疆吐鲁番。

7.我国的地形

中国山地、高原、盆地、平原和丘陵在陆地总面积中都占有相当的比重,地形种类比较齐全。地势西高东低,呈三级阶梯状分布。

四大高原:青藏高原、内蒙古高原、黄土高原和云贵高原。

四大盆地:面积最大的是塔里木盆地,其次是准噶尔盆地,再次是柴达木盆地,最小的是四川盆地。

三大平原:东北平原、华北平原和长江中下游平原。

三大丘陵:东南丘陵、辽东丘陵和山东丘陵。

8.我国的气候

我国根据≥10℃积温自北向南划分五个温度带,即寒温带、中温带、暖温带、亚热带、热带,同时另有一个独特的青藏高原气候区。

我国年降水量的空间分布具有由东南沿海向西北内陆递减的特点。降水量的地区分布极不均匀,总趋势是从东南沿海向西北内陆递减。我国的降水主要受西南和东南暖湿气流控制。

我国的气候特征:气候复杂多样、季风气候显著、大陆性强。

9.我国主要的旅游资源

(1)自然风光。如五岳名山(东岳泰山、西岳华山、北岳恒山、南岳衡山、中岳嵩山),四大佛教名山(五台山、九华山、普陀山、峨眉山)等。

(2)人文旅游景观。古代文化艺术宝藏,如六大古都(西安、洛阳、南京、开封、杭州、北京),万里长城等。

革命纪念地,如延安、遵义、井冈山等。

民族风情和地方风俗,如傣族的泼水节、蒙古族的那达慕大会、彝族的火把节等。

(二)世界地理概况

1.七大洲

七大洲面积从大到小排列:亚非北南美,南极欧大洋。

七大洲海拔从高到低顺序排列:南极亚非洲,北南美大洋欧。

2.大洲分界线

亚洲欧洲分界线:乌拉尔山脉—乌拉尔河—里海—大高加索山脉—黑海—土耳其海峡—爱琴海希腊土耳其海上边界线。

亚洲非洲分界线:苏伊士运河—红海—曼德海峡—亚丁湾,苏伊士运河。

欧洲非洲分界线:地中海—直布罗陀海峡,直布罗陀海峡。

亚洲与北美洲分界线:过白令海峡的国际日期变更线,白令海峡。

欧洲与北美洲分界线:丹麦海峡。

北美洲与南美洲分界线:巴拿马运河。

亚洲与大洋洲分界线:阿拉弗拉海—新几内亚岛西部海域。

南极洲与南美洲分界线:德雷克海峡。

3.世界主要海峡

马六甲海峡:位于马来半岛—苏门答腊岛之间,沟通南海与印度洋的安达曼海。它是太平洋—印度洋航运的咽喉要道,被日本称为"海上生命线"。

霍尔木兹海峡:位于伊朗—阿拉伯半岛(阿曼)之间,沟通波斯湾与阿拉伯海。它是波斯湾通往阿拉伯海的咽喉,波斯湾沿岸石油出口的要道,世界著名的"石油海峡"。

麦哲伦海峡:位于南美大陆—火地岛之间,沟通南大西洋和南太平洋。它是南美南部东西两岸的海上交通要道,大西洋和太平洋之间的大型轮船的航运要道。

德雷克海峡:位于南美洲—南极半岛之间,沟通南大西洋和南太平洋。它是南美洲、南极洲的分界线,各国科考队赴南极考察必经之地。

直布罗陀海峡:位于欧洲伊比利亚半岛南端和非洲西北端之间,是连接地中海和大西洋的重要门户。

巴士海峡:衔接菲律宾海与南海并位处台湾岛与巴丹群岛之间的海峡。为连通太平洋与中国南海的重要国际水道,也是西太平洋一个具有重要战略意义的海域,船只航行非常繁忙。

(三)自然地理概况

1.地球的自转

地方时:由于地球自西向东自转,偏东的地方先日出,使经度不同的各地区时间早晚不同,东边地点的时刻要比西边地点的时刻早,这种因经度不同的时刻即为地方时。

某地点太阳升得最高的时刻定义为该地的地方时的 12 点, 将两个相邻 12 点的时间间隔等分为 24 小时。同一经线上的地方时是相同的,经度每隔 15°,地方时相差 1 小时;经度每隔 1°,地方时相差 4 分钟。

时区:为了统一时间,根据地球每小时自西向东自转 15°,而将全球划分为 24 个时区。每个时区中央经线的地方时定义为该时区的区时,相邻时区的区时相差 1 小时。

日期变更线:设置日界线是为了避免日期的紊乱,国际规定将日期变更线(人为日界线)大致和 180°经线重合,两侧是日期的变更,东、西十二时区时刻值相同,但日期相差一天。在任何时刻,东十二时区总比西十二时区早一天;自东十二时区向东进入西十二时区,日期要减一天;自西十二时区向西进入东十二时区,日期要加一天。

2.地球的公转

(1)昼夜长短变化。

表2-3-2 昼夜长短变化

	北半球夏至日	北半球冬至日	春分、秋分
昼夜长短	北半球昼长夜短,纬度越高,昼越长夜越短;南半球相反;赤道昼夜等长	北半球昼短夜长,纬度越高,夜越长昼越短;南半球相反;赤道昼夜等长	全球昼夜平分
出现极昼(夜)范围	北(南)极圈及其以内地区	南(北)极圈及其以内地区	

(2)正午太阳高度的变化。正午太阳高度角是一天中最大的太阳高度角,也是当地地方时12点时的太阳高度角。

(3)纬度变化规律。地球上,同一纬度上正午太阳高度相同。太阳直射点所在纬度上正午太阳高度最大(90°)。正午太阳高度由直射点所在的纬线向南北方向递减。

表2-3-3 纬度变化规律

变化	变化趋势
随纬度变化	春分日和秋分日:由赤道向南北两极方向递减
	夏至日:由北回归线向南、北两侧递减
	冬至日:由南回归线向南、北两侧递减

(4)季节变化规律。北回归线及以北地区正午太阳高度夏至日达最大值,冬至日最小;南回归线及以南地区正午太阳高度冬至日达最大值,夏至日最小;回归线之间的地区太阳两次直射,但回归线上直射一次。

四季更替和五带划分:全球除赤道外,同一纬度地区,昼夜长短和正午太阳高度随着季节而变化,使太阳辐射具有季节变化的规律,形成了四季;同一季节,昼夜长短和正午太阳高度随着纬度而变化,使太阳辐射具有纬度分异的规律,形成了五带。

中国传统的四季划分:以四立(立春、立夏、立秋、立冬)为四季的起点,主要用于我国黄河流域的生活和农业生产。

欧美四季划分:以二分二至(春分、夏至、秋分、冬至)为起点。

五带的划分:五带的界线是南北回归线和南北极圈。热带有太阳直射现象,南北温带无太阳直射现象,也没有极昼极夜现象,南北寒带有极昼极夜的现象。五带反映了年太阳辐射总量从低纬度地区向高纬度地区减少的规律。

黄赤交角:自转形成的赤道面与公转形成的黄道面的夹角,大小为23°26′,地轴与公转轨道平面斜交成66°34′的夹角。由于黄赤交角的存在,使得一年中太阳直射点在南北回归线之间移动,从而形成了昼夜长短的变化及正午太阳高度的变化。

3月21日至9月23日为北半球夏半年,太阳直射点在北半球;9月23日至第二年3月

21 日为北半球冬半年,太阳直射点在南半球。

12 月 22 日至第二年 6 月 22 日,太阳直射点向北移动;6 月 22 日至 12 月 22 日,太阳直射点向南移动。

四、体育常识

(一)田径运动

田径或称田径运动,是径赛、田赛和全能比赛的统称。以高度和距离长度计算成绩的跳跃、投掷项目叫"田赛";以时间计算成绩的竞走和跑的项目叫"径赛"。田径比赛由田赛、径赛、公路跑、竞走和越野跑组成,此外还包括部分田赛和径赛项目组成的"十项全能"。田径号称"运动之母"。田径是世界上最为普及的体育运动之一,也是历史最悠久的运动项目。田径与游泳、射击被视为奥运会三大项目。

(二)篮球

篮球运动项目竞赛的基本规则如下:

表 2-3-4 篮球运动项目竞赛规则

		竞赛常见规则问题
常见违例	带球走	当队员在场上持着一个活球,其一脚或双脚超出本规则所述的限制向任一方向非法移动即为带球走
	3 秒钟规则	分为进攻 3 秒和防守 3 秒。进攻 3 秒:进攻方球员不得滞留于 3 秒区 3 秒以上;防守 3 秒:当某防守方球员对应的进攻方球员不在 3 秒区或者 3 秒区边缘且彻底摆脱防守球员时,防守方球员不得滞留禁区 3 秒以上(FIBA 无防守 3 秒)
	5 秒钟规则	持球后,球员必须在 5 秒钟之内掷界外球出手,FIBA 规则规定罚球也必须在 5 秒钟内出手
	8 秒钟规则	球队从后场控制球开始,必须在 8 秒钟内使球进入前场(对方的半场)
	24 秒钟规则	进攻球队在场上控球时必须在 24 秒钟内投篮出手(NBA、CBA、CUBA、WNBA 等比赛均为 24 秒,全美大学体育联合会比赛中为 35 秒)
	球回后场违例	球队如已将球从后场移至前场,该球队球员便不能再将球移过中线,运回后场
常见犯规	侵人犯规	与对方发生身体接触而产生的犯规行为
	双方犯规	两名分属两队的队员大约同时相互发生侵人犯规的情况
	技术犯规	队员或教练员因表现恶劣而被判犯规,比如与裁判发生争执
	违反体育道德的犯规	规则规定裁判员认为队员蓄意地对持球或不持球的对方队员造成侵人犯规,即为违反体育道德的犯规

（三）足球

1.比赛人员

（1）球员。一场比赛应由两队对抗，每队上场球员不可超过11人，其中一人是守门员。如果任何一队人数少于7人，不可开始比赛。国际足球总会、各州足球联盟或国家足球协会管辖下，所举办的任何正式比赛，每队最多可替换3名球员。比赛的竞赛规程必须规定可以提名几位替补球员。替补球员名单可填3人，最多7人。

（2）裁判员。裁判员的权利及职责包括以下内容：执行规则，与助理裁判（及预备裁判）合作控管比赛；确定每一个比赛用球以及球员装备符合规定；担任比赛计时，并记录比赛事件；因为违反规则的任何事情，有权停止、暂停或结束比赛；因为场外的任何干扰，有权停止、暂停或结束比赛；对于裁判未看见的事件，依据助理裁判的意见采取行动；向有关单位提出比赛报告。

2.比赛时间

（1）上下半场。比赛为两个时间相等的半场，上下半场各45分钟。

（2）半场休息时间。球员有权要求半场休息时间，半场休息时间不得超过15分钟。

（3）补足消耗时间。上下半场由于替补球员、察看受伤球员、搬运受伤球员离开球场接受治疗、延误时间等原因都要补足时间。

（4）罚球点球。罚球点球不受时间限制，应允许延长时间执行完罚球点球。

（5）加时比赛。比赛的竞赛规程可规定，和局时加时比赛，加时比赛为两个时间相等的半场。

（6）腰斩比赛。被腰斩的比赛应重赛，除非比赛的竞赛规程另有规定。

（四）排球

1.比赛计分办法

（1）胜一分：某队在对方失误与犯规以及受其他的判罚时，得一分。

（2）胜一局：先得25分同时超出对方2分的队胜一局，当双方比分为24:24时，比赛继续进行至某队领先2分为止，如果2:2平局时决胜局（第5局）采用15分并领先2分为胜，当比分为14平时，比赛继续进行至某队领先2分为止。

（3）胜一场：胜三局的队胜一场。

2.排球技术

排球基本技术有准备姿势与移动、发球、垫球、传球、扣球和拦网六项内容。

（1）准备姿势与移动。准备姿势和移动是排球基本技术内容之一，又称无球技术。比赛中常用的准备姿势有稍蹲准备姿势、半蹲准备姿势和深蹲准备姿势。常用的移动步法有并步、交叉步、跨步、跑步等。

（2）发球。发球是比赛的开始，也是先发制人的有效手段。发球可以直接得分，是比赛中三种（发球、扣球、拦网）主要得分手段之一，同时发球技术也是排球比赛中唯一不受他人制约的技术。按照发出球的特点，发球可分为发飘球和发旋转球。发飘球方式主要有正面上手发球、勾手发飘球和跳发飘球；发旋转球方式主要有正面上手发球、勾手大力发球、跳发球、正面下手发球侧面下手发球、侧旋球和高吊发球。

(3)垫球。用除手指外的身体任何部位击球的动作称为垫球。垫球是排球的基本技术之一，最常用的是前臂垫球。垫球在比赛中主要用于接发球、接扣球、接拦回球以及防守和处理各种困难球。

(4)传球。传球技术分为正传、背传、侧传三种，主要用于二传，而二传在排球比赛进攻体系中主要起到组织进攻的作用。比赛中除调整传球外，其他传球全部由二传手担任。二传的技术动作有顺网传、背传、侧传、跳传、传快球、传平拉球等。而从战术配合来分类，有强攻类、快攻类之分，从各类传球的特点变化来看，又有前排拉开、后排拉开、集中拉开。

(5)扣球。扣球是指队员跳起在空中，用一只手或手臂将本方场区上空高于球网上沿的球击入对方场区的一种击球方法。扣球技术可分为正面扣球、扣快球、单脚起跳扣球、自我掩护扣球、后排扣球等。

(6)拦网。拦网从动作结构上可分为原地拦网和助跑起跳拦网；从拦网的组成形式上则可分为单人拦网、集体拦网。集体拦网包括双人拦网和三人拦网。完整的单人拦网技术包括准备姿势、移动、起跳、拦击、落地五个环节。

(五)羽毛球

1.羽毛球竞赛

羽毛球运动的竞赛项目可分为单项赛和团体赛两大类。在一次比赛中，还可以按年龄分项目组，以专业和业余分项目竞赛。单项赛包括男子单打、女子单打、男子双打、女子双打和混合双打5个项目。团体赛有男子团体、女子团体和男女混合团体3个项目。一场羽毛球团体赛由数场比赛组成，

2.重发球和死球

表 2-3-5　重发球和死球

重发球	死球
(1)遇不能预见或意外的情况,应重发球 (2)除发球外,球过网后挂在网上或停在网顶,应重发球 (3)发球时,发球员和接发球员同时违例,应重发球 (4)发球员在接发球员未做好准备时发球,应重发球 (5)比赛进行中,球托与球的其他部分完全分离,应重发球 (6)司线员未看清,裁判员也不能做出决定时,应重发球	(1)球撞网并挂在网上,或停在网顶 (2)球撞网或网柱后开始向击球者这一方下落 (3)球触及地面 (4)已宣报"违例"或"重发球"

(六)运动损伤及急救方法

1.出血的急救

当人体的出血量达总血量的20%(800~1 000毫升)时,会出现乏力、头晕、口渴、面色苍白、心跳加快、血压下降等全身不适症状。若出血量达总血量的30%(1 200~1 500毫升),可

出现休克,甚至危及生命。

止血的方法主要有:①冷敷法;②抬高伤肢法;③加压包扎止血法;④加垫屈肢止血法;⑤直接指压止血法;⑥间接指压止血法;⑦止血带止血法

头部出血:头部前额、颞部出血,要压迫颞浅动脉。其压迫点在耳屏前方,用手指摸到搏动后,将该动脉压在颧骨上。

面部出血:面部出血应压迫颌外动脉,其压迫点在下颌角前面约 1.5 厘米处,用手摸到搏动后将该血管压迫在下颌骨上。

上肢出血:肩部和上臂出血可压迫锁骨下动脉。前臂出血可压迫肱动脉。手指出血可压迫指动脉。

下肢出血:大腿、小腿部出血,可压迫股动脉,足部出血可迫胫前动脉和胫后动脉。

2.急救包扎的方法

(1)绷带包扎法:①环形包扎法。环形包扎法适用于头额部、手腕和小腿下部等 粗细均匀的部位。②螺旋形包扎法。螺旋形包扎法用于包扎肢体粗细相差不多的部位,如上臂、大腿下段和手指等处。③转折形包扎法。转折形包扎法用于包扎前臂、大腿和小腿粗细相差较大的部位。④"8"字形包扎法。"8"字形包扎法多用于包扎肘、膝、踝等关节处。

(2)三角巾包扎法:①手部包扎法;②头部包扎法;③足部包扎法;④大悬臂带;⑤小悬臂带。

3.骨折的急救

(1)骨折的症状与体征:①有疼痛感,骨折当时疼痛较轻,随后即加重,活动受伤肢体则更痛,持续疼痛可引发休克。②肿胀和皮下瘀血。③功能性障碍。④畸形。⑤异常活动或骨摩擦音。⑥压痛和震痛。

(2)骨折的急救原则:①急救时注意防止休克,若有休克必须先抗休克,再处理骨折;②就地固定,防止加重损伤;③先止血再包扎。

(3)骨折急救的注意事项:夹板的长短、宽窄要适宜,使骨折处上下两个关节都固定。

(4)常见骨折的固定法:①肱骨干骨折。屈肘成直角,用两块长短宽窄适宜的有垫夹板,分别放在伤臂的内、外侧,用 3~4 条宽带将骨折处上下部缚好,再用小悬臂带把前臂挂在胸前,最后用宽带或三角巾将伤臂固定于体侧。②前臂骨折。用两块有垫夹板分别放在前臂的掌侧和背侧,板长从肘到掌,前臂处于中立位,屈肘90°,拇指朝上;用 3~4 条宽带缚扎夹板,再用小悬臂带把前臂挂在胸前。③手腕部骨折。用一块有垫夹板放在前臂和手的掌侧,患者伤臂的手紧握绷带卷,另一手用绷带缠绕固定,然后用大悬臂带把伤臂挂于胸前。④小腿骨折。用两块有垫夹板放在小腿的内、外侧,两块夹板上自大腿中部,下至足部。用 4~5 条宽带分别在膝上、膝下及踝部缚扎固定。⑤踝足骨折。采用直角夹板固定。脱鞋,取一块直角夹板置于小腿后侧,用棉花或软布在踝部和小腿下部垫妥后,再用 3 条宽带分别在膝下、踝上和足跖部缚扎固定。

4.关节脱位的急救

(1)肩关节前脱位的急救固定方法:取三角巾两条,分别折成宽带,一条悬挂前臂,另一条绕过伤肢上臂,在健侧腋下打结。采用 Kocher 法或牵引整复法。

(2)肘关节后脱位的急救固定方法:用铁丝夹板弯成合适的角度,置于肘后,用绷带缠稳,再用小悬臂带挂起前臂。如无铁丝夹板,可直接用大悬臂带包扎固定。采用单人或双人手法复位,一般称为"牵引屈肘法"。

5.心脏复苏

心肺复苏是针对呼吸、心跳停止所采用的抢救措施,即以人工呼吸代替病员的自主呼吸,以心脏按压形成暂时的人工循环,并诱发心脏的自主搏动。对心脏停搏、呼吸骤停病人的抢救应当在 4 分钟内进行心肺复苏,开始复苏时间越早,成活率越高。

(1)人工呼吸:吹气要深而快,每次吹气量约 800~1 200 毫升,或每次吹气时观察病人胸部上抬即可。开始应连续两次吹气,以后每隔 5 秒吹 1 次气,相当于以 12~16 次/分的频率进行,直到患者恢复自主呼吸为止。

(2)胸外心脏按压:进行胸外心脏按压时,患者应平卧,最好头低脚高位,背部垫木板,以增加脑的血流供应。速率为 60~80 次/分,儿童稍快。对呼吸心跳均停止的病人,应同时进行上述两种急救措施。单人心肺复苏时,每按压胸部 15 次,吹气 2 次,即 15:2。最好由两人配合进行,一人做人工呼吸,一人做胸外心脏按压,双人心肺复苏时,每按压 5 次,吹气 1 次,即 5:1。

6.休克的急救

运动损伤造成的休克,一般以失血性休克和创伤性休克较为多见。常用的急救方法有:①安静休息;②保暖和防暑;③神志清醒又无消化道损伤的病员,可给以适量的盐水(每升含盐 3 克,碳酸氢钠 1.5 克)或热茶等饮料;④保持呼吸道通畅;⑤镇静与止痛;⑥包扎和固定;⑦止血;⑧针刺疗法。

五、化学常识

(一)基本概念及原理

1.基本概念

分子:能够独立存在并保持物质化学性质的一种粒子。它同原子、离子一样是构成物质的基本粒子。分子有质量,分子间有间隔,并不断运动着;分子间存在相互作用。

原子:化学变化中的最小粒子。原子是组成某些物质(如金刚石、晶体硅等)和分子的基本粒子。原子是由更小的粒子构成的。

同位素:具有相同质子数和不同中子数的原子互称为同位素。

同素异形体:同种元素形成的结构不同的单质。

2.物质的性质和变化

表 2-3-6 物质的性质和变化

区别/联系		物理变化	化学变化
区别	微观(本质)	无新分子生成	有新分子生成
	宏观	没有生成其他物质的变化	生成了其他物质的变化
	特征	物质的形态、状态改变	吸热或放热、发光、变色、生成气体、产生沉淀等
	实例	水的三态转化、石油的分馏等	铁钉生锈、白磷自燃、石油裂化、煤干馏等
联系		化学变化和物理变化往往同时发生,如点燃蜡烛时,石蜡受热熔化是物理变化,石蜡燃烧生成 CO_2 和 H_2O 是化学变化	

(二)无机化学

1.氧及其化合物

氧气:无色无味的气体,比空气重,微溶于水。氧气分子为双原子分子。

臭氧:常温常压下,臭氧(O_3)是有特殊臭味的、有毒的、淡蓝色气体。液态臭氧呈深蓝色,固体臭氧呈紫黑色。在空气中高压放电可产生臭氧。

少量的臭氧可以净化空气,大量的臭氧对人体和动植物有害。自然界中的臭氧有 90%存在于大气平流层中,形成臭氧层,吸收太阳发出的 99%的紫外线,阻止紫外线大量进入地球表面,从而保护地球上的生命体。氟利昂对臭氧层破坏较大。

2.水

水由氢、氧两种元素组成。纯净的水是无色、无味的液体。

纯净水:经过提纯制备的水。用离子交换法得到的纯净水称为去离子水。

矿泉水:从地下深处自然涌出的或经人工揭露的、未受污染的地下矿物质水;含有一定量的矿物盐、微量元素或二氧化碳气体。

硬水:溶有较多的钙离子、镁离子的水。

软水:不含或含较少可溶性钙、镁离子的水。

3.氮及其化合物

氮气是无色、无味的气体,比空气略轻,难溶于水,化学性质不活泼。

一氧化氮:一氧化氮(NO)是一种无色、无味、不溶于水的有毒气体,能与血红蛋白作用引起中毒。

二氧化氮:二氧化氮(NO_2)是一种有刺激性气味、有毒、有强氧化性的红棕色气体,易溶于水,能与水反应。空气中的二氧化氮是造成光化学烟雾的主要因素,二氧化氮在紫外线照射下,会发生一系列光化学反应,产生一种有毒的烟雾——光化学烟雾,刺激呼吸器官,危害人体的健康。

亚硝酸盐:绝大部分无色,易溶于水,极毒,是致癌物质。

4.磷及其化合物

磷的同素异形体:黑磷、白磷、红磷。其中白磷与红磷的比较如表2-3-7所示:

表 2-3-7 白磷与红磷的比较

名称	白磷	红磷
颜色状态	白色蜡状固体	红色粉末状固体
溶解性	不溶于水,易溶于二硫化碳(CS_2)	不溶于水,也不溶于二硫化碳(CS_2)
毒性	剧毒	无毒
着火点	40℃,可以自燃	240℃
保存方法	保存于水中	密封保存
用途	制磷酸、燃烧弹、烟幕弹	制农药、安全火柴等

磷的重要氧化物为五氧化二磷(P_2O_5),白色雪花状固体,吸湿性强,是常用的干燥剂,但不能干燥氨气(NH_3),也是常用的吸水剂。五氧化二磷是磷酸的酸酐,可与水形成磷酸。

5.碳及其化合物

碳的同素异形体:金刚石、石墨、无定形碳、富勒烯(C_{60})。

金刚石:无色透明晶体,有金属光泽,是目前在地球上发现的最坚硬的物质,不导电,是钻石的原身。克拉是钻石的质量单位,一克拉相等于200毫克。

石墨:灰黑色不透明固体,有金属光泽,质软;有滑腻感,是良好导体。石墨可以在高温、高压下形成人造金刚石。石墨比金刚石稳定。

一氧化碳:无色、无味、剧毒气体。

二氧化碳:无色无味气体;固体二氧化碳(CO_2)俗称"干冰"是分子晶体,能升华,汽化时吸热,常用作制冷剂。

(三)有机化学

有机化合物:主要是指含有碳元素的化合物,但不是所有的含碳化合物均属有机化合物,如一氧化碳(CO)、二氧化碳(CO_2)、碳酸盐以及金属碳化物等均不属于有机化合物。

烃:只含有碳和氢两种元素的有机化合物统称为烃。根据碳架连接方式的不同,可将烃分为脂肪烃、脂环烃和芳香烃三大类。

甲烷:常温下,甲烷为无色、无味的气体,难溶于水,易燃烧,化学性质较稳定。

甲醛:无色、有刺激性气味的气体,易溶于水;其水溶液(又称福尔马林)具有杀菌、防腐性能。新装修的房间甲醛含量较高,是众多疾病的主要诱因。

碳水化合物:自然界存在最多、分布最广的有机化合物。①一般由碳、氢与氧三种元素所组成,由于其所含的氢氧比为2:1,和水一样,故称为碳水化合物;②其功能主要是为人体储存和提供能量;③碳水化合物分单糖、二糖、低聚糖、多糖四类。糖的结合物有糖脂、糖蛋白、蛋白多糖三类。食物中的碳水化合物分成两类:人可以吸收利用的有效碳水化合物(单糖、多糖等)和人不能消化的无效碳水化合物(纤维素)。

蛋白质:①蛋白质是由氨基酸按一定顺序结合形成一条多肽链,再由一条或一条以上的多肽链按照其特定方式结合而成的高分子化合物。氨基酸是指含有氨基(—NH$_2$)和羧基(—COOH)的一类有机化合物的通称。②蛋白质组成元素有 C、H、O、N、S 等,在酸、碱或酶的作用下水解得到氨基酸。③蛋白质被灼烧时,产生具有烧焦羽毛的气味。④蛋白质的功能是构成机体和修复组织,此外还为新陈代谢过程提供能量。食物中的蛋白质在体内先水解生成氨基酸,再缩合成机体蛋白质。

经典真题

1.以下不是我国邻国的是( )。

A.阿富汗   B.巴基斯坦

C.印度   D.伊拉克

2.以下救援原则中,不适当的是( )。

A.先救"生",后救"人"

B.先救近,后救远

C.先救轻伤员、青壮年和医务人员

D.先救深埋的人员

3.羽毛球比赛应重发球的情况是( )。

A.发球时,球过网后挂在网上或停在网顶

B.发球时,球拍拍框高于手握拍手的手腕

C.发球时,发球员和接发球员同时违例

D.发球时,球拍拍框过腰

4.干冰的成分是( )。

A.氮   B.二氧化氮

C.二氧化碳   D.水

5.藏历新年,人们见面时都要说的"扎西德勒"是什么意思?( )

A.新年好   B.吉祥如意

C.恭喜发财   D.心想事成

6.下列选项中,不属于创伤现场基本急救技术的是( )。

A.搬运   B.等待医护人员

C.固定   D.止血

7.当月亮运行到和太阳相对的方向,且地球和月亮的中心大致在同一条直线上,月亮就会进入地球的本影,此时可能产生( )。

A.日全食   B.月全食

C.月偏食   D.日偏食

经典真题参考答案及解析

1.【答案】D。解析:我国的陆上邻国有朝鲜、俄罗斯、蒙古、哈萨克斯坦、吉尔吉斯斯坦、塔吉克斯坦、阿富汗、巴基斯坦、印度、尼泊尔、不丹、缅甸、老挝、越南;海上邻国有日本、菲律宾、马来西亚、文莱、印度尼西亚。伊拉克不是我国的邻国。

2.【答案】D。解析:救援原则有:①先救近,后救远;②先易后难;③先救轻伤员、青壮年和医务人员;④先救"生",后救"人";⑤不要盲目乱挖,注意保护支撑物。

3.【答案】C。

4.【答案】C。解析:干冰的成分是二氧化碳。

5.【答案】B。解析:"扎西德勒"是藏族人表示欢迎、祝福的话。"扎西"是"吉祥"的意思,"德勒"是"好"的意思,连起来可以翻译成"吉祥如意"。

6.【答案】B。

7.【答案】B。

同步训练

1.我国唐宋时期涌现了很多著名诗人、词人,"婉约以易安为宗,豪放唯幼安称首"中的"易安"指的是(   )。

A.柳永　　　　　　B.李清照　　　　　C.李商隐　　　　　D.苏轼

2.下面不是"四书"之一的是(   )。

A.《大学》　　　　B.《三国志》　　　C.《孟子》　　　　D.《中庸》

3.奠定三国鼎立局面的战役是(   )。

A.官渡之战　　　　B.赤壁之战　　　　C.八王之乱　　　　D.淝水之战

4.我国第一个获得法网冠军的女运动员是(   )。

A.李娜　　　　　　B.晏紫　　　　　　C.郑洁　　　　　　D.孙甜甜

5.下列国家中可以称为"保密天堂"的是(   )。

A.中国　　　　　　B.英国　　　　　　C.瑞士　　　　　　D.加拿大

6.我国最大的淡水湖是(   )。

A.青海湖　　　　　B.洞庭湖　　　　　C.鄱阳湖　　　　　D.太湖

7.实施"罢黜百家、独尊儒术",以统一思想的皇帝是(   )。

A.汉武帝　　　　　B.秦始皇　　　　　C.唐太宗　　　　　D.明太祖

同步训练参考答案及解析

1.【答案】B。解析:李清照,山东省济南章丘人,号易安居士。宋代女词人,婉约词派代表,有"千古第一才女"之称。故本题选B。

2.【答案】B。解析:四书指的是《论语》《孟子》《大学》《中庸》。故本题选B。

3.【答案】B。解析:赤壁之战,是指三国形成时期,孙权、刘备联军于建安十三年(208年)在长江赤壁(今湖北赤壁西北)一带大破曹操大军,奠定三国鼎立基础的以少胜多的著名战役。

4.【答案】A。

5.【答案】C。解析:瑞士银行保密制度有瑞士"镇国之宝"之称。正是这项严格保护客户隐私的制度使瑞士银行得以吸收世界各地的巨额资产,使瑞士成为世界上吸收离岸财富最多的国家。美国和部分欧洲国家因瑞士吸纳本国避税客户而与瑞士积怨已久。在金融危机蔓延、各国普遍遭受严重损失的形势下,这些国家开始在这一问题上对瑞士施加更大压力。瑞士联邦政府强调,将坚持维护银行保密制度,坚决拒绝自动交换信息,继续确保客户隐私,避免个人资产遭受无理检查。瑞士领导人 2009 年 3 月初表示,瑞士不会废除银行保密制度,瑞士政府正在研究"积极发展"银行保密制度的方法。

被称为保密天堂的国家和地区一般具有以下特征:①有严格的银行保密法;②有宽松的金融规则;③有自由的公司法和严格的公司保密法。

6.【答案】C。解析:青海湖是中国最大的内陆湖泊,也是中国最大的咸水湖。鄱阳湖是中国最大的淡水湖。

7.【答案】A。解析:"罢黜百家、独尊儒术"是董仲舒建议汉武帝实行的统治政策。

第四章 经 济

第一节 备考攻略

一、考情分析

经济学是中国农业银行招聘考试的必考内容,2018 年题量较少,共 5 道题。虽然题量不多,但考生还是需要掌握此部分内容。

对于经济类相关专业的考生,此部分相对容易;而对非经济类相关专业的考生而言,则需要比较系统地理解相关知识点。

表 2-4-1 2015—2018 年中国农业银行经济部分题量

年份	题量
2018	5
2017	5
2016	4
2015	3

二、备考指导

经济学可以分为宏观经济学、微观经济学及政治经济学三部分,中国农业银行招聘考试对这三部分的考查力度由强到弱依次是微观经济学、宏观经济学、政治经济学,题目相对简单,考生需要把原理性的东西理解掌握,再配以一定题量的练习,拿下全部分数是不难的。

第二节 重要知识点讲解

视频讲解

一、需求

一种商品的需求是指消费者在一定时期内,在各种可能的价格水平下愿意而且能够购买的该商品的数量。根据定义,如果消费者对某种商品只有购买的欲望而没有购买的能力,就不能算作需求。需求必须是指消费者既有购买欲望又有购买能力。

一种商品的需求数量是由许多因素共同决定的。其中主要的因素有：该商品的价格、消费者的收入水平、相关商品的价格、消费者的偏好和消费者对该商品的价格预期等。依据影响需求的因素不同，有关的需求弹性有：需求的价格弹性、需求的收入弹性和需求的交叉弹性。

二、弹性

视频讲解

（一）需求的价格弹性

一般来说，需求的价格弹性又被简称为需求弹性。需求的价格弹性表示在一定时期内一种商品的需求量变动对于该商品的价格变动的反应程度。或者说，表示在一定时期内当一种商品的价格变化百分之一时所引起的该商品的需求量变化的百分比。其公式为：

需求的价格弹性系数=需求量变动率/价格变动率

$$e_d = -\frac{\Delta Q/Q}{\Delta P/P} = -\frac{Q_2 - Q_1}{P_2 - P_1} \cdot \frac{P_1}{Q_1}$$

需求价格弹性系数总是负数，但在实际应用中，为简便起见，通常把负号略去。

1.需求的价格弹性有五种类型

（1）当 $e_d < 1$ 时，表示需求量的变动率小于价格变动率，即需求量对价格变动的反应不敏感，所以，$e_d < 1$ 被称为缺乏弹性；生活必需品一般属于此种类型。

（2）当 $e_d > 1$ 时，表示需求量的变动率大于价格变动率，即需求量对价格变动的反应敏感，所以，$e_d > 1$ 被称为富有弹性；奢侈品一般属于此种类型。

（3）当 $e_d = 1$ 时被称为单位弹性或者单一弹性。

（4）当 $e_d = \infty$ 时，需求曲线呈水平状态，不管需求量如何的变动，价格始终不变，所以 $e_d = \infty$ 被称为完全弹性。

（5）当 $e_d = 0$ 时，需求曲线呈垂直状态，即不管价格如何的变动，需求量始终不变，所以 $e_d = 0$ 被称为完全无弹性。

2.需求价格弹性和总销售收入的关系

（1）如果 $e_d < 1$，即需求缺乏弹性的商品，价格上升会使销售收入增加，价格下降会使销售收入减少。销售收入与价格呈同方向变动。

（2）如果 $e_d > 1$，即需求富有弹性的商品，价格上升会使销售收入减少，价格下降会使销售收入增加。销售收入与价格呈反方向变动。

（3）如果 $e_d = 1$，即需求单位弹性的商品，价格变动不会引起销售收入的变动。

（二）需求的收入弹性

视频讲解

需求的收入弹性表示在一定时期内消费者对某种商品的需求量的变动对于消费者收入量变动的反应程度。或者说，表示在一定时期内当消费者的收入变化百分之一时所引起的商品需求量变化的百分比。它是商品的需求量的变动率和消费者的收入量的变动率的比值。

$$e_m = (\Delta Q/Q)/(\Delta I/I)$$

根据商品的需求的收入弹性系数值，可以给商品分类。首先，商品可以分为两类，分别是正常品和劣等品。其中，正常品是指需求量与收入成同方向变化的商品；劣等品是指需求量与收入成反方向变化的商品。其次,还可以将正常品再进一步区分为必需品和奢侈品两类。这种商品分类方法,可以用需求的收入弹性来表示。具体地说,$e_m>0$ 的商品为正常品,因为,$e_m>0$ 意味着该商品的需求量与收入水平成同方向变化。$e_m<0$ 的商品为劣等品,因为,$e_m<0$ 意味着该商品需求量与收入水平成反方向变化。在正常品中,$e_m<1$ 的商品为必需品,$e_m>1$ 的商品为奢侈品。

在需求收入弹性的基础上,如果具体地研究消费者用于购买食物支出量对于消费者收入量变动的反应程度,就可以得到食物支出的收入弹性。恩格尔定律指出:随着家庭和个人收入的增加,收入中用于食品方面的支出比例将逐渐减小。反映这一定律的系数被称为恩格尔系数。恩格尔系数=食物支出金额/总支出金额。国际上常常用恩格尔系数来衡量一个国家和地区人民生活水平的状况。根据联合国粮农组织提出的标准,恩格尔系数在59%以上为贫困,50%~59%为温饱,40%~50%为小康,30%~40%为富裕,低于30%为最富裕。用弹性概念表示恩格尔定律可以是:对于一个家庭或一个国家来说,富裕程度越高,则食物支出的收入弹性越小;反之,则越大。

(三)需求的交叉价格弹性

需求的交叉价格弹性表示在一定时期内一种商品的需求量的变动对于它的相关商品的价格的变动的反应程度。或者说,表示在一定时期内当一种商品的价格变化百分之一时所引起的另一种商品的需求量变化的百分比。它是该商品的需求量的变动率和它的相关商品的价格的变动率的比值。

$$e_{xy}=\frac{(\Delta Q_x/Q_x)}{(\Delta P_y/P_y)}$$

需求的交叉价格弹性系数的符号取决于所考察的两种商品的相关关系。

商品之间的相关关系可以分为两种,一种为替代关系,另一种为互补关系。简单地说,如果两种商品之间可以互相代替以满足消费者的某一种欲望,则称这两种商品之间存在着替代关系,这两种商品互为替代品。如橘子和香蕉就是互为替代品。如果两种商品必须同时使用才能满足消费者的某一种欲望,则称这两种商品之间存在着互补关系,这两种商品互为互补品。如钢笔和墨水就是互为互补品。若两种商品之间不存在相关关系,则意味着其中任何一种商品的需求量都不会对另一种商品的价格变动做出反应,相应的需求的交叉价格弹性系数为零。

同样的道理,反过来,可以根据两种商品之间的需求的交叉价格弹性系数的符号来判断两种商品之间的相关关系。若两种商品的需求的交叉价格弹性系数为正值,则这两种商品之间为替代关系。若为负值,则这两种商品之间为互补关系。若为零,则这两种商品之间无相关关系。

三、均衡价格

1.均衡价格的决定

一种商品的均衡价格,是指该商品的市场需求量和市场供给量相等时的价格。在均衡价

视频讲解

格水平下相等的供求数量被称为均衡数量。市场上需求量和供给量相等的状态,也被称为市场出清。商品的均衡价格是商品市场上需求和供给这两种相反的力量共同作用的结果,它是在市场供求力量的自发调节下形成的。

2.供求变动对均衡价格的影响

视频讲解

(1)需求变动的影响。在供给不变时,如果需求增加,则新的均衡价格将上升,均衡产量将增加;反之,需求减少,则均衡价格下降,均衡产量减少。

(2)供给变动的影响。在需求不变时,如果供给增加,则新的均衡价格将下降,均衡产量将上升;反之,供给减少,则均衡价格上升,均衡产量减少。

(3)需求和供给同时变动的影响。需求和供给同时变动时,均衡价格和均衡产量如何变化要由需求和供给的变动方向和程度决定。①在需求和供给同时增加时,均衡产量增加,但均衡价格的变动不能确定;反之,均衡产量减少,但均衡价格的变动也不能确定。②需求增加而供给减少时,均衡价格上升,均衡产量的变动不能确定;需求减少而供给增加时,均衡价格下降,均衡产量也不能确定。

3.供求规律

如果供给不变,需求增加使需求曲线向右上方移动,均衡价格上升,均衡数量增加;需求减少使需求曲线向左下方移动,均衡价格下降,均衡数量减少。如果需求不变,供给增加使供给曲线向右下方移动,均衡价格下降,均衡数量增加;供给减少使供给曲线向左上方移动,均衡价格上升,均衡数量减少。

四、生产者行为理论

生产就是一切能够创造或增加效用的人类活动。生产要素是指在生产中投入的各种经济资源,包括劳动、土地、资本和企业家才能。生产函数表示在一定时期内,在技术水平不变的情况下,生产中所使用的各种生产要素的数量与所生产的最大产量之间的关系。通常以 L 表示劳动投入数量,以 K 表示资本投入数量,则生产函数为: $Q=f(L,K)$ 。生产函数中的投入与产出关系,取决于投入的设备、原材料、劳动力等诸要素的技术水平。各种产品生产中投入的各种要素之间的配合比例,称为技术系数。它可以是固定的,每生产一单位某产品必须投入一定量的资本和劳动,随产量增加或减少,这两种要素必须按固定比例增加或减少。这种固定技术系数的生产函数称为固定比例的生产函数;反之,有些产品生产中的要素配合比例是可变的,这种生产函数就是可变比例的生产函数。

1.短期生产理论

(1)短期生产函数的形式。短期内,假设资本数量不变,只有劳动可随产量变化,则短期生产函数为: $Q=f(L)$ 。

(2)总产量、平均产量与边际产量。总产量(TP)是指投入一定量的生产要素以后所得到的产出量总和。

平均产量(AP)是指平均每单位生产要素投入的产出量,如果用 X 表示某生产要素投入量,那么 $AP=TP/X$ 。

视频讲解

边际产量(MP)是指增加或减少1单位生产要素投入量所带来的产出量的变化,如果用 ΔTP 表示总产量的增量,ΔX 表示生产要素的增量,那么 $MP=\Delta TP/\Delta X$。

(3)边际收益递减规律。在一定技术水平条件下,若其他生产要素不变,连续地增加某种生产要素的投入量,在达到某一点之后,总产量的增加会递减,即产出增加的比例小于投入增加的比例,这就是生产要素报酬递减规律,亦称边际收益递减规律。

(4)短期生产的三个阶段。

第一阶段:平均产量递增,边际产量大于平均产量。这一特征表明,和可变投入劳动相比,不变投入资本太多,因而增加劳动量是有利的,劳动量的增加可以使资本的作用得到充分发挥。任何有理性的厂商通常不会把可变投入的使用量限制在这一阶段内。

第二阶段:总产量继续以递减的幅度增加,一直达到最大值。相应地,边际产量继续递减,直至等于零。平均产量在最大值处与边际产量相等并转而递减。这一阶段的显著特点是,平均产量递减,边际产量小于平均产量。

第三阶段:总产量递减和边际产量为负值。这一特征表明,和不变投入资本相比,可变投入劳动太多,这时即使劳动要素是免费的,厂商也不愿意增加劳动投入量在第三阶段经营,因为这时只要减少劳动投入量,就可以增加总产量。

2.长期生产理论

(1)长期生产函数的形式。在长期内,所有的生产要素的投入量都是可变的,多种可变生产要素的长期生产函数可以写为:

$$Q=f(X_1,X_2,\cdots,X_n)$$

式中,Q 为产量;$X_i(i=1,2,\cdots,n)$ 为第 i 种可变生产要素的投入数量。该生产函数表示:长期内在技术水平不变的条件下,由 n 种可变生产要素投入量的一定组合所能生产的最大产量。假定生产者仅使用劳动和资本两种最重要的可变生产要素来生产一种产品,则两种可变生产要素的长期生产函数可以写为:

$$Q=f(L,K)$$

式中,L 为可变要素劳动的投入量;K 为可变要素资本的投入数量;Q 为产量。

(2)等产量曲线和等成本曲线。

等产量曲线:给定技术条件下,生产同一产量的两种可变生产要素的各种不同的投入组合轨迹。其包括四个特点:同一曲线表示相同产量;等产量曲线越高,产量越大;两条曲线不相交;凸向原点。

等成本曲线:既定成本和生产要素价格下,生产者可以购买到的两种生产要素不同数量组合的轨迹。用方程表示:$C=wL+rK$。

(3)边际技术替代率递减法则。边际技术替代率,是指在产量不变的情况下,当某种生产要素增加一单位时,与另一生产要素所减少的数量的比率。边际技术替代率递减法则:在维持产量不变的前提下,当一种生产要素的投入量不断增加时,每一单位的这种生产要素所能替代的另一种生产要素的数量是递减的。其主要原因在于,任何一种产品的生产技术都要求各要素投入之间有适当的比例,这意味着要素之间的替代是有限的。

(4)生产均衡。生产均衡分为两种情况：一种是既定成本条件下的产量最大化，另一种是既定产量下的成本最小化。均衡条件是等成本线与等产量曲线相切。

(5)规模报酬。规模报酬分析涉及的是企业的生产规模变化与所引起的产量变化之间的关系。企业只有在长期内才可能变动全部生产要素，进而变动生产规模，因此，企业的规模报酬分析属于长期生产理论问题。

视频讲解

在生产理论中，通常是以全部的生产要素都以相同的比例发生变化来定义企业的生产规模的变化。相应地，规模报酬变化是指在其他条件不变的情况下，企业内部各种生产要素按相同比例变化时所带来的产量变化。

企业的规模报酬变化可以分为规模报酬递增、规模报酬不变和规模报酬递减三种情况。产量增加的比例大于各种生产要素增加的比例，称之为规模报酬递增；产量增加的比例等于各种生产要素增加的比例，称之为规模报酬不变；产量增加的比例小于各种生产要素增加的比例，称之为规模报酬递减。

五、国内生产总值(GDP)

视频讲解

1.国内生产总值的核算方法

用支出法核算国内生产总值。用支出法核算 GDP，就是核算经济社会(指一个国家或一个地区)在一定时期内消费、投资、政府购买以及出口这几方面支出的总和。用支出法计算 GDP 的公式可写成：$GDP=C+I+G+(X-M)$。

用收入法核算国内生产总值。收入法也称分配法，即用要素收入即企业生产成本核算国内生产总值。严格说来，最终产品市场价值除了生产要素收入构成的成本，还有间接税、折旧、公司未分配利润等内容。因此，按收入法计得的国民总收入=工资+利息+利润+租金+间接税和企业转移支付+折旧。它和支出法计得的国内生产总值从理论上说是相等的。但实际核算中常有误差，因而还要加上一个统计误差。

2.国民收入的基本公式

两部门经济的收入构成及储蓄—投资恒等式。由 $C+I=Y=C+S$，得到 $I=S$。这就是储蓄—投资恒等式。这里讲的储蓄和投资恒等，是从国民收入会计角度看，事后的储蓄和投资总是相等的。

三部门经济的收入构成及储蓄—投资恒等式。三部门经济中的国民收入构成的基本公式概括为：$C+I+G=Y=C+S+T$。公式两边消去 C，得 $I+G=S+T$，或 $I=S+(T-G)$。在这里，$(T-G)$ 可看做政府储蓄，因为 T 是政府净收入，G 是政府购买性支出，两者差额即政府储蓄，可以是正值或负值。这样，$I=S+(T-G)$ 的公式，也就表示储蓄(私人储蓄和政府储蓄的总和)和投资的恒等。

四部门经济的收入构成及储蓄—投资恒等式。四部门经济中国民收入构成的基本公式就是：$C+I+G+(X-M)=Y=C+S+T+Kr$，公式两边消去 C，则得到：$I+G+(X-M)=S+T+Kr$。$I+G+(X-M)=S+T+Kr$ 这一等式，也可以看成是四部门经济中的储蓄—投资恒等式。这里 Kr 代表本国居民对外国人的转移支付。

3.名义 GDP、实际 GDP 和潜在 GDP

视频讲解

名义 GDP 是指用当年价格计算出的一年所生产的全部最终产品的市场价值。实际 GDP 是用从前某一年作为基期的价格计算的全部最终产品的市场价值。GDP 变动有两方面的原因:一是数量变动;二是价格变动。由于名义 GDP 核算中未剔除价格变动即通货膨胀的影响,而实际 GDP 核算中剔除了价格变动的影响,因而实际 GDP 更有价值。两者之间的关系就是实际 GDP=名义 GDP/GDP 平减指数,这里 GDP 平减指数是名义 GDP 与实际 GDP 的比率,反映通货膨胀水平。

潜在 GDP 也称潜在产出或潜在国民收入、潜在的国内生产总值,是指一国在一定时期内可供利用的经济资源在充分利用的条件下所能生产的最大产量,也就是该国在充分就业状态下所能生产的国内生产总值。这里的 GDP 就反映了在该时期内的最大产出能力。

六、稳定物价

稳定物价目标是中央银行货币政策的首要目标,而物价稳定的实质是币值的稳定。目前各国政府和经济学家通常采用综合物价指数来衡量币值是否稳定。物价指数上升,表示货币贬值;物价指数下降,则表示货币升值。稳定物价是一个相对概念,就是要控制通货膨胀,使一般物价水平在短期内不发生急剧的波动。衡量物价稳定与否,从各国的情况看,通常使用的指标有三个,即 GDP 平减指数、消费者物价指数(CPI)和生产者物价指数(PPI)。

1.GDP 平减指数

GDP 平减指数是衡量各个时期一切商品与劳务价格变化的指标,是名义 GDP 与实际 GDP 之比。

2.消费者价格指数(CPI)

CPI 是反映与居民生活有关的产品及劳务价格统计出来的物价变动指标,通常作为观察通货膨胀水平的重要指标。

3.生产者物价指数(PPI)

PPI 是衡量工业企业产品出厂价格变动趋势和变动程度的指数,是反映某一时期生产领域价格变动情况的重要经济指标。

七、完全竞争市场

(一)完全竞争厂商的需求曲线和收益曲线

1.完全竞争市场的条件

完全竞争市场必须具备四个条件:第一,市场上有大量的买者和卖者;第二,市场上每个厂商提供的商品都是完全同质的;第三,所有的资源具有完全的流动性;第四,信息是完全的。

2.完全竞争厂商的需求曲线和收益曲线

完全竞争厂商的需求曲线是一条由既定市场价格水平出发的水平线。这意味着,厂商只能被动接受给定的市场价格。厂商的收益就是厂商的销售收入。厂商的收益可以分为总收益、平均收益和边际收益。由于完全竞争厂商面临的是由市场供求情况决定的价格,厂商的总收益曲线为从原点出发的一条向右上方倾斜的直线。在完全竞争市场上,厂商是价格的接受者,其价格是常数,因此厂商每销售一单位产品所获得的边际收益等于价格。完全竞争厂商的平均收益曲线与边际收益曲线和需求曲线三线合一,是一条与横轴平行的水平线,即$MR=P=AR$。

(二)完全竞争厂商的短期均衡和短期供给曲线

1.完全竞争厂商的短期均衡

在厂商的短期生产中,只要边际收益大于边际成本,厂商就会增加生产;如果边际成本大于边际收益,厂商就会缩减生产,直到边际收益和边际成本相等时为止。此时厂商的利润达到最大,或者亏损达到最小,于是厂商的产量就确定在边际收益等于短期边际成本($MR=SMC$)的产量点上,即厂商达到短期均衡。

在短期均衡时,厂商的利润可以大于零,也可以等于零,或者小于零。当市场价格大于平均成本时,厂商获得超额利润,处于经济利润大于零的短期均衡;当市场价格等于平均成本时,厂商处于经济利润等于零(即仅获得正常利润)的短期均衡;当市场价格小于平均成本但大于平均可变成本时,厂商的利润小于零,处于亏损但继续生产经营的短期均衡,因为价格大于平均可变成本,说明厂商在补偿全部的可变成本外,尚可收回部分固定成本,使亏损总额减少一些;当市场价格小于等于平均可变成本时,厂商处于亏损并停止生产经营的短期均衡,一般地将市场价格等于平均可变成本时称为厂商停止营业点。

2.完全竞争厂商的短期供给曲线

厂商的短期供给曲线用SMC曲线上大于和等于AVC曲线最低点的部分来表示,即用SMC曲线大于和等于停止营业点的部分来表示。完全竞争厂商的短期供给曲线是向右上方倾斜的,它表示了商品的价格和供给量之间同方向变化的关系。更重要的是,完全竞争厂商的短期供给曲线表示厂商在每一个价格水平的供给量,都是能够给他带来最大利润或最小亏损的最优产量。

(三)完全竞争厂商的长期均衡

在完全竞争厂商的长期生产中,所有的生产要素都是可变的,厂商是通过对全部生产要素的调整,来实现$MR=LMC$的利润最大化的均衡原则。在完全竞争市场价格给定的条件下,厂商在长期生产中对全部生产要素的调整可以表现为两个方面:一方面表现为对最优的生产规模的选择,另一方面表现为进入或退出一个行业的决策。完全竞争厂商的长期均衡出现在LAC曲线的最低点。这时,生产的平均成本降到最低点,商品的价格也等于最低的长期平均成本。即:$MR=LMC=SMC=LAC=SAC$,式中$MR=AR=P$,此时单个厂商的利润为零。

(四)完全竞争行业的短期和长期供给曲线

1.完全竞争行业的短期供给曲线

完全竞争行业的短期供给曲线,由该行业内所有厂商的短期供给曲线的水平加总而得到。它是向右上方倾斜的,表示市场的产品价格和市场的短期供给量成同方向的变动。而且,行业的短期供给曲线上与每一价格水平相对应的供给量都是可以使全体厂商在该价格水平获得最大利润或最小亏损的最优产量。

2.完全竞争行业的长期供给曲线

（1）成本不变行业的长期供给曲线。成本不变行业的长期供给曲线呈现为一条水平线，其供给的价格弹性为无穷大。它表示：成本不变的行业是在不变的均衡价格水平提供产量，该均衡价格水平等于厂商的不变的长期平均成本的最低点。市场需求变化，会引起行业长期均衡产量的同方向的变化，但长期均衡价格不会发生变化。

（2）成本递增行业的长期供给曲线。成本递增行业的长期供给曲线是一条向右上倾斜的行业长期供给曲线。它表示：在长期，行业的产品价格和供给量呈同方向变动。市场需求的变动不仅会引起行业长期均衡价格的同方向的变动，还同时引起行业长期均衡产量的同方向的变动。

（3）成本递减行业的长期供给曲线。成本递减行业的长期供给曲线是一条自左上向右下倾斜的曲线。它表示：在长期，行业的产品价格和供给量呈反方向变动。市场需求的增加不仅会引起行业长期均衡价格的反方向的变动，还同时引起行业长期均衡产量的同方向的变动。

八、垄断市场

在西方经济学中，不完全竞争市场是相对于完全竞争市场而言的，除完全竞争市场以外的所有或多或少带有一定垄断因素的市场都被称为不完全竞争市场。不完全竞争市场分为三个类型，分别是完全垄断市场、寡头市场和垄断竞争市场。其中，完全垄断市场的垄断程度最高，寡头市场居中，垄断竞争市场最低。

（一）完全垄断市场的条件

完全垄断市场是指整个行业中只有唯一的一个厂商的市场组织。具体地说，完全垄断市场的条件主要有三点：第一，市场上只有唯一的一个厂商生产和销售商品；第二，该厂商生产和销售的商品没有任何相近的替代品；第三，其他任何厂商进入该行业都极为困难或不可能。在这样的市场中，排除了任何的竞争因素，独家垄断厂商控制了整个行业的生产和市场的销售，所以，垄断厂商可以控制和操纵市场价格。

形成垄断的原因主要有以下几点：第一，独家厂商控制了生产某种商品的全部资源或基本资源的供给。这种对生产资源的独占，排除了经济中的其他厂商生产同种产品的可能性。第二，独家厂商拥有生产某种商品的专利权。这使得该家厂商可以在一定的时期内垄断该产品的生产。第三，政府的特许。政府往往在某些行业实行垄断的政策，如铁路运输部门、供电供水部门等，于是，独家企业就成了这些行业的垄断者。第四，自然垄断。有些行业的生产具有这样的特点：企业生产的规模经济需要在一个很大的产量范围和相应的巨大的资本设备的生产运行水平上才能得到充分的体现，以至于整个行业的产量只有由一个企业来生产时才有可能达到这样的生产规模。而且，只要发挥这一企业在这一生产规模上的生产能力，就可以满足整个市场对该种产品的需求。在这类产品的生产中,行业内总会有某个厂商凭借雄厚的经济实力和其他优势,最先达到这一生产规模,从而垄断了整个行业的生产和销售。这就是自然垄断。

(二)垄断厂商的需求曲线和收益曲线

视频讲解

1.垄断厂商的需求曲线

像完全竞争市场一样,完全垄断市场的假设条件也很严格。在现实的经济生活里,完全垄断市场也几乎是不存在的。在西方经济学中,由于完全竞争市场的经济效率被认为是最高的,从而完全竞争市场模型通常被用来作为判断其他类型市场的经济效率高低的标准,那么,垄断市场模型就是从经济效率最低的角度来提供的。

由于完全垄断市场中只有一个厂商,所以,市场的需求曲线就是垄断厂商所面临的需求曲线,它是一条向右下方倾斜的曲线。仍假定厂商的销售量等于市场的需求量,于是,向右下方倾斜的垄断厂商的需求曲线表示:垄断厂商可以用减少销售量的办法来提高市场价格;也可以用增加销售量的办法来压低市场价格,即垄断厂商可以通过改变销售量来控制市场价格,而且,垄断厂商的销售量与市场价格反方向变动。

2.垄断厂商的收益曲线

厂商所面临的需求状况直接影响厂商的收益,这便意味着厂商的需求曲线的特征将决定厂商的收益曲线的特征。垄断厂商的需求曲线是向右下方倾斜的,其相应的平均收益 AR 曲线、边际收益 MR 曲线和总收益 TR 曲线的一般特征如图 2-4-1 所示:第一,由于厂商的平均收益 AR 总是等于商品的价格,所以,在图中,垄断厂商的 AR 曲线和需求曲线 d 重叠,都是同一条向右下方倾斜的曲线。第二,由于 AR 曲线是向右下方倾斜的,则根据平均量和边际量之间的相互关系可以推知,垄断厂商的边际收益 MR 总是小于平均收益 AR。因此,图中 MR 曲线位于 AR 曲线的左下方,且 MR 曲线也向右下方倾斜。第三,由于每一销售量上的边际收益 MR 值就是相应的总收益 TR 曲线的斜率,所以在图中,当 $MR>0$ 时,TR 曲线的斜率为正;当 $MR<0$ 时,TR 曲线的斜率为负;当 $MR=0$ 时,TR 曲线达到最大值点。

垄断厂商的需求曲线 d 可以是直线型的,也可以是曲线型的。图 2-4-1 中垄断厂商的需求曲线 d 是直线型的,该图体现了垄断厂商的 AR 曲线、MR 曲线和 TR 曲线相互之间的一般关系。

当垄断厂商的需求曲线 d 为直线型时,d 曲线和 MR 曲线的纵截距是相等的,且 MR 曲线的横截距是 d 曲线横截距的一半,即 MR 曲线平分由纵轴到需求曲线 d 的任何一条水平线[如在图 2-4-1(a)中有 $AB=BC$,$OF=FG$ 等]。

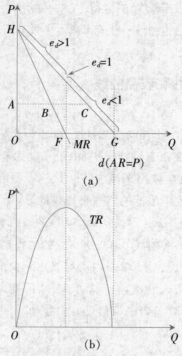

图 2-4-1 垄断厂商的收益曲线

3.边际收益、价格和需求的价格弹性的关系

当厂商所面临的需求曲线向右下方倾斜时,厂商的边际收益、价格和需求的价格弹性三者之间的关系可以证明如下。

假定反需求函数为 $P=P(Q)$,则可以有 $TR(Q)=P(Q)\cdot Q$

$$MR(Q)=\frac{dTR(Q)}{dQ}=P+Q\cdot \frac{dP}{dQ}=P\cdot (1+\frac{dP}{dQ}\cdot \frac{Q}{P})$$

即:

$$MR=P\cdot (1-\frac{1}{e_d})$$

式中,e_d 为需求的价格弹性,即 $e_d=\frac{dQ}{dP}\cdot \frac{P}{Q}$,上式就是表示垄断厂商的边际收益、商品价格和需求的价格弹性之间关系的式子。

由上式可得以下三种情况:

当 $e_d>1$ 时,有 $MR>0$。此时,TR 曲线斜率为正,表示厂商总收益 TR 随销售量 Q 的增加而增加。

当 $e_d<1$ 时,有 $MR<0$。此时,TR 曲线斜率为负,表示厂商总收益 TR 随销售量 Q 的增加而减少。

当 $e_d=1$ 时,有 $MR=0$。此时,TR 曲线斜率为零,表示厂商的总收益 TR 达极大值点。

以上对垄断厂商的需求曲线和收益曲线所做的分析,对于其他非完全竞争市场条件下的厂商也同样适用。只要非完全竞争市场条件下厂商所面临的需求曲线是向右下方倾斜的,相应的厂商的各种收益曲线就具有以上所分析的基本特征。

视频讲解

（三）垄断厂商的短期均衡

垄断厂商为了获得最大的利润,也必须遵循 $MR=MC$ 的原则。在短期内,垄断厂商无法改变固定要素投入量,垄断厂商是在既定的生产规模下通过对产量和价格的调整,来实现 $MR=SMC$ 的利润最大化的原则。这可用图 2-4-2 来说明。

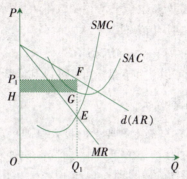

图 2-4-2　得到正常利润的短期均衡

图 2-4-2 中的 SMC 曲线和 SAC 曲线代表垄断厂商的既定的生产规模,d 曲线和 MR 曲线代表垄断厂商的需求和收益状况。垄断厂商根据 $MR=SMC$ 的利润最大化的均衡条件,将产量和价格分别调整到 Q_1 和 P_1 的水平。在短期均衡点 E 上,垄断厂商的平均收益为 FQ_1,平均成本为 GQ_1,平均收益大于平均成本,垄断厂商获得利润。单位产品的平均利润为 FG,总利润量相当于图 2-4-2 中的阴影部分的矩形面积。

垄断厂商只有在 $MR=SMC$ 的均衡点上,才能获得最大的利润。因为:只要 $MR>SMC$,垄断厂商增加一单位产量所得到的收益增量就会大于所付出的成本增量,这时,厂商增加产量是有利的。随着产量的增加,如图 2-4-2 所示,MR 会下降,而 SMC 会上升,两者之间的差额会逐步缩小,最后达到 $MR=SMC$ 的均衡点,厂商也由此得到了增加产量的全部好处。而 $MR<SMC$ 时,情况正好与上面相反。所以,垄断厂商的利润在 $MR=SMC$ 处达最大值。

如果认为垄断厂商在短期内总能获得利润的话,这就错了。垄断厂商在 $MR=SMC$ 的短期均衡点上,可以获得最大的利润,也可能是亏损的(尽管亏损额是最小的)。造成垄断厂商短期亏损的原因,可能是既定的生产规模的成本过高(表现为相应的成本曲线的位置过高),也可能是垄断厂商所面临的市场需求过小(表现为相应的需求曲线的位置过低)。垄断厂商短期均衡时的亏损情况如图 2-4-3 所示。

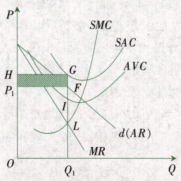

图 2-4-3　存在亏损的短期均衡

在图 2-4-3 中,垄断厂商遵循 $MR=SMC$ 的原则,将产量和价格分别调整到 Q_1 和 P_1 的水平。在短期均衡点 L,垄断厂商是亏损的,单位产品的平均亏损额为 GF,总亏损额等于矩形(阴影部分)HP_1FG 的面积。与完全竞争厂商相同,在亏损的情况下,若 $AR>AVC$,垄断厂商就继续生产;若 $AR<AVC$,垄断厂商就停止生产;若 $AR=AVC$,垄断厂商则认为生产和不生产都一样。在图 2-4-3 中,平均收益 FQ_1 大于平均可变成本 IQ_1,所以,垄断厂商是继续生产的。

由此可以得到垄断厂商短期均衡条件为:

$$MR=SMC$$

垄断厂商在短期均衡点上可以获得最大利润,可以利润为零,也可以蒙受最小亏损。

(四)垄断厂商的长期均衡

垄断厂商在长期内可以调整全部生产要素的投入量即生产规模,从而实现最大的利润。垄断行业排除了其他厂商进入的可能性,因此,与完全竞争厂商不同,如果垄断厂商在短期内获得利润,那么,他的利润在长期内不会因为新厂商的加入而消失,垄断厂商在长期内是可以保持利润的。

垄断厂商在长期内对生产的调整一般可以有三种可能的结果:第一种结果,垄断厂商在短期内是亏损的,但在长期,又不存在一个可以使它获得利润(或至少使亏损为零)的最优生产规模,于是,该厂商退出生产。第二种结果,垄断厂商在短期内是亏损的,在长期内,它通过对最优生产规模的选择,摆脱了亏损的状况,甚至获得利润。第三种结果,垄断厂商在短期内利用既定的生产规模获得了利润,在长期中,它通过对生产规模的调整,使自己获得更大的利润。

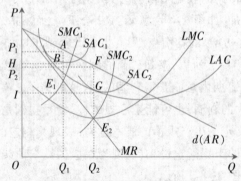

图 2-4-4 垄断厂商的长期均衡

图 2-4-4 中的 d 曲线和 MR 曲线分别表示垄断厂商所面临的市场的需求曲线和边际收益曲线,LAC 曲线和 LMC 曲线分别为垄断厂商的长期平均成本曲线和长期边际成本曲线。由此可见,垄断厂商之所以能在长期内获得更大的利润,其原因在于长期内企业的生产规模是可调整的和市场对新加入厂商是完全关闭的。

如图 2-4-4 所示,在垄断厂商的 $MR=LMC$ 长期均衡产量上,代表最优生产规模的 SAC_2 曲线和 LAC 曲线相切于 G,相应的 SMC_2 曲线、LMC 曲线和 MR 曲线相交于 E_2 点。所以,垄断厂商的长期均衡条件为:

$$MR=LMC=SMC$$

垄断厂商在长期均衡点上一般可获得利润。由于垄断厂商所面临的需求曲线就是市场的需求曲线,垄断厂商的供给量就是全行业的供给量,所以,我们所分析的垄断厂商的短期和长期均衡价格与均衡产量的决定,就是垄断市场的短期和长期的均衡价格与均衡产量的决定。

(五)价格歧视

在有些情况下,垄断厂商会对同一种产品收取不同的价格,这种做法往往会增加垄断厂商的利润。以不同价格销售同一种产品,被称为价格歧视。垄断厂商实行价格歧视,必须具备以下基本条件:

第一,市场的消费者具有不同的偏好,且这些不同的偏好可以被区分开。这样,厂商才有可能对不同的消费者或消费群体收取不同的价格。

第二,不同的消费者群体或不同的销售市场是相互隔离的。这样就排除了中间商由低价处买进商品,转手又在高价处出售商品而从中获利的情况。

价格歧视可以分为一级、二级和三级价格歧视。

1.一级价格歧视——完全价格歧视

一级价格歧视是指完全垄断厂商根据每一个消费者购进一单位产品愿意并能够支付的最高价格逐个确定产品卖价的情况。即消费者实际支出的总额等于其愿意支出的总额,此时,消费者剩余完全被剥夺。

一级价格歧视如图 2-4-5 所示:当厂商销售第一单位产品 Q_1 时,消费者愿意支付的最高价格为 P_1,于是,厂商就按此价格出售第一单位产品。当厂商销售第二单位产品时,厂商又按照消费者愿意支付的最高价格 P_2 出售第二单位产品。依此类推,直到厂商销售量为 Q_m 为止,即以价格 P_m 销售第 m 单位的产品。这时,垄断厂商得到的总收益相当于图 2-4-5 中的阴影部分面积。而如果厂商不实行价格歧视,都按同一个价格 P_m 出售 Q_m 的产量时,总收益仅为图 2-4-6 中 OP_mBQ_m 的面积。

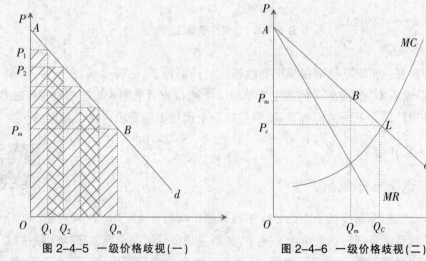

图 2-4-5 一级价格歧视(一)

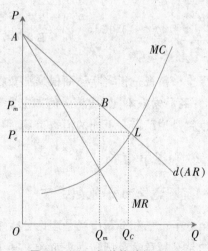

图 2-4-6 一级价格歧视(二)

此外,在图 2-4-6 中还可以发现,在 Q_c 的产量上,有 $P_c=MC$。这说明此时 P_c 和 Q_c 等于完全竞争时的均衡价格和均衡产量。所以，一级价格歧视下的资源配置是有效率的，尽管此时垄断厂商剥夺了全部的消费者剩余。

2.二级价格歧视

二级价格歧视是指垄断厂商按不同价格出售不同单位的产品，但是每个购买相同数量商品的消费者支付相同的价格。在二级价格歧视下，厂商剥夺了部分的消费者剩余。

在图2-4-7中，垄断者规定了三个不同的价格水平。在第一个消费段上，垄断者规定的价格最高为P_1；当消费者数量增加到第二个消费段时，价格下降为P_2；当消费数量再增加到第三个消费段时，价格便下降为更低的P_3。

如果不存在价格歧视，则垄断厂商的总收益相当于矩形OP_3DQ_3的面积，如果实行二级价格歧视，则垄断厂商的总收益的增加量（即利润的增加量）相当于矩形P_3P_1BE加矩形$EGCI$的面积，这一面积恰好就是消费者剩余的损失量。

由此可见，实行二级价格歧视的垄断厂商利润会增加，部分消费者剩余被垄断者占有。此外，垄断者有可能达到或接近$P=MC$的有效率的资源配置的产量。

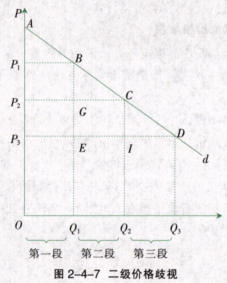

图2-4-7 二级价格歧视

3.三级价格歧视

三级价格歧视是指垄断厂商根据消费者群体的外部特征，进行市场划分，在不同的市场中，对同一商品索取不同的价格。例如电影院对学生减价或对老年人优惠等都属于三级价格歧视。也就是说厂商有不同的消费市场，但是同一个市场内的需求曲线是相同的。

九、垄断竞争市场

(一)垄断竞争市场的条件

视频讲解

完全竞争市场和垄断市场是理论分析中的两种极端的市场组织。在现实经济生活中，通常存在的是垄断竞争市场和寡头市场。其中，垄断竞争市场与完全竞争市场比较接近。

垄断竞争市场是这样一种市场组织，一个市场中有许多厂商生产和销售有差别的同种

产品。具体地说,垄断竞争市场的条件主要有以下四点:

第一,产品差异性。所谓产品差异性包括产品在原料、包装、服务、厂商的信誉等因素上的不同,或者消费者偏爱心理的不同。

第二,一个生产集团中的企业数量非常多,以至于每个厂商都认为自己的行为影响很小,不会引起竞争对手的注意和反应,因而自己也不会受到竞争对手任何报复措施的影响。例如,理发行业。

第三,厂商的生产规模比较小,因此,进入和退出一个生产集团比较容易。在现实生活中,垄断竞争的市场组织在零售业和服务业中是很普遍的。例如:修理行业、糖果零售业等。

第四,在垄断竞争生产集团中,各个厂商的产品是有差别的,厂商们相互之间的成本线和需求曲线未必相同。但是在垄断竞争市场模型中,为了分析的方便,假设所有厂商的成本函数皆相同,所面临的需求曲线也相同。

(二)垄断竞争厂商的需求曲线

由于垄断竞争厂商可以在一定程度上控制自己产品的价格,即通过改变自己生产的有差别的产品的销售量来影响商品的价格,所以垄断竞争厂商向右下方倾斜的需求曲线是比较平坦的,相对地比较接近完全竞争厂商的水平形状需求曲线。

垄断竞争厂商所面临的需求曲线有两种,它们通常被区分为 d 需求曲线和 D 需求曲线。下面用图2-4-8分别说明这两种需求曲线。

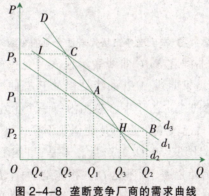

图2-4-8 垄断竞争厂商的需求曲线

d_1 需求曲线表示该行业某一厂商变动产品销售价格而行业中其他厂商并不随之改变价格的情况下,该厂商产品销售价格与销售量的关系。实际上,需求曲线 d_1 反映了个别厂商自认为像完全垄断厂商那样独立决定价格,而其他厂商不会做出反应的主观愿望。因而 d_1 曲线可称之为垄断竞争厂商的主观需求曲线或预期需求曲线。

由于垄断竞争厂商之间存在着激烈的竞争,当某一厂商调整价格,其他厂商势必也要做出相应举动。在此条件下,个别厂商所面临的需求曲线将不再是 d_1,而是 D 曲线。D 曲线反映了行业内其他厂商的行为对个别厂商产品价格变动引起的需求量变化的影响。在垄断竞争市场上,由于竞争的作用,从长期看个别厂商的产品价格变动同行业内所有厂商的产品价格变动会趋于一致。因而 D 曲线亦可视为厂商的长期需求曲线,或行业的需求曲线。

综上所述,关于 d 需求曲线和 D 需求曲线的一般关系为:第一,当垄断竞争生产集团内的所有厂商都以相同方式改变产品价格时，整个市场价格的变化会使得单个垄断竞争厂商的 d 需求曲线的位置沿着 D 需求曲线发生平移。第二，由于 d 需求曲线表示单个垄断竞争厂商单独改变价格时所预期的产品销售量，D 需求曲线表示每个垄断竞争厂商在每一市场价格水平实际所面临的市场需求量，所以，d 需求曲线和 D 需求曲线相交意味着垄断竞争市场的供求相等状态。第三，很显然，d 需求曲线的弹性大于 D 需求曲线，即前者较之于后者更平坦一些。

(三)垄断竞争厂商的短期均衡

在短期内，垄断竞争厂商是在现有的生产规模下通过对产量和价格的调整，来实现 $MR=SMC$ 的均衡条件。现用图 2-4-9 来分析垄断竞争厂商的短期均衡的形成过程。

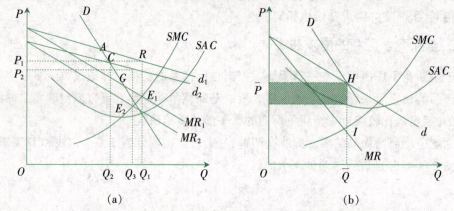

图 2-4-9 垄断竞争市场代表性企业的短期均衡

在图 2-4-9(a)中，SAC 曲线和 SMC 曲线表示代表性企业的现有生产规模，d 曲线和 D 曲线表示代表性企业的两种需求曲线，MR_1 曲线是相对于 d_1 曲线的边际收益曲线，MR_2 曲线是相对于 d_2 曲线的边际收益曲线。由于生产集团内每一个企业所面临的情况都是相同的，而且，每个企业都是在假定自己改变价格而其他企业不会改变价格的条件下采取了相同的行动，即都把价格降为 P_1，都计划生产 Q_1 的产量。于是，事实上，当整个市场价格下降为 P_1 时，每个企业的产量都毫无例外是 Q_2，而不是 Q_1。相应地，每个企业的 d_1 曲线也都沿着 D 曲线运动到了 d_2 的位置。所以，首次降价的结果是使代表性企业的经营位置由 A 点沿 D 曲线运动到 C 点。

在 C 点位置上，d_2 曲线与 D 曲线相交，相应的边际效益曲线为 MR_2。C 点上的代表性企业的产品价格 P_1 和产量 Q_2 仍然不符合在新的市场价格水平下的 $MR_2=SMC$ 的均衡点 E_2 上的价格 P_2 和产量 Q_3 的要求。因此，该企业又会再一次降价。与第一次降价相似，企业将沿着 D 曲线由 C 点运动到 G 点。相应地，d_2 曲线将向下平移，并与 D 曲线相交于 G 点。依次类推，代表性企业为实现 $MR=SMC$ 的利润最大化的原则，会继续降低价格，d 曲线会沿着 D 曲线不断向下平移，并在每一个新的市场价格水平与 D 曲线相交。

上述的过程一直要持续到代表性企业没有理由再继续降价为止，即一直要持续到企业所追求的 $MR=SMC$ 的均衡条件实现为止。如图(b)所示，代表性企业连续降价的行为的最终结果，将使得 d 曲线和 D 曲线相交点 H 上的产量和价格，恰好是 $MR=SMC$ 时的均衡点所要求的产量$\overline{Q}$和价格$\overline{P}$。此时,企业便实现了短期均衡,并获得了利润,其利润量相当于图中的阴影部分的面积。当然,垄断竞争厂商在短期均衡点上并非一定能获得最大的利润,也可能是最小的亏损。这取决于均衡价格是大于还是小于SAC。在企业亏损时,只要均衡价格大于AVC,企业在短期内总是继续生产的;只要均衡价格小于AVC,企业在短期内就会停产。

垄断竞争厂商短期均衡的条件是:

$$MR=SMC$$

在短期均衡的产量上,必定存在一个d曲线和D曲线的交点,它意味着市场上的供求是相等的。此时,垄断竞争厂商可能获得最大利润,可能利润为零,也可能蒙受最小亏损。

十、寡头市场

(一)寡头市场概述

寡头市场又称为寡头垄断市场,它是指少数几家厂商控制整个市场产品的生产和销售的一种市场组织。寡头市场被认为是一种较为普遍的市场组织。例如,美国的汽车市场基本上控制在通用、福特和克莱斯勒三个汽车公司的手中;我们的通信市场基本上是由中国移动、中国联通和中国电信三大公司控制。

形成寡头市场的主要原因有:某些产品的生产必须在相当大的生产规模上运行才能达到最好的经济效益;行业中几家企业对生产所需的基本生产资源的供给的控制;政府的扶植和支持等。由此可见,寡头市场的成因和完全垄断市场的成因是很相似的,只是在程度上有所差别而已。寡头市场是比较接近垄断市场的一种市场组织。

寡头行业可按不同方式分类。根据产品特征,可以分为纯粹寡头行业和差别寡头行业两类。在纯粹寡头行业中,厂商之间生产的产品没有差别。在差别寡头行业中,厂商之间生产的产品是有差别的。此外,寡头行业还可按厂商的行动方式,区分为有勾结行为的(即合作的)和独立行动的(即不合作的)两种类型。

寡头厂商的价格和产量决定是一个很复杂的问题。其主要原因在于:在寡头市场上,每个厂商的产量都在全行业的总产量中占一个较大的份额,从而每个厂商的产量和价格变动都会对其他竞争对手以至整个行业的产量和价格产生举足轻重的影响。正因为如此,每个寡头厂商在采取某项行动之前,必须首先推测这一行动对其他厂商的影响以及其他厂商可能做出的反应,然后,才能在推测对手反应方式的前提下采取最有利的行动。所以,每个寡头厂商的决策是所有厂商的决策的相互作用的影响。寡头厂商们行为之间的这种复杂关系,使得寡头理论复杂化。一般说来,不知道竞争对手的反应方式,就无法建立寡头厂商的模型。或者说,有多少关于竞争对手的反应方式的假定,就有多少寡头厂商的模型,就可以得到多少不同的结果。

(二)古诺模型

古诺模型是早期的寡头模型,它常被作为寡头理论分析的出发点。古诺模型是一个只有两个寡头厂商的简单模型,该模型也被称为"双头模型"。古诺模型的结论可以很容易地推广到三个或三个以上的寡头厂商的情况中去。

古诺模型分析的是两个出售矿泉水的生产成本为零的寡头厂商的情况。古诺模型的假定是：市场上只有 A、B 两个厂商生产和销售相同的产品,他们的生产成本为零;他们共同面临的市场的需求曲线是线性的,A、B 两个厂商都准确地了解市场的需求曲线;A、B 两个厂商都是在已知对方产量的情况下,各自确定能够给自己带来最大利润的产量,即每一个厂商都是消极地以自己的产量去适应对方已确定的产量。

当古诺模型推广到有 m 个寡头厂商的市场时,则可以得到一般的结论如下：

每个寡头厂商的均衡产量=市场总容量·$\dfrac{1}{m+1}$

行业的均衡总产量=市场总容量·$\dfrac{m}{m+1}$

(三)斯威齐模型

斯威齐模型也被称为弯折的需求曲线模型,用来解释一些寡头市场上的价格刚性现象。

该模型的基本假设条件是：如果一个寡头厂商提高价格,行业中的其他寡头厂商不会跟着改变自己的价格,因而提价的寡头厂商的销售量的减少是很多的;如果一个寡头厂商降低价格,行业中的其他寡头厂商会将价格下降到相同的水平,以避免销售份额的减少,因而该寡头厂商的销售量的增加是很有限的。

以上的假设条件下可推导出寡头厂商的弯折的需求曲线。现用图 2-4-10 加以说明。图 2-4-10 中有厂商的一条 dd 需求曲线和一条 DD 需求曲线,它们与垄断竞争厂商所面临的两条需求曲线的含义是相同的。dd 需求曲线表示该寡头厂商变动价格而其他寡头厂商保持价格不变时的该寡头厂商的需求状况,DD 需求曲线表示行业内所有寡头厂商都以相同方式改变价格时该厂商的需求状况。假定开始时的市场价格为 dd 需求曲线和 DD 需求曲线的交点 B 所决定的的,那么,根据该模型的基本假设条件,该垄断厂商由 B 点出发,提价所面临的需求曲线是 dd 需求曲线上左上方的 dB 段,降价所面临的需求曲线是 DD 需求曲线上右下方的 BD 段,于是,这两段共同构成的该寡头厂商的需求曲线为 dBD。显然,这是一条弯折的需求曲线,折点是 B 点。这条弯折的需求曲线表示该寡头厂商从 B 点出发,在各个价格水平所面临的市场需求量。

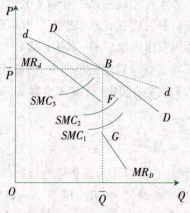

图 2-4-10 弯折的需求曲线模型

由弯折的需求曲线可以得到间断的边际收益曲线。图 2-4-10 中与需求曲线 dB 段所对应的边际收益曲线为 MR_d，与需求曲线 BD 段所对应的边际收益曲线为 MR_D，两者合在一起，便构成了寡头厂商的间断的边际收益曲线，其间断部分为垂直虚线 FG。

利用间断的边际收益曲线，便可以解释寡头市场上的价格刚性现象。只要边际成本 SMC 曲线的位置变动不超出边际收益曲线的垂直间断范围，寡头厂商的均衡价格和均衡数量都不会发生变化。譬如，在图 2-4-10 中的边际收益曲线的间断部分 FG，SMC_1 曲线上升为 SMC_2 曲线的位置时，寡头厂商仍将均衡价格和均衡产量保持在 $\overline{P}$ 和 $\overline{Q}$ 的水平。除非成本发生很大变化，如成本上升使得边际成本曲线上升为 SMC_3 曲线的位置时，才会影响均衡价格和均衡产量水平。

虽然弯折的需求曲线模型为寡头市场较为普遍的价格刚性现象提供了一种解释，但是该模型并没有说明具有刚性的价格本身，如图中的价格水平 $\overline{P}$ 是如何形成的。这是该模型的一个缺陷。

经典真题

1.在完全竞争市场价格给定的条件下,厂商的长期生产中对全部生产要素的调整可以表现为以下方面,但不包括(   )。

A.对最优的生产规模的选择　　　　B.对最低的生产规模的规则

C.退出一个行业的决策　　　　　　D.进入一个行业的决策

2.总需求是经济社会对物品和劳务的需求总量,在封闭经济条件下,总需求的构成一般不包括(   )。

A.消费需求　　　　　　　　　　　B.投资需求

C.政府需求　　　　　　　　　　　D.社会需求

3.从西方效用理论的发展过程中看,大体上有三条主线贯穿始终,但不包括以下的(   )。

A.从绝对效用价值论到相对效用价值论

B.从主观效用价值论到客观效用价值论

C.从精确效用理论到模糊效用理论

D.从基础效用理论到序数效用理论

4.已知某一时期内某商品的需求函数 $Q_d=50-5p$,供给函数 $Q_s=-10+5p$,则该商品的均衡价格和均衡数量分别是(   )。

A.6;20　　　　　B.10;20　　　　　C.6;80　　　　　D.8;10

5.任何商品的价格都是由(   )共同决定的。

A.消费者和厂商两者　　　　　　　B.稀缺性因素

C.需求和供给两方面因素　　　　　D.效用最大化因素

6.衡量经济增长的宏观经济指标是国内生产总值(GDP),下列是对GDP的表述,正确的是(   )。

A.GDP是指本国(或地区)所有公民在一定时期内生产活动的最终成果

B.GDP是指在一国领土范围内,本国居民和外国居民在一定时期内所生产的、以市场价格表示的产品和劳务总值

C.GDP增长率是反映一定时期内一国经济发展绝对水平的指标

D.GDP是指在一国领土范围内,本国居民和外国居民在一定时期内所生产的产品和劳务的总数量

经典真题参考答案及解析

1.【答案】B。解析:完全竞争厂商在长期生产中对全部生产要素的调整可以表现为两个方面:一方面表现为对最优的生产规模的选择,另一方面表现为进入或退出一个行业的决策。

2.【答案】D。解析：封闭经济的总需求包括消费、投资、政府需求。

3.【答案】C。解析：从西方效用理论的发展过程中看,大体上有三条主线贯穿始终,即:从绝对效用价值论到相对效用价值论,从主观效用价值论到客观效用价值论,从基数效用理论到序数效用理论。

4.【答案】A。解析：通过本题掌握均衡价格和均衡数量的含义。

5.【答案】C。解析：在微观经济学当中,每一种商品(包括生产要素)的价格都是由该种商品的供求决定的。故本题选C。

6.【答案】B。解析：GDP是个地域概念而非国民概念,是指在一定时期内(一个季度或一年),一个国家或地区的经济中所生产出的全部最终产品和劳务的价值,常被公认为衡量国家经济状况的最佳指标。它不但可反映一个国家的经济表现,还可以反映一国的国力与财富。

同步训练

1.在国民收入核算体系中,计入GDP的政府支出是指(　　)。

A.政府工作人员的薪水和政府转移支出

B.政府购买的物品和劳务的支出

C.政府购买的物品和劳务的支出加上政府的转移支出之和

D.政府购买的物品支出

2."需求"是经济学中的重要概念,下列中属于"需求"的是(　　)。

A.小郑月收入2 000元,准备2年内购置150万元的房产

B.小周想买一盒巧克力,备好了钱但还没到超市去买

C.小黄月收入1.3万元,但最近没有购买计划

D.小王想购买一款智能手机,但手头拮据

3.通常情况下,生产者通过提高某产品单位销售价格而增加其销售总收入的前提条件是该产品的(　　)。

A.需求价格弹性系数大于1

B.需求收入弹性系数大于1

C.需求收入弹性系数小于1

D.需求价格弹性系数小于1

4.假定某消费者的需求价格弹性系数为1.3,在其他条件不变的情况下,商品价格下降2%对商品需求数量的影响是(　　)。

A.需求量上升1.3%　　　　　　　　B.需求量下降2%

C.需求量上升2.6%　　　　　　　　D.需求量下降2.6%

5.一定时期内商品A的价格由2变到3,需求则由10降到8,则商品A的需求的价格弹性为(　　)。

A.0.5　　　　　　B.2　　　　　　C.2.5　　　　　　D.0.4

6.可以用于判断两种商品或者服务是否具有替代关系或互补关系的指标是( )。

A.需求价格弹性   B.需求交叉弹性

C.供给价格弹性   D.需求收入弹性

7.假设消费者收入增加25%,会导致某种商品的需求量增加10%,则该商品的类型为( )。

A.低档品   B.高档品

C.劣等品   D.必需品

8.当产品A的价格下降,导致B的需求量上升的原因最可能是( )。

A.B是低档品   B.A和B是替代品

C.A是次品   D.A和B是互补品

9.如果两种商品x和y的需求交叉弹性系数为-3,那么可以判断出( )。

A.x和y是替代品   B.x和y是互补品

C.x和y是高档品   D.x和y是低价品

10.市场供给力量与需求力量相互抵消时所达到的价格水平称为( )。

A.平均价格   B.理论价格

C.平准价格   D.均衡价格

11.一种商品的需求曲线向右下方倾斜,如果生产该种商品的生产要素的价格上升,那么( )。

A.均衡数量增加,均衡价格上升   B.均衡数量增加,均衡价格下降

C.均衡数量减少,均衡价格上升   D.均衡数量减少,均衡价格下降

12.随着产量的增加,短期平均成本( )。

A.增加   B.不变

C.减少   D.先减少,后增加

13.在下列三种产品中应该计入当年国民生产总值的是( )。

A.当年生产的机器

B.去年生产而在今年销售的机器

C.某人去年购买而在今年转售给他人的机器

D.上述都是

14.GDP、GNP、CPI、PPI分别是指( )。

A.国内生产总值、国民生产总值、生产者物价指数、消费物价指数

B.国民生产总值、国内生产总值、生产者物价指数、消费物价指数

C.国内生产总值、国民生产总值、消费物价指数、生产者物价指数

D.国民生产总值、国内生产总值、消费物价指数、生产者物价指数

15.生产函数表示的是生产中_____和_____之间的依存关系,这种关系普遍存在于各种生产过程之中( )。

A.成本 利润   B.投入量 产出量

C.总成本 总收入   D.固定资本 流动资本

同步训练参考答案及解析

1.【答案】B。解析：政府的转移支付不计入当年的 GDP，政府对物品和劳务的购买计入当年的 GDP。

2.【答案】B。解析：需求是指在某一特定时期，对应于某一商品的价格，消费者愿意且能够购买到的商品数量，所以需求必须既有意愿且有实际购买能力。

3.【答案】D。解析：①如果 $E_d>1$，即需求富有弹性的商品，价格上升会使销售收入减少，价格下降会使销售收入增加。销售收入与价格呈反方向变动。②如果 $E_d<1$，即需求缺乏弹性的商品，价格上升会使销售收入增加，价格下降会使销售收入减少。销售收入与价格呈同方向变动。

4.【答案】C。解析：需求量相对变动=1.3×2%=2.6%，即需求量上升 2.6%。

5.【答案】D。解析：需求价格弹性是指在一定时期内一种商品的需求量的变动对于该商品的价格变动得反应程度。用公式表示：需求的价格弹性系数=-需求量的变动率/价格变动率。需求量的变动率是(8-10)/10=-0.2，价格的变动率是(3-2)/2=0.5，所以弹性为 0.4。

6.【答案】B。解析：需求交叉弹性是指一种商品(j)价格的相对变化与由此引起的另一种商品(i)需求量相对变动之间的比率。需求交叉弹性系数大于 0，说明两种商品存在替代关系；需求交叉弹性系数小于 0，说明两种商品存在互补关系，需求交叉弹性系数等于 0，说明两种商品不存在相关关系。

7.【答案】D。解析：收入弹性的大小，可以作为划分"高档品""必需品""低档品"的标准。①需求收入弹性大于 1 的商品，称为"高档品"；②需求收入弹性大于 0 且小于 1 的商品，称为"必需品"；③需求收入弹性小于 0 的商品，称为"低档品"。

8.【答案】D。解析：因为 A 的价格下降导致 B 的需求量上升，因此两种商品是相关商品。互补品是指两种商品功能可以互补，搭配使用的商品。一种商品的价格与它的互补品需求量呈反比变化。

9.【答案】B。解析：本题考查需求交叉弹性系数。

10.【答案】D。解析：通过本题掌握均衡价格的含义。均衡价格是市场供给力量和需求力量相互抵消时所达到的价格水平，即供给量和需求量相等时的价格，此时的供求数量为均衡数量。

11.【答案】C。解析：生产该种商品的生产要素的价格上升会导致供给曲线向左移动，进而均衡数量减少，均衡价格上升。

12.【答案】D。解析：短期平均成本的变动规律是由平均固定成本与平均可变成本决定的。当产量增加时，平均固定成本迅速下降，加之平均可变成本也在下降，因此短期平均成本迅速下降。以后，随着平均固定成本越来越小，它在平均成本中也越来越不重要，这时平均成本随产量的增加而下降，产量增加到一定程度之后，又随着产量的增加而增加。短期平均成本曲线也是一条先下降而后上升的 U 形曲线。表明短期平均成本随着产量增加先下降而后上升的变动规律。

13.【答案】A。解析：国民生产总值是指一个国家或地区的居民在一定时期(一般为1年)内生产的以货币表现的全部最终产品(含货物和服务)价值的总和。能计入当年国民生产总值的必须是当年的最终产品。B项去年生产的不符合要求,C项也是去年购买的。所以B、C项均不符合题意。

14.【答案】C。解析：国内生产总值(Gross Domestic Product,简称GDP);国民生产总值(Gross National Product,简称GNP);消费价格指数(Consumer Price Index,简称CPI);生产者物价指数(Producer Price Index,简称PPI)。

15.【答案】B。解析：生产函数反映的是投入产出之间的关系。

第五章 金融

第一节 备考攻略

一、考情分析

金融学是中国农业银行招聘考试的必考内容,题量不大,但考生要掌握此部分内容,对于非金融专业的考生,此部分需要下比较大的功夫。

表 2-5-1 2015—2018 年中国农业银行金融部分题量

年份	题量
2018	6
2017	4
2016	8
2015	4

二、备考指导

金融方面的考点还是大家比较熟知的货币政策、货币制度、利率与汇率及金融衍生品的基础知识,投资也是在很基础的层面上考查,极少涉及分析方面的知识。

对金融专业的考生来说拿全分是完全没有问题的,但是对于非金融专业的考生来说,需要比较系统地学习考点所涉的知识点,避免片面的了解导致答题失误。

需要注意的是此部分会出计算题,所以考生需要储备一定量的公式,多做一些题目,避免失分。

第二节 重要知识点讲解

一、货币制度的发展与演变

在货币制度发展史上曾存在四种不同的货币制度,依次为银本位制、金银复本位制、金本位制、纸币本位制。

1.银本位制

银本位制是以白银作为本位货币的一种金属货币制度。银铸币为本位货币,具有无限法偿能力。银币可以自由铸造,自由融化。

2.金银复本位制

前后经历了三种形态:金银平行本位制、金银双本位制、金银跛行本位制。其中,在金银双本位制下,出现了劣币驱逐良币的现象。

金银币的比价由国家法律规定,金银币的法定比价和金银的市场比价有可能不一致,于是就出现了劣币驱逐良币的现象。

劣币是指实际价值低于名义价值的货币;良币是指实际价值高于名义价值的货币。劣币驱逐良币规律即格雷欣法则,是指在双本位制中,当一个国家同时流通两种实际价值不同而面额价值相同但法定比价不变的货币时,实际价值高的货币(良币)必然被人们熔化、收藏或输出而退出流通,而实际价值低的货币(劣币)反而充斥市场。

3.金本位制

在金本位制下,主要有金币本位制、金块本位制、金汇兑本位制。其中,金币本位制是相对稳定的货币制度。在金本位制下,用黄金来规定货币所代表的价值,每一货币都有法定的含金量,各国货币按其所含黄金的重量而有一定的比价。

4.纸币本位制

纸币本位制是指一个国家的本位货币使用纸币而不与黄金发生任何联系的一种货币制度。纸币流通条件下,保证币值的稳定是货币制度的核心,必须要以社会公众提供给中央银行分配的资源或资产作为稳定币值的基础。我国人民币制度是一种纸币本位制。它的发行不与任何贵金属挂钩,也不依附于任何一国的货币,是一种独立的货币。

二、货币需求

(一)马克思的货币需求理论

马克思关于流通中货币量的分析,后人多用"货币必要量"的概念来表述。基本公式是:

执行流通手段职能的货币必要量=商品价格总额/货币的流通速度

这一规律可用符号表示为:

$$M_d=PQ/V$$

式中,P——商品价格。

Q——进入流通的商品数量。

V——货币流通的平均速度。

M——货币必要量。

公式表明,货币必要量取决于价格水平、进入流通的商品数量和货币的流通速度这三个因素,与商品价格和进入流通的商品数量成正比,与货币流通速度成反比。

(二)货币数量论的货币需求理论

欧文·费雪(Fisher)于 1911 年出版的《货币的购买力》一书,是货币数量论的代表作。在该书中,费雪提出了著名的"交易方程式",也被称为费雪方程式,即:

$$MV=PT$$

式中,M——总货币存量。

P——价格水平。

T——各类商品的交易数量。

V——货币流通速度,它代表了单位时间内货币的平均周转次数。

该方程式表明,名义收入等于货币存量和流通速度的乘积。

上式还可以表示为:$P=MV/T$

这一方程式表明,物价水平的变动与流通中货币数量的变动和货币的流通速度变动成正比,而与商品交易量的变动呈反比。

(三)剑桥方程式

与费雪方程式不同,剑桥学派认为,处于经济体系中的个人对货币的需求,实质是选择以怎样的方式保持自己资产的问题。每个人决定持有多少货币,有种种原因,但在名义货币需求与名义收入水平之间总是保持一个较为稳定的比例关系。因此有:

$$M_d=kPY$$

式中,M_d——名义货币需求。

Y——总收入。

P——价格水平。

k——以货币形式保存的财富占名义总收入的比例。

(四)凯恩斯的货币需求函数

凯恩斯认为,人们的货币需求行为由三种动机决定:

(1)人们持有货币的主要目的是为了交易,这称为交易动机。

(2)还为了应付可能遇到的意外支出,这称为预防动机。

(3)人们持有货币的目的可能是为了储存价值或财富,这称为投机动机。

由交易动机和预防动机引起的货币需求和收入有关,收入增加,货币需求增加;反之,货币需求减少。由投机动机形成的投机性货币需求主要受到市场利率变化的影响,而且是负相关的关系,即市场利率越高,人们的投机性货币需求越小,市场利率越低,投机性货币需求越高。

由于交易动机和预防动机引起的货币需求是收入的函数,可记为 $L_1(Y)$;由于投机动机引起的货币需求是利率的函数,可记为 $L_2(r)$,则凯恩斯的货币需求函数可表示为:$M=L_1(Y)+L_2(r)$。

凯恩斯主义把可用于储存财富的资产分为货币与债券,他认为货币是不能产生收入的资产,债券是能产生收入的资产,把人们持有货币的三个动机划分为两类需求。一是消费动机与预防动机构成对消费品的需求,人们对消费品的需求取决于"边际消费倾向"。二是投机动机构成对投资品的需求,主要由利率水平决定:利率低,人们对货币的需求量大;利率高,人们对货币的需求量小。

凯恩斯认为,在利率极高时,投机动机引起的货币需求量等于零,而当利率极低时,投机动机引起的货币需求量将是无限的。也就是说,由于利息是人们在一定时期放弃手中货币流动性的报酬,所以利率不能过低,否则人们宁愿持有货币而不再储蓄,这种情况被称为"流动性偏好陷阱"。

(五)弗里德曼的货币需求函数

弗里德曼将货币需求函数表述为:

$$\frac{M}{P}=f(Y,W,r_m,r_b,r_e,\frac{1}{P}\frac{dp}{dt},u)$$

式中$\frac{M}{P}$代表货币的实际需要量,r_m、r_b、r_e分别表示存款、债券和股票的名义收益率,$\frac{1}{P}\cdot\frac{dp}{dt}$代表通货膨胀率,$W$为非人力财富对人力财富的比例,$Y$为恒久收入,$u$代表影响货币需求偏好的其他因素。

弗里德曼最重要的贡献是,用货币需求函数证明了货币需求是稳定的。因此,随意增加或减少货币供给,都会在不可预知的未来,冲击货币市场,带来经济的不稳定。

三、货币供给

货币供给是指一定时期内一国银行体系向经济中投入、创造、扩张(或收缩)货币的行为。货币供给首先是一个经济过程,即银行系统向经济中注入货币的过程。其次在一定时点上会形成一定的货币数量,称为货币供给量。货币供给又可分为名义货币供给和实际货币供给。

(一)货币层次的划分

按照不同形式货币的流动性,或者说不同金融工具发挥货币职能的效率高低确定货币层次。流动性是指金融资产迅速变为现实货币购买力,而且持有人不会遭受损失的能力。

1.国际货币基金组织的货币层次划分

一般把货币划分为三个层次:

M_0=流通于银行体系之外的现金

$M_1=M_0$+活期存款(包括邮政汇划制度或国库接受的私人活期存款)

$M_2=M_1$+储蓄存款+定期存款+政府债券(包括国库券)

2.我国的货币层次划分

我国对外公布的货币供应量为三个层次:一是流通中现金(M_0),即在银行体系外流通的现金;二是狭义货币供应量,一般称为货币(M_1),即M_0加上单位活期存款;三是广义货币供应量,一般称为货币和准货币(M_2),即M_1加上单位定期存款、个人存款和其他存款(财政存款除外)。

现阶段,我国按流动性不同将货币供应量划分为三个层次:

M_0=流通中的现金

M_1=M_0+企业单位活期存款+农村存款+机关团体部队存款+银行卡项下的个人人民币活期储蓄存款

M_2=M_1+城乡居民储蓄存款+企业单位定期存款+证券公司保证金存款+其他存款

式中,M_1是狭义货币供应量;M_2是广义货币供应量;M_2减M_1是准货币。我们通常所说的货币供应量是指M_2。

(二)货币供给机制

1.货币供应量

现代信用制度下货币供应量的决定因素主要有两个:

一是基础货币(B),包括现金和商业银行在中央银行的存款。

二是货币乘数(m),货币乘数的大小决定了货币供给扩张能力的大小。在货币供给过程中,中央银行的初始货币提供量与社会货币最终形成量之间存在着数倍扩张(或收缩)的效果,即所谓的乘数效应。

它们之间的决定性关系可用公式表示为:$Ms=m\cdot B$,即货币供应量等于基础货币与货币乘数的乘积。

2.货币乘数的决定因素

表2-5-2 影响货币乘数的因素

因素	内容
法定存款准备金率(r_d)	法定存款准备金率越高,银行存款中可用于放款的资金越少,创造存款货币的数量就越少;反之创造存款货币的数量就越多
现金漏损率(c)	如果在存款派生过程中有客户提取现金,则现金就会流出银行系统,出现现金漏损,使银行系统的存款准备金减少,派生倍数相应缩小,银行创造存款的能力下降
超额准备金率(e)	银行留有的超过法定准备金部分的超额准备金越多,用于贷款的部分就越少,银行创造存款的能力就越弱
定期存款的存款准备金率(r_t)	一般定期存款的法定存款准备金率低,活期存款的法定存款准备金率高,当企业的活期存款转化为定期存款时,银行对定期存款也要按一定的法定准备金率(r_t)提留准备金,所以定期存款的法定存款准备金率(r_t)和定期存款占活期存款的比例(t)的变动,可视同法定存款准备金率(r_d)的进一步调整,按照$r_t\cdot t$所提存的准备金用于支持定期存款,会使活期存款创造规模下降,对货币乘数K产生影响

由上表可知,银行吸收存款能够创造的存款货币量要受到诸多因素的影响,即:

$$K=\frac{1}{r_d+c+e+r_t\cdot t}$$

（三）弗里德曼–施瓦兹的货币供给决定模型

弗里德曼–施瓦兹的货币供给决定模型表现为：

$$\frac{M}{H}=\frac{C+D}{C+R}$$

其中，M 代表货币存量，H 和 R 分别表示基础货币和商业银行的存款准备金，C 代表非银行公众所持有的通货，D 代表商业银行的存款。

若将此等式右端的分子分母都除以 C，再分别乘上 $\frac{D}{R}$，其两边再乘以 H，则可变为：

$$M=H\cdot\frac{\dfrac{D}{R}\left(1+\dfrac{D}{C}\right)}{\dfrac{D}{R}+\dfrac{D}{C}}$$

由于货币存量等于高能货币与货币乘数的乘积，即 $M=H\cdot m$，可以得出货币乘数 m 为：

$$m=\frac{\dfrac{D}{R}\left(1+\dfrac{D}{C}\right)}{\dfrac{D}{R}+\dfrac{D}{C}}$$

上述等式是弗里德曼–施瓦兹分析货币供应量决定因素的基本公式。从式中可见，决定货币供应量的主要是三个因素：高能货币 H、商业银行的存款与准备金之比 $\frac{D}{R}$、商业银行存款与公众持有的通货之比 $\frac{D}{C}$。弗里德曼和施瓦兹把这三个因素称之为"货币存量的大致的决定因素"，而 $\frac{D}{R}$、$\frac{D}{C}$ 则为货币乘数的决定因素。

弗里德曼和施瓦兹认为，货币供应量是由 H、$\frac{D}{R}$、$\frac{D}{C}$ 三个因素共同决定的，其中任一因素的变化都可以引起货币供应量的变化。

四、主要的金融衍生品

按照衍生品合约类型的不同，目前市场中最为常见的金融衍生品有远期、期货、期权、互换和信用衍生品等。

1.金融远期

（1）金融远期合约是最早出现的一类金融衍生品，合约的双方约定在未来某一确定日期按确定的价格买卖一定数量的某种金融资产。金融远期合约的最大功能是转移风险。

（2）远期合约是一种非标准化的合约类型，没有固定的交易场所。

（3）比较常见的远期合约主要有远期利率协议、远期外汇合约和远期股票合约。

2.金融期货

（1）金融期货是指交易双方在集中性的交易场所，以公开竞价的方式所进行的标准化金融期货合约的交易。

视频讲解

(2)金融期货合约是标准化协议。

(3)主要的期货合约有外汇期货、利率期货、股指期货等。

3.金融期权

(1)金融期权实际上是一种契约,它赋予合约的购买人在规定的期限内按约定价格买入或卖出一定数量的某种金融资产的权利。

(2)期权费:为了取得这一权利,期权合约的买方必须向卖方支付的一定数额的费用。

(3)按照买方权利的不同,期权合约可分为看涨期权和看跌期权两种类型。①看涨期权的买方有权在某一确定的时间或确定的时间之内,以确定的价格购买相关资产。②看跌期权的买方则有权在某一确定时间或确定的时间之内,以确定的价格出售相关资产。

4.金融互换

(1)金融互换是两个或两个以上的交易者按事先商定的条件,在约定的时间内交换一系列现金流的交易形式。

(2)金融互换分为货币互换、利率互换和交叉互换等三种类型。

(3)互换合约实质上可以分解为一系列远期合约组合。

5.信用衍生品

(1)信用衍生品是一种使信用风险从其他风险类型中分离出来,并从一方转让给另一方的金融合约。

(2)近年来信用衍生品成为各类机构主动管理信用风险、获得超额投资收益的主要渠道。信用衍生品涵盖了信用风险、市场风险的双重内容,兼具股权、债权的特点。

(3)信用违约互换(CDS)是最常用的一种信用衍生产品,它规定信用风险保护买方向信用风险保护卖方定期支付固定的费用或一次性支付保险费,当信用事件发生时,卖方向买方赔偿因信用事件所导致的基础资产面值损失部分。

CDS 只能转移风险不能消灭风险,而且 CDS 几乎全部是柜台交易,不透明,反而可能累积更大的风险。

五、一般性货币政策工具

1.法定存款准备金率

法定存款准备金率是指法律规定的商业银行对于存款所必须保持的准备金的比例。商业银行吸收存款后,必须按照法定的比率保留规定数额的准备金(法定准备金),其余部分才能用作放款。

准备金率的高低因银行类型、存款种类、存款期限和数额等不同而有所区别,如城市银行的准备金率高于农村银行的准备金率、活期存款的准备金率高于定期存款的准备金率。法定准备金率有最高限和最低限。商业银行为了获取最大利润,一般都愿意尽可能按最低准备金率保留准备金。

2.再贴现

再贴现是指存款货币银行持客户贴现的商业票据向中央银行请求贴现,以取得中央银行的信用支持。就广义而言,再贴现政策并不单纯指中央银行的再贴现业务,也包括中央银行向存款货币银行提供的其他放款业务。中央银行通过变动贴现率来调节货币供给量和利息率,从而促使经济扩张或收缩。

当中央银行降低贴现率或放宽贴现条件时,商业银行愿意从中央银行获得更多的资金,随着商业银行向客户贷款的增加,通过商业银行的货币供给放大机制,市场货币供给呈倍数增加。

当中央银行提高贴现率或严格贴现条件时,通过商业银行的货币供给放大机制,市场货币供给呈倍数减少。

3.公开市场业务

经济扩张时,实行卖出政府债券的政策,可以减少商业银行的准备金,降低它们的信贷能力,促使贷款利率上涨,遏制过度的投资需求。

经济萧条时,则买进政府债券,以便提高商业银行的准备金,扩大它们的信贷能力,促使利息率下降,从而扩大投资需求。

通过中央银行与指定交易商进行有价证券和外汇交易,实现货币政策调控目标的活动,是中央银行吞吐基础货币,调节市场流动性的主要货币政策工具。中国公开市场操作包括人民币操作和外汇操作两部分。

视频讲解

六、汇率标价方法

汇率又称汇价,是指一种货币与另一种货币之间兑换或折算的比率,也称一种货币用另一种货币所表示的价格。

汇率有直接标价法和间接标价法两种标价方法。直接标价法又称应付标价法,是以一定整数单位(1、100、10 000 等)的外国货币为标准,折算为若干单位的本国货币。这种标价法是以本国货币表示外国货币的价格,因此可以称为外汇汇率。目前,我国和世界其他绝大多数国家和地区都采用直接标价法。间接标价法又称应收标价法,是以一定整数单位(1、100、10 000 等)的本国货币为标准,折算为若干单位的外国货币。这种标价法是以外国货币表示本国货币的价格,因此可以称为本币汇率。目前,世界上只有英国、美国等少数几个国家采用间接标价法。

从不同的角度可以将汇率划分为不同的种类:根据汇率的制定方法,可以将汇率划分为基本汇率与套算汇率;根据商业银行对外汇的买卖,可以将汇率划分为买入汇率与卖出汇率;根据汇率适用的外汇交易背景,可以将汇率划分为即期汇率与远期汇率;根据汇率形成的机制,可以将汇率划分为官方汇率与市场汇率;根据商业银行报出汇率的时间,可以将汇率划分为开盘汇率与收盘汇率;根据外汇交易的支付通知方式,可以将汇率划分为电汇汇率、信汇汇率与票汇汇率;根据汇率制度的性质,可以将汇率划分为固定汇率与浮动汇率;根据汇率水平研究的需要,可以将汇率划分为双边汇率、有效汇率与实际有效汇率。

七、汇率的决定与变动

(一)汇率的决定基础

1.金本位制下汇率的决定基础

在金本位制下,各国以金币作为本位货币,黄金是价值的"天然实体",单位金币都有含金量,黄金可以自由输出和输入。这种货币制度下汇率的决定基础,从本质上是各国单位货币所具有的价值量;从现象上看是各国单位货币的含金量。

汇率的标准是铸币平价,即一国货币的含金量与另一国货币的含金量之比。市场汇率受供求关系变动的影响而围绕铸币平价波动,波动的范围被限制在由黄金输出点和黄金输入点构成的黄金输送点内。

2.纸币制度下汇率的决定基础

在纸币制度下,各国以纸币作为本位货币,纸币是本身没有价值的价值符号,单位纸币所代表的价值量往往以国家规定的法定含金量来表示。这种货币制度下汇率的决定基础,从本质上来说是各国单位货币所代表的价值量;从现象上看是各国单位货币的法定含金量或购买力。

在第二次世界大战以后建立的布雷顿森林货币体系下,按照国际货币基金协定的要求,均衡汇率就是法定平价,即一国货币的法定含金量与另一国货币的法定含金量之比。根据购买力平价理论,均衡汇率就是购买力平价。

(二)汇率变动的形式

1.法定升值与法定贬值:官方汇率的变动

法定升值是指一国官方货币当局以法令的形式,公开宣布提高本国货币的法定含金量或币值,降低外汇汇率。

法定贬值是指一国官方货币当局以法令的形式,公开宣布降低本国货币的法定含金量或币值,提高外汇汇率。

2.升值与贬值:市场汇率的变动

升值是指在外汇市场上,一定量的一国货币可以兑换到比以前更多的外汇。

贬值是指在外汇市场上,一定量的一国货币只能兑换到比以前少的外汇。

(三)汇率变动的决定因素

1.物价的相对变动

根据购买力平价理论,反映货币购买力的物价水平变动是决定汇率长期变动的根本因素。

如果一国的物价水平与其他国家的物价水平相比相对上涨,即该国相对通货膨胀,则该国货币对其他国家货币贬值;反之,如果一国的物价水平与其他国家的物价水平相比相对下跌,即该国相对通货紧缩,则该国货币对其他国家货币升值。

在长期中,物价水平变动最终导致汇率变动是通过国际商品和劳务的套购机制实现的,通过国际收支中经常项目收支变化传导的。

2.国际收支差额的变化

市场汇率的变动是直接由外汇市场上的外汇供求变动所决定的。如果外汇供不应求,则外汇汇率上升,本币贬值;反之,如果外汇供过于求,则外汇汇率下跌,本币升值。

外汇市场上的外汇供求关系基本是由国际收支决定的,国际收支差额的变动决定外汇供求的变动。如果国际收支逆差,则外汇供不应求,外汇汇率上升;反之,如果国际收支顺差,则外汇供过于求,外汇汇率下跌。

进一步说来,国际收支又是由物价、国民收入、利率等因素决定的。如果一国与其他国家相比,物价水平相对上涨,则会限制出口,刺激进口;国民收入相对增长,则会扩大进口;利率水平相对下降,则会刺激资本流出,阻碍资本流入。这些都是导致该国国际收支出现逆差,从而造成外汇供不应求,外汇汇率上升的原因。反之,如果一国与其他国家相比,物价水平相对下降,则会刺激出口,限制进口;国民收入相对萎缩,则会减少进口;利率水平相对上升,则会限制资本流出,刺激资本流入。这些都是导致该国国际收支出现顺差,从而造成外汇供过于求,外汇汇率下跌的原因。

3.市场预期的变化

市场预期变化是导致市场汇率短期变动的主要因素。市场预期变化决定市场汇率变动的基本机理是:如果人们预期未来本币贬值,就会在外汇市场上抛售本币,导致本币现在的实际贬值;反之如果人们预期未来本币升值,就会在外汇市场上抢购本币,导致本币现在的实际升值。

市场预期是建立在对经济运行的基本面分析、经济政策走势分析和风险分析之上的,因此便形成了经济变量预期、经济政策预期和风险预期。预期本币贬值,来源于经济变量预期中的预期本国物价水平相对上涨、本国国民收入水平相对下降和本国利率水平相对下跌;来源于经济政策预期中的预期本国要采取松的财政政策、松的货币政策和本币贬值的汇率政策;来源于风险预期中的本国政策性风险、政治性风险和社会性风险增大。反之,预期本币升值,会是因为在经济变量预期中预期到本国物价水平相对下降、本国国民收入水平相对上升和本国利率水平相对提高;会是因为在经济政策预期中预期到本国要采取紧的财政政策、紧的货币政策和本币升值的汇率政策;会是因为在风险预期中预期到本国的政策性风险、政治性风险和社会性风险降低。

4.政府干预汇率

世界各国政府都赋予货币当局主要是中央银行干预外汇市场,稳定汇率的职责。有的国家为此还专门设立了"外汇平准基金"。当外汇市场上因外汇供不应求、外汇汇率上涨的幅度超出规定的限界或心理大关时,货币当局就会向外汇市场投放外汇,收购本币,使外汇汇率回调;当外汇市场上因外汇供过于求、外汇汇率下跌的幅度超出规定的限界或心理大关时,货币当局就会向外汇市场投放本币,收购外汇,使外汇汇率反弹。

在某些非常情况下,当通过干预外汇市场的措施难以达到预期目的时,如果认为必要,货币当局还会采取外汇管制等行政手段直接管制汇率以促进汇率的稳定。

(四)汇率变动的经济影响

1.汇率变动的直接经济影响

汇率变动产生的直接经济影响体现在三个方面:

(1)汇率变动影响国际收支。首先,汇率变动会直接影响经常项目收支。当本币贬值以后,以外币计价的本国出口商品与劳务的价格下降,而以本币计价的本国进口商品与劳务的价格上涨,从而刺激出口,限制进口,增加经常项目收入,减少经常项目支出。反之,当本币升值时,则影响正好相反,最终会减少经常项目收入,增加经常项目支出。其次,汇率变动会直接影响资本与金融项目收支。如果本币贬值,会加重偿还外债的本币负担,减轻外国债务人偿还本币债务的负担,从而减少借贷资本流入,增加借贷资本流出;会提高国外直接投资和证券投资的本币利润,降低外国在本国直接投资和证券投资的外国货币利润,从而刺激直接投资和证券投资项下的资本流出,限制直接投资和证券投资项下的资本流入。反之,如果本币升值,则其影响正好相反。

(2)汇率变动影响外汇储备。汇率变动对外汇储备的影响,集中在对外汇储备价值影响的评价上,需具体情况具体分析。

如果汇率变动发生在本币与外币之间,汇率变动不会影响通常以外币计值的外汇储备价值。只有当外汇储备被国家以某种机制或形式结成本币,用于国内时,本币升值,用外汇储备结成本币的金额会减少,折射出外汇储备价值缩水。

如果汇率变动发生在不同储备货币之间,例如美元与欧元之间,由于通常以美元计量外汇储备价值,则在美元对欧元升值时,欧元外汇储备的美元价值会缩水;反之,在美元对欧元贬值时,欧元外汇储备的美元价值膨胀。

(3)汇率变动形成汇率风险。汇率变动形成汇率风险,是汇率变动微观经济影响的范畴。

2.汇率变动的间接经济影响

汇率变动产生的间接经济影响主要是通过国际收支传导的,主要体现在两个方面:

(1)汇率变动影响经济增长。在本币贬值时,由于刺激了商品和劳务的出口,限制了商品和劳务的进口,在推动出口部门和进口替代部门经济增长的同时,还会通过"外贸乘数"作用带动所有经济部门的增长。本币升值对经济增长的影响正好与此相反,是负面的。在本币升值时,由于刺激了借贷资本、直接投资和证券投资的流入,限制了这些资本的流出,如果宏观管理和金融监管得当,则会推动实体经济和金融经济的增长。而本币贬值对实体经济和金融经济的影响则恰好相反,是负面的。

(2)汇率变动影响产业竞争力和产业结构。由于本币贬值首先刺激了出口部门和进口替代部门的经济增长,也就提升了这两类产业部门的产业竞争力;国内其他产业部门的增长会滞后于这两类产业部门的增长,产业竞争力的提升也会相应滞后和落后。因此,这两类产业部门在整个产业中的占比和地位就得到有力提升,使产业结构发生变化。

(五)汇率理论

汇率理论是说明汇率决定及变动的理论,起源并发展于西方国家,主要包括国际借贷说、购买力平价说、汇兑心理说、利率平价说等。

1.国际借贷说

国际借贷说是以国际借贷来说明汇率的决定及变动的汇率学说。其基本思想是:汇率决定于外汇的供求,外汇供求又决定于国际借贷,因此,国际借贷是决定汇率的最主要因素。

国际借贷又分为固定借贷和流动借贷,前者是指尚未进入实际支付阶段的借贷,后者是指已经进入实际支付阶段的借贷,而只有流动借贷才对外汇供求产生影响。流动借贷、外汇供求和外汇汇率之间的关系表现为三方面:①流动借贷相等,外汇供求相等,外汇汇率不变;②流动债权多于流动债务,外汇供大于求,外汇汇率下跌;③流动债务多于流动债权,外汇供不应求,外汇汇率上涨。

尽管物价水平、黄金存量、信用状况和利率水平也影响外汇汇率,但它们都属于次要因素,国际借贷是最主要的因素。

2.购买力平价说

购买力平价说是以各国货币的购买力来说明汇率的决定及变动的汇率学说。其基本思想是:汇率由各国货币的购买力之比决定,即绝对购买力平价;汇率的变动由各国货币购买力之比的变动决定,即相对购买力平价;只有使两国货币各在其本国的购买力相等的汇率,才是两国货币之间的真正汇率平价,即购买力平价。

绝对购买力平价思想是要说明某一时点上汇率的决定,即汇率等于两国货币的购买力之比;由于购买力以物价水平测度,物价水平是购买力的倒数,所以,汇率等于两国物价水平的反向之比。用 e 表示直接标价法下的汇率,P_d 和 P_f 分别表示本国和外国的物价绝对水平,则绝对购买力平价为:

$$e=\frac{P_d}{P_f}$$

相对购买力平价思想是要说明从某一时点开始的一段时期的汇率变动,即经过一段时间变化后的汇率等于两国货币的购买力之比或物价水平的反向之比。用 e_0 和 e_t 分别表示基期汇率和报告期汇率,P_{ld} 和 P_{lf} 分别表示报告期本国和外国的一般物价指数,则相对购买力平价为:

$$\frac{e_t}{e_0}=\frac{P_{ld}}{P_{lf}}$$

绝对购买力平价和相对购买力平价之间的关系是:如果绝对购买力平价成立,则相对购买力平价一定成立,因为物价指数就是两个时点物价绝对水平之比;反之,如果相对购买力平价成立,则绝对购买力平价不一定成立,例如,当基期和报告期的汇率都等于绝对购买力平价的 1/2 时,相对购买力平价成立,但绝对购买力平价却不成立。

3.汇兑心理说

汇兑心理说是以人对外汇所做的主观评价,即人的主观心理因素来说明汇率的决定及变动的汇率学说。其基本思想是:汇率决定于外汇的供求,外汇的供求又决定于人对外汇的主观评价,因此,归根结底,汇率决定于人对外汇的主观评价。

该学说认为,国际借贷说只注重决定汇率的量的要素,购买力平价说只注重决定汇率的质的要素,两者都片面。决定外汇供求的人对外汇的主观评价,既基于质的要素,又基于量的要素。质的要素有外汇对商品和劳务的购买力、外汇对债务的偿付能力、外汇投机的利益等；量的要素有国际借贷和国际资本流动的数量。由质的要素和量的要素所决定的人对外汇的主观评价，构成了人的外汇供给曲线和外汇需求曲线之和，便是外汇市场的外汇供求曲线，这种外汇供求曲线的交点，就决定了汇率。

4.利率平价说

利率平价说是以本国货币与外国货币的短期利率差异来说明远期汇率的决定及变动的汇率学说。该学说从国际短期资本流动的角度，揭示了套利机制，即投资者可以进行本币投资，也可以进行外币投资，这取决于本币和外币的短期收益率。如果本币和外币的短期收益率存在差异，则存在获得无风险收益的套利机会，短期投资就会从低收益率货币流向高收益率货币，直至本币与外币的短期收益率相等时为止，这时国际短期资本不再跨货币流动，达到市场均衡，这时的汇率水平就是均衡汇率。该学说阐明了远期汇率、即期汇率和短期利率之间的关系。

短期收益率不仅决定于短期利率，也取决于被投资货币的预期贬值率，因此投资者要进行抛补套利，即将套利与掉期交易相结合而进行的套利活动，从而出现了抛补的利率平价。抛补的利率平价是指本币利率高于或低于外币利率的差额，等于本币的远期贴水率或升水率。

伴随时代的发展，利率平价说也逐步从早期的静态利率平价发展到后来的动态利率平价。静态利率平价认为：远期汇率不能影响即期汇率，只有不同货币短期利率的差异才是决定远期汇率的最基本因素，远期汇率可以完全地、不断地向利率平价自动调整。而动态利率平价认为：决定远期汇率的并不是一个唯一的利率平价，而是几个利率平价；远期汇率与利率平价之间存在"互交原理"，即不仅远期汇率取决于利率平价，而且利率平价也受远期汇率的制约；远期汇率、利率平价与即期汇率、购买力平价相互影响；即期汇率与远期汇率相互影响。

八、国际收支不均衡调节的政策措施

(一)国际收支不均衡调节的宏观经济政策

1.财政政策

在国际收支逆差时，可以采用紧的财政政策。紧的财政政策对国际收支的调节作用主要有两个方面：一是产生需求效应，即实施紧的财政政策导致进口需求减少，进口下降；二是产生价格效应，即实施紧的财政政策导致价格下跌，从而刺激出口，限制进口。在国际收支顺差时，可以采用松的财政政策。松的财政政策能对国际收支产生进口需求扩大的需求效应和价格上涨限制出口、刺激进口的价格效应。财政政策主要调节经常项目收支。

2.货币政策

在国际收支逆差时，可以采用紧的货币政策。紧的货币政策对国际收支的调节作用主要有三个方面：一是产生需求效应，即实施紧的货币政策导致有支付能力的进口需求减少，进口下降；二是产生价格效应，即实施紧的货币政策导致价格下跌，从而刺激出口，限制进口；三是产生利率效应，即实施紧的货币政策导致利率提升，从而刺激资本流入，阻碍资本流出。在国际收支顺差时，可以采用松的货币政策。松的货币政策能对国际收支产生进口需求扩大的需求效应，价格上涨限制出口、刺激进口的价格效应，以及利率降低阻碍资本流入、刺激资本流出的利率效应。货币政策既调节经常项目收支,又调节资本项目收支。

3.汇率政策

汇率政策就是货币当局实行本币法定贬值或法定升值,或有意在外汇市场上让本币贬值或升值。

汇率政策能够产生相对价格效应。这里的相对价格是指以外币标价的本国出口价格,以本币标价的本国进口价格。

在国际收支逆差时,可以采用本币法定贬值或贬值的政策。这样,以外币标价的本国出口价格下降,从而刺激出口,而以本币标价的本国进口价格上涨,从而限制进口。在国际收支顺差时,可以采用本币法定升值或升值的政策,这会使以外币标价的本国出口价格上涨,从而限制出口,以本币标价的本国进口价格下跌,从而刺激进口。汇率政策主要调节经常项目收支。

(二)国际收支不均衡调节的微观政策措施

当国际收支出现严重不均衡时,为了迅速扭转局面,收到立竿见影的调节效果,政府和货币当局还可以采取外贸管制和外汇管制的措施。在国际收支逆差时,加强外贸管制和外汇管制;在国际收支顺差时,放宽乃至取消外贸管制和外汇管制。此外,在国际收支逆差时,还可以采取向国际货币基金组织或其他国家争取短期信用融资或直接动用本国的国际储备的措施。

九、风险偏好的类型

不同的投资者对风险的态度是存在差异的,一部分人可能喜欢大得大失的刺激,另一部分人则可能更愿意"求稳"。根据投资者对风险的偏好将其分为风险回避者、风险追求者和风险中立者。

1.风险回避

风险回避者选择资产的态度是:当预期收益率相同时,偏好于具有低风险的资产;而对于具有同样风险的资产,则钟情于具有高预期收益率的资产。

2.风险追求

与风险回避者恰恰相反,风险追求者通常主动追求风险,喜欢收益的动荡胜于喜欢收益的稳定。他们选择资产的原则是:当预期收益相同时,选择风险大的,因为这会给他们带来更大的效用。

3.风险中立

风险中立者通常既不回避风险,也不主动追求风险。他们选择资产的唯一标准是预期收益的大小,而不管风险状况如何。

十、利息与利息率

1.利息的概念

利息是指在借贷活动中,债务人支付给债权人的超过借贷本金的那部分货币资金,是债务人为取得货币使用权所付出的代价。或者说,它是债权人让渡货币的使用权所获得的报酬。

2.利率的种类

视频讲解

(1)按计算利率的期限单位可划分为年利率、月利率与日利率。

(2)按利率的决定方式可划分为市场利率、官定利率和公定利率。

(3)按借贷期内利率是否调整可划分为固定利率与浮动利率。固定利率是指在整个借贷期限内,利率水平保持不变的利率。浮动利率是指在借贷关系存续期内,利率水平可随市场变化而定期变动的利率。

(4)按利率的地位可划分为基准利率与一般利率。

(5)按借贷期限长短可划分为长期利率和短期利率。通常以1年为标准。凡是借贷期限满1年的利率为长期利率,不满1年的则为短期利率。

(6)按利率的真实水平可划分为名义利率与实际利率。名义利率是指没有剔除通货膨胀因素的利率,即包括补偿通货膨胀风险的利率。实际利率是指剔除通货膨胀因素的利率。即物价不变,从而货币购买力不变条件下的利息率。

3.利率变动对经济的影响

首先,从宏观角度上看,利率变动会对资金供求产生影响。在市场经济中,利率是一种重要的经济杠杆,这种杠杆作用首先表现在对资金供求的影响上。当利率提高时,意味着人们借款的成本增大,资金短缺者的负担也越重,他们的借款需要就会受到制约。

其次,利率变动会影响微观经济。从居民消费看,当利率上升时,会抑制人们的消费欲望,反之则会增强。再从厂商投资来看,投资代表着社会资金需要,提高利率则使厂商投资成本增加。当利率水平提高时,一方面减少消费、增加储蓄,使社会资金供给扩大,从而有可能使社会产出扩大;另一方面,又可能使投资受到抑制,从而使社会产出减少。

最后,利率变动会对国际收支产生重要影响。当发生严重的逆差时,可将本国短期利率提高,以吸引外国短期资本流入,减少或消除逆差;当发生巨额的顺差时,可将本国利率水平调低,以限制外国资本流入,减少或消除顺差。

经典真题

1.在影响金融资产价格变动的因素中,下列有关利率水平的说法,错误的是(　　)。

A.国家经济政策的改变,对金融资产的发行者盈利水平产生变化,从而导致金融资产的价格发生变化

B.债务工具的利息收益是变动的,当市场利率上升时,债务工具的内在价值将会上升

C.当市场利率上升时,权益工具的需求将减少,在供给不变或将会增加的情况下,导致权益工具的价格下降

D.商品价格水平的变动,会引起发行者利润的变化,引起金融资产需求与供给的变化

2.依据金融监管目标设置一类机构专门对金融机构和金融市场进行审慎监管,以控制金融业的系统风险;另一类机构专门对金融机构进行合规性管理和保护消费者利益的管理,此金融监管体制是(　　)。

A.统一监管体制　　　　　　　　B.分业监管体制

C.“双峰式”监管体制　　　　　　D.“牵头式”监管体制

3.在国际收支调节政策的国际协调中,属于国际货币基金协定规定的原则是(　　)。

A.禁止倾销和限制出口贴补原则　　B.取消政策限制原则

C.非歧视原则　　　　　　　　　　D.多边结算原则

4.国际资本转移的常用测算模型中,卡廷顿法国际资本转移可以通过国际收支表进行(　　)。

A.变换测算　　　　　　　　　　B.加权测算

C.直接测算　　　　　　　　　　D.间接测算

5.交易双方同意在将来的某一特定日期,按事先规定好的价格买入或售出既定数量的某种资产协议的金融工具,称之为(　　),它是一种场外交易。

A.金融期货　　　　　　　　　　B.金融期权

C.远期合约　　　　　　　　　　D.互换

6.汇率波动受黄金输送费用的限制,各国国际收支能够自动调节,这种货币制度是(　　)。

A.信用本位制　　　　　　　　　B.金本位制

C.布雷顿森林体系　　　　　　　D.牙买加体系

7.在金银复本位制下,实际价值高于名义价值的货币被收藏、熔化而退出流通,实际价值低于名义价值的货币则充斥市场,这种现象称作(　　)。

A.三元悖论　　　　　　　　　　B.特里芬难题

C.米德冲突　　　　　　　　　　D.格雷欣法则

8.国际货币市场的经营期限为(　　)。

A.一年　　　　　　　　　　　　B.一年以上

C.一年或一年以下　　　　　　　D.一年或一年以上

9.当经济衰退时,(　　)。

A.央行在公开市场上购入有价证券

B.央行要提高再贴现率

C.央行要提高存款准备金率

D.央行在公开市场上卖出有价证券

经典真题参考答案及解析

1.【答案】B。解析:债务工具是金融工具当中会形成债权债务的一类工具,如各种债券。一般来说,债券工具的利息收益是固定的。债券价格与利率存在着一种负相关的关系。因此,当利率上升时,债券工具的内在价值会下降。除此之外,商品价格水平的变动,会引起发行者利润的变化,引起金融资产需求与供给的变化;国家经济政策的改变,对金融资产的发行者盈利水平产生变化,引起对金融资产需求与供给的变化,从而导致金融资产的价格发生变化。

2.【答案】C。解析:"双峰式"监管体制:依据金融监管目标设置两头监管机构。一类机构专门对金融机构和金融市场进行审慎监管,以控制金融业的系统风险。另一类机构专门对金融机构进行合规性管理和保护消费者利益的管理。

3.【答案】D。解析:在国际收支调节政策的国际协调中,国际货币基金协定规定了多边结算原则、消除外汇管制和制止竞争性货币贬值原则等。

4.【答案】C。解析:卡廷顿法认为国际资本转移可以通过国际收支表进行直接测算,即国际资本转移=国际收支错误与遗漏项+私人非银行部门短期资本流出。

5.【答案】C。解析:期货是标准化合约,是在有组织的交易所内完成的。远期合约一般不在规范的交易所内进行。

6.【答案】B。解析:金本位制就是以黄金为本位币的货币制度。在金本位制下,每单位的货币价值等同于若干重量的黄金(即货币含金量);当不同国家使用金本位时,国家之间的汇率由它们各自货币的含金量之比——铸币平价来决定。金本位制于19世纪中期开始盛行。在历史上,曾有过三种形式的金本位制:金币本位制、金块本位制、金汇兑本位制。其中金币本位制是最典型的形式,就狭义来说,金本位制即指该种货币制度。

7.【答案】D。解析:"格雷欣法则"指在实行金银复本位制条件下,金银有一定的兑换比率,当金银的市场比价与法定比价不一致时,市场比价比法定比价高的金属货币(良币)将逐渐减少,而市场比价比法定比价低的金属货币(劣币)将逐渐增加,形成良币退藏、劣币充斥的现象。

8.【答案】C。解析:国际货币市场是经营期限在一年或一年以内的国际资金借贷市场,国际资本市场是经营期限在一年以上的国际资金借贷市场。

9.【答案】A。解析:经济衰退时应回购政府债券或其他有价证券,增加货币供应以刺激经济增长,故A项正确;降低再贴现率,增加银行放贷规模,增加货币供应量,促进经济繁荣,故B项错误;降低法定存款准备金率,可以增加货币供应,提高流动性,C项错误;D项与A项相反,错误。

同步训练

1.在我国,财政性存款、特种存款、准备金存款都属于( )管理的存款。

A.商业银行　　　　　　　　　　B.中央银行

C.合作银行　　　　　　　　　　D.政策性银行

2.股票体现的是( )。

A.买卖关系　　　　　　　　　　B.债权债务关系

C.借贷关系　　　　　　　　　　D.所有权关系

3."劣币驱逐良币"规律发生在( )。

A.金本位制　　　　　　　　　　B.双本位制

C.平行本位制　　　　　　　　　D.跛行本位制

4.世界上最先出现的国际货币体系是( )。

A.牙买加体系　　　　　　　　　B.布雷顿森林体系

C.国际金银本位制　　　　　　　D.国际金本位制

5.作为一种国际货币体系,布雷顿森林体系的运行特征有( )。

A.可兑换黄金的美元本位　　　　B.多元化的国际储备体系

C.浮动汇率　　　　　　　　　　D.多种汇率安排并存的浮动汇率体系

6."外币固定本币变"的汇率标价方法是( )。

A.美元标价法　　B.直接标价法　　C.间接标价法　　D.复汇率

7.在直接标价法下,等号后的数字越大说明相对于本币而言,外汇比本币( )。

A.越贵　　　　　B.越贱　　　　　C.平价　　　　　D.下降

8.在金融领域中将权利和义务分开进行定价,将买方风险锁定在一定的范围之内的金融衍生工具是( )。

A.互换　　　　　B.期权　　　　　C.期货　　　　　D.远期

9.下列金融衍生工具中,赋予持有人的实质是一种权利的是( )。

A.金融期货　　　　　　　　　　B.金融期权

C.金融互换　　　　　　　　　　D.金融远期

10.中央银行在金融市场上买卖有价证券的行为属于( )。

A.公开市场业务　　　　　　　　B.存款准备金

C.窗口指导　　　　　　　　　　D.再贴现

11.某商业银行以其持有的某企业商品票据向中央银行请求信用支持,中央银行予以同意。这种业务属于中央银行的( )业务。

A.贴现　　　　　B.再贴现　　　　C.公开市场　　　D.窗口指导

12.关于一般性货币政策工具的说法,正确的有( )。

A.中央银行提高法定存款准备金率,扩大了商业银行的信用扩张能力

B.商业银行掌握着再贴现政策的主动权

C.法定存款准备金率政策作用力度小

D.调整法定存款准备金率能迅速影响货币供应量

13.假设美元和人民币的汇率从1美元兑换6元人民币变为1美元兑换5元人民币,则( )。

A.美国商品在中国变得相对便宜,增加了中国对美元的需求

B.中国商品在美国变得相对便宜,增加了美国对人民币的需求

C.美国商品在中国变得相对昂贵,降低了中国对美元的需求

D.中国商品在美国变得相对昂贵,增加了美国对人民币的需求

14.外汇汇率上升,( )。

A.有利于货物与劳务进口   B.外汇储备缩水

C.本币升值   D.促进贸易顺差

15.欧洲货币市场是( )。

A.经营欧洲货币单位的国家金融市场

B.经营欧洲国家货币的国际金融市场

C.欧洲国家国际金融市场的总称

D.经营境外货币的国际金融市场

16.新型的国际金融市场,又被称为( )。

A.超级国际金融市场   B.在岸国际金融市场

C.自由国际金融市场   D.离岸国际金融市场

17.根据融资时间的长短,狭义国际金融市场可分为( )。

A.国际货币市场和国际资本市场

B.传统的国际金融市场和欧洲货币市场

C.国际直接金融市场和国际间接金融市场

D.国际股权市场和国际债券市场

同步训练参考答案及解析

1.【答案】B。解析:中央银行存款包括:①财政性存款:国家财政集中起来待分配的国民收入。②特种存款:我国央行为了平衡协调商业银行和其他金融机构资金运营情况,通过行政方式集中某个或几个商业银行及其他金融机构吸收一部分存款,实现经济调控目的的方法。③准备金存款:法定准备金、支付准备金。

2.【答案】D。解析:股票是一种有价证券,是股份公司在筹集资本时向出资人公开或私下发行的、用以证明出资人的股本身份和权利,并根据持有人所持有的股份数享有权益和承担义务的凭证。所以股票代表着其持有人(股东)对股份公司的所有权,体现的是所有权关系,而债券体现的是债权债务关系。

3.【答案】B。解析:金银复本位制有三种具体形式:平行本位制、双本位制和跛行本位制。

在双本位制下,国家规定金币和银币的比价,两种货币按法定的比价流通。双本位制也不是理想的货币制度。因为这种货币制度虽然克服了平行本位制下"双重价格"的缺陷,但是违背了价值规律,又产生了"劣币驱逐良币"的现象(格雷欣法则)。

4.【答案】D。解析:国际货币体系变迁中最早出现的国际货币体系是金本位制度。

5.【答案】A。解析:通过本题掌握布雷顿森林体系的运行特征以及牙买加体系的运行特征。

6.【答案】B。解析:直接标价法是以一定单位(1个外币单位或 100 个、10 000 个、100 000 个外币单位)的外国货币作为标准,折算为一定数额的本国货币来表示其汇率。

7.【答案】A。解析:直接标价法是以一定单位的外国货币作为标准,折算为一定数额的本国货币来表示其汇率。

8.【答案】B。解析:期权的特点在于可以使期权的买方将风险锁定在一定的范围之内。从其本质上讲,期权实质上是在金融领域中将权利和义务分开进行定价,使得权利的受让人在规定时间内对于是否进行交易,行使其权利,而义务方必须履行。在期权的交易时,购买期权的合约方称作买方,而出售合约的一方则叫作卖方;买方即是权利的受让人,而卖方则是必须履行买方行使权利的义务人。

9.【答案】B。解析:金融期权是指以金融商品或金融期货合约为标的物的期权交易。具体地说,其购买者在向出售者支付一定费用后,就获得了能在规定期限内以某一特定价格向出售者买进或卖出一定数量的某种金融商品或金融期货合约的权利。

10.【答案】A。解析:中央银行在金融市场上买卖有价证券和票据(一般为政府公债),被称为公开市场业务,又叫"公开市场操作",用以控制货币供应量,以达到货币政策目标。

11.【答案】B。解析:考查再贴现的含义。

12.【答案】B。解析:考查一般性货币政策工具的优缺点。中央银行提高法定存款准备金率,降低了商业银行的信用扩张能力,A 项错误;法定存款准备金率的作用力度大,但成效较慢,时滞较长,所以 C、D 项错误。

13.【答案】A。解析:由题目可知,美元对人民币是贬值的,人民币对美元升值。同样的人民币可以换更多的美元,所以美国商品在中国变得相对便宜,增加了中国对美元的需求。同时,中国商品在美国变得相对昂贵,减少了美国对人民币的需求。

14.【答案】D。解析:外汇汇率上升,本币贬值,外汇储备升值,有利于货物和劳务的出口,易导致贸易顺差。

15.【答案】D。解析:欧洲货币市场是经营境外货币的国际金融市场。

16.【答案】D。解析:新型的国际金融市场又称离岸国际金融市场或境外市场。

17.【答案】A。解析:狭义的国际金融市场仅指从事国际资金借贷和融通的场所或网络,按融资期限可分为国际货币市场和国际资本市场。

第六章 会计与财务管理

第一节 备考攻略

一、考情分析

会计与财务管理是中国农业银行招聘考试的必考内容。纵观近几年考试,会计与财务管理在中国农业银行招聘考试中的题量与难度变化较大,虽然题量减少,但这并不意味着会计与财务管理在中国农业银行招聘考试中的重要性下降,考生依然要重视。

表 2-6-1 2015—2018 年中国农业银行会计与财务管理部分题量

年份	题量
2018	2
2017	5
2016	5
2015	7

二、备考指导

会计题目在中国农业银行招聘考试中所占的比重有减少的趋势,考点主要集中在会计和财务管理等方面,会计方面难度有增加,财务管理方面可能减少。非财务管理类的考生需要投入比较多的精力,以取得较高的分数。

第二节 重要知识点讲解

一、会计要素

会计要素是会计工作的具体对象,是会计用以反映财务状况、确定经营成果的因素,是会计核算内容的具体化,是构成财务会计报告的基本因素,也是设计会计科目的依据。会计要素之间的关系从数量上构成会计等式。《企业会计准则》分列资产、负债、所有者权益、收入、费用、利润六个会计要素。

1.资产

资产是指企业过去的交易或者事项形成的,由企业拥有或者控制的,预期会给企业带来经济利益的资源。资产按其流动性分为:流动资产和非流动资产。流动资产是指可以在 1 年或超过 1 年的一个营业周期内变现、出售或耗用的资产和现金及现金等价物,主要包括库存现金、银行存款、交易性金融资产、应收及预付款项和存货等。非流动资产是指流动资产以外的资产,主要包括长期投资、固定资产、无形资产和长期待摊费用等其他资产。

2.负债

负债是指企业过去的交易或者事项形成的、预期会导致经济利益流出企业的现时义务。负债按偿付期长短分为流动负债和非流动负债。流动负债是指将在 1 年或不超过一个营业周期内偿还的债务;非流动负债是指将在长于 1 年或超过一个营业周期以上偿还的债务。流动负债包括短期借款、应付账款、预收账款和应付工资等。非流动负债包括长期借款、应付债券和长期应付款等。

3.所有者权益

所有者权益是指企业资产扣除负债后,由所有者享有的剩余权益。公司的所有者权益又称股东权益。资产减负债为净资产,所有者权益实际上是投资者对企业净资产的所有权。

其来源包括所有者投入的资本、直接计入所有者权益的利得和损失、留存收益等。

所有者权益按其构成不同,可以分为实收资本、资本公积、盈余公积和未分配利润。

4.收入

收入是指企业在日常活动中形成的、会导致所有者权益增加的、与所有者投入资本无关的经济利益的总流入。

5.费用

费用是指企业在日常活动中发生的、会导致所有者权益减少的、与所有者分配利润无关的经济利益的总流出,包括各种物质的消耗、劳动力的消耗以及各种开支。

费用和成本是两个并行使用的概念,两者之间既有联系又有区别。两者间的联系主要表现在:成本是按一定对象所归集的费用,是对象化的费用,即生产成本是相对于一定的产品而言所发生的费用,是按照产品品种等成本计算对象对当前发生的费用进行的归集而形成的。两者之间的区别主要表现在:费用是资产的耗费,它与一定的会计期间相联系,而与生产哪一种产品无关;成本与一定种类和数量的产品相联系,而不论发生在哪一个会计期间。

根据成本费用与产量的关系可将总成本费用分为可变成本、固定成本和半可变(或半固定)成本。固定成本是指不随产品产量的变化的各项成本费用。可变成本是指随着产品产量的增减而成正比例变化的各项费用。

6.利润

利润是指企业在一定会计期间的经营成果。通常情况下,企业实现了利润,表明企业所有者权益增加,业绩得到了提升;反之,若企业出现了亏损,表明企业所有者权益减少,业绩下滑。利润往往是评价企业管理层业绩的一项重要指标,也是投资者等财务报告使用者进行决策时的重要参考。

二、会计核算

1.会计核算的具体内容

会计核算的具体内容是由《中华人民共和国会计法》规定的,不同种类、不同行业、不同规模的单位虽然在经济业务的内容上有较大的差别,但归结起来,会计核算的具体内容主要表现在以下七个方面:①款项和有价证券的收付;②财物的收发、增减和使用;③债权债务的发生和结算;④资本、基金的增减;⑤收入、支出、费用、成本的计算;⑥财务成果的计算和处理;⑦需要办理会计手续、进行会计核算的其他事项。

2.会计核算的一般要求

尽管不同的企业或者单位的经济业务内容不同,但对其会计核算的基本要求是一致的。企业和单位进行会计核算必须遵守的一般要求有:

(1)各单位必须按照国家统一的会计制度的要求设置会计科目和账户、复式记账、填制会计凭证、登记会计账簿、进行成本计算、财产清查和编制财务报表。

(2)各单位必须根据实际发生的经济业务事项进行会计核算,编制会计报表。

(3)各单位发生的各项经济业务事项应当在依法设置的会计账簿上统一登记、核算,不得违反《中华人民共和国会计法》和国家统一的会计制度的规定私设会计账簿登记和核算。

(4)各单位对会计凭证、会计账簿、财务报告和其他会计资料应当建立档案,妥善保管。

(5)使用电子计算机进行会计核算的,其软件及其生成的会计凭证、会计账簿、财务报告和其他会计资料,也必须符合国家统一的会计制度的规定。

(6)会计记录的文字应当使用中文。

三、固定资产的折旧方法

企业应当根据与固定资产有关的经济利益的预期实现方式,合理选择固定资产折旧方法。企业可供选择的折旧方法有:年限平均法、工作量法、双倍余额递减法和年数总和法等。折旧方法一经选定,不得随意变更。

(1)年限平均法又称直线法,是将固定资产的应计折旧额均衡地分摊到固定资产预计使用寿命内的一种方法。使用这种方法计算的每期折旧额均是相等的。

(2)工作量法是根据实际工作量计提固定资产折旧额的一种方法。这种方法弥补了年限平均法只注重使用时间不考虑使用强度的缺点。

计算公式为:

每单位工作量折旧额=固定资产原值×(1-预计净残值率)/预计总工作量

固定资产每期折旧额=每单位工作量折旧额×该固定资产该期实际工作量

(3)双倍余额递减法是指在不考虑固定资产残值的情况下,根据每期期初固定资产账面净值(固定资产账面余额减累计折旧)和双倍的直线法折旧率计算固定资产折旧的一种方法。

计算公式为：

$$年折旧率=2/预计使用年限×100\%（年限平均法下年折旧率的两倍）$$
$$年折旧额=固定资产账面净值×年折旧率$$

采用双倍余额递减法计提折旧的固定资产，一般应在其折旧年限到期前两年内，将固定资产账面净值扣除预计净残值后的余额平均摊销。

(4)年数总和法是指将固定资产的原价减去预计净残值后的余额乘以一个逐年递减的变动折旧率计算每年的折旧额的一种方法。固定资产的变动折旧率是以固定资产预计使用年限的各年数字之和作为分母，以各年初尚可使用的年数作为分子求得的。

计算公式为：

$$年折旧率=尚可使用年限/预计使用年限的年数总和×100\%$$
$$年折旧额=(固定资产原值-预计净残值)×年折旧率$$

四、筹资管理

(一)企业筹资的分类

1.股权筹资、债务筹资及衍生工具筹资

这是企业筹资方式最常见的分类方法。股权筹资形成股权资本，是企业依法长期拥有，能够自主调配运用的资本。股权资本在企业持续经营期内，投资者不得抽回，因而也称之为企业的自由资本、主权资本或股东权益资本。股权资本是企业从事生产经营活动和偿还债务的本钱，是代表企业基本资信状况的一个主要指标。企业的股权资本通过吸收直接投资、发行股票、内部积累等方式取得。

债务筹资，是企业通过借款、发行债券、融资租赁以及赊购商品或服务等方式取得的资金形成在规定期限内需要偿还的债务。

衍生工具筹资，包括兼具股权和债务特性的混合融资和其他衍生工具融资。

2.直接筹资与间接筹资

按其是否以金融机构为媒介，企业筹资分为直接筹资和间接筹资。

3.内部筹资与外部筹资

内部筹资是指企业通过利润留存而形成的筹资来源。

此外，筹资还可分为长期筹资与短期筹资。

(二)短期借款

短期借款通常涉及以下内容：

1.信贷额度

信贷额度亦即贷款限额，是借款企业与银行在协议中规定的允许借款人借款的最高限额。信贷额度的有效期限通常为 1 年。

一般情况下，在信贷额度内，企业可以随时按需要支用借款。但是，银行并不承担必须支付全部信贷数额的义务。如果企业信誉恶化，即使在信贷限额内，企业也可能得不到借款。此

时,银行不会承担法律责任。

2.周转信贷协定

周转信贷协定是银行具有法律义务地承诺提供不超过某一最高限额的贷款协定。

在协定的有效期内,只要企业借款总额未超过最高限额,银行必须满足企业任何时候提出的借款要求。企业要享用周转信贷协定,通常要对贷款限额的未使用部分付给银行一笔承诺费用。

3.补偿性余额

补偿性余额是银行要求借款企业在银行中保持按贷款限额或实际借用额的一定比例计算的最低存款余额。对于借款企业来讲,补偿性余额提高了借款的实际利率。

$$借款金额=申请贷款的数额×(1-补偿性余额比率)$$

$$实际利率=\frac{年利息}{实际可用贷款额}×100\%$$

4.借款抵押

银行根据抵押品面值的 30%~90%发放贷款,具体比例取决于抵押品的变现能力和银行对风险的态度。

5.偿还条件

偿还条件有到期一次偿还和在贷款期内定期(每月、每季)等额偿还。企业希望前者,而银行希望后者。

五、财务管理的目标

财务管理目标又称理财目标,是在特定的理财环境中,通过组织财务活动、处理财务关系所要达到的根本目的,它决定着企业财务管理的基本方向,是企业总目标在财务上的体现。财务管理的总体目标是企业全部财务活动需要实现的最终目标,它是企业开展一切财务活动的基础和归宿。

根据现代企业财务管理理论和实践,最具有代表性的财务管理目标主要有以下四个不同解释。

1.利润最大化

利润最大化是古典微观经济学的理论基础。西方经济学家以往都是以利润最大化这一概念来分析和评价企业行为和业绩的。经济学家们对利润的概念有多层含义的理解。但是会计学家则不同,他们对利润有着严格的定义,即利润是企业一定时期的全部收入减去全部费用后的盈余,直接体现了投资者的投资目的和企业的目标,有其现实的意义。在财务上,用其来定位企业理财目标,简明实用,便于理解。但是,这里的"利润"如果被定义为会计上的利润,则存在四个方面的缺陷:

(1)没有考虑利润发生的时间,即没有考虑资金的时间价值因素。例如,今年盈利 100 万元和明年获利 100 万元,哪一个更符合企业的目标?可明显看出是不一样的:如果将今年的盈利 100 万元存入银行,1 年后收到的本利和肯定要大于 100 万元。

(2)利润最大化是一个绝对指标,没有考虑为取得利润所需投入的资本额,即没有考虑投入和产出的比例关系。例如,同样获得 100 万元的利润,一个企业投入了 50 万元,另一个企业投入了 80 万元,哪一个更符合企业财务管理的目标?若不与投入的资本额联系起来,就难以做出正确判断。

(3)利润最大化没有考虑为取得利润所承担的风险的程度,即没有考虑获取利润风险的大小。例如,两个企业同样获得利润 100 万元,一个企业的利润全部实现为现金收入,另一个企业的利润全部为应收账款,有可能发生坏账损失,两者的风险显然不一样。若不考虑风险的大小,就会使企业的财务管理人员进行财务决策时,不顾风险的大小盲目追求利润最大化,有可能导致企业破产。

(4)利润最大化往往会使企业财务决策行为具有短期行为的倾向增加,而不考虑企业长远的发展。

2.每股收益最大化

每股收益也称每股盈余,是企业税后利润与发行在外流通股总数的对比率,这里的利润额是税后净利润。将每股收益最大化作为企业财务目标同把利润最大化作为企业财务目标有许多相似之处,其优点是克服了后者没有考虑投入产出比例的缺陷。但由于该项指标是根据企业的利润额计算出来的,所以,该项指标仍然不能避免与利润最大化目标共性的缺陷,具体如下:

(1)每股利润的横向不可比性。发行在外的每股普通股,其面值和市价不一样,每股的市价可能是 100 元,也可能是 1 元,故每股收益指标的分母在不同企业间是横向不可比的,由此导致了该指标本身的横向不可比。将不可比的指标当作企业财务管理的目标显然是不合理的。

(2)仍然没有考虑每股收益发生的时间。该指标没有明确是现在每股收益最大化,还是将来每股收益最大化。而不同时点上金额相等的每股收益其效用是不同的。

(3)仍然没有考虑每股收益带来的风险。

(4)在一定条件下,如果扩大负债的规模,减少发行在外的普通股股数,则在其他条件不变的情况下,公司的每股收益会提高。但由于负债经营的风险要大于发行普通股筹资的风险,故每股收益提高的同时,公司的风险也加大了。如果公司不能按期偿还债务,则会面临破产的结局。故每股收益最大化也不是最佳财务管理目标。

3.股东财富最大化

这种观点认为:增加股东财富是财务管理的目标,股东创办企业的目的是增加财富。如果企业不能为股东创造价值,他们就不会为企业提供资金。没有了权益资金,企业也就不存在了。因此,企业要为股东创造价值。

股东财富可以用股东权益的市场价值来衡量。股东财富的增加可以用股东权益的市场价值与股东投资资本的差额来衡量,它被称为"权益的市场增加值"。权益的市场增加值是企业为股东创造的价值。

4.企业价值最大化

企业价值最大化是指通过企业财务上的合理经营,采用最优的财务政策,充分考虑资金的时间价值和风险与报酬的关系,在保证企业长期稳定发展的基础上,使企业总价值达到最大。其基本思想是将企业长期稳定发展摆在首位、强调在企业价值增长中满足各方利益关系。

其优点有:

(1)考虑了资金的时间价值和风险价值,有利于统筹安排长短期计划、合理选择投资方案、有效筹措资金等。

(2)反映了对企业资产保值增值的要求,从某种意义上说,股东财富越多,企业价值就越大,追求股东财富最大化的结果,可以促使企业资产保值或增值。

(3)企业价值,是指企业的市场价值,有利于克服管理上的片面性和短期行为。

(4)有利于社会资源合理配置。社会资金通常流向企业价值最大化或股东财富最大化的企业或者行业,有利于实现社会效益最大化。

六、财务分析

(一)财务分析的含义

财务分析是从整体的角度,系统、全面、总括地对企业的财务指标进行分析、比较、综合,旨在揭示企业财务状况、经营成果及现金流量的现状及存在问题,并为企业经营绩效评价提供依据。

(二)财务分析的方法

财务分析的方法有趋势分析法、比率分析法和因素分析法。

1.趋势分析法

趋势分析法又叫比较分析法、水平分析法,它是通过对财务报表中各类相关数字资料,将两期或多期连续的相同指标或比率进行定基对比和环比对比,得出它们的增减变动方向、数额和幅度,以揭示企业财务状况、经营情况和现金流量变化趋势的一种分析方法。

趋势分析法的具体运用主要有:重要财务指标的比较、会计报表的比较、会计报表项目构成的比较。采用趋势分析法时,应注意以下问题:所对比指标的计算口径必须一致;应剔除偶发性项目的影响;应运用例外原则对某项有显著变动的指标做重点分析。

2.比率分析法

比率分析法是以同一期财务报表上若干重要项目的相关数据相互比较,求出比率,用以分析和评价公司的经营活动以及公司目前和历史状况的一种方法,是财务分析最基本的工具。

比率分析法中的财务比率包括:构成比率、效率比率、相关比率。采用比率分析法时,应注意以下几点:对比项目的相关性,对比口径的一致性,衡量标准的科学性。

3.因素分析法

因素分析法,是指通过分析影响财务指标的各项因素并计算其对指标的影响程度,来说明本期实际数与计划数或基期数相比较,财务指标变动或差异的主要原因的一种分析方法。

因素分析法主要有两种:连环替代法和差额分析法。采用因素分析法时,必须注意以下问题:因素分解的关联性,因素替代的顺序性,顺序替代的连环性,计算结果的假定性。

七、财务指标分析

企业常用的财务分析指标主要包括偿债能力指标、运营能力指标、盈利能力指标和发展能力指标。

(一)偿债能力指标

偿债能力是企业偿还到期债务(包括本息)的能力。偿债能力指标包括短期偿债能力指标和长期偿债能力指标。

1.短期偿债能力指标

企业短期偿债能力的衡量指标主要有两项:流动比率和速动比率。

(1)流动比率。流动比率是流动资产与流动负债的比率,它表明企业每1元流动负债有多少流动资产作为偿还保证,反映企业用可在短期内转变为现金的流动资产偿还到期流动负债的能力。其计算公式为:

$$流动比率=(流动资产/流动负债)\times100\%$$

一般情况下,流动比率越高,说明企业短期偿债能力越强。

(2)速动比率。速动比率是企业速动资产与流动负债的比率。其中,速动资产是指流动资产减去变现能力较差且不稳定的存货、预付账款、待摊费用等后的余额。其计算公式为:

$$速动比率=(速动资产/流动负债)\times100\%$$

一般情况下,速动比率越高,说明企业偿还流动负债的能力越强。

2.长期偿债能力指标

长期偿债能力是企业偿还长期负债的能力。企业长期偿债能力的衡量指标主要有两项:资产负债率和产权比率。

(1)资产负债率。资产负债率又称负债比率,是企业负债总额对资产总额的比率,反映企业资产对债权人权益的保障程度。其计算公式为:

$$资产负债率(负债比率)=(负债总额/资产总额)\times100\%$$

一般情况下,资产负债率越小,说明企业长期偿债能力越强。

(2)产权比率。产权比率也称资本负债率,是企业负债总额与所有者权益总额的比率,反映企业所有者权益对债权人权益的保障程度。其计算公式为:

$$产权比率=(负债总额/所有者权益总额)\times100\%$$

一般情况下,产权比率越低,说明企业长期偿债能力越强。

视频讲解

(二)运营能力指标

运营能力指标主要包括生产资料运营能力指标。生产资料的运营能力实际上就是企业的总资产及其各个组成要素的运营能力。生产资料运营能力可以从流动资产周转情况、固定资产周转情况、总资产周转情况等方面进行分析。

1.流动资产周转情况

反映流动资产周转情况的指标主要有应收账款周转率、存货周转率和流动资产周转率。

(1)应收账款周转率。应收账款周转率是企业一定时期营业收入(或销售收入,本章下同)与平均应收账款余额的比率,反映企业应收账款变现速度的快慢和管理效率的高低。其计算公式为:

$$应收账款周转率(周转次数)=营业收入/平均应收账款余额$$

$$平均应收账款余额=(应收账款余额年初数+应收账款余额年末数)\div2$$

$$应收账款周转期(周转天数)=(平均应收账款余额\times360)/营业收入$$

一般情况下,应收账款周转率越高越好。应收账款周转率高,表明收账迅速,账龄较短,资产流动性强,短期偿债能力强,可以减少坏账损失等。

(2)存货周转率。存货周转率是企业一定时期营业成本(或销售成本,本章下同)与平均存货余额的比率,反映企业生产经营各环节的管理状况以及企业的偿债能力和获利能力。其计算公式为:

$$存货周转率(周转次数)=营业成本/平均存货余额$$

$$平均存货余额=(存货余额年初数+存货余额年末数)\div2$$

$$存货周转期(周转天数)=(平均存货余额\times360)/营业成本$$

一般情况下,存货周转率越高越好。存货周转率高,表明存货变现的速度快;周转额较大,表明资金占用水平较低。

(3)流动资产周转率。流动资产周转率是企业一定时期营业收入与平均流动资产总额的比率。其计算公式为:

$$流动资产周转率(周转次数)=营业收入/平均流动资产总额$$

$$平均流动资产总额=(流动资产总额年初数+流动资产总额年末数)\div2$$

$$流动资产周转期(周转天数)=(平均流动资产总额\times360)/营业收入$$

一般情况下,流动资产周转率越高越好。流动资产周转率高,表明以相同的流动资产完成的周转额较多,流动资产利用效果较好。

2.固定资产周转情况

反映固定资产周转情况的主要指标是固定资产周转率,它是企业一定时期营业收入与平均固定资产净值的比值。其计算公式为:

$$固定资产周转率(周转次数)=营业收入/平均固定资产净值$$

$$平均固定资产净值=(固定资产净值年初数+固定资产净值年末数)\div2$$

$$固定资产周转期(周转天数)=(平均固定资产净值\times360)/营业收入$$

一般情况下,固定资产周转率越高越好。固定资产周转率高,表明企业固定资产利用充分,固定资产投资得当,固定资产结构合理,能够充分发挥效率。

3.总资产周转情况

反映总资产周转情况的主要指标是总资产周转率,它是企业一定时期营业收入与平均资产总额的比值。其计算公式为:

总资产周转率(周转次数)=营业收入/平均资产总额

平均资产总额=(年初资产总额+年末资产总额)÷2

总资产周转期(周转天数)=(平均资产总额×360)/营业收入

视频讲解

(三)获利能力指标

获利能力就是企业资金增值的能力,通常表现为企业收益数额的大小与水平的高低。获利能力指标主要包括营业利润率、成本费用利润率、总资产报酬率和净资产收益率四项。实务中,上市公司经常采用每股股利、每股净资产等指标评价其获利能力。

1.营业利润率

营业利润率是企业一定时期营业利润与营业收入的比率。其计算公式为:

营业利润率=(营业利润/营业收入)×100%

营业利润率越高,表明企业市场竞争力越强,发展潜力越大,盈利能力越强。

在实务中,也经常使用营业毛利率、营业净利率等指标来分析企业经营业务的获利水平。其计算公式分别如下:

营业毛利率=[(营业收入−营业成本)/营业收入]×100%

营业净利率=(净利润/营业收入)×100%

2.成本费用利润率

成本费用利润率是企业一定时期利润总额与成本费用总额的比率。其计算公式为:

成本费用利润率=(利润总额/成本费用总额)×100%

其中:

成本费用总额=营业成本+营业税金及附加+销售费用+管理费用+财务费用

成本费用利润率越高,表明企业为取得利润而付出的代价越小,成本费用控制得越好,盈利能力越强。

3.总资产报酬率

总资产报酬率是企业一定时期内获得的报酬总额与平均资产总额的比率,反映了企业资产的综合利用效果。其计算公式为:

总资产报酬率=(息税前利润总额/平均资产总额)×100%

其中:

息税前利润总额=利润总额+利息支出

一般情况下,总资产报酬率越高,表明企业的资产利用效益越好,整个企业盈利能力越强。

4.净资产收益率

净资产收益率是企业一定时期净利润与平均净资产的比率,反映了企业自有资金的投资收益水平。其计算公式为:

净资产收益率=(净利润/平均净资产)×100%

其中:

平均净资产=(所有者权益年初数+所有者权益年末数)÷2

一般认为,净资产收益率越高,企业自有资本获取收益的能力越强,运营效益越好,对企业投资人、债权人利益的保证程度越高。

(四)发展能力指标

发展能力是企业在生存的基础上,扩大规模、壮大实力的潜在能力。分析发展能力主要考察以下四项指标:营业收入增长率、资本保值增值率、总资产增长率和营业利润增长率。

1.营业收入增长率

营业收入增长率是企业本年营业收入增长额与上年营业收入总额的比率,反映企业营业收入的增减变动情况。其计算公式为:

营业收入增长率=(本年营业收入增长额/上年营业收入总额)×100%

其中:

本年营业收入增长额=本年营业收入总额－上年营业收入总额

营业收入增长率大于零,表明企业本年营业收入有所增长。该指标值越高,表明企业营业收入的增长速度越快,企业市场前景越好。

2.资本保值增值率

资本保值增值率是企业扣除客观因素后的本年末所有者权益总额与年初所有者权益总额的比率,反映企业当年资本在企业自身努力下实际增减变动的情况。其计算公式为:

资本保值增值率=(扣除客观因素后的本年末所有者权益总额/年初所有者权益总额)×100%

一般认为,资本保值增值率越高,表明企业的资本保全状况越好,所有者权益增长越快,债权人的债务越有保障。该指标通常应当大于100%。

3.总资产增长率

总资产增长率是企业本年总资产增长额同年初资产总额的比率,反映企业本期资产规模的增长情况。其计算公式为:

总资产增长率=(本年总资产增长额/年初资产总额)×100%

其中:

本年总资产增长额=年末资产总额－年初资产总额

4.营业利润增长率

营业利润增长率是企业本年营业利润增长额与上年营业利润总额的比率,反映企业营业利润的增减变动情况。其计算公式为:

营业利润增长率=(本年利润增长额/上年营业利润数额)×100%

其中:

本年营业利润增长额=本年营业利润总额－上年营业利润总额

八、财务报告概述

(一)财务报告及其目标

财务报告,是指企业对外提供的反映企业某一特定日期的财务状况和某一会计期间的经营成果、现金流量等会计信息的文件。财务报告包括财务报表和其他应当在财务报告中披露的相关信息和资料。

财务报告的目标是向财务报告使用者提供与企业财务状况、经营成果和现金流量等有关的会计信息，反映企业管理层受托责任履行情况，有助于财务报告使用者做出经济决策。财务报告使用者通常包括投资者、债权人、政府及其有关部门和社会公众等。

(二)财务报表的组成

财务报表是对企业财务状况、经营成果和现金流量的结构性表述。一套完整的财务报表至少应当包括资产负债表、利润表、现金流量表、所有者权益(或股东权益)变动表以及附注。

资产负债表、利润表和现金流量表分别从不同角度反映企业的财务状况、经营成果和现金流量。

所有者权益变动表反映构成所有者权益的各组成部分当期的增减变动情况。企业的净利润及其分配情况是所有者权益变动的组成部分，相关信息已经在所有者权益变动表及其附注中反映，企业不需要再单独编制利润分配表。

附注是财务报表不可或缺的组成部分，是对在资产负债表、利润表、现金流量表和所有者权益变动表等报表中列示项目的进一步文字描述或明细资料，以及对未能在这些报表中列示项目的说明等。

九、关联企业税务调整

关联企业是指有下列关系之一的企业或其他经济组织：在资金、经营、购销等方面，存在直接或者间接的拥有或者控制关系；直接或者间接地同为第三者所拥有或者控制；其他在利益上具有相关联的关系。关联企业之间的业务往来可能不收取价款或不按公正价值收取价款从而转移利润，达到避税的目的。

(一)关联方

关联方，是指与本企业有下列关联关系之一的企业、其他组织或者个人。包括：
(1)在资金、经营、购销等方面存在直接或者间接的控制关系；
(2)直接或者间接地同为第三者控制；
(3)在利益上具有相关联的其他关系。

(二)关联企业与独立交易原则

税法规定，对关联企业之间不按照独立企业之间的业务往来支付款、费用，而减少其应纳税所得额的，税务机关可以按照下列顺序和确定的方法调整其计税的收入总额或应纳税所得额：

(1)按照独立企业之间进行相同或者类似业务的价格。所谓独立企业之间的业务往来，是指没有关联关系的企业之间，按照公平成交价格和工农业常规所进行的业务往来。这种定价方法实际上是根据不受控制的可比价格，即参照在一个经济上可比较的市场上向与卖主无关联的业主出售可比产品的情况来定价。

(2)按照再销售给无关联关系的第三者的转售价格所应取得的收入和利润水平，即从转售价格中扣除一笔毛利，其扣除额应能够弥补转售者的费用并给其适当的利润，以便得出转售应付的价格。

(3)成本加合理的利润和费用。

(4)其他合理的方法。

(三)特别纳税调整管理办法

1.税务机关有权按以下办法核定和调整关联企业交易价格

①可比非受控价格法；②再销售价格法；③成本加成法；④交易净利润法；⑤利润分割法。

2.税务机关的纳税核定权

企业不提供与其关联方之间业务往来资料，或者提供虚假、不完整资料，未能真实反映其关联业务往来情况的，税务机关有权依法核定其应纳税所得额。核定方法有：

(1)参照同类或者类似企业的利润率水平核定。

(2)按照企业成本加合理的费用和利润的方法核定。

(3)按照关联企业集团整体利润的合理比例核定。

(4)按照其他合理方法核定。

3.补征税款和加收利息

(1)税务机关根据税收法律、行政法规的规定，对企业做出特别纳税调整的，应对补征的税款，自税款所属年度的次年6月1日起至补缴税款之日止的补税期间，按日计算加收利息。加收的利息，不得在计算应纳税所得额时扣除。

(2)利息应当按照税款所属纳税年度中国人民银行公布的与补税期间同期的人民币贷款基准利率加5个百分点计算。

4.纳税调整的时效

企业与其关联方之间的业务往来，不符合独立交易原则，或者企业实施其他不具有合理商业目的的安排的，税务机关有权在该业务发生的纳税年度起10年内，进行纳税调整。

经典真题

1.在平行登记方法中,把有关会计科目的总分类账和明细分类账进行登记,计入总分类账的借方的同时,也要计入明细分类账会计科目的借方,该方法称为( )。

A.同向登记   B.等额登记

C.同期登记   D.等类登记

2.财务报表附注是为了便于财务报表使用者理解财务报表的内容而对财务报表所做的解释,其主要内容一般不包括( )。

A.财务报表中有关项目的填写计算方法

B.财务报表中有关重要项目的明细资料

C.有助于理解和分析报表需说明的事项

D.主要会计政策、会计政策的变更情况

3.负债是指由于过去的交易或事项形成的企业需要以( )等偿付的现时义务。

A.资产或劳务   B.资本或劳务

C.资产或债权   D.收入或劳务

4.由于( )的存在,才产生了本期和其他期间的差异,从而出现了权责发生制和收付实现制。

A.持续经营   B.会计主体

C.会计分期   D.货币计量

5.对账时,账账核对不包括( )。

A.总账各账户的余额核对   B.总账与明细账之间的核对

C.总账与备查账之间的核对   D.总账与日记账的核对

6.某企业需要借入资金60万元,由于贷款银行要求将贷款金额的20%作为补偿性余额,故企业需要向银行申请的贷款数额为( )万元。

A.75   B.72   C.60   D.50

经典真题参考答案及解析

1.【答案】A。解析:总分类账和明细分类账之间的平行登记,主要指同时、同向等额登记,题干中强调的是,在记录时,总分类账和明细分类账的会计科目借贷方向相同,属于"同向登记"。故本题选A。

2.【答案】A。解析:财务报表附注一般包括如下项目:

(1)企业的基本情况;

(2)财务报表编制基础;

(3)遵循企业会计准则的声明;

(4)重要会计政策和会计估计;

(5)会计政策和会计估计变更及差错更正的说明;

(6)重要报表项目的说明;

(7)其他需要说明的重要事项,如或有和承诺事项、资产负债表日后非调整事项,关联方关系及其交易等。

3.【答案】A。解析:负债是企业承担的,以货币计量的在将来需要以资产或劳务偿还的债务。它代表着企业偿债责任和债权人对资产的求索权。

4.【答案】C。解析:会计分期假设引起了本期和其他期间的区别,从而出现了权责发生制与收付实现制,故本题选C。

5.【答案】C。解析:账账核对是指核对不同会计账簿之间的账簿记录是否相符,主要包括四方面:①总账各账户的余额核对;②总账与明细账核对;③总账与日记账(序时账)核对;④会计部门财产物资明细账与财产物资保管和使用部门明细账的核对。

6.【答案】A。解析:需要借入的金额为 60÷(1-20%)=75 万元。

同步训练

1.运用借贷记账法,哪方登记增加,哪方登记减少,取决于(   )。

A.账户的性质及所记录的经济业务

B.账户的用途和核算方法

C.账户的格式和性质

D.账户的结构和格式

2.鉴于总账及其所属明细账相互关系,在进行账簿登记时应采用(   )。

A.复式记账法   B.借贷记账法

C.平行登记法   D.加权平均法

3.界定从事会计工作和提供会计信息的空间范围的会计基本前提是(   )。

A.会计职能   B.会计主体

C.会计内容   D.会计对象

4.要求会计核算分清经济业务是属于本企业的还是企业所有者的,还要分清经济业务是属于本企业的还是其他企业的会计基本假设是(   )。

A.持续经营   B.会计主体

C.货币计量   D.会计分期

5.由于(   )产生了权责发生制和收付实现制不同的记账基础。

A.会计主体   B.持续经营   C.会计分期   D.货币计量

6.下列各项中适用于划分各会计期间收入和费用的原则是(   )。

A.配比原则   B.权责发生制

C.一致性原则   D.谨慎性原则

7.流动资产是指其变现或耗用期在（　　）。

A.一年以内

B.一个营业周期内

C.一年内或超过一年的一个营业周期内

D.超过一年的一个营业周期以上

8."预付账款"科目按其所归属的会计要素不同,属于（　　）类科目。

A.资产　　　　　　B.负债　　　　　　C.所有者权益　　　D.成本

9.下列选项中属于企业资产的是（　　）。

A.应付账款　　　　　　　　　B.融资租出的设备

C.预付账款　　　　　　　　　D.经营性租入的固定资产

10.投资人投入的资金和债权人投入的资金,投入企业后,形成企业的（　　）。

A.成本　　　　　B.费用　　　　　C.资产　　　　　D.负债

11.下列选项中,符合资产定义的是（　　）。

A.计划在下月购买的某项设备　　B.盘亏的机器设备

C.暂停使用的机器设备　　　　　D.已经报废的机器设备

12.企业流动性最强的一项资产是（　　）。

A.存货　　　　　B.有价证券　　　　C.银行存款　　　　D.库存现金

13.下列各项中属于流动资产的有（　　）。

A.机器设备　　　B.预收账款　　　C.专利权　　　　D.预付账款

14.下列各项中属于流动负债的有（　　）。

A.实收资本　　　　　　　　　B.应付利息

C.应收账款　　　　　　　　　D.应付债券

15.在财务管理目标中,每股收益最大化,是（　　）的另一种表现方式。

A.利润最大化　　　　　　　　B.股东财富最大化

C.企业价值最大化　　　　　　D.相关者利益最大化

16.下列不属于利润最大化目标缺点的是（　　）。

A.没有考虑资金的时间价值　　　B.没有考虑风险因素

C.不利于企业资源的合理配置　　D.没有反映创造的利润与投入的资本之间的关系

17.在企业总资产周转率为1.6时,会引起该指标下降的经济业务是（　　）。

A.销售商品收现　　　　　　　B.借入一笔短期借款

C.用银行存款购入一台设备　　D.用银行存款支付一年电话费

18.下列各项中,不会影响流动比率的业务是（　　）。

A.用现金购买短期债券　　　　B.现金购买固定资产

C.用存货进行对外长期投资　　D.从银行取得长期借款

19.某固定资产原值为250 000元,预计净残值为6 000元,预计可使用8年,按双倍余额递减法计提折旧,则第二年的折旧额为（　　）元。

A.46 875　　　　　B.45 750　　　　　C.61 000　　　　　D.60 500

20.我国《企业会计准则》规定,企业的会计核算应当以( )为基础。

A.权责发生制　　　　　　　　B.实地盘存制

C.永续盘存制　　　　　　　　D.收付实现制

21.在下列有关账项核对的表述中,属于账实核对的内容是( )。

A.现金日记账与现金总账之间的核对

B.银行存款日记账与银行对账单之间的核对

C.应收账款总账与所属明细账之间的核对

D.会计部门财产物资明细账与财产物资保管和使用部门的有关财产物资明细账之间的核对

22.某企业按年利率4.5%向银行借款200万元,银行要求保留10%的补偿性余额,则该项贷款的实际利率为( )。

A.4.95%　　　　B.5%　　　　C.5.5%　　　　D.9.5%

同步训练参考答案及解析

1.【答案】A。

2.【答案】C。解析:总分类账户是所属的明细分类账户的综合,对所属明细分类账户起统驭作用。明细分类账户是有关总分类账户的补充,对有关总分类账户起着详细说明的作用。总分类账户和明细分类账户,登记的原始凭证依据相同,核算内容相同,两者结合起来既总括又详细地反映同一事物。因此,总分类账户和明细分类账户必须平行登记。所谓平行登记就是对每一项经济业务,一方面要在有关的总分类账户中进行总括登记;另一方面还要在其所属的有关明细账户中进行明细登记。

3.【答案】B。解析:会计主体是指会计工作为其服务的特定单位或组织,它的主要作用在于界定不同会计主体会计核算的范围。

4.【答案】B。解析:会计主体假设的要求:会计核算分清经济业务是属于本企业的还是企业所有者的,还要分清经济业务是属于本企业的还是其他企业的。

5.【答案】C。解析:由于会计分期,才产生了当期与其他期间的差别,从而形成了权责发生制和收付实现制不同的记账基础,进而出现了应收、应付、预提、待摊等会计处理。

6.【答案】B。解析:企业确认收入、费用归属期的原则是权责发生制。

7.【答案】C。解析:流动资产其变现或耗用期在1年内或超过1年的一个营业周期内。

8.【答案】A。解析:"预付账款"属于资产类科目,它会导致经济利益流入企业。

9.【答案】C。解析:应付账款属于负债,融资租出和经营性租入的固定资产均不属于企业的资产。

10.【答案】C。解析:投资人投入的资金称为所有者权益,债权人投入的资金称为负债。资金投入企业后,形成企业的资产,资产=负债+所有者权益。

11.【答案】C。解析:计划在下月购买的某项设备并未由企业拥有或控制;盘亏的机器设备和已经报废的机器设备并不能给企业带来经济利益的流入。故本题选C。

12.【答案】D。解析：流动性最强即指资产变现能力最强,四个选项按变现能力由强到弱排序为:库存现金、银行存款、有价证券、存货。故本题选D。

13.【答案】D。解析：机器设备属于固定资产,专利权属于无形资产,均为非流动资产,预收账款属于流动负债,只有预付账款属于流动资产。故本题选D。

14.【答案】B。解析：实收资本属于企业的所有者权益,应收账款属于流动资产,应付债券属于长期负债,只有应付利息属于流动负债。故本题选B。

15.【答案】A。解析：利润最大化的另一种表现方式是每股收益最大化。每股收益最大化的观点认为,应当把企业的利润和股东投入的资本联系起来进行考察,用每股收益(或权益资本净利率)来概括企业的财务目标。

16.【答案】C。解析：A、B、D三项均属于利润最大化目标的缺点,有利于企业资源的合理配置和整体经济效益的提高是其优点。

17.【答案】B。解析：借入一笔短期借款,会使总资产增加,营业收入不变,总资产周转率下降。

18.【答案】A。解析：现金购买固定资产、用存货进行对外长期投资会导致流动资产减少,流动比率降低;从银行取得长期借款会导致流动资产增加,流动负债不变,流动比率提高;用现金购买短期债券是流动资产内部此增彼减,流动资产不变,流动比率也不变。

19.【答案】A。解析：第1~6年年折旧率=2÷8×100%=25%;

第一年的折旧额=250 000×25%=62 500(元);

第二年的折旧额=(250 000-62 500)×25%=46 875(元)。

20.【答案】A。解析：我国《企业会计准则》规定,企业的会计核算应当以权责发生制为基础。故本题选A。

21.【答案】B。解析：银行存款日记账与银行对账单之间的核对属于账实核对,是为了确定银行存款的实有数额。其余三项均属于账账核对。故本题选B。

22.【答案】B。解析：实际利率=年利息/实际可用借款额=(200×4.5%)÷[200×(1-10%)]=5%。

第七章 法 律

第一节 备考攻略

一、考情分析

2018 年中国农业银行笔试对法律的考查力度减小。值得注意的是,农行对法律的考查偏重于经济法和民商法的相关法律条文。

表 2-7-1 2015—2018 年中国农业银行法律部分题量

年份	题量
2018	4
2017	2
2016	4
2015	5

二、备考指导

法律是中国农业银行招聘考试的必考内容。中国农业银行招聘考试对法律的考查主要集中在民商法及经济法等法律上,但是由于法律涉及的面很广,复习起来有一定的困难。

由于法律类的题目通常采用案例等比较灵活的考查形式,建议考生多做题目,通过做题训练自己对知识点的敏感度,完善自己的知识体系,为考试打下坚实的基础。

第二节 重要知识点讲解

一、民法

(一)民法的调整对象

根据《中华人民共和国民法总则》(以下简称《民法总则》)第二条规定,"民法调整平等主体的自然人、法人和非法人组织之间的人身关系和财产关系"。

(二)民事主体

1.自然人

(1)自然人的民事权利能力。自然人的民事权利能力是自然人成为民事主体,享有民事权利和承担民事义务的资格。自然人的民事权利能力始于自然人出生,并为自然人终身享有。自然人的民事权利能力至自然人死亡时终止。自然人的民事权利能力一律平等。

自然人的出生时间和死亡时间:①以出生证明、死亡证明记载的时间为准;②没有出生证明、死亡证明的,以户籍登记或者其他有效身份登记记载的时间为准;③有其他证据足以推翻以上记载时间的,以该证据证明的时间为准。

胎儿民事权利能力:涉及遗产继承、接受赠与等胎儿利益保护的,胎儿视为具有民事权利能力。但是胎儿娩出时为死体的,其民事权利能力自始不存在。

(2)自然人的民事行为能力。自然人的民事行为能力是自然人以自己的行为设定民事权利义务的资格,即自然人依法独立进行民事活动的资格。

《民法总则》将自然人的民事行为能力分为三类:

表2-7-2 民事行为能力分类

类型	内容
完全民事行为能力	十八周岁以上且精神正常的自然人。十六周岁以上的未成年人,以自己的劳动收入为主要生活来源的,视为完全民事行为能力人。可以独立实施民事法律行为
限制民事行为能力	八周岁以上的未成年人和不能完全辨认自己行为的成年人。可以独立实施纯获利益的民事法律行为或者与其智力、精神健康状况相适应的民事法律行为
无民事行为能力	不满八周岁的未成年人和不能辨认自己行为的成年人。由其法定代理人代理实施民事法律行为

2.法人

《民法总则》第五十七条规定,"法人是具有民事权利能力和民事行为能力,依法独立享有民事权利和承担民事义务的组织"。

法人应当依法成立、有自己的名称、组织机构、住所、财产或者经费。设立法人,法律、行政法规规定须经有关机关批准的,依照其规定。法人以其全部财产独立承担民事责任。

(三)民事权利

1.人身权

自然人享有生命权、身体权、健康权、姓名权、肖像权、名誉权、荣誉权、隐私权、婚姻自主权等权利。

法人、非法人组织享有名称权、名誉权、荣誉权等权利。

2.物权

物权是权利人依法对特定的物享有直接支配和排他的权利,包括所有权、用益物权和担保物权。物包括不动产和动产。法律规定权利作为物权客体的,依照其规定。

所有权是物权种类中最重要的一种权利,是财产所有人在法律规定的范围内,对属于自己的财产享有的占有、使用、收益、处分的权利。

3.债权

债是按照合同的约定或者依照法律的规定,在当事人之间产生的特定的权利和义务关系,享有权利的人是债权人,负有义务的人是债务人。

债的发生根据是引起债的法律关系发生的事实。能够引起债的法律关系发生的事实主要有:

(1)合同。合同是平等主体的自然人、法人、其他组织之间设立、变更、终止民事权利义务关系意思表示一致的协议。

(2)侵权行为。侵权行为是民事主体违反民事义务,侵害他人合法权益,依法应当承担民事责任的行为。

(3)无因管理。无因管理是没有法定的或者约定的义务,为避免他人利益受损失而进行管理的人,有权请求受益人偿还由此支出的必要费用。构成要件:①为他人管理事务;②有为他人谋利益的意思;③没有法定或约定义务。

(4)不当得利。不当得利是没有法律根据,取得不当利益,受损失的人有权请求其返还不当利益。构成要件:①一方获得财产性利益;②一方受到损失;③获得利益和受到损失之间有因果关系;④没有法律上的根据。

4.知识产权

知识产权是权利人依法就下列客体享有的专有的权利:①作品;②发明、实用新型、外观设计;③商标;④地理标志;⑤商业秘密;⑥集成电路布图设计;⑦植物新品种;⑧法律规定的其他客体。

(四)民事法律行为

民事法律行为是民事主体通过意思表示设立、变更、终止民事法律关系的行为。

民事法律行为有效的条件:①行为人具有相应的民事行为能力;②意思表示真实;③不违反法律、行政法规的强制性规定,不违背公序良俗。具备以上条件,才能有效地成立民事法律行为。民事法律行为自成立时生效,但是法律另有规定或者当事人另有约定的除外。行为人非依法律规定或者未经对方同意,不得擅自变更或者解除民事法律行为。

无效的民事法律行为:无民事行为能力人实施的民事法律行为。行为人与相对人以虚假的意思表示实施的民事法律行为。以虚假的意思表示隐藏的民事法律行为的效力,依照有关法律规定处理。违反法律、行政法规的强制性规定的民事法律行为无效,但是该强制性规定不导致该民事法律行为无效的除外。违背公序良俗的民事法律行为无效。行为人与相对人恶意串通,损害他人合法权益的民事法律行为无效。

可撤销的民事法律行为:基于重大误解实施的民事法律行为,行为人有权请求撤销。一方以欺诈手段,使对方在违背真实意思的情况下实施的民事法律行为,受欺诈方有权请求撤销。第三人实施欺诈行为,使一方在违背真实意思的情况下实施的民事法律行为,对方知道或者应当知道该欺诈行为的,受欺诈方有权请求撤销。一方或者第三人以胁迫手段,使对方在违背真实意思的情况下实施的民事法律行为,受胁迫方有权请求撤销。一方利用对方处于危困状态、缺乏判断能力等情形,致使民事法律行为成立时显失公平的,受损害方有权请求撤销。

有撤销权的机构:人民法院或者仲裁机构。

(五)代理

1.代理的分类及代理人的责任

表 2-7-3 代理的分类

分类标准	代理的类型		
代理权产生的原因	委托代理——代理权由被代理人的授权行为产生		
	法定代理——代理权由法律规定产生		
是否显名	直接代理——代理人以被代理人的名义实施法律行为		
	间接代理——代理人在代理权限内为了本人的利益以自己的名义实施法律行为		
代理人由谁选任	本代理——由本人选任代理人或者直接依据法律规定产生代理人		
	复代理——代理人为了实施其代理权限内的行为,以自己的名义选定他人担任"被代理人的代理人"		
有无代理权	有权代理——代理人在代理权限内实施的代理行为		
	无权代理——代理人无代理权而实施的代理行为	狭义的无权代理	
		表见代理	
行使一个代理权的人数	单独代理——代理权属于一人的代理		
	共同代理——代理权由数人共同行使的代理		

代理人不履行或者不完全履行职责,造成被代理人损害的,应当承担民事责任。

代理人和相对人恶意串通,损害被代理人合法权益的,代理人和相对人应当承担连带责任。

2.委托代理

(1)一般规定。委托代理授权采用书面形式的,授权委托书应当载明代理人的姓名或者名称、代理事项、权限和期间,并由被代理人签名或者盖章。

数人为同一代理事项的代理人的,应当共同行使代理权,但是当事人另有约定的除外。

代理人知道或者应当知道代理事项违法仍然实施代理行为,或者被代理人知道或者应当知道代理人的代理行为违法未做反对表示的,被代理人和代理人应当承担连带责任。

(2)代理权的限制。代理人不得以被代理人的名义与自己实施民事法律行为,但是被代理人同意或者追认的除外。

代理人不得以被代理人的名义与自己同时代理的其他人实施民事法律行为,但是被代理的双方同意或者追认的除外。

代理人需要转委托第三人代理的,应当取得被代理人的同意或者追认。

(3)被代理人死亡后,委托代理人实施的代理行为有效的情形。《民法总则》第一百七十四条规定:"被代理人死亡后,有下列情形之一的,委托代理人实施的代理行为有效:(一)代理人不知道并且不应当知道被代理人死亡;(二)被代理人的继承人予以承认;(三)授权中明确代理权在代理事务完成时终止;(四)被代理人死亡前已经实施,为了被代理人的继承人的利益继续代理。

作为被代理人的法人、非法人组织终止的,参照适用前款规定。"

3.表见代理

(1)表见代理的构成要件如下:

第一,行为人没有代理权。

第二,相对人有理由相信行为人有代理权(权利外观)。如无权代理人持有本人的介绍信、盖有本人公章的空白合同书;无权代理人持有本人的印章;代理权终止后,本人未收回授权委托书,无权代理人继续持该授权委托书与相对人订立合同等。

第三,相对人主观上善意且无过失。

第四,须本人的行为与权利外观的形成具有牵连性。

(2)表见代理的法律效果有:

第一,对本人的效力。相对人有权主张合同有效。本人因此遭受损失的,有权向无权代理人主张损害赔偿(《最高人民法院关于适用〈中华人民共和国合同法〉若干问题的解释(二)》第十三条)。本人有权追认,追认时意思表示到达相对人,变成有权代理。

第二,对相对人的效力。相对人享有选择权:相对人既可以主张有权代理的效果;相对人亦可行使撤销权,撤销与本人之间的合同。如果相对人行使撤销权,只能请求无权代理人承担责任。相对人撤销的,须在本人追认生效之前撤销。

(六)民事责任

1.概念和特征

民事主体依照法律规定和当事人约定,履行民事义务,承担民事责任。民事责任是民法规定的保护民事主体权利的救济措施。民事责任具有以下特征:①以民事义务的存在为前提;②主要是财产责任;③以恢复被侵害的民事权益为目的;④是一种独立的法律责任。

2.民事责任划分

二人以上依法承担按份责任,能够确定责任大小的,各自承担相应的责任;难以确定责任大小的,平均承担责任。

二人以上依法承担连带责任的,权利人有权请求部分或者全部连带责任人承担责任。

连带责任人的责任份额根据各自责任大小确定;难以确定责任大小的,平均承担责任。实际承担责任超过自己责任份额的连带责任人,有权向其他连带责任人追偿。

3.承担民事责任的方式

《民法总则》第一百七十九条规定:"承担民事责任的方式主要有:(一)停止侵害;(二)排除妨碍;(三)消除危险;(四)返还财产;(五)恢复原状;(六)修理、重作、更换;(七)继续履行;

(八)赔偿损失;(九)支付违约金;(十)消除影响、恢复名誉;(十一)赔礼道歉。法律规定惩罚性赔偿的,依照其规定。"

以上规定的承担民事责任的方式,可以单独适用,也可以合并适用。

4.特殊情形下的民事责任

(1)不可抗力:因不可抗力不能履行民事义务的,不承担民事责任。法律另有规定的,依照其规定。

(2)正当防卫:因正当防卫造成损害的,不承担民事责任。正当防卫超过必要的限度,造成不应有的损害的,正当防卫人应当承担适当的民事责任。

(3)紧急避险:因紧急避险造成损害的,由引起险情发生的人承担民事责任。危险由自然原因引起的,紧急避险人不承担民事责任,可以给予适当补偿。紧急避险采取措施不当或者超过必要的限度,造成不应有的损害的,紧急避险人应当承担适当的民事责任。

(4)受益补偿:因保护他人民事权益使自己受到损害的,由侵权人承担民事责任,受益人可以给予适当补偿。没有侵权人、侵权人逃逸或者无力承担民事责任,受害人请求补偿的,受益人应当给予适当补偿。

(5)见义勇为:因自愿实施紧急救助行为造成受助人损害的,救助人不承担民事责任。

(6)侵害英雄烈士等的姓名、肖像、名誉、荣誉,损害社会公共利益的,应当承担民事责任。

(七)诉讼时效

诉讼时效是指民事权利受到侵害的权利人在法定的时效期间内不行使权利,当时效期间届满时,人民法院对权利人的权利不再进行保护的制度。

1.期限

一般诉讼时效:三年。

特殊诉讼时效:四年[《中华人民共和国合同法》(以下简称《合同法》)第一百二十九条]。

最长诉讼时效期间:自权利受到损害之日起超过二十年的,人民法院不予保护;有特殊情况的,人民法院可以根据权利人的申请决定延长。

2.起算、中止和中断

(1)起算。诉讼时效期间自权利人知道或者应当知道权利受到损害以及义务人之日起计算。

当事人约定同一债务分期履行的,诉讼时效期间自最后一期履行期限届满之日起计算。

无民事行为能力人或者限制民事行为能力人对其法定代理人的请求权的诉讼时效期间,自该法定代理终止之日起计算。

未成年人遭受性侵害的损害赔偿请求权的诉讼时效期间,自受害人年满十八周岁之日起计算。

(2)中止。《民法总则》第一百九十四条规定:"在诉讼时效期间的最后六个月内,因下列障碍,不能行使请求权的,诉讼时效中止:(一)不可抗力;(二)无民事行为能力人或者限制民事行为能力人没有法定代理人,或者法定代理人死亡、丧失民事行为能力、丧失代理权;(三)继承开始后未确定继承人或者遗产管理人；(四)权利人被义务人或者其他人控制；(五)其他导致权利人不能行使请求权的障碍。

自中止时效的原因消除之日起满六个月，诉讼时效期间届满。"

(3)中断。《民法总则》第一百九十五条规定："有下列情形之一的，诉讼时效中断，从中断、有关程序终结时起，诉讼时效期间重新计算：(一)权利人向义务人提出履行请求；(二)义务人同意履行义务；(三)权利人提起诉讼或者申请仲裁；(四)与提起诉讼或者申请仲裁具有同等效力的其他情形。"

3.不适用诉讼时效的情形

《民法总则》第一百九十六条规定："下列请求权不适用诉讼时效的规定：(一)请求停止侵害、排除妨碍、消除危险；(二)不动产物权和登记的动产物权的权利人请求返还财产；(三)请求支付抚养费、赡养费或者扶养费；(四)依法不适用诉讼时效的其他请求权。"

二、反不正当竞争法

不正当竞争行为，是指经营者在生产经营活动中，违反《中华人民共和国反不正当竞争法》(以下简称《反不正当竞争法》)规定，扰乱市场竞争秩序，损害其他经营者或者消费者的合法权益的行为。

经营者，是指从事商品生产、经营或者提供服务(以下所称商品包括服务)的自然人、法人和非法人组织。

(一)不正当竞争行为的表现形式

1.混淆行为

混淆行为是指经营者在市场经营活动中，以种种不实手法对自己的商品或服务作虚假表示、说明或承诺，或不当利用他人的智力劳动成果推销自己的商品或服务，使用户或消费者产生误解，扰乱社会秩序、损害同业竞争者的利益或消费者的利益的行为。

《反不正当竞争法》第六条规定："经营者不得实施下列混淆行为，引人误认为是他人商品或者与他人存在特定联系：(一)擅自使用与他人有一定影响的商品名称、包装、装潢等相同或者近似的标识；(二)擅自使用他人有一定影响的企业名称(包括简称、字号等)、社会组织名称(包括简称等)、姓名(包括笔名、艺名、译名等)；(三)擅自使用他人有一定影响的域名主体部分、网站名称、网页等；(四)其他足以引人误认为是他人商品或者与他人存在特定联系的混淆行为。"

2.商业贿赂行为

商业贿赂行为是指经营者为争取交易机会，给予交易对方相关人员和能够影响交易的其他相关人员以财物或其他好处的行为。

《反不正当竞争法》第七条规定："经营者不得采用财物或者其他手段贿赂下列单位或者个人，以谋取交易机会或者竞争优势：(一)交易相对方的工作人员；(二)受交易相对方委托办理相关事务的单位或者个人；(三)利用职权或者影响力影响交易的单位或者个人。经营者在交易活动中，可以以明示方式向交易相对方支付折扣，或者向中间人支付佣金。经营者向交易相对方支付折扣、向中间人支付佣金的,应当如实入账。接受折扣、佣金的经营者也应当如实入账。经营者的工作人员进行贿赂的,应当认定为经营者的行为;但是,经营者有证据证明该工作人员的行为与为经营者谋取交易机会或者竞争优势无关的除外。"

3.虚假宣传行为

虚假宣传行为是指经营者利用广告和其他方法对商品的性能、功能、质量、销售状况、用户评价、曾获荣誉等所做的引人误解的虚假宣传。

4.侵犯商业秘密行为

《反不正当竞争法》第九条规定,"经营者不得实施下列侵犯商业秘密的行为:(一)以盗窃、贿赂、欺诈、胁迫或者其他不正当手段获取权利人的商业秘密;(二)披露、使用或者允许他人使用以前项手段获取的权利人的商业秘密;(三) 违反约定或者违反权利人有关保守商业秘密的要求,披露、使用或者允许他人使用其所掌握的商业秘密。第三人明知或者应知商业秘密权利人的员工、前员工或者其他单位、个人实施前款所列违法行为,仍获取、披露、使用或者允许他人使用该商业秘密的,视为侵犯商业秘密。本法所称的商业秘密,是指不为公众所知悉、具有商业价值并经权利人采取相应保密措施的技术信息和经营信息。"

5.不正当有奖销售行为

不正当有奖销售是指经营者在销售商品或提供服务时,以欺骗或其他不正当手段,附带提供给用户和消费者金钱、实物或其他好处,作为对交易奖励的推销商品的行为。有奖销售是市场经济条件下经营者常用的一种刺激购买力的促销手段。《反不正当竞争法》第十条规定,"经营者进行有奖销售不得存在下列情形:(一)所设奖的种类、兑奖条件、奖金金额或者奖品等有奖销售信息不明确,影响兑奖;(二)采用谎称有奖或者故意让内定人员中奖的欺骗方式进行有奖销售;(三)抽奖式的有奖销售,最高奖的金额超过五万元。"

6.诋毁商誉行为

《反不正当竞争法》第十一条规定,"经营者不得编造、传播虚假信息或者误导性信息,损害竞争对手的商业信誉、商品声誉"。

7.互联网不正当竞争行为

《反不正当竞争法》第十二条规定,"经营者利用网络从事生产经营活动,应当遵守本法的各项规定。经营者不得利用技术手段,通过影响用户选择或者其他方式,实施下列妨碍、破坏其他经营者合法提供的网络产品或者服务正常运行的行为:(一)未经其他经营者同意,在其合法提供的网络产品或者服务中,插入链接、强制进行目标跳转;(二)误导、欺骗、强迫用户修改、关闭、卸载其他经营者合法提供的网络产品或者服务;(三)恶意对其他经营者合法提供的网络产品或者服务实施不兼容;(四)其他妨碍、破坏其他经营者合法提供的网络产品或者服务正常运行的行为。"

(二)对涉嫌不正当竞争行为的调查

(1)调查措施。①进入涉嫌不正当竞争行为的经营场所进行检查;②询问被调查的经营者、利害关系人及其他有关单位、个人,要求其说明有关情况或者提供与被调查行为有关的其他资料;③查询、复制与涉嫌不正当竞争行为有关的协议、账簿、单据、文件、记录、业务函电和其他资料;④查封、扣押与涉嫌不正当竞争行为有关的财物;⑤查询涉嫌不正当竞争行为的经营者的银行账户。

监督检查部门调查涉嫌不正当竞争行为,被调查的经营者、利害关系人及其他有关单位、个人应当如实提供有关资料或者情况。

(2)保密义务。监督检查部门及其工作人员对调查过程中知悉的商业秘密负有保密义务。

举报:对涉嫌不正当竞争行为,任何单位和个人有权向监督检查部门举报,监督检查部门接到举报后应当依法及时处理。监督检查部门应当向社会公开受理举报的电话、信箱或者电子邮件地址,并为举报人保密。对实名举报并提供相关事实和证据的,监督检查部门应当将处理结果告知举报人。

(三)不正当竞争行为的法律责任

(1)赔偿数额。《反不正当竞争法》第十七条规定:"经营者违反本法规定,给他人造成损害的,应当依法承担民事责任。经营者的合法权益受到不正当竞争行为损害的,可以向人民法院提起诉讼。因不正当竞争行为受到损害的经营者的赔偿数额,按照其因被侵权所受到的实际损失确定;实际损失难以计算的,按照侵权人因侵权所获得的利益确定。赔偿数额还应当包括经营者为制止侵权行为所支付的合理开支。经营者违反本法第六条、第九条规定,权利人因被侵权所受到的实际损失、侵权人因侵权所获得的利益难以确定的,由人民法院根据侵权行为的情节判决给予权利人三百万元以下的赔偿。"

记入信用记录并公示。《反不正当竞争法》第二十六条规定:"经营者违反本法规定从事不正当竞争,受到行政处罚的,由监督检查部门记入信用记录,并依照有关法律、行政法规的规定予以公示。"

(2)优先承担民事责任。《反不正当竞争法》第二十七条规定:"经营者违反本法规定,应当承担民事责任、行政责任和刑事责任,其财产不足以支付的,优先用于承担民事责任。"

三、物权法和担保法

(一)物权基本法律制度

1.物权的概念和特征
物权,是指权利人依法对特定的物享有直接支配和排他的权利。物权具有以下法律特征:物权是绝对权;物权是支配权;物权的标的是物;物权具有排他性;物权具有追及力。

2.物权的基本原则
根据《中华人民共和国物权法》(以下简称《物权法》),物权的基本原则有:平等保护原则、物权法定原则、一物一权原则、公示、公信原则。

3.物权的种类
物权包括所有权、用益物权和担保物权。所有权是物权中最完整、最充分的权利,担保物权和用益物权都是从所有权派生出来的。

(二)担保法律制度概述

1.概念

按照法律规定或者当事人约定,由债务人或第三人向债权人提供一定的财产或资信,以确保债务的清偿。

2.方式

担保有保证、抵押、质押、留置和定金五种。

3.种类

(1)人的担保。主要形式是保证人的保证,可操作性较高。

(2)物的担保。主要方式是抵押权、质押权和留置权,烦琐的操作手续使其实现较为困难。

(3)定金担保。在债务之外又交付一定数额的定金,债务是否履行决定了定金的得失。

(三)物权法

表 2-7-4 物权法的相关内容

物权和担保物权的法定规则	债权人在借贷、买卖等民事活动中,为保障实现其债权,需要担保的,可以依照物权法和其他法律的规定设立担保物权
主从合同效力关系规则	主债权债务关系是主合同,担保合同是从合同 主债权债务合同无效,担保合同无效,法律另有规定的除外
担保物优先受偿的法定例外规则	担保物权人在债务人不履行到期债务或者发生当事人约定的实现担保物权的情形,依法享有就担保财产优先受偿的权利,但法律另有规定的除外
物保和人保并存的处理规则	其一,允许债权人按照约定的机制来处理物保与人保并存的问题,并且如有约定则必须按约定实现债权;其二,未约定或约定不明的,债务人提供物保的应先执行;其三,第三人提供担保物的,由债权人选择
担保法和物权法的关系	《中华人民共和国担保法》(以下简称《担保法》)的规定与《物权法》不一致的,适用于《物权法》的规定 《物权法》未做规定的问题,《担保法》有关规定仍然可以适用 《担保法司法解释》有不同于《物权法》规定的,应该适用后者

(四)抵押

抵押是指为担保债务的履行,债务人或者第三人不转移财产的占有,将该财产设定为担保物,债务人不履行到期债务或者发生当事人约定的实现担保物权的情形,债权人有权就该财产优先受偿。这里债务人或者第三人为抵押人,债权人为抵押权人,提供担保的财产为抵押财产。

以抵押方式设定的担保方式最突出的特点在于不转移财产的占有。

1.抵押物的范围

动产和不动产都可以作为抵押物的财产,将有的动产也可以作为抵押物。

(1)可以做抵押物的财产：①建筑物及其他土地附着物；②建设用地使用权；③以招标、拍卖、公开协商等方式取得的荒地等土地承包经营权；④生产设备、原材料、半成品和成品；⑤正在建造的建筑物、船舶和航空器；⑥交通运输工具；⑦法律和行政法规未禁止抵押的其他财产。

(2)不可用于抵押的财产：①土地所有权；②耕地、宅基地、自留地、自留山等集体所有的土地使用权，但法律规定可以抵押的除外；③学校、幼儿园、医院等以公益为目的的事业单位、社会团体的教育设施、医疗卫生设施和其他社会公益设施；④所有权、使用权不明或者有争议的财产；⑤依法被查封、扣押、监管的财产；⑥法律、行政法规规定不得抵押的其他财产。

2.抵押合同和抵押权的实现及最高额抵押

表 2-7-5 抵押合同形式及书面形式

合同形式	书面形式
抵押合同和抵押权	抵押合同成立与抵押权设立分离 抵押合同可以先生效,而抵押权设立则需经过一定的法定手续后方能生效
抵押权设立	以正在建造的建筑物抵押的,应当办理抵押登记;抵押权自登记时设立。以正在建造的船舶、航空器抵押的,抵押权自抵押合同生效时设立;未经登记,不得对抗善意第三人
抵押权实现	(1)抵押权人与抵押人达成协议。以抵押财产折价或者以拍卖、变卖该抵押财产所得的价款优先受偿 (2)抵押权人与抵押人未达成协议。抵押权人可以请求人民法院拍卖、变卖抵押财产
同一财产抵押权实现顺序	(1)抵押权已登记的,按照登记的先后顺序清偿;顺序相同的,按照债权比例清偿 (2)抵押权已登记的先于未登记的受偿 (3)抵押权未登记的,按照债权比例清偿
抵押权时限	抵押权人应当在主债权诉讼时效期间行使抵押权;未行使的,人民法院不予保护
最高额抵押权	最高额抵押权设立前已经存在的债权,经当事人同意,可以转入最高额抵押担保的债权范围 最高额抵押担保的债权确定前,部分债权转让的,最高额抵押权不得转让,但当事人另有约定的除外

(五)质押

质押是指债务人或第三人将其动产或权利凭证移交债权人占有或者将法律法规允许质押的权利依法进行登记,将该动产或权利作为债权的担保,当债务人不履行债务时,债权人有权依法就该动产或权利处分所得的价款优先受偿。这里的债务人或者第三人为出质人,债权人为质权人,交付的动产为质押财产。

表 2-7-6　质押的主要内容

质押分类	动产质押和权利质押
质押合同和质权	物权法试图区分质押合同的生效与质权的设立 质押财产的交付是质权设立的前提条件,而不是质押合同生效的前提条件
质权人的权利与义务	(1)债务人以自己的财产出质,质权人放弃该质权的,其他担保人在质权人丧失优先受偿权益的范围内免除担保责任,但其他担保人承诺仍然提供担保的除外 (2)债务人履行债务或者出质人提前清偿所担保的债权的,质权人应当返还质押财产
可以质押的权利	包括:①汇票、支票、本票;②债券、存款单;③可以转让的基金份额、股份;④应收账款;⑤可以转让的注册商标专用权、专利权、著作权等知识产权中的财产权;⑥仓单、提单;⑦法律、行政法规规定可以出质的其他财产权利
权利质押后的处理	(1)基金份额、股权出质后,不得转让,但经出质人与质权人协商同意的除外 (2)知识产权中的财产权出质后,出质人不得转让或者许可他人使用,但经出质人与质权人协商同意的除外 (3)应收账款出质后,不得转让,但经出质人与质权人协商同意的除外

我国法律规定,质权人在债务履行期届满前,不得与出质人约定债务人不履行到期债务时质押财产归债权人所有。

(六)保证

保证,是指保证人和债权人约定,当债务人不履行债务时,保证人按照约定履行债务或者承担责任的行为。

根据我国《担保法》的规定,保证的方式有一般保证和连带责任保证。连带责任保证的实现条件比较宽松,保证人承担的责任也比较大。当事人对保证方式没有约定或者约定不明确的,按照连带责任保证承担保证责任。

表 2-7-7　保证的主要内容

类型	内容
保证范围	主债权及利息、违约金、损害赔偿金和实现债权的费用
保证期间	(1)未约定:保证期间的主债务履行期届满之日起六个月 (2)视为没有约定:约定的保证期间早于或者等于主债务履行期限。保证期间为主债务履行期届满之日起六个月 (3)视为约定不明:约定保证人承担保证责任直至主债务本息还清时为止等类似内容的。保证期间为主债务履行期届满之日起两年
债权转让	(1)债权人转让,保证人在原范围内继续承担保证责任 (2)债务人转让并经过债权人许可的,要取得保证人书面同意。否则,保证人不再承担相关责任 (3)债权人与债务人协议变更主合同的,应当取得保证人书面同意。否则,保证人不再承担相关责任

(七)留置

1.概念

债权人按照合同的约定占有债务人的动产,债务人未履行到期债务的,债权人有权依照法律规定留置财产,并有权就该动产优先受偿。

2.特征

留置权只能发生在特定的合同关系中,如保管合同、运输合同和加工承揽合同;留置权发生两次效力,即留置标的物和变价并优先受偿;留置权具有不可分性,即债权得到全部清偿之前,留置权人有权留置全部标的物;留置权实现时,留置权人必须确定债务人履行债务的宽限期。

3.要求

债权人留置的动产,应当与债权属于同一法律关系,但企业之间留置的除外。

4.权利义务

双方应约定留置财产后的债务履行期间;没有约定或者约定不明确的,留置权人应当给债务人两个月以上履行债务的期间,鲜活易腐等不易保管的动产除外。

5.留置权与抵押权、质权的关系

最高人民法院关于适用《担保法》若干问题的解释第七十九条规定,"同一财产法定登记的抵押权与质权并存时,抵押权人优先于质权人受偿。同一财产抵押权与留置权并存时,留置权人优先于抵押权人受偿"。

(八)定金

1.定金的概念

定金是在合同订立或在履行之前支付的一定数额的金钱或替代物作为担保的担保方式。给付定金的一方称为定金给付方,接受定金的一方称为定金接受方。

2.定金的生效与效力

定金应当以书面形式约定。当事人在定金合同中应当约定交付定金的期限。定金合同从实际交付定金之日起生效。

当事人可以约定一方向对方给付定金作为债权的担保。债务人履行债务后,定金应当抵作价款或者收回。给付定金的一方不履行约定的债务的,无权要求返还定金;收受定金的一方不履行约定的债务的,应当双倍返还定金。

定金的数额由当事人约定,但不得超过主合同标的额的百分之二十。

3.定金和订金的区别

性质不同、效力不同、数额限制不同。

四、合同法

(一)合同的订立

当事人订立合同,应当按照法定程序进行,即采取要约承诺方式。

1.要约

(1)要约是希望和他人订立合同的意思表示,该意思表示应当符合下列规定:①内容具体;②表明经要约人承诺,要约人受该意思表示约束。

(2)要约到达受要约人生效。

(3)要约可以撤回。撤回要约的通知应当在要约到达受要约人之前或者与要约同时到达受要约人。

(4)要约可以撤销。撤销要约的通知应当在受要约人发出承诺通知之前到达受要约人。

(5)要约不得撤销的情形:①要约人确定了承诺期限或者以其他形式明示要约不可撤销;②受要约人有理由认为要约是不可撤销的,并已经为履行合同作了准备工作。

(6)要约失效的情形:①拒绝要约的通知到达要约人;②要约人依法撤销要约;③承诺期限届满,受要约人未做出承诺;④受要约人对要约的内容做出实质性变更。

2.承诺

(1)承诺是受要约人同意要约的意思表示。

(2)承诺应当在合理期限内到达;承诺生效时合同成立。承诺生效的地点为合同成立的地点。

(3)承诺可以撤回。撤回承诺的通知应当在承诺通知到达要约人之前或者与承诺通知同时到达要约人。

(二)合同的生效

1.合同生效的概念、要件及合同成立和生效的关系、区别

(1)概念:依法订立的合同在当事人之间发生法律约束力。合同成立是合同生效的前提。

(2)要件:①当事人必须具有相应的民事行为能力;②当事人意思表示真实;③合同标的合法,即当事人签订的合同不违反法律和社会公共利益;④合同标的须确定和可能。

(3)合同成立和生效的关系:合同成立是指合同订立过程的结束。合同生效是指已经成立的合同具有法律约束力。合同成立是合同生效的前提。

(4)合同成立和生效的区别:①构成要件不同。双方达成合意合同即成立,至于当事人意思表示是否真实,则在所不问。而合同生效的条件包括行为人具有相应的民事行为能力、意思表示真实、不违反法律或者社会公共利益;适用于某些特殊合同生效的为特殊要件,具体又分为附生效条件和附生效期限的合同,以及法律、行政法规规定应当办理批准、登记手续生效的合同。②性质不同。合同成立主要是事实问题。合同生效主要是法律评价问题。

2.无效合同、可变更、可撤销合同和效力未定合同

表2-7-8 无效合同、可变更、可撤销合同和效力未定合同的主要内容

类型	概念	原因	后果
无效合同	合同虽然已经成立,但因其欠缺法定有效要件,从法律上不予以承认和保护的合同	(1)一方以欺诈、胁迫的手段订立合同,损害国家利益 (2)恶意串通,损害国家、集体或者第三人利益 (3)以合法形式掩盖非法目的 (4)损害社会公共利益 (5)违反法律、行政法规的强制性规定	(1)自始没有法律约束力 (2)合同部分无效,其他部分仍然有效
可变更、可撤销合同	当事人在订立合同后,基于法定的理由,向法院或仲裁机关请求变更或撤销的合同	(1)因重大误解订立的合同 (2)显失公平的合同 (3)因欺诈而订立的合同(注意与无效合同的区别) (4)因胁迫而订立的合同(注意与无效合同的区别) (5)乘人之危的合同	(1)救济方法:变更和撤销 (2)当事人请求变更的,有关机构不得撤销
效力未定合同	合同订立后尚未生效,须权利人追认才能生效的合同		

(三)合同的履行

1.合同履行的原则

合同的履行有以下原则:

(1)实际履行原则。

(2)全面履行原则。

(3)协作履行原则。

(4)诚实信用原则。

(5)情势变更原则。

2.合同履行中的抗辩权

视频讲解　视频讲解

合同履行中的抗辩权包括:同时履行抗辩权、先履行抗辩权、不安抗辩权。

同时履行抗辩权指双务合同的当事人一方在对方未为对待给付以前,可拒绝履行自己的债务之权。

先履行抗辩权,是指当事人互负债务,有先后履行顺序的,先履行一方未履行之前,后履行一方有权拒绝其履行请求,先履行一方履行债务不符合约定的,后履行一方有权拒绝其相应的履行请求。

不安抗辩权是指在合同成立以后,后履行一方当事人财产状况恶化,有可能不能履行其债务,可能危及先履行一方当事人债权的实现时,应先为给付的一方在对方未提供担保前,中止履行自己的债务的制度。

《中华人民共和国合同法》(以下简称《合同法》)第六十八条规定,"应当先履行债务的当事人,有确切证据证明对方有下列情形之一的,可以中止履行:①经营状况严重恶化;②转移财产、抽逃资金,以逃避债务;③丧失商业信誉;④有丧失或者可能丧失履行债务能力的其他情形。当事人没有确切证据中止履行的,应当承担违约责任"。

3.代位权和撤销权

代位权是指当债务人怠于行使其对第三人享有的到期债权而有损于债权人债权时,债权人可以以自己的名义代位行使债务人的债权。

撤销权是指当债务人放弃对第三人的债权、实施无偿转让财产的行为或者债务人以明显不合理的低价转让财产,而有损于债权人的债权时,债权人可以依法请求人民法院撤销债务人所实施的行为。

撤销权的行使范围以债权人的债权为限。债权人行使撤销权的必要费用,由债务人负担。

(四)合同的变更

合同的变更是指合同内容的变更,不包括合同主体的变更。合同主体的变更属于合同的转让。

当事人协商一致,可以变更合同。法律、行政法规规定变更合同应当办理批准、登记等手续的,依照其规定。当事人对合同变更的内容约定不明确的,推定为未变更。

合同的变更,仅对变更后未履行的部分有效,对已履行的部分无溯及力。

(五)合同的转让

合同的转让,即合同主体的变更,指当事人将合同的权利和义务全部或者部分转让给第三人。合同的转让分为债权转让、债务承担和合同权利义务的概括转移。

1.合同债权的转让

债权转让,是指债权人将合同的权利全部或者部分转让给第三人的法律制度。其中债权人是转让人,第三人是受让人。债权人转让权利的,无须债务人同意,但应当通知债务人。此外,债权人转让权利的通知不得撤销,但经受让人同意的除外。

债权人可以将合同的权利全部或者部分转让给第三人,但有下列情形之一的除外:

(1)根据合同性质不得转让。

(2)按照当事人约定不得转让。

(3)依照法律规定不得转让。

2.合同债务的承担

债务承担,是指债权人或者债务人与第三人之间达成转让债务的协议,由第三人取代原债务人承担全部债务。债务人与第三人协议转让债务的,应当经债权人同意。这是因为新债务人的资信情况和偿还能力须得到债权人的认可,以免债权人的利益受到不利影响。

(六)合同权利义务的概括转移

当事人订立合同后合并的,由合并后的法人或者其他组织行使合同权利,履行合同义务。当事人订立合同后分立的,除债权人和债务人另有约定的以外,由分立的法人或者其他组织对合同的权利和义务享有连带债权,承担连带债务。当事人一方经对方同意,可以将自己在合同中的权利和义务一并转让给第三人。

(七)合同的终止

1.合同终止的原因

有下列情形之一的,合同的权利义务终止:

(1)债务已经按照约定履行。

(2)合同解除。

(3)债务相互抵销。

(4)债务人依法将标的物提存。

(5)债权人免除债务。

(6)债权债务同归于一人。

(7)法律规定或者当事人约定终止的其他情形。

合同的权利义务终止后,当事人应当遵循诚实信用原则,根据交易习惯履行通知、协助、保密等义务。

2.合同的解除

当事人协商一致,可以解除合同。当事人可以约定一方解除合同的条件。解除合同的条件成就时,解除权人可以解除合同。

法律规定或者当事人约定解除权行使期限,期限届满当事人不行使的,该权利消灭。法律没有规定或者当事人没有约定解除权行使期限,经对方催告后在合理期限内不行使的,该权利消灭。

当事人一方依照规定主张解除合同的,应当通知对方。合同自通知到达对方时解除。对方有异议的,可以请求人民法院或者仲裁机构确认解除合同的效力。法律、行政法规规定解除合同应当办理批准、登记等手续的,依照其规定。

合同解除后,尚未履行的,终止履行;已经履行的,根据履行情况和合同性质,当事人可以要求恢复原状、采取其他补救措施,并有权要求赔偿损失。

3.抵销

当事人互负到期债务,该债务的标的物种类、品质相同的,任何一方可以将自己的债务与对方的债务抵销,但依照法律规定或者按照合同性质不得抵销的除外。

当事人主张抵销的,应当通知对方。通知自到达对方时生效。抵销不得附条件或者附期限。

当事人互负债务,标的物种类、品质不相同的,经双方协商一致,也可以抵销。

4.提存

有下列情形之一,难以履行债务的,债务人可以将标的物提存:

(1)债权人无正当理由拒绝受领。

(2)债权人下落不明。

(3)债权人死亡未确定继承人或者丧失民事行为能力未确定监护人。

(4)法律规定的其他情形。

标的物不适于提存或者提存费用过高的,债务人依法可以拍卖或者变卖标的物,提存所得的价款。

标的物提存后,除债权人下落不明的以外,债务人应当及时通知债权人或者债权人的继承人、监护人。

标的物提存后,毁损、灭失的风险由债权人承担。提存期间,标的物的孳息归债权人所有。提存费用由债权人负担。

债权人可以随时领取提存物,但债权人对债务人负有到期债务的,在债权人未履行债务或者提供担保之前,提存部门根据债务人的要求应当拒绝其领取提存物。

债权人领取提存物的权利,自提存之日起五年内不行使而消灭,提存物扣除提存费用后归国家所有。

5.免除与混同

债权人免除债务人部分或者全部债务的,合同的权利义务部分或者全部终止。

债权和债务同归于一人的,合同的权利义务终止,但涉及第三人利益的除外。

(八)违约责任

违约责任是指当事人一方不履行合同义务或其履行不符合合同约定时,对另一方当事人所应承担的继续履行、采取补救措施或者赔偿损失等民事责任。

违约责任的承担形式:①支付违约金;②赔偿损失;③继续履行;④定金;⑤采取补救措施。

(九)合同法分则

1.买卖合同

《合同法》第一百三十条规定:"买卖合同是出卖人转移标的物的所有权于买受人,买受人支付价款的合同。"

(1)买卖合同中当事人的权利和义务。买卖合同依法成立后,当事人双方应当按照约定履行各自的合同义务,以实现当事人的合同权利。

出卖人的义务:①交付标的物的义务;②转移标的物所有权的义务;③担保标的物权利瑕疵的义务。但是,如果买受人订立合同时知道或者应当知道第三人对标的物享有权利的,出卖人则不负担此项义务。

买受人的义务:①支付价款的义务;②接受标的物并对其进行检验的义务。

（2）标的物的所有权转移与风险承担。

标的物所有权的转移：指买卖合同的标的物自出卖人转移至买受人所有。标的物的所有权何时发生转移，是买卖合同的一个核心问题。

《合同法》第一百三十三条规定："标的物的所有权自标的物交付时起转移，但法律另有规定或者当事人另有约定的除外。"

《合同法》第一百三十四条规定："当事人可以在买卖合同中约定买受人未履行支付价款或者其他义务的，标的物的所有权属于出卖人。"这一规定被称为"保留所有权条款"。一般地，合同标的物在交付之前，其所有权属于出卖人，交付后则属于买受人。

标的物的风险承担：《合同法》第一百四十二条规定："标的物毁损、灭失的风险，在标的物交付之前由出卖人承担，交付之后由买受人承担，但法律另有规定或者当事人另有约定的除外。"买卖合同标的物风险承担的规则主要有下列内容：①一般情形下，标的物风险在标的物交付之前由出卖人承担，交付之后由买受人承担；②因买受人的原因致使标的物不能按照约定的期限交付的，买受人应当自违反约定之日起承担标的物风险；③出卖人出卖交由承运人运输的在途标的物，除当事人另有约定外，买受人应自合同成立时起承担标的物风险；④当事人没有约定交付地点或者约定不明确，而由出卖人将标的物交付给第一承运人的，买受人自标的物交付时起承担标的物风险；⑤出卖人按照约定或者依照法律有关规定将标的物置于交付地点，买受人违反约定没有收取的，买受人自违反约定之日起承担标的物风险；⑥出卖人按照约定未交付有关标的物的单证和资料的，不影响标的物风险的转移，即标的物风险的转移不受上述单证、资料是否交付的影响；⑦因标的物质量不符合质量要求，致使不能实现合同目的，而买受人拒绝接受或者解除合同的，标的物风险由出卖人承担。

标的物的利益承受：指标的物在合同成立后所产生的孳息的归属。《合同法》第一百六十三条规定："标的物在交付之前产生的孳息，归出卖人所有，交付之后产生的孳息，归买受人所有。"

2.赠与合同

赠与合同是赠与人把自己的财产无偿地送给受赠人，受赠人同意接受的合同。

（1）性质。①无偿合同。无偿性与可以附义务之间并无矛盾。《合同法》第一百九十条规定："赠与合同可以附义务。赠与附义务的，受赠人应当按照约定履行义务。"②单务合同；③不要式合同；④诺成合同。

（2）撤销。

任意撤销权：转移赠与财产权前（动产交付前，不动产过户登记前），赠与人可行使撤销权，但下列三种合同除外：①救灾、扶贫等社会公益性质的；②道德义务性质的；③公证性质的。

法定撤销权：受赠人行为有下列情形之一的，赠与人可行使撤销权，除斥期间为1年，自知道或应当知道撤销原因之日起算，①严重侵害赠与人或其近亲属的；②不履行对赠与人的扶养义务的；③不履行赠与合同约定义务的。

赠与人的继承人、法定代理人的法定撤销权：适用于因受赠人的违法行为致使赠与人死亡、丧失民事行为能力的情形。除斥期间为 6 个月,自知道或应当知道撤销原因之日起算。

(3)解除。赠与合同成立后,赠与人经济状况恶化,严重影响其生产经营或家庭生活的,可解除合同,不再履行赠与义务。

(4)赠与人的责任。

过错责任:赠与人仅在故意或重大过失致赠与物毁损时,才承担损害赔偿责任,一般过失免责。

瑕疵担保责任:①原则上赠与人不承担此责任;②附义务的,在附义务限度内比照买卖合同之出卖人承担瑕疵担保责任;③故意不告知或保证无瑕疵的,造成受赠人损失的,应承担损害赔偿责任。

3.借款合同

借款合同依主体不同分为两类:一类是商业银行为贷款人的商业借贷合同;一类是自然人与自然人之间的,又称民间借贷合同。前者为商事合同,后者为民事合同。至于非企业法人与企业法人之间,企业法人与其他组织之间,其他组织与其他组织之间,以及企业法人、其他组织贷给自然人的借款合同,则为法律所禁止,应为无效合同。

民间借贷约定之利息最高额受限制。依现行司法解释,最高额不得超出银行同类贷款利率的 4 倍;超出的,超出部分无效,而并非关于利息的全部约定无效。

4.租赁合同

租赁合同指出租人将租赁物交付给承租人使用、收益,承租人支付租金的合同。

(1)性质。租赁合同的性质包括:①转让财产使用权的合同,承租人获得的是占有、使用、收益权,而非所有权;②承租人对租赁物无处分权;③有偿合同;④诺成合同;⑤期限性,最长 20 年;⑥长期租赁合同为要式合同,城市房屋租赁合同也为要式合同。

(2)出租人的义务。出租人的义务包括:①适租义务,保证租赁物在租赁期间符合约定用途,违反该义务构成根本违约,承租人可以解除合同;②维修义务,若出租人不尽此义务,承租人可自行维修,费用由出租人负担;拒不负担的,承租人可在应交租金中进行抵销;③权利瑕疵担保责任,因第三人主张权利致承租人不能对租赁物使用、收益的,承租人得减少或不付租金。

(3)承租人的义务。承租人的义务包括:①正当使用义务,遵此义务,租赁物正常损耗的,承租人免责;违反此义务的,出租人可解除合同并要求赔偿损失;②妥善保管义务;③禁止添附义务,不经同意,不得对租赁物进行改善、增设行为。否则,出租人可主张违约损害赔偿,也可主张侵权损害赔偿,还可主张物上请求权(如停止妨害、恢复原状等);④禁止转租义务,不经同意,不得转租;⑤支付租金义务,无正当理由迟延支付,经催告于合理期间内仍不支付的,出租人得解除合同;⑥返还租赁物义务。

(4)承租人的权利。承租人的权利包括:①占有、使用、收益权(《合同法》第二百二十五条);②买卖不破租赁(《合同法》第二百二十九条);③优先购买权(仅限于房屋租赁合同,《合同法》第二百三十);④与承租人生前共同居住的人的继续租赁请求权。

5.承揽合同

承揽合同:指当事人一方按他方的要求完成一定工作,并将工作成果交付他方,他方接受工作成果并给付酬金的合同。提出工作要求,按约定接受工作成果并给付酬金的一方是定作人;按指定完成工作成果、收取酬金的一方是承揽人。

承揽合同的承揽人可以是一人,也可以是数人。在承揽人为数人时,数个承揽人即为共同承揽人,如无相反约定,共同承揽人对定作人负连带清偿责任。

承揽合同的特征:

(1)承揽合同以完成一定的工作并交付工作成果为标的。

(2)承揽合同的标的物具有特定性。承揽合同是为了满足定作人的特殊要求而订立的,因而定作人对工作质量、数量、规格、形状等的要求使承揽标的物特定化,使它同市场上的物品有所区别,以满足定作人的特殊需要。

(3)承揽人工作具有独立性。承揽人以自己的设备、技术、劳力等完成工作任务,不受定作人的指挥管理,独立承担完成合同约定的质量、数量、期限等责任,在交付工作成果之前,对标的物意外灭失或工作条件意外恶化风险所造成的损失承担责任。

(4)承揽合同具有一定人身性质。承揽人一般必须以自己的设备、技术、劳力等完成工作并对工作成果的完成承担风险。承揽人不得擅自将承揽的工作交给第三人完成。承揽合同具有多种多样的具体形式。按照《合同法》第二百五十一条的规定,承揽包括加工、定作、修理、复制、测试、检验等工作,因而也就有相应类型的合同。

承揽合同的解除:根据《合同法》的规定,承揽合同任何一方实质性违反合同的,另一方有权解除合同,并要求违约方承担法律责任。同时,《合同法》规定,定作人可以随时解除承揽合同,造成承揽人损失的,应当赔偿损失。

6.委托合同

委托合同:又称委任合同,是指委托人与受托人约定,由受托人处理委托人事务的合同。其中,委托他人为自己处理事务的人称委托人,接受他人委托的人称受托人。

委托合同的特征:

(1)委托合同的标的是处理委托事务的行为。处理委托事务的行为既可以是法律行为,也可以是事实行为,但委托合同不适用于须当事人亲自履行的身份行为和需要利用他人特定技能完成的行为。

(2)委托合同建立在双方的相互信任关系的基础上。委托人委托受托人处理事务是以委托人对受托人的能力和信誉的信任为基础的,因此,受托人必须亲自办理委托事务。

(3)委托合同既可以是有偿合同,也可以是无偿合同。委托合同的解除:委托人或者受托人可以随时解除委托合同。因解除合同给对方造成损失的,除不可归责于该当事人的事由以外,应当赔偿损失。

五、公司法

(一)有限责任公司

1.有限责任公司的概念

有限责任公司,指股东以其出资额为限对公司承担责任,公司以其全部资产对公司的债务承担责任的企业法人。

2.有限责任公司的设立条件

(1)股东人数符合法律规定,即50个以下的股东。

(2)有符合公司章程规定的全体股东认缴的出资额。有限责任公司的注册资本为在公司登记机关登记的全体股东认缴的出资额。

(3)股东共同制订公司章程。

(4)有公司名称,并建立符合法律规定的组织机构。

(5)有公司住所。

3.股东的出资形式

股东可以用货币出资,也可以用实物、知识产权、土地使用权等可以用货币估价并可以依法转让的非货币财产作价出资;但是,法律、行政法规规定不得作为出资的财产除外。

有限责任公司成立后,发现作为设立公司出资的非货币财产的实际价额显著低于公司章程所定价额的,应当由交付该出资的股东补足其差额;公司设立时的其他股东承担连带责任。

4.有限责任公司的组织机构

(1)股东会。有限责任公司股东会由全体股东组成,股东会是公司的权力机构。

(2)董事会。有限责任公司设董事会,其成员为三人至十三人;但是,股东人数较少或者规模较小的有限责任公司,可以设一名执行董事,不设董事会。董事会设董事长一人,可以设副董事长。董事任期由公司章程规定,但每届任期不得超过三年。董事任期届满,连选可以连任。

董事会对股东会负责,行使职权,如:召集股东会会议;决定公司内部管理机构的设置;决定聘任或者解聘公司经理及其报酬事项;制定公司的基本管理制度。

董事会会议由董事长召集和主持;董事长不能履行职务或者不履行职务的,由副董事长召集和主持;副董事长不能履行职务或者不履行职务的,由半数以上董事共同推举一名董事召集和主持。董事会决议的表决,实行一人一票。

(3)经理。有限责任公司可以设经理,由董事会决定聘任或者解聘。经理列席董事会会议。

(4)监事会。有限责任公司设监事会,其成员不得少于三人。股东人数较少或者规模较小的有限责任公司,可以设一至二名监事,不设监事会。监事会应当包括股东代表和适当比例的公司职工代表,其中职工代表的比例不得低于三分之一,具体比例由公司章程规定。

监事的任期每届为三年。监事任期届满,连选可以连任。监事会每年度至少召开一次会议,监事可以提议召开临时监事会会议。

监事可以列席董事会会议,并对董事会决议事项提出质询或者建议。

5.有限责任公司的股权转让

(1)内部转让与外部转让。有限责任公司的股东之间可以相互转让其全部或者部分股权。股东向股东以外的人转让股权,应当经其他股东过半数同意。股东应就其股权转让事项书面通知其他股东征求同意,其他股东自接到书面通知之日起满三十日未答复的,视为同意转让。其他股东半数以上不同意转让的,不同意的股东应当购买该转让的股权;不购买的,视为同意转让。

(2)优先购买权。经股东同意转让的股权,在同等条件下,其他股东有优先购买权。两个以上股东主张行使优先购买权的,协商确定各自的购买比例;协商不成的,按照转让时各自的出资比例行使优先购买权。公司章程对股权转让另有规定的,从其规定。

(3)强制转让。人民法院依照法律规定的强制执行程序转让股东的股权时,应当通知公司及全体股东,其他股东在同等条件下有优先购买权。其他股东自人民法院通知之日起满二十日不行使优先购买权的,视为放弃优先购买权。

(4)股权回购。《中华人民共和国公司法》(以下简称《公司法》)规定,有下列情形之一的,对股东会该项决议投反对票的股东可以请求公司按照合理的价格收购其股权:①公司连续五年不向股东分配利润,而公司该五年连续盈利,并且符合本法规定的分配利润条件的;②公司合并、分立、转让主要财产的;③公司章程规定的营业期限届满或者章程规定的其他解散事由出现,股东会会议通过决议修改章程使公司存续的。

自股东会会议决议通过之日起六十日内,股东与公司不能达成股权收购协议的,股东可以自股东会会议决议通过之日起九十日内向人民法院提起诉讼。

(5)股东资格的继承。自然人股东死亡后,其合法继承人可以继承股东资格;但是,公司章程另有规定的除外。

(二)股份有限公司

1.股份有限公司的设立

(1)设立条件。按照《公司法》的规定,设立股份有限公司应当具备以下条件:

①发起人符合法定人数。设立股份有限公司,应当有二人以上二百人以下为发起人,其中须有半数以上的发起人在中国境内有住所。

②有符合公司章程规定的全体发起人认购的股本总额或者募集的实收股本总额。

③股份发行、筹办事项符合法律规定。

④发起人制订公司章程,采用募集方式设立的经创立大会通过。

⑤有公司名称,建立符合股份有限公司要求的组织机构。

⑥有公司住所。

(2)设立方式与程序。股份有限公司的设立,可以采取发起设立或者募集设立的方式。发起设立,是指由发起人认购公司应发行的全部股份而设立公司。募集设立,是指由发起人认购公司应发行股份的一部分,其余股份向社会公开募集或者向特定对象募集而设立公司。

以募集设立方式设立股份有限公司的,发起人认购的股份不得少于公司股份总数的百分之三十五;但是,法律、行政法规另有规定的,从其规定。

股份有限公司成立后,发起人未按照公司章程的规定缴足出资的,应当补缴;其他发起人承担连带责任。股份有限公司成立后,发现作为设立公司出资的非货币财产的实际价额显著低于公司章程所定价额的,应当由交付该出资的发起人补足其差额;其他发起人承担连带责任。

2.股东大会

股东大会应当每年召开一次年会。股东大会会议由董事会召集,董事长主持;董事长不能履行职务或者不履行职务的,由副董事长主持;副董事长不能履行职务或者不履行职务的,由半数以上董事共同推举一名董事主持。

股东出席股东大会会议,所持每一股份有一表决权。股东大会做出决议,必须经出席会议的股东所持表决权过半数通过。股东大会做出修改公司章程、增加或者减少注册资本的决议,以及公司合并、分立、解散或者变更公司形式的决议,必须经出席会议的股东所持表决权的三分之二以上通过。

3.董事会

股份有限公司设董事会,其成员为五人至十九人。董事会设董事长一人,可以设副董事长。董事长和副董事长由董事会以全体董事的过半数选举产生。

董事会每年度至少召开两次会议。董事会做出决议,必须经全体董事的过半数通过。董事会决议的表决,实行一人一票。

4.监事会

股份有限公司设监事会,其成员不得少于三人。监事会应当包括股东代表和适当比例的公司职工代表。监事会中的职工代表由公司职工通过职工代表大会、职工大会或者其他形式民主选举产生。董事、高级管理人员不得兼任监事。

5.上市公司组织机构的特别规定

上市公司,是指其股票在证券交易所上市交易的股份有限公司。上市公司在一年内购买、出售重大资产或者担保金额超过公司资产总额百分之三十的,应当由股东大会做出决议,并经出席会议的股东所持表决权的三分之二以上通过。

上市公司设独立董事,具体办法由国务院规定。上市公司设董事会秘书,负责公司股东大会和董事会会议的筹备、文件保管以及公司股东资料的管理,办理信息披露事务等事宜。

上市公司董事与董事会会议决议事项所涉及的企业有关联关系的,不得对该项决议行使表决权,也不得代理其他董事行使表决权。该董事会会议由过半数的无关联关系董事出席即可举行,董事会会议所作决议须经无关联关系董事过半数通过。出席董事会的无关联关系董事人数不足三人的,应将该事项提交上市公司股东大会审议。

6.股份有限公司的股份发行

公司的股份采取股票的形式。股票是公司签发的证明股东所持股份的凭证。股票发行价格可以按票面金额,也可以超过票面金额,但不得低于票面金额。公司发行的股票,可以为记名股票,也可以为无记名股票。

7.股份有限公司的股份转让

发起人持有的本公司股份,自公司成立之日起一年内不得转让。公司公开发行股份前已发行的股份,自公司股票在证券交易所上市交易之日起一年内不得转让。

公司董事、监事、高级管理人员应当向公司申报所持有的本公司的股份及其变动情况,在任职期间每年转让的股份不得超过其所持有本公司股份总数的百分之二十五;所持本公司股份自公司股票上市交易之日起一年内不得转让。上述人员离职后半年内,不得转让其所持有的本公司股份。公司不得收购本公司股份。但是,有下列情形之一的除外:①减少公司注册资本;②与持有本公司股份的其他公司合并;③将股份奖励给本公司职工;④股东因对股东大会做出的公司合并、分立决议持异议,要求公司收购其股份的。

六、商业银行法

(一)商业银行法律地位与经营原则

为了保护商业银行、存款人和其他客户的合法权益,规范商业银行的行为,提高信贷资产质量,加强监督管理,保障商业银行的稳健运行,维护金融秩序,促进社会主义市场经济的发展,制定《中华人民共和国商业银行法》(以下简称《商业银行法》)。商业银行法所称的商业银行是指依照商业银行法和公司法设立的吸收公众存款、发放贷款、办理结算等业务的企业法人。

商业银行可以经营下列部分或者全部业务:

(1)吸收公众存款。

(2)发放短期、中期和长期贷款。

(3)办理国内外结算。

(4)办理票据承兑与贴现。

(5)发行金融债券。

(6)代理发行、代理兑付、承销政府债券。

(7)买卖政府债券、金融债券。

(8)从事同业拆借。

(9)买卖、代理买卖外汇。

(10)从事银行卡业务。

(11)提供信用证服务及担保。

(12)代理收付款项及代理保险业务。

(13)提供保管箱服务。

(14)经批准的其他业务。

经营范围由商业银行章程规定,报国务院银行业监督管理机构批准。商业银行经中国人民银行批准,可以经营结汇、售汇业务。

(二)商业银行组织机构

1.全国性商业银行和区域性商业银行

设立全国性商业银行的注册资本最低限额为十亿元人民币。设立城市商业银行的注册资本最低限额为一亿元人民币,设立农村商业银行的注册资本最低限额为五千万元人民币。注册资本应当是实缴资本。

2.国有独资商业银行

国有独资商业银行设立监事会。监事会的产生办法由国务院规定。监事会对国有独资商业银行的信贷资产质量、资产负债比例、国有资产保值增值等情况以及高级管理人员违反法律、行政法规或者章程的行为和损害银行利益的行为进行监督。

3.总行和分支机构

商业银行根据业务需要可以在中华人民共和国境内外设立分支机构。设立分支机构必须经银监会审查批准。在中华人民共和国境内的分支机构,不按行政区划设立。

商业银行分支机构不具有法人资格,在总行授权范围内依法开展业务,其民事责任由总行承担。

经批准设立的商业银行及其分支机构,由银监会予以公告。商业银行及其分支机构自取得营业执照之日起无正当理由超过六个月未开业的,或者开业后自行停业连续六个月以上的,由银监会吊销其经营许可证,并予以公告。

商业银行在中华人民共和国境内设立分支机构,应当按照规定拨付与其经营规模相适应的营运资金额。拨付各分支机构营运资金额的总和,不得超过总行资本金总额的百分之六十。

(三)存款及其办理原则

存款的定义:首先,从存款人看,存款是单位和个人在存款机构开立账户存入货币资金的行为;其次,从存款机构看,存款是金融机构接受存款人的货币资金,承担对存款人定期或不定期支付本息义务的行为。

办理存款业务的原则:存款自愿、取款自由、存款有息、为存款人保密。

(四)存款业务的基本法律要求

表2-7-9 存款业务的基本法律要求

法律要求	内容
经营存款业务特许制	未经银监会批准,任何单位和个人不得从事吸收公众存款等商业银行业务,任何单位不得在名称中使用"银行"字样
以合法正当方式吸收存款	商业银行不得违反规定提高或者降低利率以及采用其他不正当手段吸收存款
依法保护存款人合法权益	商业银行应当保证存款本金和利息的支付,不得拖延、拒绝支付存款本金和利息。《中华人民共和国商业银行法》规定,对单位存款,商业银行有权拒绝任何单位和个人查询,但法律、行政法规另有规定的除外;有权拒绝任何单位或者个人冻结、扣划,但法律另有规定的除外

（五）存款利率和存款准备金管理原则

商业银行应当按照中国人民银行规定的存款利率的上下限，确定存款利率，并予以公告。商业银行应当按照中国人民银行的规定，向中国人民银行交存存款准备金，留足备付金。

（六）贷款业务规则

表 2-7-10　贷款业务规则

商业银行法对贷款业务的基本规定	贷款业务指标	应当遵循下列资产负债比例管理的规定： (1)资本充足率不得低于 8% (2)流动性资产余额与流动性负债余额的比例不得低于 25% (3)对同一借款人的贷款余额与商业银行资本余额的比例不得超过 10% (4)银监会对资产负债比例管理的其他规定。商业银行法施行前设立的商业银行，在本法实施后，其资本负债比例不符合前款规定的，应当在一定的期限内符合前款规定。具体办法由国务院规定
	贷款业务风控规则	应当对借款人的借款用途、偿还能力、还款方式等情况进行严格审查。商业银行贷款，应当实行审贷分离、分级审批的制度
		借款人应当提供担保。商业银行应当对保证人的偿还能力，抵押物、质物的权属和价值以及实现抵押权、质权的可行性进行严格审查。经商业银行审查、评估，确认借款人资信良好，确能偿还贷款的，可以不提供担保
		应当与借款人订立书面合同。合同应当约定贷款种类、借款用途、金额、利率、还款期限、还款方式、违约责任和双方认为需要约定的其他事项
		不得向关系人发放信用贷款；向关系人发放担保贷款的条件不得优于其他借款人同类贷款的条件
		同业拆借，应当遵守中国人民银行的规定。禁止利用拆入资金发放固定资产贷款或者用于投资。拆出资金限于交足存款准备金、留足备付金和归还中国人民银行到期贷款之后的闲置资金。拆入资金用于弥补票据结算、联行汇差头寸的不足和解决临时性周转资金的需要
		商业银行办理票据承兑、汇兑、委托收款等结算业务，应当按照规定的期限兑现，收付入账，不得压单、压票或者违反规定退票。有关兑现、收付入账期限的规定应当公布
		商业银行在中华人民共和国境内不得从事信托投资和证券经营业务，不得向非自用不动产投资或者向非银行金融机构和企业投资，但国家另有规定的除外
	贷款业务保障规则	任何单位和个人不得强令商业银行发放贷款或者提供担保。商业银行有权拒绝任何单位和个人强令要求其发放贷款或者提供担保
		借款人应当按期归还贷款的本金和利息。商业银行因行使抵押权、质权而取得的不动产或者股权，应当自取得之日起 2 年内予以处分

（七）银行业务管理规定

1.营业时间和服务收费

商业银行的营业时间应当方便客户,并予以公告。商业银行应当在公告的营业时间内营业,不得擅自停止营业或者缩短营业时间。

2.财务管理制度

商业银行不得在法定的会计账册外另立会计账册。应当按照国家有关规定,提取呆账准备金,冲销呆账。商业银行的会计年度自公历 1 月 1 日起至 12 月 31 日止。应当于每一会计年度终了三个月内,按照银监会的规定,公布其上一年度的经营业绩和审计报告。

3.管理监督制度

商业银行应当建立、健全本行对存款、贷款、结算、呆账等各项情况的稽核、检查制度。商业银行对分支机构应当进行经常性的稽核和检查监督。

七、票据法

（一）票据概念、特征和功能

1.概念

票据指出票人依法签发,由自己无条件支付或委托他人无条件支付一定金额的有价证券。按照《中华人民共和国票据法》(以下简称《票据法》)的规定,票据包括汇票、本票、支票。

2.主要特征

票据有以下七方面的特征:

(1)票据是完全有价证券。

(2)票据是要式证券。

(3)票据是一种无因证券。

(4)票据是流通证券。票据的流通性是票据的基本特征。

(5)票据是文义证券。

(6)票据是设权证券。

(7)票据是债权证券。

3.功能

汇兑作用、支付和结算作用(票据最原始、最简单的作用)、融资作用(主要通过票据贴现实现)、替代货币作用和信用作用。

（二）票据行为

票据行为包括出票、背书、承兑和保证。

表 2-7-11　票据行为的具体内容

票据行为	具体内容
出票	出票人依照法定款式做成票据并交付于受款人的行为。它包括"做成"和"交付"两种行为"交付"是指根据出票人本人的意愿将其交给受款人的行为,偷窃票据不能称作"交付",也不能称作出票行为
背书	持票人转让票据权利与他人
承兑	概念:汇票的付款人承诺负担票据债务的行为适用性:承兑为汇票所独有,不适用于本票和支票
保证	概念:除票据债务人以外的人为担保票据债务的履行、以承担同一内容的票据债务为目的的一种附属票据行为目的:担保其他票据债务的履行适用性:适用于汇票和本票,不适用于支票

(三)票据权利和票据丧失的补救措施

票据权利是持票人因合法拥有票据而向票据债务人请求支付票据金额的权利。

表 2-7-12　票据权利的主要内容

权利内容	付款请求权	持票人向票据主债务人请求支付票据金额的权利,是第一顺序请求权
	追索权	持票人被拒绝承兑或得不到付款时,向其他票据债务人请求支付票据金额的权利,是第二顺序请求权
权利取得	以取得方式为标准:原始取得和继受取得	
	以取得主观状态为标准:善意取得和恶意取得	
权利完整性	(1)不享有票据权利:持票人恶意取得票据;以欺诈、偷盗或者胁迫等手段取得票据的,或者明知有前列情形,出于恶意取得票据的,或者有重大过失取得票据的(2)不享有优于其前手的票据权利:无偿或者不以相当对价取得票据	
权利行使	在票据当事人的营业场所和营业时间内进行	
丧失补救措施	挂失止付、公示催告和提起诉讼	

八、证券法

(一)证券法及基本原则

证券法的宗旨是为了规范证券发行和交易行为,保护投资者的合法权益,维护社会经济秩序和社会公共利益,促进社会主义市场经济的发展。

证券的发行、交易活动,必须实行公开、公平、公正的原则。三公原则是证券法的最基本原则。

(二)证券发行

1.证券发行方式

证券的发行分为公开发行与非公开发行,有下列情形之一的,为公开发行:

(1)向不特定对象发行证券。

(2)向累计超过200人的特定对象发行证券。

(3)法律、行政法规规定的其他发行行为。

非公开发行证券,不得采用广告、公开劝诱和变相公开方式。

2.证券发行管理制度

证券发行管理制度主要有三种:审批制、核准制和注册制三种。

公开发行证券,必须符合法律、行政法规规定的条件,并依法报经国务院证券监督管理机构或者国务院授权的部门核准;未经依法核准,任何单位和个人不得公开发行证券。据此,我国证券公开发行实行的是核准制。2015年12月27日,十二届全国人大常委会第十八次会议表决通过了关于授权国务院在实施股票发行注册制改革中调整适用《中华人民共和国证券法》(以下简称《证券法》)有关规定的决定,授权国务院对拟在上海证券交易所、深圳证券交易所上市交易的股票的公开发行,调整适用《证券法》关于股票公开发行核准制度的有关规定,实行注册制度,具体实施方案由国务院做出规定,报全国人大常委会备案。

3.发行保荐

发行人申请公开发行股票、可转换为股票的公司债券,依法采取承销方式的,或者公开发行法律、行政法规规定实行保荐制度的其他证券的,应当聘请具有保荐资格的机构担任保荐人。

保荐人应当遵守业务规则和行业规范,诚实守信,勤勉尽责,对发行人的申请文件和信息披露资料进行审慎核查,督导发行人规范运作。

4.证券承销

发行人向不特定对象发行的证券,法律、行政法规规定应当由证券公司承销的,发行人应当同证券公司签订承销协议。证券承销业务采取代销或者包销方式。

证券代销是指证券公司代发行人发售证券,在承销期结束时,将未售出的证券全部退还给发行人的承销方式。

证券包销是指证券公司将发行人的证券按照协议全部购入或者在承销期结束时将售后剩余证券全部自行购入的承销方式。

证券公司承销证券,应当同发行人签订代销或者包销协议。证券的代销、包销期限最长不得超过九十日。

(三)证券交易

1.交易条件

(1)证券交易当事人依法买卖的证券,必须是依法发行并交付的证券。非依法发行的证券,不得买卖。

(2)依法发行的股票、公司债券及其他证券,法律对其转让期限有限制性规定的,在限定的期限内不得买卖。

(3)依法公开发行的股票、公司债券及其他证券,应当在依法设立的证券交易所上市交易或者在国务院批准的其他证券交易场所转让。

2.交易方式

(1)证券在证券交易所上市交易,应当采用公开的集中交易方式或者国务院证券监督管理机构批准的其他方式。

(2)证券交易当事人买卖的证券可以采用纸面形式或者国务院证券监督管理机构规定的其他形式。

(3)证券交易以现货和国务院规定的其他方式进行。

(四)证券上市

申请证券上市交易,应当向证券交易所提出申请,由证券交易所依法审核同意,并由双方签订上市协议。证券交易所根据国务院授权的部门的决定安排政府债券上市交易。

1.股票上市

股份有限公司申请股票上市,应当符合下列条件:

(1)股票经国务院证券监督管理机构核准已公开发行。

(2)公司股本总额不少于人民币三千万元。

(3)公开发行的股份达到公司股份总数的百分之二十五以上;公司股本总额超过人民币四亿元的,公开发行股份的比例为百分之十以上。

(4)公司最近三年无重大违法行为,财务会计报告无虚假记载。

证券交易所可以规定高于前款规定的上市条件,并报国务院证券监督管理机构批准。

申请股票上市交易,应当按规定向证券交易所报送申请文件。股票上市交易申请经证券交易所审核同意后,签订上市协议的公司应当在规定的期限内公告股票上市的有关文件,并将该文件置备于指定场所供公众查阅。

2.股票暂停上市

上市公司有下列情形之一的,由证券交易所决定暂停其股票上市交易:

(1)公司股本总额、股权分布等发生变化不再具备上市条件。

(2)公司不按照规定公开其财务状况或者对财务会计报告作虚假记载,可能误导投资者。

(3)公司有重大违法行为。

(4)公司最近三年连续亏损。

(5)证券交易所上市规则规定的其他情形。

3.股票终止上市

上市公司有下列情形之一的,由证券交易所决定终止其股票上市交易:

(1)公司股本总额、股权分布等发生变化不再具备上市条件,在证券交易所规定的期限内仍不能达到上市条件。

(2)公司不按照规定公开其财务状况或者对财务会计报告作虚假记载,且拒绝纠正。

(3)公司最近三年连续亏损,在其后一个年度内未能恢复盈利。

(4)公司解散或者被宣告破产。

(5)证券交易所上市规则规定的其他情形。

4.债券上市

公司申请公司债券上市交易,应当符合下列条件:

(1)公司债券的期限为一年以上。

(2)公司债券实际发行额不少于人民币五千万元。

(3)公司申请债券上市时仍符合法定的公司债券发行条件。

申请公司债券上市交易,应当按规定向证券交易所报送申请文件。公司债券上市交易申请经证券交易所审核同意后,公司与证券交易所签订上市协议。签订上市协议的公司应当在规定的期限内公告公司债券上市文件及有关文件,并将其申请文件置备于指定场所供公众查阅。

5.债券的暂停和终止上市

公司债券上市交易后,公司有下列情形之一的,由证券交易所决定暂停其公司债券上市交易:

(1)公司有重大违法行为。

(2)公司情况发生重大变化不符合公司债券上市条件。

(3)发行公司债券所募集的资金不按照核准的用途使用。

(4)未按照公司债券募集办法履行义务。

(5)公司最近两年连续亏损。

公司有上述第(1)项、第(4)项所列情形之一经查实后果严重的,或者有上述第(2)项、第(3)项、第(5)项所列情形之一,在限期内未能消除的,由证券交易所决定终止其公司债券上市交易。

九、合伙企业法

(一)合伙制度概述

1.合伙的概念

就法律行为的角度而言,合伙是指两个以上的民事主体共同出资、共同经营、共负盈亏的协议;就组织的角度而言,合伙是指两个以上的民事主体共同出资、共同经营、共负盈亏的企业组织形态,属于非法人组织。

2.合伙的特征

①共同出资;②共同经营;③共负盈亏,共担风险,对外承担无限连带责任;④合伙协议是合伙得以成立的法律基础。

3.合伙的分类

普通合伙企业由普通合伙人组成,合伙人对合伙企业债务承担无限连带责任。有限合伙企业由普通合伙人和有限合伙人组成,普通合伙人对合伙企业债务承担无限连带责任,有限合伙人以其认缴的出资额为限对合伙企业债务承担责任。

(二)普通合伙企业的设立

1.有符合要求的合伙人

关于合伙人的人数:合伙人数应不少于2人。

关于合伙人的行为能力:合伙人必须具有完全民事行为能力。第一,无民事行为能力人或限制民事行为能力人不能成为合伙企业设立时的创始合伙人;第二,无民事行为能力人或限制行为能力人可以且只能成为有限合伙人,而不能成为普通合伙人。

关于合伙人的种类:自然人、法人、其他组织。

普通合伙人的资格限制:国有独资公司、国有企业、上市公司以及公益性的事业单位、社会团体不得成为普通合伙人。

2.有合伙协议

合伙协议应当载明下列事项:①合伙企业的名称和主要经营场所的地点;②合伙目的和合伙经营范围;③合伙人的姓名或者名称、住所;④合伙人的出资方式、数额和缴付期限;⑤利润分配、亏损分担方式;⑥合伙事务的执行;⑦入伙与退伙;⑧争议解决办法;⑨合伙企业的解散与清算;⑩违约责任。

3.有合伙人实际缴付的出资

(1)无最低注册资本要求。

(2)形式更加多样,如货币、实物、土地使用权、知识产权、劳务等。

(3)合伙人违反出资义务应承担违约责任。

(三)合伙事务的决议

1.一般事务

合伙人对合伙企业有关事项做出决议,按照合伙协议约定的表决办法办理。合伙协议未约定或者约定不明确的,实行合伙人一人一票并经全体合伙人过半数通过的表决办法。《中华人民共和国合伙企业法》对合伙企业的表决办法另有规定的,从其规定。

2.特别事务

除合伙协议另有约定外,合伙企业的下列事项应当经全体合伙人一致同意:改变合伙企业的名称;改变合伙企业的经营范围、主要经营场所的地点;处分合伙企业的不动产;转让或者处分合伙企业的知识产权和其他财产权利;以合伙企业名义为他人提供担保;聘任合伙人以外的人担任合伙企业的经营管理人员;修改或者补充合伙协议;合伙人对外转让合伙份额;吸收他人入伙。

(四)合伙事务的执行

合伙事务执行是为实现合伙目的而进行的业务活动。合伙人对执行合伙事务享有同等的权利。执行合伙事务的人对外代表合伙企业,由此产生的收益和亏损均归属合伙企业。

(1)全体合伙人共同执行。

(2)各合伙人分别单独执行:执行事务合伙人可以对其他合伙人执行的事务提出异议。提出异议时,应当暂停该项事务的执行。如果发生争议,则进行决议。

(3)按照合伙协议的约定或者经全体合伙人决定,可以委托一个或者数个合伙人对外代表合伙企业,执行合伙事务。

(五)合伙人的竞业禁止

绝对的竞业禁止:合伙人不得自营或者同他人合作经营与本合伙企业相竞争的业务。受限制的自我交易:除合伙协议另有约定或者经全体合伙人一致同意外,合伙人不得同本合伙企业进行交易。

(六)利润分配和亏损负担

合伙协议不得约定将全部利润分配给部分合伙人或者由部分合伙人承担全部亏损。

(七)普通合伙企业的入伙与退伙

1.入伙

(1)入伙的条件与程序:全体合伙人的同意,合伙协议另有约定的除外;入伙人与原合伙人订立书面合伙协议。原合伙人与入伙人签订入伙协议时,应履行其告知的义务,即告知入伙人原合伙企业的经营状况和财务状况。

(2)入伙的后果:入伙人取得合伙人的资格;入伙人对入伙前合伙企业的债务承担连带责任;除入伙协议另有约定外,入伙人与合伙人享有同等权利,承担同等责任。

2.声明退伙

声明退伙又称自愿退伙,是指合伙人基于自愿的意思表示而退伙。声明退伙又可分为单方退伙和通知退伙。

当合伙协议约定了合伙的经营期限的,在合伙企业存续期间,有下列情形之一时,合伙人可以退伙:①合伙协议约定的退伙事由出现;②经全体合伙人同意退伙;③发生合伙人难于继续参加合伙企业的事由;④其他合伙人严重违反合伙协议约定的义务。

合伙协议未约定合伙期限的,在不给合伙事务执行造成不利影响的前提下,合伙人可以不经其他合伙人同意而退伙,但应当提前30日通知其他合伙人。

3.当然退伙

①作为合伙人的自然人死亡或者被依法宣告死亡;②个人丧失偿债能力;③作为合伙人的法人或者其他组织依法被吊销营业执照、责令关闭、撤销,或者被宣告破产;④法律规定或者合伙协议约定合伙人必须具有相关资格而丧失该资格;⑤合伙人在合伙企业中的全部财产份额被人民法院强制执行;⑥自然人合伙人丧失行为能力,其他合伙人未能一致同意其转变为有限合伙人。当然退伙事由实际发生之日为退伙生效日。

4.除名退伙

合伙人有下列情形之一的,经其他合伙人一致同意,可以决议将其除名:①未履行出资义务;②因故意或者重大过失给合伙企业造成损失;③执行合伙事务时有不正当行为;④发生合伙协议约定的事由。

5.退伙的效力

退伙人丧失合伙人身份;导致合伙财产的清理与结算;退伙并不必然导致合伙的解散;

退伙人对基于其退伙前的原因发生的合伙企业债务,承担无限连带责任。

6.合伙份额的继承

(1)继承人为完全行为能力人,按照合伙协议的约定或全体合伙人一致同意取得普通合伙人资格。

(2)继承人非完全行为能力人,经全体合伙人一致同意,成为有限合伙人。

(3)有下列情形之一的,合伙企业向继承人退还被继承人的财产份额:继承人不愿意成为合伙人;法律规定或者合伙协议约定合伙人必须具有相关资格,而该继承人未取得该资格;合伙协议约定不能成为合伙人的其他情形。

(八)有限合伙企业

1.有限合伙企业的概念

有限合伙企业是指由一个以上的普通合伙人和一个以上的有限合伙人共同设立的合伙企业。它融合了普通合伙企业和公司的优点。

2.有限合伙企业的设立

有限合伙企业由二个以上五十个以下合伙人设立,但法律另有规定的除外。

有限合伙企业的名称中应当标明"有限合伙"字样,以区别于普通合伙企业。

有限合伙人可以货币、实物、知识产权、土地使用权或者其他财产权利作价出资,但不得以劳务出资。

3.有限合伙企业的事务执行

有限合伙企业的事务由普通合伙人执行。有限合伙人不执行合伙事务,也不得对外代表有限合伙企业,但在执行事务合伙人怠于行使权利时,督促其行使权利或者为了本企业的利益以自己的名义提起诉讼。

4.有限合伙人的特殊权利

(1)对外责任:有限合伙人仅以其认缴的出资额为限对合伙企业的债务承担责任。

(2)自我交易:除非合伙协议另有约定,有限合伙人可以同合伙企业进行交易。

(3)竞业禁止:除非合伙协议另有约定,有限合伙人可以自营或者同他人合作经营与本合伙企业相竞争的业务。

(4)合伙份额出质:除非合伙协议另有约定,有限合伙人可以将其在合伙企业中的财产份额出质。

(5)合伙份额转让:有限合伙人可以按照合伙协议的约定向合伙人以外的人转让其在合伙企业中的财产份额,只需提前三十天通知其他合伙人即可。

(6)行为能力:作为有限合伙人的自然人在合伙企业存续期间丧失民事行为能力的,其他合伙人不得因此要求其退伙。

(7)合伙份额继承:作为有限合伙人的自然人死亡、被依法宣告死亡或者作为有限合伙人的法人及其他组织终止时,其继承人或者权利承受人可以依法取得该有限合伙人在有限合伙人企业中的资格。

(8)利润分配:有限合伙企业不得将全部利润分配给部分合伙人;但是,合伙协议另有约定的除外。

5.有限合伙与普通合伙的转换

(1)当有限合伙企业仅剩普通合伙人时,有限合伙企业转为普通合伙企业,并应当进行相应的变更登记。

(2)当有限合伙企业仅剩有限合伙人时,则该企业不再是合伙企业,故应解散。

(3)经全体合伙人一致同意,普通合伙人可以转变为有限合伙人,有限合伙人可以转变为普通合伙人。有限合伙人转变为普通合伙人的,对其作为有限合伙人期间合伙企业发生的债务承担无限连带责任;普通合伙人转变为有限合伙人的,对其作为普通合伙人期间合伙企业发生的债务承担无限连带责任。

6.表见普通合伙

第三人有理由相信有限合伙人为普通合伙人并与其交易的,该有限合伙人对该笔交易承担与普通合伙人同样的责任。

(九)合伙企业的解散与清算

1.合伙的解散

合伙的解散是指合伙因某些法律事实的发生而使合伙归于消灭的行为。解散事由包括:

(1)合伙协议约定的经营期限届满,合伙人不愿继续经营的。

(2)合伙协议约定的解散事由出现。

(3)全体合伙人决定解散。

(4)合伙人已不具备法定人数满三十天。

(5)合伙协议约定的合伙目的已经实现或者无法实现。

(6)被依法吊销营业执照、责令关闭或者被撤销。

(7)出现法律、行政法规规定的合伙企业解散的其他原因。

2.合伙企业的清算

(1)清算人的确定。全体合伙人担任;经全体合伙人过半数同意指定一个或数个合伙人或委托第三人担任;十五日内未确定的,合伙人或其他利害关系人可以申请法院指定。

(2)清算人的职责。

(3)清算程序。通知债权人并公告;债权人申报债权;实施清算;办理注销登记。

(4)清偿的顺序。合伙企业财产在支付清算费用后,应按下列顺序清偿:合伙企业所欠职工工资和劳动保险费;合伙企业所欠税款;合伙企业的债务;退还合伙人的出资。

(5)合伙企业注销后的债务承担。合伙企业注销后,原普通合伙人对合伙企业存续期间的债务仍应承担连带责任,债权人仍然可以向普通合伙人进行追偿。

(6)合伙企业的破产与债务清偿。合伙企业不能清偿到期债务的,债权人可以依法向人民法院提出破产清算申请,也可以要求普通合伙人清偿。

经典真题

1.合伙事务的执行可以采取灵活的方式,只要全体合伙人同意即可。具体方式包括四种,但表述错误的是(   )。

A.由各合伙人分别单独执行合伙事务

B.由部分合伙人委托数名合伙人执行合伙事务

C.由全体合伙人共同执行,这种方式适合于合伙人数较少的合伙

D.由一名合伙人执行合伙事务,即一名合伙人受托代表全体合伙人执行合伙事务

2.不正当竞争行为会扰乱社会经济秩序。下列行为中,不属于不正当竞争行为的是(   )。

A.某经营者夸大产品功能,误导消费者

B.某超市以低于成本价的价格出售即将到期的牛奶

C.某经营者使用某知名品牌商品特有的名称

D.某经营者冒用认证标志,伪造产地

经典真题参考答案及解析

1.【答案】B。解析:合伙人的平等权利并不意味着每一个合伙人都必须同样地执行合伙事务,事实上,合伙事务的执行可以采取灵活的方式,只要全体合伙人同意即可。具体方式包括四种:

(1)由全体合伙人共同执行。这种方式适合于合伙人数较少的合伙。

(2)由各合伙人分别单独执行合伙事务。

(3)由一名合伙人执行合伙事务。即一名合伙人受托代表全体合伙人执行合伙事务。这种方式适合于人数较多的合伙。

(4)由数名合伙人共同执行合伙事务。即由全体合伙人委托数名合伙人执行合伙事务。这种方式同样适合于人数较多的合伙。每一合伙人有权将其对合伙事务的执行权委托其他合伙人代理,而自己不参与合伙事务的执行。

法人或其他组织作为合伙人的,其执行合伙事务由其委派的代表执行。

2.【答案】B。

同步训练

1.根据《担保法》的规定,下列权利不能质押的是(   )。

A.汇票、本票、支票

B.存款单、仓单、提单

C.土地所有权

D.依法可以转让的股份、股票

2.下列项目中,不属于我国担保法规定的合同担保方式的是(　　)。

A.支付定金

B.约定违约金

C.保证人保证

D.提供财产抵押

3.甲乙丙丁戊为某有限责任公司的股东,甲欲转让自己的股权给自己的妹夫己,有关该股权转让行为,下列说法正确的是(　　)。

A.应当经全体股东过半数同意

B.甲应当书面通知其他股东征求意见,若戊自接到甲的股权转让通知书后满30日仍未作表示,则视为不同意转让

C.若乙丙丁不同意该股权的转让,则应当购买该转让的股权

D.若该股权转让经股东同意,但同等条件下,乙丙都主张优先购买权,则由转让股份时出资比例较高的股东享有

4.某啤酒厂在其产品的瓶颈上挂一标签,上印有"获1990年柏林国际啤酒博览会金奖"字样和一个带外文的徽章。此奖项和徽章均属子虚乌有。对这一行为应当如何认定?(　　)

A.根据反不正当竞争法,该行为构成虚假宣传行为

B.根据反不正当竞争法,该行为构成虚假表示行为

C.根据民法总则,该行为构成重大误解的民事行为

D.该行为违反商业道德,但不违反法律

5.根据我国《物权法》的规定,下列不能设定权利质权的是(　　)。

A.存款单　　　　　　　　　　B.应收账款

C.可以转让的股权　　　　　　D.房屋所有权

6.银监会可以对违法经营,经营管理不善造成严重后果的银行业金融机构予以撤销,撤销是指监管部门对经其批准设立的具有法人资格的金融机构依法采取的(　　)的行政强制措施。

A.停止其营业

B.限制其所有业务

C.终止其法人资格

D.没收其所有资产

7.下列关于担保合同的说法错误的是(　　)。

A.担保合同是主债权债务合同的从合同

B.主债权债务合同无效,担保合同无效,但法律另有规定的除外

C.担保合同独立存在,不因主合同的无效而影响其法律效力

D.担保合同被确认无效后,债务人有过错的,应根据其过错承担相应的民事责任

8.某公司的印章由其工作人员刘某保管。刘某未经公司授权以该公司的名义与张某签订买卖合同,并加盖该公司印章,将该公司的一批产品卖给张某。对此,下列说法正确的是(   )。

A.该公司与张某之间的买卖合同无效

B.该公司与张某之间的买卖合同效力待定

C.该公司与张某之间的买卖合同有效

D.如果公司对该买卖合同不予追认,则该合同的当事人为刘某和张某

9.票据金额、日期、收款人不得更改,更改的票据(   )。

A.有效   B.无效

C.受理   D.不可受理

▌同步训练参考答案及解析

1.【答案】C。解析:所谓权利质押,是指以所有权之外的财产权为标的物而设定的质押。权利质押主要以债权、股东权和知识产权中的财产权利作为标的物。《担保法》第五条规定,下列权利可以质押:①汇票、支票、本票、债券、存款单、仓单、提单;②依法可以转让的股份、股票;③依法可以转让的商标所有权,专利权、著作权中的财产权;④依法可以质押的其他权利。

2.【答案】B。解析:本题考核合同担保的形式。约定违约金属于承担违约责任的方式。

3.【答案】C。解析:《公司法》第七十一条规定:"有限责任公司的股东之间可以相互转让其全部或者部分股权。股东向股东以外的人转让股权,应当经其他股东过半数同意。股东应就其股权转让事项书面通知其他股东征求同意,其他股东自接到书面通知之日起满三十日未答复的,视为同意转让。其他股东半数以上不同意转让的,不同意的股东应当购买该转让的股权;不购买的,视为同意转让。经股东同意转让的股权,在同等条件下,其他股东有优先购买权。两个以上股东主张行使优先购买权的,协商确定各自的购买比例;协商不成的,按照转让时各自的出资比例行使优先购买权。"A、B、D三项说法错误。

4.【答案】A。解析:《反不正当竞争法》第八条规定:"经营者不得对其商品的性能、功能、质量、销售状况、用户评价、曾获荣誉等作虚假或者引人误解的商业宣传,欺骗、误导消费者。"

5.【答案】D。解析:《物权法》第二百二十三条规定,债务人或者第三人有权处分的下列权利可以出质:

(1)汇票、支票、本票;

(2)债券、存款单;

(3)仓单、提单;

(4)可以转让的基金份额、股权;

(5)可以转让的注册商标专用权、专利权、著作权等知识产权中的财产权;

(6)应收账款;

(7)法律、行政法规规定可以出质的其他财产权利。

6.【答案】C。

7.【答案】C。解析:《担保法》第五条规定:"担保合同是主合同的从合同,主合同无效,担保合同无效。担保合同另有约定的,按照约定。"所以 A、B 项正确,C 项错误。担保合同被确认无效后,债务人、担保人、债权人有过错的,应当根据其过错各自承担相应的民事责任。所以 D 项正确。故本题选 C。

8.【答案】C。解析:根据《合同法》第四十九条规定:"行为人没有代理权、超越代理权或者代理权终止后以被代理人名义订立合同,相对人有理由相信行为人有代理权的,该代理行为有效。"题目中合同上加盖了刘某公司的印章,张某有理由相信刘某获得了公司的授权,因此刘某代为签订合同的行为有效。故本题选 C。

9.【答案】B。解析:《票据法》第九条规定:"票据上的记载事项必须符合本法的规定。票据金额、日期、收款人名称不得更改,更改的票据无效。对票据上的其他记载事项,原记载人可以更改,更改时应当由原记载人签章证明。"

第三篇
能力测试

 本教材含相关考点体验课程,高清精选视频在线学　听课地址:c.offcn.com

第一章 言语理解与表达

第一节 备考攻略

一、考情分析

言语理解与表达是中国农业银行招聘考试的重要考查内容之一。

表 3-1-1 2015—2018 年中国农业银行言语理解与表达部分题量

年份	题量
2018	6
2017	4
2016	4
2015	3

二、备考指导

(一)逻辑填空

逻辑填空题目考查最多的考点是词语搭配,包括词语的习惯搭配、相关的专业术语搭配等。考生在复习时要注意相关词汇的储备,做题时要充分相信自己的语感。

做逻辑填空时,要重点关注题干中对空缺处有提示作用的词、句以及能与题干中某些词、句形成照应的选项。

从选项切入,迅速锁定正确率高的优势选项是提高做题效率的重要技巧。优势选项主要指:①词语具有形象色彩的选项;②与题干题眼有相同语素的选项。

(二)语句表达

1.语句排序

语句排序题的出题形式是给出几个句子,要求考生对其进行排序。这种题型是通过段落结构关系的客观规定性考查考生语言理解能力、语言组合能力和语言表达能力,也同时考查考生的思维判断能力。

简单地说,解答语句排序题的过程也就是对各分句进行排序的过程,从选项入手进行排除是有效的方法。

2.病句辨析

病句,实际上就是有毛病的句子。这"毛病"是指违反了语法结构规律或客观事理逻辑。

病句的六大类型有:成分残缺、成分赘余、句式杂糅、搭配不当、歧义、不合逻辑。考生要对这六种类型有基本的认识,在答题的时候可以判断每个选项的类型,对号入座,可以提升答题速度。

(三)片段阅读

做片段阅读时,要重点关注文段的首、尾句,这些句子通常能直接提示答案。片段阅读也可以从选项切入,迅速锁定正确率高的优势选项。片段阅读中的优势选项多指结论型选项,即以"应……""要……""必须……"等句式表达的选项。

第二节 重要知识点讲解

一、逻辑填空

(一)对应分析法

作者在行文时,前后会有相互的照应;命题人在命制逻辑填空题时,也多选那些与句子其他成分有呼应的词语设空。因此,寻找空缺处与前后文的对应关系,成为解答逻辑填空题的关键,而抓住提示这些对应关系的词句,则成为关键中的关键。

【例题】当我们在谈论创意的时候,大多会认为这没有什么规律可循,或者说,创意应该是_____的。我们会说:如果给创意制定一个框架的话,可能会束缚创意,让创意变成_____的工匠活。

填入划横线部分最恰当的一项是(　　)。

视频讲解

A.天马行空　按部就班　　　　　B.稍纵即逝　循规蹈矩

C.自由自在　循序渐进　　　　　D.标新立异　熟能生巧

【答案】A。解析:由"或者说"可知,第一空所填词语是"没有什么规律可循"的另一种说法,"稍纵即逝""标新立异"明显不合要求,排除B、D两项。第二空,"按部就班"指按照一定的规矩、程序办事;"循序渐进"指按照次序有步骤地逐渐提高或发展。与"制定一个框架""工匠活"相对应,第二空用"按部就班"更恰当。因此本题答案为A。

(二)选项判定法

对于逻辑填空题,除了通过分析材料解题外,从选项入手也是一个非常重要的方法。这一方法主要是借助逻辑填空题目正确选项常具有的一些特点,帮助考生有效缩小思考范围,从而节省做题时间。通过对历年逻辑填空真题的分析,我们为考生总结了四项判定正确选项的原则,分别是:相同语素选项、形象色彩选项、互为反义选项、2-1-1型选项。

【例题】赵景深在《文心剪影》里说:"他(叶圣陶)的复信措辞 谦 抑,字迹圆润丰满,正显出他那_____而又诚实的心。"正如当年他主编《小说月报》曾精心培育了一大批后来成为新文学史上的著名作家时那样,他那_____的精神和工作态度,给予年轻一代的教育、鼓舞的力量是无法_____的。

填入划横线部分最恰当的一项是(　　)。

视频讲解

A. 谦 卑　兢兢业业　估价
B. 谦 和　公而忘私　估量
C.正直　大公无私　衡量
D.率真　孜孜以求　想象

【答案】B。解析:A项的"谦卑"和B项的"谦和"与句中的"谦抑"具有相同语素"谦",故这两项属于相同语素选项,主要对比这两项。第三空,句中说的是给予年轻一代的教育、鼓舞的力量很大,"无法估价"不合语境,排除A项。故本题选B。

(三)近义辨析法

近义词语辨析是逻辑填空题目的常见考点,它考查的是考生词语储备方面的基本功。要准确辨析近义词语,除了要在平时注意词语的积累外,还必须掌握词语辨析的方法,这就涉及近义词语的辨析角度问题。考试中遇到近义词语辨析时通常可从词语的适用对象、侧重点、语意轻重、感情色彩、搭配等角度进行考虑。

【例题】我们如今有铺天盖地的新信息需要去消化和记忆。互联网、移动电话、电视和其他电子产品里,都_____地涌现出新鲜事物。当不同信息同时涌现在记忆中,人们会无法_____出与当前目标不相关的信息,甚至还会禁不住去思考那些尚未开始做的事情,于是会出现_____。

填入划横线部分最恰当的一项是(　　)。

视频讲解

A.源源不断　筛选　顾此失彼
B.滔滔不竭　挑选　杞人忧天
C.络绎不绝　遴选　应接不暇
D.层出不穷　甄选　急于求成

【答案】A。解析:第一空中,"络绎不绝"的适用对象为行人车马,"滔滔不竭"的适用对象为流水或人说话的状态,二者均不能与"新鲜事物"搭配,排除B、C两项。"层出不穷"的"出"是出现的意思,与后面的"涌现"语义重复,排除D项。另外两空中,"筛选"与"信息"为常见搭配,信息多会导致应付不过来,即"顾此失彼"。故本题选A。

二、语句表达

(一)语句排序

语句排序题的出题形式是给出几个句子,要求考生对其进行排序。这种题型主要考查考生对句子的理解能力和逻辑组合能力。

解答语句排序题,从选项入手进行排除是有效的方法。确定顺序时可尝试从以下思路考虑:

1.根据首尾句

从首尾句入手是解答语句排序题的常规思路。

2.根据关联词语

关联词语提示了复句之间的逻辑关系,根据关联词语也可确定句子之间的顺序。

3.根据指代词

指代词是表示指示概念的代词,常用来代替前面已提到过的对象。根据指代词也可确定句子之间的顺序。

【例题】①各国对于发动机的制造工艺是严格保密的,甚至对一些顶级的发动机严格控制出口

②发动机可以说是工业的心脏

③因此,自主研发成为治愈中国工业"心脏病"最为现实的选择

④发动机制造水平上不去,是中国工业的"心脏病"

⑤这使得进口高级发动机的生产线成为奢望

⑥从轮船、汽车、飞机到火箭,都离不开发动机

将以上 6 个句子重新排列,语序正确的是( )。

A.②⑥④①⑤③   B.⑥④②⑤①③

C.①③⑤④⑥②   D.④②⑥③①⑤

视频讲解

【答案】A。解析:⑤句的"这"指的是①句末尾的"严格控制出口",故两句应紧密相连,顺序为①⑤,排除 B、C 两项。②句提到"心脏",③、④句提到"心脏病",按一般叙事逻辑,应先说心脏,再提心脏病,②应排在③、④之前,由此排除 D 项。故本题选 A。

(二)病句辨析

破解病句题目的方法,一个是结构,即采用结构分析法;另一个则是一些特殊词语,即采用词语标识法。

1.结构分析法

结构分析法,顾名思义就是对句子结构进行分析,找准句子成分,从而确定句子是否在语法上存在错误。结构分析法主要从主干和修饰两方面对病句进行辨析,是判断病句最基本,也是最重要的方法。

(1)主干。句子主干主要指主语+谓语+(宾语)。

(2)修饰语。修饰语主要是指定语、状语、补语,而定语、状语又是极易出现错误的修饰语。

2.词语标识法

在一个句子中往往具有一些标识性的词语,这些词语,通常是句子语病的症结所在。也就是说,在这类句子中只要抓住这些标识性词语,语病判断就会变得很容易。

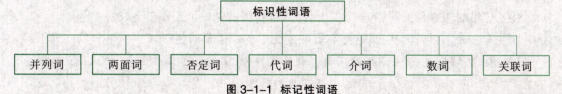

图 3-1-1 标记性词语

(1)并列词。常见的并列词有:和、与、同、及(以及)、跟等。

这些词语表示句子内部有一部分成分存在并列关系。当看到这一类表示并列关系的词语时,应首先判断句子是否将不该并列的成分并列了,是否因并列成分不明造成句子歧义,是否因并列的短语造成部分搭配不当。

(2)两面词。常见的两面词有:能否、是否、好坏、得失、成败、高低、有没有等。

通常这类词语出现,一般是前后两个分句,这两个分句要保持一致,也就是说前(或后)分句有了表达两方面意思的词语,后(或前)分句也应该有表达两方面意思的词语。因此,当看到句子中出现两面词时,应考虑前后是否对应。

(3)否定词。常见的否定词有:不(不再)、没有、否认、避免、忌、防止等。

这类词语连用,往往会将所要表达的意思说反,因此当看到多个表达否定意思的词语同时出现在一个句子中时,要注意判断句子是否存在否定失当的语病。

(4)代词。常见的代词有:这、那、他(她、它)、此、彼等。

这些词语通常指代前面句子中出现的某个人或事物,因此当看到这些指示代词,尤其是句子中的人和事物又是多项时,考生首先要考虑句子是否存在指代不明的问题。

(5)介词。常见的介词有:经过、对(对于)、通过、在、由于等。

①介词经常与名词性词组组成介宾短语,在句子中充当状语成分,修饰、限制谓语。而介词常常会把句子的主语纳入自己的"囊中"造成主语的缺失。

②"对(对于)"的前面通常为主体,后面为客体。有"对(对于)"的句子,通常要注意是否把主体和客体的位置调换了,也就是犯了主客倒置的错误。

(6)数词。数词是表示数目和次序的词。数词的用法有确定的规则,考生在题目中看到数词时,要特别关注其使用有无不当的情况。

①概数与概数不能同时使用。如大约、上下、左右、将近等。

②数量的增加、提高既可用倍数,也可用分数;数量的减少、降低只能用分数,不能用倍数。

(7)关联词。

①不同的关联词表示复句中前后分句的不同关系,不可乱用。

②大部分关联词是需要搭配使用的,要注意是否搭配正确。

③复句中的关联词要根据主语的情况来决定位置:分句主语相同,关联词放在主语的后面;分句主语不相同,关联词放在主语的前面。

【例题】下列句子中,有语病的一句是(　　)。

A.实际上,含笑是一种相当平凡的花,她既非倾国倾城,也没有高雅脱俗的气质。

B.小孩独自蹲在人视线之内的地上,不声不响地拨弄着地上的小青蛙。

C.工厂里的200台机器,395位工人放弃休假,提前完成了工作任务。

D.蛇有生命,它神秘,甚至瑰丽,有那些连画笔都难描摹的色彩。

【答案】C。解析:C项主谓搭配不当,"放弃休假,提前完成了工作任务"的只能是"人",而不能是"机器",可删除"200台机器"以及其后的逗号。

三、片段阅读

片段阅读主要包括四种题型:主旨观点题、细节理解题、推断下文题、标题提炼题。不同题目的解题方法不尽相同,但解题的基本原则和思路是相通的,解题原则可以归纳为八个字:忠于原文,选择最优。基本解题思路概括起来共九个字:看问题、览文段、排选项。

1.解题原则

(1)忠于原文。正确答案必须符合所给文段的文意,不得脱离文意、偷换文意、拔高文意、违背文意。

(2)选择最优。选项中忠于原文的可能不止一项,正确答案一定是最全面、准确地表达原文中心观点,最契合原文表达特色,最符合题目要求的一项。

2.解题思路

(1)看问题。先看提问方式,判断是何题型。

(2)览文段。根据题型快速浏览文段,不同的题型浏览时的重点不同。

(3)排选项。根据各题型错误选项特征,对照原文,排除所有不符合题意的选项。

【例题】马克思指出:"人们自己创造自己的历史,但他们并不是随心所欲地创造,并不是在他们自己选定的条件下创造,而是在直接碰到的、既定的从过去承接下来的条件下的创造。"当前,探讨中国特色社会主义政治发展,同样离不开中国的现实国情。这必然是中国特色社会主义政治发展的逻辑起点。

对上文中的"这"理解最准确的是(　　)。

A.中国的现实国情　　　　　　B.人们创造的历史

C.马克思的原话　　　　　　　D.政治发展的方向

视频讲解

【答案】A。解析:依据就近原则,"这"指代的应是前一句末尾的"中国的现实国情",也即马克思所谓的"直接碰到的、既定的从过去承接下来的条件"。故本题选A。

经典真题

1.依次填入下列句中括号内的词语,最恰当的一组是(　　)。

(1)通过培训,柜员将不再单一处理简单的存取款业务,而是综合处理常见业务,让服务更(　　)。

(2)报告以(　　)的文风,务实的态度,全面阐释了人民法院维护公平正义历史使命,实现司法领域的公平正义所做的各项努力。

A.简捷　俭朴　　　　　　　　　　B.简洁　俭朴

C.简捷　简朴　　　　　　　　　　D.简洁　简朴

2.下乡调研时,发现不少乡镇存在"逆向调研"的怪现象,即:先写好调研报告,根据报告"(　　)"问卷,再下基层找例证。这样一来,省时省力又省心,成了不少基层干部应付上级调研任务的"(　　)"。

A.量身定做　拿手本领　　　　　　B.量体裁衣　不传之秘

C.闭门造车　独门秘诀　　　　　　D.凭空捏造　看家法宝

3.依次填入下列句中括号内的词语,最恰当的一组是(　　)。

(1)要按照时、度、效的要求,把握主要与次要、分清一般与重点,区分轻重缓急、坚持突出重点,运用(　　)的宣传方式,实现宣传效果最大化。

(2)其实,抢红包只是一场(　　)的春节游戏,在为单调的春节增色之余,我们更别忘了与亲人共享团圆的可贵。

A.恰到好处　瑕不掩瑜　　　　　　B.恰到好处　瑕瑜互见

C.恰如其分　瑕不掩瑜　　　　　　D.恰如其分　瑕瑜互见

4.将以下6个句子重新排列组合,排列组合最连贯的是(　　)。

(1)船只的形式,与平常木船大不相同,形体一律又长又窄,两头高高翘起,船身绘着朱红色长线,平常时节多搁在河边干燥洞穴里,要用时,才拖下水去。

(2)一船快慢既不得不靠鼓声,故每当两船竞赛到激烈时,鼓声如雷鸣,加上两岸人呐喊助威,使人想起梁红玉老鹳河水战擂鼓的种种情形。

(3)每只船可坐十二个到十八个桨手,一个带头的,一个鼓手,一个锣手。桨手每人持一支短桨,随着鼓声,把船向前划去。

(4)凡把船划到前面一点的,必可在税关前领赏,一匹红布、一块小银牌,不拘缠绕到船上某个人头上去,显出这一船合作的光荣。

(5)擂鼓打锣的,多坐在船只中部,船一划动即刻把锣鼓敲打起来,为划桨手打出划桨节拍。

(6)带头的坐在船头上,头上缠裹着红布包头,手上拿着两支小令旗,左右挥动,指挥着船只的进退。

A.(1)(3)(6)(5)(2)(4)　　　　　　B.(3)(1)(4)(6)(2)(5)

C.(2)(4)(1)(3)(6)(5)　　　　　　　D.(6)(5)(2)(4)(1)(3)

5.将以下5个句子重新排列组合,排列组合最连贯的是(　　)。

(1)在此过程中,政策可能经历多次的"次循环"或"再循环"。

(2)传统的政策循环论认为,绝大多数公共政策都经历这样一种线性过程,问题建构、议题设定、政策规划、政策设计合法化、政策执行与结果评估,而没有关注公共政策的变迁过程。

(3)即使是政策演变至结束,也不意味着其作用随之消逝,依然可能为其他政策所继承。

(4)事实上,在不可胜数的政策中,由提案到结束循此一规律的少之又少,绝大多数政策都会经历数不清的变迁过程,最后才走向终结之途。

(5)再者,由于受到外界条件和内在因素的影响,公共政策也有革新的必要。

A.(4)(1)(3)(5)(2)　　　　　　　B.(3)(1)(4)(2)(5)

C.(2)(4)(1)(3)(5)　　　　　　　D.(1)(2)(4)(3)(5)

6.下列各句中,没有语病且句意明确的一项是(　　)。

A.俗话说"三个臭皮匠,顶个诸葛亮",再弱小的团队,只要成员相互信任,彼此团结就可以战胜一切困难,赢得胜利。

B.世界经济高速发展,环境问题却日益凸显,环境的恶化严重影响了人类的正常生活,因此,如何解决环境问题已经成为各个国家目前的当务之急。

C.自获得诺贝尔文学奖后,莫言的作品《蛙》对许多人是不陌生的。

D.作为一名优秀的企业家,他创业时期敢为天下先的精神激励着我在职场中不断拼搏,至今仍时时浮现在我眼前。

7.传统的纯文学杂志正在悄然地进行一场"时尚革命"。最近一段时间,陆续有著名纯文学杂志宣布"触网",这些杂志都有几十年历史,从来都是"几十页纸走天下",所以此番赶时髦引发了众多围观。不过本报记者在调查中了解到,这些文学期刊大多面临传统读者减少、年轻读者难寻的窘境。因此"触网"对它们而言固然是时尚,也是一种顺应时代的自我救赎。

这段文字没有论及的是(　　)。

A.传统文学期刊面临着如何吸引年轻一代读者的问题

B.传统文学期刊"触网"是顺应时代潮流,大势所趋

C.纯文学杂志走向数字化是摆脱目前困境的唯一救赎

D.过去的几十年,纯文学杂志保持着纸质媒介的传统

8.沙尘暴能有效地缓解酸雨。沙尘含有丰富的钙等碱性阳离子,这些外来的碱性沙尘能有效地中和酸雨。我国北方地区工业很发达,但除了个别城市以外很少有酸雨发生,这与北方常有沙尘天气有很大关系。沙尘暴还维系了海洋生态系统的循环与稳定,沙尘含有丰富的营养物,一些海域淤泥中的营养物约40%是由沙尘暴带入的,促进了该海域生物的繁茂。

下列说法中符合文义的一项是(　　)。

A.沙尘含有丰富的碱性阳离子,能中和酸雨

B.沙尘含有丰富的营养物,能促进生物的繁荣

C.海洋淤泥中的营养物约四成由沙尘暴带入

D.北方工业发达城市常有酸雨发生

9.当大总统是一件事,拉黄包车也是一件事。事的名称,从俗人眼里看来,有高下;事的性质,从学理上解剖起来,并没有高下。只要当大总统的人,信得过我可以当大总统才去当,实实在在把总统当作一件正经事来做;拉黄包车的人,信得过我可以拉黄包车才去拉,实实在在把拉车当作一件正经事来做,便是人生合理的生活。

对这段文字的主旨概括最准确的是( )。

A.事的名字有高下,事的性质没有高下

B.当大总统和拉黄包车是两件不一样的事

C.任何事实实在在来做就是合理的生活

D.当大总统和拉黄包车是一件同样的事

经典真题参考答案及解析

1.【答案】C。解析:(1)句,"简捷"指简便快捷,"简洁"指(说话、行文等)简明扼要。"简捷"更符合银行业务改革后更加便民的语境,排除B、D两项。(2)句,"俭朴"指俭省朴素,多与生活、服装搭配;"简朴"指简单朴素,多用于形容语言、文笔、生活作风等。对应"文风",应选"简朴",排除A。

2.【答案】A。解析:第一空,"闭门造车"比喻脱离实际,只凭主观办事;"凭空捏造"指无事实依据地虚构。由"先写好调研报告……再下基层找例证"可知,文段批评的是先预设好结果再为此定制问卷的行为,两词均与文意不符,排除C、D两项。"量体裁衣"已包含宾语"衣",其后不能再接"问卷",排除B项。第二空,文段说的是很多基层干部喜欢并且善用这种方式应付任务。"拿手本领"泛指某人擅长的本领。用于此处符合句意,且表达了对此类基层干部的讽刺。

3.【答案】D。解析:(1)句,"恰到好处"强调恰巧达到最好的地步,"恰如其分"强调正合分寸。此处强调的是宣传方式符合具体情况,"恰如其分"更恰当,排除A、B两项。(2)句,"瑕不掩瑜"比喻缺点掩盖不了优点,缺点是次要的,优点是主要的;"瑕瑜互见"比喻优点、缺点都有。句中不涉及抢红包的优缺点对比,优点是主要的无法推出,排除C。

4.【答案】A。解析:(3)句提到"一个带头的,一个鼓手,一个锣手……",(6)句提到"带头的坐在船头上"、(5)句提到"擂鼓打锣的……",由此可知,(6)、(5)两句是对(3)句的进一步说明,顺序应为(3)(6)(5),排除B、D两项。再看A、C项,(4)句说的是"领赏",放在段末更恰当,排除C。故本题选A。

5.【答案】C。解析:(1)句以指代词"此"开头,放在段首不恰当,可首先排除D项。通过分析可知,(4)以"事实上"开头,其内容与(2)句构成转折关系,应紧跟在(2)后,由此排除A、B两项。故本题选C。

6.【答案】A。解析:B项中"目前"与"当务之急"构成语义重复,可将"目前"删掉。C项主客颠倒,应改为"许多人对莫言的作品《蛙》是不陌生的"。D项"精神"与"浮现"搭配不当。故本题选A。

7.【答案】C。解析：由"这些文学期刊大多面临传统读者减少、年轻读者难寻的窘境"可得A；由"因此'触网'对它们……也是一种顺应时代的自我救赎"可得B；由"这些杂志都有几十年历史，从来都是'几十页纸走天下'"可得D。文段只提到"是一种顺应时代的自我救赎"，C项的"唯一救赎"表述过于绝对，找不到依据，故本题选C。

8.【答案】A。解析：由"沙尘含有丰富的钙等碱性阳离子，这些外来的碱性沙尘能有效地中和酸雨"可知，A项表述正确。B项偷换概念，文段为"促进了该海域生物的繁茂"，并不是"所有生物"，排除B项。C项偷换概念，文段为"一些海域淤泥中的营养物"，并不是"所有海洋淤泥中的营养物"，排除C项。D项表述错误，与"除了个别城市以外很少有酸雨发生"相悖，排除。

9.【答案】C。解析：文段通过对"当大总统"和"拉黄包车"的分析比较，阐明观点：事的性质没有高下，只要实实在在地做事，便是一种合理的生活。B、D两项的"当大总统"和"拉黄包车"只是文段举的例子，非文段主旨；文段强调的是做什么不重要，关键是要有实实在在做事的态度，A项对此没有体现。

同步训练

1.长期以来，政府对公共事务的处理处于相对垄断状态。随着社会转型加剧，社会治理遇到的挑战越来越多，政府已无力也没有必要去处理诸多繁杂的社会性事务。这一局面的出现，迫切要求厘清政府与社会的关系，社会能处理的交给社会，政府只是进行宏观调控和监督等必须由政府自身完成的事务，也就是从全能型政府转变为服务型政府。政府购买公共服务，有助于剥离政府的一部分职能，扩大社会自我服务的空间，使社会有能力进行自我管理和自我服务，最终促进社会整体效率的提高。

这段文字意在强调（　　）。

A.政府对公共事务的垄断阻碍了社会效率的提高

B.社会转型弱化了政府在处理公共事务中的作用

C.政府职能向服务型转变是社会转型的内在要求

D.购买公共服务是今后政府提高效率的首要方式

2. 20世纪40年代，美国的大众媒介处于垄断地位。在商业利益的驱使下，媒体对于国内的各类社会矛盾＿＿＿＿＿，这种状况招致了社会各界的批评与不满，广大民众强烈要求传媒积极发挥正面的舆论导向作用，引导公民树立正确的价值观念，由此，"媒体的社会责任理论"＿＿＿＿＿。

依次填入划横线部分最恰当的一项是（　　）。

A.莫衷一是　纷至沓来　　B.置若罔闻　应运而生

C.群策群力　风靡一时　　D.人云亦云　横空出世

3.人体的免疫能力分为固有免疫和适应免疫，其中适应免疫是人体在＿＿＿＿＿适应外界环境中锻炼成长而来的。如果孩子＿＿＿＿＿处在过于干净的环境中，完全不接触细菌，他们体内的免疫细胞就会像没有打过仗的新兵,不知道怎样杀灭有害物质,保护人体健康。

依次填入划横线部分最恰当的一项是(　　)。

A.不断　长期　　　　　　　　　B.逐渐　继续

C.积极　仍然　　　　　　　　　D.主动　始终

4.从认识层面说,理解活动必须对理解对象形成一定的认识,但绝不是"照相式"地将理解对象_____,更不是追求所谓的"绝对真理"或"绝对真实",而是_____地认识,包括对理解对象的改善与超越。

依次填入划横线部分最恰当的一项是(　　)。

A.保留　辩证性　　　　　　　　B.复制　创造性

C.定格　融汇性　　　　　　　　D.固化　选择性

5.①当蓓蕾悄然结胎时,花在那里

②当柔软的枝条试探地在大气中舒手舒脚时,花隐在那里

③在初生的绿芽嫩嫩怯怯地探头出土时,花已暗藏在那里

④当花瓣怒张时,花在那里

⑤当一场雨后只见满丛绿肥的时候,花还在那里

⑥当香销红黯委地成泥的时候,花仍在那里

⑦花朝月夕,固然是好的,只是真正的看花人哪一刻不能赏花?

⑧当果实成熟时,花恒在那里,甚至当果核深埋地下时,花依然在那里

将以上8个句子重新排列,语序正确的一项是(　　)。

A.⑦③②①④⑥⑤⑧　　　　　　B.⑦③②①④⑤⑥⑧

C.③②①④⑥⑤⑧⑦　　　　　　D.①④⑤⑥⑧③②⑦

6.①声波叠合积累产生的震波会对飞行器的加速产生障碍,形成音障

②当飞机速度接近音速时,将会逐渐追上自己发出的声波

③而当飞机进一步加速突破音障进入超音速后,飞机最前端会产生一股圆锥形的音锥,听起来如爆破一般,所以被称为"音爆"

④因此,美国联邦航空局在美国境内限制超音速飞行

⑤噪音问题是超音速飞机的技术难题

⑥音爆会对地面建筑产生损害

将以上6个句子重新排列,语序正确的是(　　)。

A.⑤②①③⑥④　　　　　　　　B.⑤④①③②⑥

C.⑥②①③⑤④　　　　　　　　D.⑥④⑤②①③

7.下列各句中,没有语病的一句是(　　)。

A.受"非典"影响,这个厂的利税较去年下降了2倍。

B.商店公然出售盗版软件,对这种践踏出版法的行为,我们必须严厉打击。

C.文学作品的魅力在于它剥夺了读者的现实感,赋予读者一种可供体验的情绪内容,使读者付出心甘情愿的感情代价。

D.他是一个始终保持清廉的官员,那为妻子看病而背负的将近八万余元的债务也没有

让他对送到眼前的巨款动心。

8.下列各句中,没有语病的一句是(   )。

A.作为消费者,你是否想过,正是某些畸形的消费需求刺激了商业经营对生态的污染和破坏,从这个意义上说,消费者既是受害者,又是自己的加害者。

B."9·11事件"后,美国、印度、巴基斯坦三国关系进入微妙阶段,尽管美、印、巴关系何其暧昧,但美国与印度将走向军事合作的态势已相当明朗。

C.在全球经济衰退的情况下,我国的对外贸易进出口依然保持持续增长的势头,今年全年进出口总额与去年同期相比,同比增长7.5%。

D.最近一段时间,中科院以及北大、清华等学府纷纷出台自己的学术戒律,力图在学术腐败成风的情况下,廓清弥漫在学术及科研领域的道德。

9.解决科技与经济结合的问题始终是科技体制改革的核心,以往的改革从技术商品化、科技运行机制、组织结构、人事制度等方面采取了一系列措施,主要着力在微观组织层面。改革进程发展到今天,需要更多地从宏观管理层面思考问题。换句话说,改革已经改到了推动科技体制改革的政府管理者自己头上。政府科技资源配置的理念需不需要转变?对科技活动管理的模式需不需要改变?管理科技活动的组织机构需不需要调整?回答了这三个问题,才有可能解决科技、经济"两张皮"的问题。

这段文字意在说明(   )。

A.应从政府管理角度思考科技体制改革问题

B.进行国家科技体制的深层次改革迫在眉睫

C.明确政府职责是科技体制改革的重要前提

D.科技与经济相脱节是我国科技体制的弊端

10.在地震面前,科学还是大有作为的。通过对地震波的研究,人们发现地震波包括纵波和横波,前者传播速度更快,但破坏力较小,而后者则相反。因此,人们通过地震监测台网,监测到传播速度更快的地震波纵波,向监测中心发出信号,监测中心即可通过客户端用无线电波向公众和重点设施发出警报。也就是说,地震警报是无线电波和地震横波的一场"赛跑",在地震横波尚未到达时,给人们以警示。

这段文字意在说明(   )。

A.地震波横波的监测难度高于纵波

B.地震警报系统的精度和速度亟待提高

C.无线电波技术的发展是实现震前预测的前提条件

D.科学利用两种地震波的时间差可以发出有效的地震警报

同步训练参考答案及解析

1.【答案】C。解析:本题考查主旨归纳。文段首先指出社会转型的加剧使政府无力也没有必要去处理诸多繁杂的社会事务,然后说明这一局面的出现要求政府从全能型向服务型转变,最后说明了政府职能向服务型转变的意义。故"政府职能转变"为文段论述的主题,据此排除A、B两项。D项的"首要方式"从文段无法推出,也可排除。故本题选C。

2.【答案】B。解析:第一空处句意为,美国大众媒介在商业利益驱使下,没有承担它应有的责任,故此处应填贬义词,含褒义的"群策群力"与此不符,排除C项。纷至沓来,形容接连不断地到来。第二空处的主语为"媒体的社会责任理论","纷至沓来"不能修饰这一主语,排除A项。由句中的"由此"可知,"媒体的社会责任理论"并不是突然出现的,而是应前面所述的状况而产生的。与"横空出世"相比,B项"应运而生"更契合句意。故本题选B。

3.【答案】A。解析:"继续""仍然"都表示一种状态的延续,第二空之前没有提及孩子以前也"处在过于干净的环境中",故"继续""仍然"不合语境,排除B、C两项。A、D项似乎都契合句子语境,但比较而言,A项的"不断"恰与"长期"照应,都强调一个时间过程,D项没有这种照应关系,故本题选A。

4.【答案】B。解析:由"包括对理解对象的改善与超越"可知,第二空所说的"认识"是超出了理解对象本身,加入了自己的加工和改造,选项中与此义相符的为"创造性"。第一空中,"复制"与"照相"所包含的机械重现的意思相符,且与"创造性"存在对比关系。故本题选B。

5.【答案】A。解析:对应⑦句"哪一刻不能赏花?"(意指时刻都能赏花),其他句从不同时段描写了"花在那里"的状态,故⑦为首句更为恰当。排除C、D两项。接下来按照事物发展的顺序依次描写了花从开到败的过程,A、B两项的差别在于⑤、⑥的位置,⑥句"委地成泥"依然可见花的残影,等到⑤句"满丛绿肥"的时候,花已化作红泥埋入了地下,故⑤句比⑥句更晚,应放在⑥句后面。

6.【答案】A。解析:⑥句首的"音爆"与③句尾的"音爆"构成顶真结构,因此⑥应紧跟③。同时,⑥是④的原因,故④应紧跟⑥,此三句的顺序为③⑥④,符合的只有A项。

7.【答案】B。解析:A项,下降不能用倍数表示。C项,语序不当,应改为"使读者心甘情愿地付出感情代价"。D项,"将近"和"余"自相矛盾。故本题选B。

8.【答案】A。解析:B项,"尽管"与"何其"搭配不当,可把"尽管"改为"不管",或去掉"何其"。C项,"同比增长"与"与去年同期相比增长"语义重复。D项,"廓清"后宾语残缺,可在"道德"后加"迷雾"。

9.【答案】A。解析:从选项入手,可迅速圈定句式为"应……"的A项为优势选项。分析材料验证答案,由"需要更多地从宏观管理层面思考问题。换句话说,改革已经改到了……政府管理者自己头上"以及后面的三个问题可知,"管理层面的改革"是本文强调的改革重点,体现了该重点的只有A项,故A项为正确答案。

10.【答案】D。解析:文段是总分结构,首句为总起句,肯定了科学在地震面前是大有作为的,接着具体描述了有什么作为。四个选项中只有D项说的是科学在地震面前的作用,故可迅速确定本题答案为D项。A、B两项在文中都没有提及,C项的"前提条件"在文中也找不到依据。

第二章 数量关系

第一节 备考攻略

一、考情分析

中国农业银行招聘考试对于数量关系部分的考查相对简单,考生在复习时,要注意对数学运算和数字推理两部分内容的复习。数学运算所占的比重较大,是需要考生多下功夫的部分。

表 3-2-1 2015—2018 年中国农业银行数量关系部分题量

年份	数学运算题量	数字推理题量
2018	13	3
2017	12	4
2016	12	3
2015	12	2

二、备考指导

(一)数学运算

数学运算要求考生利用基本数学知识,准确地计算或推理出结果。因此只有在明确高频考点、掌握解题技巧的前提下,才能提高数学运算的学习效率。

1.排列组合

在数学运算中,排列组合问题属于相对独立的一种题型,解题方法具有明显的针对性,所以考试中经常会出现。

2.不定方程的应用

不定方程是一种适用性较强的代数工具,它思维简单,考生根据题干给出的条件就能够列出方程。解方程时,通过整数的奇偶性、尾数特性等数学基础知识,对答案的性质进行判定,无须计算便可得出正确选项。

3.比例的应用

在数学运算题中,题干出现的分数、百分数,一般指的是两个量之间的比例关系。由于要求的量多为整数,则可根据比例关系得出相关量必须满足的倍数关系,然后结合选项快速锁定答案。或者根据比例去设未知数,减少计算量。

4.特值的应用

在考试中,提供给数学运算部分的时间十分有限。考生可以通过特值法,将未知量设定为符合题目要求的任意值。这样不仅有助于理解题意,而且能简化过程,缩短解题时间。特值法使用起来也十分方便。

(二)数字推理

1.熟悉各类常见规律

常见的数字推理规律众多,我们要有意识地去积累,形成一个"规律库",这样看到题干数字的时候,容量超大的"规律库"必然在短时间激发我们的思维,对解题起到很强的提示作用。如果我们不能在考试之前认识这些规律,在考场上是不可能快速作答的。

2.掌握经典分析方法

明确分析方法是数字推理学习的核心步骤。我们总结出数字推理的三大分析方法:数项特征分析法、运算关系分析法和结构特征分析法。

3.形成系统解题思维

数字推理的解题思维因人而异,能最快找到正确规律的解题思维就是好的思维。数字推理中不存在题干特点与规律的一一对应关系,这也是数字推理的难点所在。很多时候都是题干有一个什么样的特点,提示我们优先需要考虑什么,或者说这种情况下最可能出现什么规律;如果第一思路失败,接着应该怎么想。

虽然数字推理的解题思维有如此的不确定性,但从宏观上来说,结合所有的数字推理规律,还是有两点可以统一认识的。

(1)数字推理对运算关系的考查很多,即数列后面的项都是前面的项通过运算转化而来。因此在解决数字推理问题的时候,要充分考虑题干数字建立在运算之上的转化方式。这些思想,我们统称为转化思维。

(2)当我们从题干数字本身出发进行分析,数列本身没有什么特殊的结构,也找不到它们之间的运算关系,也发现不了这些数字的特征的时候,我们就要按照特定的方式构造新的数列,由新数列的规律来分析原数列的规律。这些思想,我们统称为构造思维。

第二节 重要知识点讲解

一、数学运算

(一)比例的应用

1.由比例得倍数

若 a、b 是整数,$\dfrac{a}{b}=\dfrac{m}{n}$,且 $\dfrac{m}{n}$ 是最简分数(不能再约分化简),则可推出 a 是 m 的整数倍,

b 是 n 的整数倍。

【例题】一个水塘里放养了鱼和龟。龟的数量占二者总数量的 $\frac{5}{11}$，现在又放进了 130 条鱼，这时龟的数量占二者总数量的 $\frac{7}{18}$。这个水塘里一共有多少只龟？

A.350　　　　　　　　　　　　B.358

C.377　　　　　　　　　　　　D.384

【答案】A。解析：题干指出最后"龟的数量占二者总数量的 $\frac{7}{18}$"，$\frac{7}{18}$ 是最简分数，则可知龟的数量一定是 7 的倍数，选项中只有 350 可以被 7 整除，故本题选 A。

2.由比例设未知数

在某些数学运算题中，已知两个量之比为 $\frac{m}{n}$，则可以设这两个量分别为 mx、nx，列方程求解；或者认为两个量分别是 m 份、n 份，然后去求每一份的值，最后得出两个量的值。

【例题】一个总额为 100 万元的项目分给甲、乙、丙、丁四个公司共同来完成，甲、乙、丙、丁分到项目额的比例为 $\frac{1}{2}:\frac{1}{3}:\frac{1}{4}:\frac{1}{6}$，请问甲分到的项目额为多少万元？

A.35 万元　　　　　　　　　　B.40 万元

C.45 万元　　　　　　　　　　D.50 万元

【答案】B。解析：为便于计算，需要将比例关系中的分数变为整数，2、3、4、6 的最小公倍数是 12，则比例各项同时乘以 12 即可化为整数比。甲:乙:丙:丁=6:4:3:2，分别看作是"6 份""4 份""3 份""2 份"，则总数是 15 份，甲占总额的 $\frac{6}{15}$，所以甲分到的项目额为 $100\times\frac{6}{15}=40$（万）。

3.连比的运用

连比问题可以通过一个简单的例子来说明，已知甲、乙两数之比为 3:4，乙、丙两数之比为 5:7，现求甲、乙、丙三个数之比。

已知的两个比例中都含有乙，乙在第一个比例中是"4 份"，在第二个比例中是"5 份"。4 和 5 的最小公倍数是 20。故在两个比例中，将乙统一为"20 份"。

甲:乙=3:4=15:20，乙:丙=5:7=20:28，故甲:乙:丙=15:20:28。

【例题】1.一个农贸市场 2 千克油可换 5 千克肉，7 千克肉可换 12 千克鱼，10 千克鱼可换 21 千克豆，那么 27 千克豆可换几千克油？

A.3　　　　　　　　　　　　　B.4

C.5　　　　　　　　　　　　　D.6

【答案】A。解析：单价×重量=钱数，因此单价比为重量的反比，油、肉单价比为 5:2，肉、鱼单价比为 12:7，油、肉、鱼单价比为 $(5\times6):(2\times6):7$，即 30:12:7。鱼、豆单价比为 21:10，可得油、肉、鱼、豆的单价比为 $(30\times3):(12\times3):(7\times3):10$，即 90:36:21:10。因此油、豆的单价比为 9:1，27 千克豆可换 $27\times1\div9=3$ 千克油，故本题选 A。

2.某公司年终分红,董事会决定拿出公司当年利润的10%奖励甲、乙、丙三位高管,原本打算依据职位高低按甲:乙:丙比例为3:2:1的方案进行分配,最终董事会决定根据实际贡献按甲:乙:丙比例为4:3:2分配奖金。请问最终方案中( )得到的奖金比原有方案有所提高。

A.甲   B.乙

C.丙   D.不清楚

【答案】C。解析:第一种分配的总份数为3+2+1=6,第二种分配的总份数为4+3+2=9,最小公倍数为18。故把总奖金分为18份后,第一种分配方式的奖金比例为9:6:3,第二种分配方式的奖金比例为8:6:4,故丙得到的奖金提高了,故本题选C。

(二)和差倍比问题

和差倍比问题是研究不同量之间的和、差、倍数、比例关系的数学应用题,是数学运算中比较简单的问题。但这类问题对计算速度和准确度要求较高,考生在平时训练中,应注意培养自己的速算能力。按照其考查形式,和差倍比问题可以分为和差倍问题、比例问题。

1.和差倍问题

和倍关系:已知两个数之和以及其之间的倍数关系,求这两个数。

　　和÷(倍数+1)=小数　　　　小数×倍数=大数

差倍关系:已知两个数之差以及其之间的倍数关系,求这两个数。

　　差÷(倍数−1)=小数　　　　小数×倍数=大数

和差关系:已知两个数之和与差,求这两个数。

　　(和+差)÷2=大数　　　　(和−差)÷2=小数

解题时,要注意和(差)与倍数的对应关系。如果不是整数倍,想办法转化得到整数倍,再应用公式。在情况比较复杂时,采用方程法思路往往比较简单。

2.比例问题

解决比例问题的关键是找准各分量、总量,以及各分量与总量之间的比例关系,再根据分量÷总量=所占比例,分量÷所占比例=总量求解。解题时,有时根据题干数字特征,尤其是遇到含分数、百分数的题,可结合选项排除。

【例题】(单选题)甲、乙、丙三人同去商城购物,甲花的钱的$\frac{1}{2}$等于乙花的钱的$\frac{1}{3}$,乙花的钱的$\frac{3}{4}$等于丙花的钱的$\frac{4}{7}$,结果丙比甲多花93元,则三人一共花的钱是多少?

A.432元   B.422元

C.429元   D.430元

【答案】C。解析:已知$\frac{1}{2}$甲$=\frac{1}{3}$乙,甲、乙花的钱数之比为2:3,$\frac{3}{4}$乙$=\frac{4}{7}$丙,乙、丙花的钱数之比为16:21。乙花的钱数在两个比例中分别占"3份"和"16份",两数互质,最小公倍数即为3×16=48。则甲、乙、丙三人花的钱数之比为32:48:63,即三人共花了32+48+63=143(份),丙比甲多花93元,则每一份为$\frac{93}{63-32}=\frac{93}{31}=3$(元),所以三人共花了143×3=429(元)。

(三)行程问题

行程问题研究的是物体运动中速度、时间、路程三者之间的关系。大部分的行程问题都可通过找出速度、时间、路程三量中的两个已知量后,利用核心公式求解。

1.知识要点

表 3-2-2 行程问题基本公式表

核心公式	路程=速度×时间	
比例关系	时间相同,速度比=路程比 路程相同,速度比=时间的反比	速度相同,时间比=路程比
相遇问题	相遇时间=相遇路程÷速度和	
追及问题	追及时间=追及路程÷速度差	
流水问题	顺水速度=船速+水速 船速=(顺水速度+逆水速度)÷2	逆水速度=船速-水速 水速=(顺水速度-逆水速度)÷2
火车过桥问题	火车速度×时间=车长+桥长	

(1)平均速度。

①平均速度=总路程÷总时间。

②若物体前一半时间以速度 v_1 运动,后一半时间以速度 v_2 运动,则全程的平均速度为 $\frac{v_1+v_2}{2}$。

③若物体前一半路程以速度 v_1 运动,后一半路程以速度 v_2 运动,则全程的平均速度为 $\frac{2v_1v_2}{v_1+v_2}$。

(2)多次相遇问题。

①从两地同时相向出发的直线多次相遇问题中,第 n 次相遇时,每个人走的路程等于他第一次相遇时所走路程的 $(2n-1)$ 倍。

②环形相遇问题中每次相遇所走的路程之和是一圈。如果最初从同一点出发,那么第 n 次相遇时,每个人所走的总路程等于第一次相遇时他所走路程的 n 倍。

2.注意事项

相遇问题基本公式适用于"同时出发,相向而行,经过相同时间相遇"的情况,当出现"不同时出发"或"没有相遇(还相隔一段路)"时,应转化为"同时出发,经过相同时间相遇",再应用公式。

追及问题基本公式适用于"同时出发,同向而行,经过相同时间追上"的情况。与相遇问题一样,如果出现不标准情况,都应转化为"同时出发、同向而行、经过相同时间追上"的标准情况求解。

【例题】甲乙两辆车从 A 地驶往 90 千米外的 B 地,两车的速度比为 5:6。甲车于上午 10 点半出发,乙车于 10 点 40 分出发,最终乙车比甲车早 2 分钟到达 B 地。问两车的时速相差多少千米/小时？

A.10 　　　　　　　　　　　　B.12

C.12.5 　　　　　　　　　　　D.15

【答案】D。解析：根据题意，甲乙两车的速度比为5:6，因此两车从A到B所用的时间比为6:5，乙比甲晚出发10分钟，且比甲早2分钟到达，因此全程乙比甲快了12分钟，即一份时间为12分钟，因此全程乙用时12×5=60(分钟)=1(小时)，乙的速度为90千米/小时，因此两车速度之差为$90×\frac{6-5}{6}=15$(千米/小时)。

(四)工程问题

工程问题是数学运算中的经典题型，工程问题中涉及工作量、工作时间和工作效率三个量，它们之间存在如下关系式：

工作量=工作效率×工作时间，工作量÷工作时间=工作效率，工作量÷工作效率=工作时间。

与行程问题类似，根据工程问题中三个量之间的关系式，还可以得到相应的比例关系。在解决基本工程问题时，要明确所求，找出题目中工作量、工作时间、工作效率三量中的已知量，再利用公式求出未知量。

此外水管问题也是工程问题的一种。只是对于注水问题，注水管的工作效率为正，排水管的工作效率为负；对于排水问题，注水管的工作效率为负，排水管的工作效率为正。

【例题】1.甲、乙两个工程队修公路，甲工程队修500米后由乙工程队来修，由以往资料显示乙工程队的效率是甲工程队的两倍，乙工程队修600米的时间比甲工程队修500米的时间少20天，甲工程队的工作效率为(　　)米/天。

A.20 　　　　　　　　　　　　B.15

C.10 　　　　　　　　　　　　D.25

【答案】C。解析：根据甲、乙效率比可知，相同时间，乙修600米，甲修300米。即甲修300米所用时间比其修500米所用时间少20天，故甲修200米用20天，每天修200÷20=10(米)。

2.某市有甲、乙、丙三个工程队，工作效率比为3:4:5。甲队单独完成A工程需要25天，丙队单独完成B工程需要9天。现由甲队负责B工程，乙队负责A工程，而丙队先帮甲队工作若干天后转去帮助乙队工作。如希望两个工程同时开工同时竣工，则丙队要帮乙队工作多少天？

A.6 　　　　　　　　　　　　B.7

C.8 　　　　　　　　　　　　D.9

【答案】B。解析：已知三个工程队工作效率之间的比例关系。设甲效率为3，乙效率为4，丙效率为5，则A工程的工作总量为25×3=75，B工程的工作总量为5×9=45。因为两个工程要求同时完工，即三个工程队的工作天数相同，则工作总天数为(75+45)÷(3+4+5)=10。乙队完成A工程的工作量为4×10=40，剩余工作量由丙完成需要(75-40)÷5=7(天)。

（五）排列组合与概率问题

排列组合与概率问题作为数学运算中相对独立的一个知识点，在银行招聘考试中出现得较为频繁。这部分题型的难度也呈逐年增大的趋势，需要考生在掌握基本原理的基础上，熟悉更多的特殊解题方法。

1.排列组合问题基本原理

（1）加法原理。完成一件事情，有 m 类不同的方式，而每种方式又有多种方法可以实现。那么，完成这件事的方法数就需要把每一类方式对应的方法数加起来。

例：从 A 地到 B 地，坐火车有 3 种方法，坐汽车有 5 种方法，坐飞机有 2 种方法，那么从 A 地到 B 地一共应该有 3+5+2=10（种）方法。这里从 A 地到 B 地有火车、汽车和飞机三类方式，所以使用加法原理。

（2）乘法原理。完成一件事情，需要 n 个步骤，每一个步骤又有多种方法可以实现。那么完成这件事的方法数就是把每一个步骤所对应的方法数乘起来。

例：从 A 地到 B 地坐飞机需要在 C 地转机，已知从 A 地到 C 地有 4 种方法，从 C 地到 B 地有 3 种方法。这里从 A 地到 B 地，需要分两个步骤完成，第一步从 A 地到 C 地，第二步从 C 地到 B 地，因此从 A 地到 B 地有 4×3=12 种方法。

分类用加法原理，分步用乘法原理。

2.排列组合问题基本概念

排列：从 n 个不同元素中任取 m 个按照一定的顺序排成一列，叫作从 n 个元素中取出 m 个元素的一个排列。所有不同排列的个数，称为从 n 个不同元素中取出 m 个元素的排列数，一般我们记作 A_n^m。

$$A_n^m = n \times (n-1) \times \cdots \times (n-m+1)。$$

例：从编号为 a、b、c、d 的 4 个孩子中选出 2 个孩子排成一行，有多少种排法？显然，列举出来有 ab、ac、ad、ba、bc、bd、ca、cb、cd、da、db、dc，共 12 种；这里，即便是选出来的孩子一样，但排列顺序不一样，排法也就不一样，因此要考虑孩子的顺序，所以是排列问题。排法应该是 $A_4^2 = 4 \times 3 = 12$（种）。

全排列：n 个不同的元素全部取出的一个排列，叫作 n 个不同元素的一个全排列，即当 m=n 时，全排列数 $A_n^n = n(n-1)(n-2) \times \cdots \times 3 \times 2 \times 1 = n!$。

组合：从 n 个不同元素中取出 m 个元素拼成一组，称为从 n 个元素取出 m 个元素的一个组合。不同组合的个数称为从 n 个不同元素取出 m 个元素的组合数，一般我们记作 C_n^m。

$$C_n^m = \frac{A_n^m}{A_m^m} = \frac{n \times (n-1) \times \cdots \times (n-m+1)}{m \times (m-1) \times \cdots \times 1}，其中 C_n^0 = 1。$$

例：从编号为 a,b,c,d 的 4 个孩子中选出 3 个孩子去参加运动会，有多少种选法？列举出来，有 abc,abd,bcd,acd 4 种情况。abc 与 acb,bca 表明选出的都是 a,b,c，是一种选法，不需要考虑孩子的顺序,所以是组合问题,选法为 $C_4^3=4$(种)。

考虑顺序用排列,不考虑顺序用组合。

3.排列组合问题三原则

特殊元素优先考虑 排列问题中,有些元素有特殊的位置要求,如甲必须站第一位;或者有的位置有特殊的元素要求,如第一位只能站甲或乙。此时,应该优先安排特殊元素或者特殊位置。

复杂问题从对立面考虑 部分问题直接考虑,情况需要分成很多类来讨论,而它的对立面往往只有一种或者两种情况。此时我们可以先求出对立面的情况,然后再将总情况数减去对立面的情况数就可以了。

环形问题转为直线排列 排列问题一般考查的是直线上的顺序排列,但是也会有一些在环形上的顺序排列问题。与直线排列问题相比,环形排列没有前后和首尾之分,此时我们只需将其中一个元素列为队首,这样就可以把环形问题转为直线排列问题。

n 个人围成一圈,不同的排列方法有 $A_{n-1}^{n-1}=(n-1)!$ 种。

【例题】某单位有老陶和小刘等 5 名工作人员,需安排在星期一至星期五的中午值班,每人一次,若老陶星期一外出开会不能排,小刘有其他的事不能排在星期五,则不同的排法共有多少种?

A.36　　　　　　　　　　　　　　　B.48

C.78　　　　　　　　　　　　　　　D.96

【答案】C。解析:如果老陶不安排在周一,可以安排在周二、三、四或周五。

(1)老陶安排在周二、三、四,有 3 种情况,因为小刘不能安排在周五,所以在剩下的 4 天里只有 3 种选择,剩下 3 人可任意安排,有 $A_3^3=6$(种)情况,共 3×3×6=54(种)。

(2)老陶安排在周五,剩下 4 个人可以任意排列,有 $A_4^4=24$(种)情况。

所以一共有 54+24=78(种)排法。

4.排列组合问题四种特殊方法

下面四种方法的针对性很强,只能够解决某一种排列组合问题,这几种问题是考试中的重点。

捆绑法: n 个不同元素排成一列,要求 m 个元素必须相邻,可以把 m 个元素看成一个整体,此时有 $A_{n-m+1}^{n-m+1}A_m^m$ 种排法。

插空法: n 个不同元素排成一列,要求 m 个元素互不相邻,那么可以先排好其余的 $(n-m)$ 个元素,然后将 m 个元素按插到 $(n-m)$ 个元素形成的 $(n-m+1)$ 个空之间,有 $A_{n-m}^{n-m}A_{n-m+1}^m$ 种排法。

插板法: 将 n 个相同元素分成 m 堆,每堆至少一个,相当于将 $(m-1)$ 个木板插到 n 个元素形成的 $(n-1)$ 个"空"中,有 C_{n-1}^{m-1} 种分法。

归一法: n 个不同元素排成一列,其中 m 个元素的位置相对确定,如甲必须在乙前面等,此时将所有元素正常全排列,然后除以 m 个元素的全排列数即可,此时有 $\dfrac{A_n^n}{A_m^m}=\dfrac{n!}{m!}$ 种排法。

【例题】四对情侣排成一队买演唱会门票,已知每对情侣必须排在一起,问共有多少种不同的排队顺序?

A.24 种

B.96 种

C.384 种

D.40 320 种

【答案】C。解析:每对情侣必须排在一起,则每对情侣看成一个整体,四对情侣的排队方式有 $A_4^4=24$(种),每对情侣又有 2 种排列方式,因此共有 $24\times2^4=384$(种)排队方式。

5.错位重排问题

错位重排问题通常形式为:

编号为 $1,2,\cdots,n$ 的 n 封信,装入编号为 $1,2,\cdots,n$ 的 n 个信封,要求每封信和信封的编号不同,问有多少种装法?

对于这种问题,有一个固定的递推公式,记 n 封信的错位重排数为 D_n,则:

$D_1=0,D_2=1,D_n=(n-1)(D_{n-2}+D_{n-1})$。

由递推公式 $D_3=(3-1)\times(0+1)=2,D_4=(4-1)\times(1+2)=9,D_5=(5-1)\times(2+9)=44$。

一般考试中只考查 $n=3$、4、5 的情况,所以记住 $D_3=2,D_4=9,D_5=44$ 就可以快速求解出正确答案。

【例题】甲、乙、丙、丁四个同学排成一排,从左往右数,如果甲不排在第一个位置上,乙不排在第二个位置上,丙不排在第三个位置上,丁不排在第四个位置上,那么不同的排法共有多少种?

A.9 B.11 C.14 D.6

【答案】A。解析:将甲、乙、丙、丁四个同学分别看成一、二、三、四,则该题可理解为学生的排号与位置的排号不同,即 $n=4$ 的错位重排问题。已知 $D_4=9$,故本题选 A。

6.概率问题

普通概率 将基本空间(也就是所有的情况)分成 n 个等可能的情形,其中事件 A 包括了 m 个情形,那么称事件 A 发生的概率为 $\dfrac{m}{n}$,记为 $P(A)$。

条件概率 事件 A 在另外一个事件 B 已经发生条件下的发生概率。条件概率表示为 $P(A|B)$,读作"在 B 条件下 A 的概率"。

$P(A|B)=\dfrac{P(AB)}{P(B)}$,$P(AB)$ 为 AB 同时发生的概率,$P(B)$ 为 B 发生的概率。

多次试验概率 如果在一次试验中事件 A 发生的概率为 p,则在 n 次独立重复试验中,事件 A 发生 k 次的概率 $P(k)=C_n^k p^k(1-p)^{n-k}$。

几何概率 若记 $A(g)=\{$在区域 S 中随机取一点,而该点落在区域 g 中$\}$,在考试中,区域可以是线,也可以是面,相应的概率 $P(A) = \dfrac{g \text{的长度}}{S \text{的长度}}$ 或 $P(A) = \dfrac{g \text{的面积}}{S \text{的面积}}$,这一类概率称为几何概率。

【例题】某办公室5人中有2人精通德语。如从中任意选出3人,其中恰有1人精通德语的概率是多少?

A.0.5　　　　　　　　　　　B.0.6

C.0.7　　　　　　　　　　　D.0.75

【答案】B。解析:5人中任意选出3人,有 C_5^3 种情况。从2个精通德语的人中任选1人,有 C_2^1 种情况。从剩余3人中任选2人,有 C_3^2 种情况。所求为 $\dfrac{C_2^1 \times C_3^2}{C_5^3} = \dfrac{6}{10} = 0.6$,故本题选B。

(六)几何问题

几何问题一般涉及平面图形的长度、角度、周长、面积和立体图形的表面积、体积等,在银行招聘考试中一直是常考题型,其考查知识点以平面几何与立体几何图形的表面积为主。考生应熟练掌握以下常用的公式及性质。

1.平面几何常用公式

表3-2-3 常见平面图形的周长及面积公式

图形	图例	周长	面积
三角形		$C=a+b+c$	$S_{\triangle ABC}=\dfrac{1}{2}ah$ $S_{\triangle ABC}=\dfrac{1}{2}ab\sin C=\dfrac{1}{2}ac\sin B=\dfrac{1}{2}bc\sin A$
正方形		$C=4a$	$S=a^2$
长方形		$C=2(a+b)$	$S=ab$
梯形		$C=a+b+c+d$	$S=\dfrac{1}{2}(a+b)h$
平行四边形		$C=2(a+b)$	$S=ah$
圆形		$C=2\pi r=\pi d$	$S=\pi r^2=\dfrac{1}{4}\pi d^2$
扇形		$C=2r+l$ $=2r+\dfrac{n\pi r}{180}$	$S=\dfrac{n^\circ}{360^\circ}\pi r^2$

2.立体几何常用公式

表 3-2-4　常见立体图形的表面积及体积公式

图形	图例	表面积	体积
长方体		$S=2(ab+bc+ac)$	$V=abc$
正方体		$S=6a^2$	$V=a^3$
球体		$S=4\pi r^2$	$V=\dfrac{4}{3}\pi r^3$
圆柱体		$S=2\pi r^2+2\pi rh$	$V=Sh=\pi r^2h$ （S 为圆柱底面积）
圆锥体			$V=\dfrac{1}{3}Sh=\dfrac{1}{3}\pi r^2h$ （S 为圆锥底面积）

3.常用几何性质及结论

(1)n 边形内角和为 $(n-2)\times180°$。

(2)在三角形中,两边之和大于第三边,两边之差小于第三边。

(3)几何图形的缩放:对于常见的几何图形,若将其边长变为原来的 n 倍,则其周长变为原来的 n 倍,面积变为原来的 n^2 倍,体积变为原来的 n^3 倍。

(4)几何极限理论。

平面图形,周长一定,越趋近于圆,面积越大;面积一定,越趋近于圆,周长越小;

立体图形,表面积一定,越趋近于球,体积越大;体积一定,越趋近于球,表面积越小。

(5)染色问题:

将一个立方体表面染色,假设将每条棱分成 n 份进行切割,则:

①三个面被染色的是 8 个顶角立方体。

②两个面被染色的是 $12(n-2)$ 个在棱上的小立方体。

③只有一个面被染色的是 $6(n-2)^2$ 个位于外表面中央的小立方体。

对于上表中给出的规则几何图形或几何体的问题,通常可以直接应用上面的公式或性质进行解答;对于不规则的几何图形或几何体,可根据图形的特点寻找适当的"割补"转化方法,将其转化为规则图形或几何体进行计算。

【例题】将一个表面积为 36 平方米的正方体等分成两个长方体,再将这两个长方体拼成一个大长方体,则大长方体的表面积是多少?

A.24 平方米　　　　　　　　　　B.30 平方米

C.36 平方米　　　　　　　　　　D.42 平方米

【答案】D。解析:根据体积一定,越趋近于球体,表面积越小可知,重新拼的长方体表面积必然大于原来的正方体。结合选项直接选大于36平方米的D项。

(七)利润问题

利润问题主要考查进价、售价、利润、打折等日常经济数据之间的关系。作为与实际生活联系紧密的题型,利润问题是数学运算中的常考内容。

表3-2-5 利润问题概念及相关公式

概念	含义	示例	相关公式
进价	商品买进的价格	商家以每件100元买入某商品	
定价	商家根据进价定出的商品出售价格	商家决定以每件150元卖出某商品	
售价	商品实际的出售价格	商家实际以每件120元卖出某商品	
利润	售价与进价的差	每件商品商家赚了120−100=20元	利润=售价−进价
利润率	利润占进价的百分比	利润率为20÷100=20%	利润率=$\frac{利润}{进价}$
打折	售价与定价之比	120÷150=0.8,即该商品打了八折	打几折=$\frac{售价}{定价}$×10

此外,银行储蓄类问题与利润问题也极为相似:

本金:储蓄的金额

利率:利息和本金的比

利息=本金×利率×期数

本息和=本金+利息=本金×(1+利率×期数)

【例题】1.小王收购了一台旧电视机,然后转手卖出,赚取了30%的利润。1个月后,客户要求退货,小王和客户达成协议,以当时交易价格的90%回收了这台电视机。后来小王又以最初的收购价将其卖出。问小王在这台电视机交易中的利润率为多少?

A.13%　　　　　　　　　　B.17%

C.20%　　　　　　　　　　D.27%

【答案】A。解析:设收购价为100元,则第一次以100×(1+30%)=130元卖出,后以130×90%=117(元)购回,最后又以100元卖出。则此过程中一共获利13(元),利润率为13%。

2.有一本畅销书,今年每册书的成本比去年增加10%,因此每册书的利润下降了20%,但是今年的销量比去年增加了70%,则今年销售该畅销书的总利润比去年增加了多少?

A.36%　　　　　　　　　　B.25%

C.20%　　　　　　　　　　D.15%

【答案】A。解析:题目中的数据均为百分数,可采用设特殊值的方法降低计算难度。

假设每册书的利润为10元,去年销量为10册,则今年每册书的利润是8元,销量是17册。因此去年的总利润是100元,今年是8×17=136(元)。今年的销售总利润比去年增加了36%。

(八)容斥问题

容斥原理是指计数时先不考虑重叠的情况,把包含于某内容中的所有对象的数目先计算出来,然后再把重复计算的数目排斥出去,使得计算的结果既无遗漏又无重复。容斥问题常利用容斥原理来解题。

容斥问题的常用解题方法有两种:

1.公式法

两个集合:$A \cup B = A + B - A \cap B$

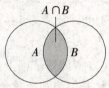

三个集合:$A \cup B \cup C = A + B + C - A \cap B - B \cap C - C \cap A + A \cap B \cap C$

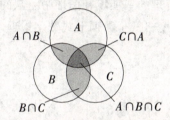

2.文氏图法

题目涉及情况比较复杂时,我们可以利用图形这种工具,将各集合之间的关系用图形形象地表示出来,能够更快更准地解决问题。

【例题】 为丰富职工业余文化生活,某单位组织了合唱、象棋、羽毛球三项活动。在该单位的所有职工中,参加合唱活动有 189 人,参加象棋活动有 152 人,参加羽毛球活动有 135 人,参加两种活动的有 130 人,参加三种活动的有 69 人,不参加任何一种活动的有 44 人。该单位的职工人数为多少?

A.233　　　　　　　　　　　　B.252

C.321　　　　　　　　　　　　D.520

【答案】 B。**解析**:参加活动的人共有 189+152+135-130-69×2=208(人),不参加任何活动的有 44 人,因此职工总人数为 208+44=252(人)。

二、数字推理

1.数列形式数字推理

数列形式数字推理,是最常见的数字推理题型。这一题型的题干是一个数列,但整个数列中缺少一项或两项,要求应试者仔细观察这个数列各项间的关系,判断其中的规律,然后在四个备选答案中选择最合理的一项。数列形式数字推理中的常见规律较多,考查范围很广,可分为三类:

(1)数项特征,数列各项在某一方面存在相同或有联系的特征。

(2)运算关系,数列存在连续变化的运算规律。

(3)结构特征,数列具备某种特殊的结构。

【例题】1,2,5,12,29,( )

A.46 B.57 C.68 D.70

【答案】D。解析:数列数字持续增大,且数列后一项都与前一项的2倍很接近,故可考虑数列前面的项通过有关2倍的变化得到后面的项,1、2、5,这几个数字,不难发现1+2×2=5,这种变化方式在后面也是成立的,2+5×2=12,5+12×2=29。本题中的排列规律即是第一项+第二项×2=第三项,运用这个规律,则括号中的数应是12+29×2=70。

2.图形形式数字推理

图形形式数字推理是在数列形式数字推理基础上演变而成的新题型,它的题干通常是一个或多个包含数字的图形,要求应试者仔细观察这些数字之间的关系,判断其中的规律,然后在四个备选答案中选择最合理的一项填补图形中空缺的数字。整体来说,图形形式数字推理的变化情况相对有限,其难度略低于数列形式数字推理。它主要考查图形中数字之间的运算关系。

【例题】

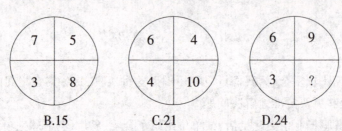

A.12 B.15 C.21 D.24

【答案】C。解析:此类题将数字放在圆圈中,在考虑这些数字的排列规律时,通常需要从左右数字、上下数字、对角数字来考虑,将这些数字分组。在第一个圆圈中,一条对角线数字7、8的和是15,另一条对角线数字3、5的积是15。类似的规律在第二个圆圈中也成立,6+10=4×4。则在第三个圆圈中,6+?=3×9,?=21,故本题选C。

3.归纳数字特点

对数字特点的归纳能力反映的是应试者对于数字的认识程度,是数字推理所测查的最基本能力。一个数通常具备很多特点,如7,它是一个正整数、是一个奇数、是一个质数……;几个数在一起(如排成一列),如何找到它们之间的共同特征或联系,就需要在深刻认识这些数的基础上,准确归纳它们的共同特征或它们之间的联系。如9、25这两个数,它们有一些共同特征:它们都是正整数、它们都是奇数的平方($9=3^2$,$25=5^2$)、它们除以4的余数都为1……

【例题】357,456,528,726,951,( )

A.1 059 B.1 089 C.1 135 D.1 178

【答案】A。解析:题干数字均为三位数,存在数列前面的项通过运算得到后面的项的规律的可能性不大,优先考虑每个数字的特点。这些数字的共同特点是各位数字之和都为15,选项中只有A项满足。

4.概括数间关系

对数间关系的概括能力反映的是应试者对于数字之间运算关系的认识程度,是数字推理所测查的最重要能力。在数字推理中,我们要充分考虑数字之间的运算关系,即一个数在怎样的运算方式下可以得到另一个数、两个数通过怎样的运算可以得到第三个数。由于一个数字推理中涉及多个数字,数字之间可能的运算方式又很多,这时需要具备一种概括的能力,使这些数字之间的运算方式联系起来,形成一种规律。

【例题】3,7,16,35,74,(　)

A.148　　　　　　　　　　　B.153

C.158　　　　　　　　　　　D.163

【答案】B。解析:数列增幅平缓,后项均在前项的2倍左右,优先考虑数间的运算关系。写成式子,$3×2+1=7$、$7×2+2=16$、$16×2+3=35$、$35×2+4=74$,所加数不相同,但它们是连续自然数,所以括号中的数应是74的2倍再加5,$74×2+5=153$。

5.判断数列结构

对题干结构的判断能力反映的是应试者对数字推理题干的整体认识程度,是数字推理所测查的又一重要能力。在数字推理中,题干数字按照一定的方式排列在一起,对题干结构的准确判断,必将加快解题过程,这一能力是以"对数字特点的归纳能力""对数间关系的概括能力"为基础的。

【例题】2,6,4,10,8,14,16,(　),(　)

A.30　22　　　　　　　　　　B.22　30

C.18　32　　　　　　　　　　D.20　26

【答案】C。解析:数列数字很多,顺次读过来,发现有些数字是很有特点的,2,4,8,16,是我们非常了解的公比为2的等比数列,它们依次在第一项、第三项、第五项、第七项,即我们确定了数列奇数项的数字按规律变化,下一项是32。

再看偶数项数字,依次是6,10,14,是公差为4的等差数列的连续三项,下一项应是$14+4=18$。故本题选C。

6.高频简单数列

下面这些数列,是数字推理的基础,虽然不直接出现,但命题人通常对它们进行一些变化,或让它们参与到数列变化中,我们应该对它们很敏感。

自然数列:1,2,3,4,5,6……

奇数列:1,3,5,7,9,11……

偶数列:0,2,4,6,8,10……

等比数列:1,2,4,8,16,32……

质数列:2,3,5,7,11,13……

合数列:4,6,8,9,10,12……

平方数列:1,4,9,16,25,36……

立方数列:1,8,27,64,125,216……

循环数列:1,–1,1,–1,1,–1……

经典真题

1.用1,2,3,4这四个数组成两个两位数,这两个两位数相乘乘积最小的是( )。

A.408   B.322

C.426   D.312

2.某贸易公司购进1 000吨货物进行销售,原计划每吨售价100元,预计3个月销售完毕,仓库租金每月需花费一定费用,因公司打算尽快回笼资金将这批货物降价10%进行销售,一个月就销售完毕,且利润比原计划增加4 000元。仓库租金为每月( )元。

A.13 000   B.7 000

C.6 500   D.14 000

3.某工厂要在规定的时间内生产一批设备,如果每天生产280台,可以提前3天完成;如果每天生产240台,就要再生产3天才能完成,问规定完成的时间是( )天。

A.30   B.33

C.36   D.39

4.李某假期去秦岭游玩,从甲山到乙山有3条路线,从乙山到丙山有4条路线,从丙山到丁山有2条路线,从甲山经过乙山、丙山到丁山不同走法共有( )种。

A.24   B.22

C.28   D.20

5.甲、乙、丙、丁4个数,每次去掉其中的一个算剩余3个数的平均数,得到的结果分别是166,168,170,171,这4个数的平均数是( )。

A.168.75   B.168.25

C.170.25   D.167.5

6.某公司举办运动会,参赛的员工组成一个正方形方阵,若减少方阵的一列和一行,则会减少23人,那么,该方阵应由( )名员工组成。

A.169   B.144

C.196   D.225

7.某超市准备在五一组织促销活动,原计划由80名员工用5天时间准备此次活动,现需要提前1天完成,还需要增加( )名员工。

A.50   B.100

C.40   D.20

8.甲乙约在上午10点在C地谈生意,已知C地与甲乙两人所在地的距离比是11:15。甲走3分钟的路程相当于乙走4分钟的路程,乙上午9点出发,可以整10点到达C地,甲最晚在( )出发才能准时到达C地。

A.9点27分   B.9点20分

C.9点33分   D.9点40分

9.一次考试中,甲、乙两人考试结果如下:甲答错了全部试题的$\frac{1}{3}$,乙答错了7题,甲、乙都答错的试题占全部试题的$\frac{1}{5}$,那么甲、乙都答对的试题至少有( )。

A.6   B.7

C.8   D.9

10.用 2 012 减去一个四位数的差,正好等于将这个四位数各个数位数字相加的和,那么有几个这样的四位数? ( )

A.1   B.2

C.3   D.4

11.一个长 146 千米的山区公路分为上坡、平地和下坡三段,其中上下坡的距离相等。某越野车以上坡 20 千米/小时、平地 30 千米/小时、下坡 50 千米/小时的速度行驶,跑完该条公路正好用时 5 小时。问该山路中的平地路程为多少千米? ( )

A.40   B.55

C.66   D.75

12. 2,5,14,41,122,( )

A.243   B.323

C.365   D.38

13.根据以下数字的规律,问号处应填入的是( )。

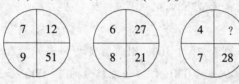

A.1   B.0

C.10   D.27

14. 0,2,5,10,17,( ),41

A.28   B.27

C.26   D.25

15. 1,1,3,5,11,21,( )

A.49   B.50

C.43   D.105

16.在 1,2,3,4,5,6,7 之间任意添加加号(不改变数字的顺序),使得相加后的和为 100,则至少要使用( )个加号。

A.2   B.1

C.3   D.4

17.修一条公路,假设每人每天的工作效率相同,计划 180 名工人 1 年完成,工作 4 个月后,因特殊情况,要求提前 2 个月完成任务,则需要增加工人多少名? ( )

A.50   B.65

C.70   D.60

18.一商品的进价比上月低了5%,但超市仍按上月售价销售,其利润率提高了6个百分点,则超市上月销售该商品的利润率为多少?(　　)

A.12%   B.13%

C.14%   D.15%

19.一个正六边形跑道,每边长为100米,甲、乙两人分别从两个相对的顶点同时出发,沿跑道相向匀速前进。第一次相遇时甲比乙多跑了60米,问甲跑完三圈时,两人之间的直线距离是多少?(　　)

A.100米   B.150米

C.200米   D.300米

20.A、B两地间有条公路,甲、乙两人分别从A、B两地出发相向而行,甲先走半小时后,乙才出发,一小时后两人相遇,甲的速度是乙的$\frac{2}{3}$。问甲、乙所走的路程之比是多少?(　　)

A.5:6   B.1:1

C.6:5   D.4:3

经典真题参考答案及解析

1.【答案】D。解析:要使两个两位数乘积最小,则1,2分别作为首位且两个数的差值尽可能大,结果为13×24=312。

2.【答案】B。解析:根据题意,降价10%,则销售货物共少赚100×10%×1 000=10 000(元),两个月的租金为10 000+4 000=14 000(元),每月租金为14 000÷2=7 000(元)。

3.【答案】D。解析:每天生产280台,则在规定时间多生产280×3=840(台),每天生产240台,则在规定时间少生产240×3=720(台),规定时间为(840+720)÷(280-240)=39(天)。

4.【答案】A。解析:分步用乘法原理,不同走法共有3×4×2=24(种)。

5.【答案】A。解析:根据题意,这4个平均数相加的和即为甲、乙、丙、丁之和,则它们的平均数为$\frac{166+168+170+171}{4}$=168.75。

6.【答案】B。解析:原方阵每边人数为(23+1)÷2=12,则原方阵有12^2=144(人)。

7.【答案】D。解析:设每人每天工作量为1,则总工作量为80×5×1=400,提前一天,则工作时间为5-1=4(天),则需要员工400÷4÷1=100(人),所求为100-80=20(人)。

8.【答案】A。解析:甲乙两人所在地的距离比是11:15,甲走3分钟的路程相当于乙走4分钟的路程,即$V_甲:V_乙$=4:3,$S_甲:S_乙$=11:15,则甲用时为$\frac{S_甲}{V_甲}\div\frac{S_乙}{V_乙}\times60=\frac{11\times3}{15\times4}\times60$=33(分钟),故本题选A。

9.【答案】A。解析:甲、乙都答对的试题为试题总量减去甲、乙答错的题目总和。设总题量为x,则甲、乙答错的题目总数为$\frac{x}{3}+7-\frac{x}{5}=\frac{2x}{15}+7$,故甲、乙都答对的题目为$x-(\frac{2x}{15}+7)=$

$\dfrac{13x}{15}$-7。13 与 15 互质,则 x 最小为 15,$\dfrac{13x}{15}$-7 最小为 6。

10.【答案】B。解析:设四位数千、百、十、个位数字分别为 a、b、c、d,则 2 012-1 000a-100b-10c-d=a+b+c+d,整理得 2 012=1 001a+101b+11c+2d。当 a=2 时,b 必须为 0,11c+2d=10,因此 c=0,d=5。当 a=1 时,101b+11c+2d=1 011,则 b=9,11c+2d=102。2d 是偶数,11c 也是偶数,则 c 是偶数,故 c=8,d=7。因此符合题意的四位数只有 2 个。

11.【答案】C。解析:设上下坡距离均为 x 千米,则 $\dfrac{x}{20}+\dfrac{x}{50}+\dfrac{146-2x}{30}$=5,解得 x=40,平地路程为 146-2×40=66(千米),故本题选 C。

12.【答案】C。解析:第一项×3-1=第二项,以此类推 122×3-1=(365)。

13.【答案】B。解析:左边两个数相乘=右边两个数相加。即 7×9=12+51、6×8=27+21、4×7=28+(0)。此题选 B。

14.【答案】A。解析:二级等差数列。相邻两项之差为 2,3,5,7,(11),(13),是质数列,所求为 17+11=41-13=28。

15.【答案】C。解析:第一项×2-1=第二项,第二项×2+1=第三项,依此规律,所求为 21×2+1=43。

16.【答案】D。解析:1~7 能组成最大的两位数是 67,而 100-67=33,1~5 离 33 最近的两位数为 23,则 1+23+4+5+67=100,共 4 个加号,或者 1+2+34+56+7=100,故本题选 D。

17.【答案】D。解析:工作 4 个月后剩下 12-4=8(个)月,提前 2 个月完成,即要求 6 个月完成。工作量一定时,工作效率之比等于时间的反比,因此增加工人前后的工作效率比为 6:8=3:4。增加后的工人数为 180÷3×4=240(人),增加 240-180=60(人),故本题选 D。

18.【答案】C。解析:设上个月的利润率为 x,则这个月的利润率为(x+6%)。设上个月商品进价是 1,那么这个月商品进价是 0.95,由于两个月的售价是一样的,所以 1×(1+x)=0.95×(1+x+6%),解得 x=14%,故本题选 C。

19.【答案】C。解析:第一次相遇时,相遇路程为 100×3=300(米)。甲跑了(300+60)÷2=180 米,乙跑了 300-180=120(米)。甲、乙速度比为 180:120=3:2,所以当甲跑完三圈时,乙跑完了两圈,两人同时回到原出发点。此时,两人之间的距离为正六边形的对角线。正六边形的对角线等于边长的 2 倍,故直线距离为 100×2=200(米),故本题选 C。

20.【答案】B。解析:设乙的速度为 3,甲的速度为 2,甲走了 2×1.5=3 的路程,乙走了 3×1=3 的路程,二者所走路程比为 1:1。

同步训练

1.已知甲、乙两人共有 260 本书,其中甲的书有 13% 是专业书,乙的书有 12.5% 是专业书,问甲有多少本非专业书?( )

A.75
B.87
C.174
D.67

2.从 1,2,3,4,5,6,7,8,9 中任选三个数,使它们的和为奇数,共有几种不同的选法?( )

A.44 B.43 C.42 D.40

3.某儿童艺术培训中心有 5 名钢琴教师和 6 名拉丁舞教师,培训中心将所有钢琴学员和拉丁舞学员共 76 名分别平均地分给各个教师带领,刚好能够分完,且每位教师所带的学生数量都是质数。后来由于学生人数减少,培训中心只保留了 4 名钢琴教师和 3 名拉丁舞教师,但每名教师所带的学生数量不变,那么目前培训中心还剩下学员多少人?( )

A.36 B.37 C.39 D.41

4.某国的货币有 5 元和 7 元两种,如果用这两种面值的货币支付 132 元的货款,可有多少种不同的组合方法?( )

A.3 B.4 C.5 D.6

5.某天办公桌上台历显示是一周前的日期,将台历的日期翻到当天,正好所翻页的日期加起来是 168。那么当天是几号?( )

A.20 B.21 C.27 D.28

6.假期里,王老师有一个紧急通知要用电话通知到 50 位同学,假如每通知一位同学需要 1 分钟,同学接到电话后也可以互相通知,要使所有同学都接到通知至少需要几分钟?( )

A.5 B.6 C.7 D.8

7.某厂生产一批商标,形状为等边三角形或等腰三角形。已知这批商标边长为 2cm 或 4cm,那么这批商标的周长可能是( )。

A.6cm 12cm B.6cm 8cm 12cm

C.6cm 10cm 12cm D.6cm 8cm 10cm 12cm

8.一小圆形场地的半径为 100 米,在其边缘均匀种植 200 棵树,然后又在其任两条直径上,每隔 2 米栽种一棵树,问最少要种植多少棵树?( )

A.397 B.398 C.399 D.400

9.一群人坐车旅游,每辆车坐 22 人,剩 5 人没有座位,每辆坐 26 人,空出 15 个座位。问每辆车坐 25 人,空出多少座位?( )

A.20 B.15 C.10 D.5

10.农场有大型和小型两种联合收割机共 7 台,一台大型收割机每小时能收割 14 亩(1 亩=666.67 平方米)麦田,一台小型收割机每小时能收割 10 亩麦田。周一至周五所有收割机每天都工作 8 小时,周六和周日只有小型收割机每天工作 4 小时,正好一个星期将农场全部 3 520 亩的麦田收割完毕。问该农场共有小型收割机多少台?( )

A.3 B.4 C.5 D.6

11.甲、乙两人分别从 A、B 两地同时出发,相向而行,匀速前进。如果每人按一定的速度前进,4 小时相遇;如果各自每小时比原计划少走 1 千米,5 小时相遇。则 A、B 两地的距离是( )。

A.40 千米 B.20 千米

C.30 千米 D.45 千米

12.甲、乙两地相距20千米,小李、小张两人分别步行和骑车,同时从甲地出发沿同一路线前往乙地,小李速度为4.5千米/小时,小张速度为27千米/小时。出发半小时后,小张返回甲地取东西,并在甲地停留半小时后再次出发前往乙地。问小张追上小李时,两人距离乙地多少千米?(　　)

A.8.1　　　　　　　B.9　　　　　　　C.11　　　　　　　D.11.9

13.某项工程计划300天完成,开工100天后,由于施工人员减少,工作效率下降20%,问完成该工程比原计划推迟多少天?(　　)

A.40　　　　　　　B.50　　　　　　　C.60　　　　　　　D.70

14.果品公司购进苹果5.2万千克,每千克进价是1.35元,付运费等开支6 240元,预计损耗为2%。若要保证全部进货销售后不赔本,则每千克苹果零售价至少应当定为多少元?(　　)

A.1.35　　　　　　B.1.4　　　　　　C.1.5　　　　　　D.1.6

15.甲、乙、丙三人的月收入分别是5 000元、4 000元、1 000元。如果保持三人月收入比值不变且使平均月收入达到5 000元,则丙的月收入增加了(　　)。

A.100元　　　　　B.300元　　　　　C.400元　　　　　D.500元

16.$\frac{1}{2}$,　1,　$\frac{7}{6}$,　$\frac{5}{4}$,　$\frac{13}{10}$,　(　　)

A.$\frac{17}{18}$　　　　　B.$\frac{3}{4}$　　　　　C.$\frac{11}{14}$　　　　　D.$\frac{4}{3}$

17.1,　3,　0,　6,　10,　9,　(　　)

A.13　　　　　　　B.14　　　　　　　C.15　　　　　　　D.17

18.

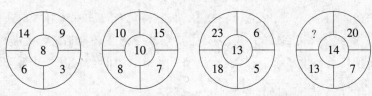

A.6　　　　　　　B.12　　　　　　　C.16　　　　　　　D.24

19.某书的页码是连续的自然数1,2,3,4,…,9,10…当将这些页码相加时,某人把其中一个页码错加了两次,结果和为2 001,则这书共有(　　)页。

A.59　　　　　　　B.61　　　　　　　C.66　　　　　　　D.62

20.一根竹笋从发芽到长大,如果每天长1倍,经过10天长到40分米,那么当长到2.5分米时,要经过多少天?(　　)

A.6　　　　　　　B.8　　　　　　　C.4　　　　　　　D.12

21.某单位今年一月份购买5包A4纸、6包B5纸,购买A4纸的钱比B5纸少5元;第一季度该单位共购买A4纸15包、B5纸12包,共花费510元;那么每包B5纸的价格比A4纸便宜(　　)。

A.1.5元　　　　　　　　　　　　　B.2.0元

C.2.5元　　　　　　　　　　　　　D.3.0元

同步训练参考答案及解析

1.【答案】B。解析：由"甲的书有13%是专业书"可知，甲的非专业书=甲的书×$\frac{87}{100}$，所以甲的书是100的倍数，甲的非专业书是87的倍数，排除A、D两项；

由"乙的书有12.5%是专业书"可知，乙的专业书=乙的书×$\frac{12.5}{100}$=乙的书×$\frac{1}{8}$，则乙的书是8的倍数。代入C项，若甲有174本非专业书，则甲有200本书，那么乙的书为60本，不是8的倍数，排除C项，故本题选B。

2.【答案】D。解析：根据奇数与偶数间的加减规律，要使三个数的和为奇数，只能是三个奇数或两偶一奇。三个数都是奇数时，从5个奇数中选3个，共有C_5^3=10（种）选法；有两个偶数一个奇数时，从四个偶数中选出2个，再从5个奇数中选出1个，共有$C_4^2 \times C_5^1$=30（种）选法。总共10+30=40（种）选法，故本题选D。

3.【答案】D。解析：设每个钢琴教师带x名学生，每个拉丁舞教师带y名学生，则$5x+6y$=76。76、6y是偶数，根据（偶数）+偶数=偶数，可知5x是偶数，即x是偶数。每位教师所带的学生数量都是质数，2是唯一的偶质数，则x=2，y=11。培训中心目前剩下4×2+3×11=41（名）学员，故本题选D。

4.【答案】B。解析：设需要5元和7元货币分别有x和y张，根据题意可得$5x+7y$=132。这是一个不定方程，由于5x的尾数只能是0或5，对应的，那么7y的尾数只能是2或者7，因此y只能取6,16,1,11四个值，对应的x为18,4,25,11，所以可有4种不同的组合方法。

5.【答案】D。解析：台历上连续一周（7天），日期数即是公差为1的等差数列，连续7项之和为168。根据等差数列中项求和公式，则中项第四天a_4=168÷7=24（号），第七天是27号，当天即是28号，故本题选D。

6.【答案】B。解析：根据题意，首先只有王老师1人接到通知，第一分钟后，王老师通知1个同学，此时一共有2个人接到通知；第二分钟后，王老师和1个同学分别各自通知1个同学，则一共有4个人接到通知……按照这个规律，是一个首项为1、公比为2的等比数列，所有同学都接到通知所需要的时间就是这个等比数列的项数。即$1×2^n$>50，由于2^5=32<50，2^6=64>50，所以至少需要6分钟。

7.【答案】C。解析：商标可以是边长为2cm或4cm的等边三角形或边长为2cm、4cm、4cm的等腰三角形（2cm、2cm、4cm不能构成三角形），所以周长可能是2+2+2=6（cm）、4+4+4=12（cm）、2+4+4=10（cm），故本题选C。

8.【答案】A。解析：每条直径上种200÷2+1=101（棵）树，直径两端的树与边缘的树重合时棵数最少，且两条直径的圆心所种树必然重合，共200+101×2-2×2-1=397（棵），故本题选A。

9.【答案】C。解析：此题为标准的盈亏问题形式，直接套用核心公式。车的数量为(15+5)÷(26-22)=5，共有5×22+5=115（人）。则坐25人时，115÷25=4……15，即需要5辆车，空出25-

15=10(个)座位。

10.**【答案】**C。**解析**:此题给出的数据关系较多,若通过列方程组解答,则计算量较大,此时可以使用假设法。由题意可知,一台大型收割机一个星期可收割麦田 14×8×5=560(亩),一台小型收割机一个星期可收割麦田 10×(8×5+4×2)=480(亩)。假设全是大型收割机,则一个星期可收割麦田 560×7=3 920(亩),故该农场共有小型收割机(3 920-3 520)÷(560-480)=5(台)。

11.**【答案】**A。**解析**:甲、乙两次相遇的路程相同,两次所用时间的比为 4:5,则速度和的比为 5:4。已知两次相遇过程中的速度和相差 2 千米/小时,所以第一次两人速度和为 2÷(5-4)×5=10(千米/小时),AB 距离为 4×10=40(千米)。

12.**【答案】**D。**解析**:小张第二次从甲地出发时,小李已经步行 0.5×2+0.5=1.5(小时)。此时,小张出发追小李,追及距离为 4.5×1.5 千米,两人的速度差为(27-4.5)千米/小时,追及时间为 4.5×1.5÷(27-4.5)=0.3(小时)。小张追上小李时,距乙地 20-27×0.3=11.9(千米)。

13.**【答案】**B。**解析**:根据工作量一定,工作效率与时间成反比,可得正常 200 天的工作,效率下降后需要 200÷(1-20%)=250(天),故需推迟 50 天。

14.**【答案】**C。**解析**:存在损耗,损耗后还有 5.2×10 000×(1-2%)=50 960(千克)。成本=进价+额外支出=1.35×5.2×10 000+6 240=76 440(元)。总售价=成本=76 440 元,所以每千克售价至少为 76 440÷50 960=1.5(元)。

15.**【答案】**D。**解析**:丙占三人总收入的 $\frac{1}{10}$,平均月收入调整至 5 000 元后,那么三人总收入为 5 000×3=15 000(元),则丙为 1 500 元,增加了 1 500-1 000=500(元)。

16.**【答案】**D。**解析**:$1=\frac{4}{4}$,$\frac{5}{4}=\frac{10}{8}$,则分子 1,4,7,10,13,(16)构成公差为 3 的等差数列,分母 2,4,6,8,10,(12)构成公差为 2 的等差数列。

17.**【答案】**D。**解析**:题干数字波动变化但又不是交替变化,可排除作差;数列中间出现 0,可排除作商。从而将分析的范围大大缩小。

观察相邻三项的和,1+3+0=4、3+0+6=9、0+6+10=16、6+10+9=25,4,9,16,25 是连续自然数的平方,下一项是 36,所以括号中的数是 36-10-9=17。

18.**【答案】**C。**解析**:周围四个数字的和等于中间数字的 4 倍。在第四个图中,(16)+20+13+7=56=14×4。

19.**【答案】**D。**解析**:设这本书有 n 页,页码是一个等差数列,其和为 $\frac{n(n+1)}{2}$,依题意,其中一个页码多加了一次,所以 $\frac{n(n+1)}{2}<2 001$,则 n=62,此时 $\frac{62×63}{2}=1 953$,2 001-1 953=48,被错加的是第 48 页。

20.**【答案】**A。**解析**:先计算由 2.5 分米长到 40 分米所需要的时间,这是一个首项为 2.5,公比为 2 的等比数列,40÷2.5=16=2⁴,即需要 4 天,故长到 2.5 分米需要 10-4=6(天)。

21.**【答案】**C。**解析**:设 A4 纸每包 a 元,B5 纸每包 b 元,则 5a+5=6b,15a+12b=510,解得 a=20,b=17.5。每包 B5 纸比 A4 纸便宜 2.5 元。

第三章 判断推理

第一节 备考攻略

一、考情分析

2018 年判断推理部分题目和往年相比有一定变化,以考查图形推理题目为主,考生需要重点复习。

表 3-3-1 2015—2018 年中国农业银行判断推理部分题量

年份	逻辑判断题量	定义判断题量	图形推理题量
2018	—	—	10
2017	4	—	4
2016	4	—	5
2015	4	1	6

二、备考指导

(一)逻辑判断

逻辑判断,指每道题给出一段陈述(这段陈述被假设是正确的),不容置疑的,要求报考者根据这段陈述,运用一定的逻辑推论,选择一个最恰当的答案。

逻辑判断的高频考点包括因果论证、复言命题的推理和结论型题目。对于削弱、加强和前提型题目,准确把握论证结构是解题的关键,跳跃论证和因果论证是考试的重点。

另外有的题目只需要抓住题干论点即可快速解答。

(二)定义判断

定义判断,指每道题先给出一个概念的定义,然后分别列出四种情况,要求报考者严格依据定义选出一个最符合或最不符合该定义的答案。

定义判断题型比较简单,所考查的定义形式主要有"属"+"种差"型定义、描述型定义和枚举型定义三种,且"属"+"种差"型定义出现的频率最高。

定义判断常用的解题方法包括:找关键词法和选项对比法。

(三)图形推理

图形推理,指每道题给出一套或两套图形,要求报考者通过观察分析找出图形排列的规律,选出符合规律的一项。

考查的题型包括分类型、顺推型、类比型、九宫格、空间型五种,考点会涉及结构类、位置类、叠加类、组合类以及数量类五种,其中,分类型、顺推型和空间型是常考题型。

第二节　重要知识点讲解

一、逻辑判断

(一)因果论证

因果论证,即通过揭示事物之间存在的因果联系而得出某种观点的一种论证方法。其论证过程是基于某一事件的发生(不发生)与另一事件的发生(不发生)相关,推出两个事件之间存在一定的因果关系。在考试中,因果关系往往也是通过实验、调查、问卷、研究等得出,最常见的是通过对比得出因果关系,具体可表示如下:

场合	先行情况	被研究现象
①	有 ABC	有 a
②	有 BC 而无 A	无 a

所以,A 是 a 的原因。

注意:(1)两个比较场合中出现的不同情况必须是唯一的。如果相比较的两个场合还有其他差异因素未被发现,结论就会被否定或出现误差。

(2)两个比较场合中唯一不同的情况可能只是被研究现象的部分原因。如果除了所揭示的因果联系之外,还会有其他原因会对结果造成影响,则该因果论证不可靠。

【例题】在一项实验中,实验对象的一半作为实验组,食用了大量的某种辣椒。而作为对照组的另一半没有吃这种辣椒。结果,实验组的认知能力比对照组差得多。这一结果是由这种辣椒的一种主要成分——维生素 E 造成的。

以下哪项如果为真,则最有助于证明这种辣椒中某些成分造成这一实验结论?

A.上述结论中所提到的维生素 E 在所有蔬菜中都有,为了保证营养必须摄入一定量这种维生素E

B.实验组中人们所食用的辣椒数量是在政府食品条例规定的安全用量之内的

视频讲解

C.第二次实验时,只给一组食用大量辣椒作为实验组,而不设不食用辣椒的对照组

D.实验前两组实验对象是按认知能力均等划分的

【答案】D。解析:题干通过实验得出结论,具体论证为:

论据	实验组食用了大量的某种辣椒,而对照组没有吃这种辣椒,实验组的认知能力比对照组差得多。
论点	两组的认知能力的差异是由于辣椒中的维生素E造成的。
分析	题干论据是典型的对比实验,要加强结论,需要说明没有其他因素影响。

D项说明两组实验对象的认知能力的起点相同,排除了其他因素的影响,也就加强了实验结论的可信度;A、B两项对加强实验结论没有帮助;C项会导致实验失去参照而产生无效结果,削弱了实验结论。故本题选D。

(二)复言命题的推理

1.联言命题与选言命题

联言命题表示多种情况同时存在,而选言命题表示至少有一种情况存在,根据是否能够同时存在,还可分为相容选言命题与不相容选言命题。我们可以通过比较来记忆这几种命题。

表3-3-2 联言命题和选言命题的比较

类别	联言命题	选言命题	
		相容选言命题	不相容选言命题
定义	多种情况同时存在	至少一种情况存在,可以同时存在	有且只有一种情况存在
形式	p 并且 q	p 或者 q	要么 p,要么 q
联结词	表并列、递进、转折、顺承等关系的词语,如"虽然……但是……""既……又……"等	表选择关系的词语,如"或者……或者……"	"或……或……,二者不可得兼"
示例	(1)网购既便宜又方便 (2)小刘考上了,但小李没考上	(1)他去过德国或者意大利 (2)他没考好,或者由于题目太难,或者由于发挥不好	(1)要么顽强抵抗,要么屈膝投降 (2)不在沉默中爆发,就在沉默中灭亡

2.假言命题的基本推理

根据条件和结论的关系可以将假言命题分为三种:充分条件假言命题、必要条件假言命题和充分必要条件假言命题,考试中重点考查前两种。

表3-3-3 充分条件假言命题、必要条件假言命题和充分必要条件假言命题的比较

类别	充分条件假言命题	必要条件假言命题	充分必要条件假言命题
定义	当条件 p 存在时,结论一定成立,则 p 是 q 的充分条件	当条件 p 不存在时,结论 q 一定不成立,则 p 是 q 的必要条件	p 既是 q 的充分条件,又是 q 的必要条件
形式	如果 p,那么 $q(p \to q)$	只有 p,才 $q(p \leftarrow q)$	p 当且仅当 $q(p \leftrightarrow q)$
联结词	"只要……,就……""若……,则……""……必须……"	"不……,不……""除非……,否则不……""没有……就没有……"	"若……则……,且若不……则不……""当且仅当……才……"
示例	(1)如果天下雨,地就会湿 (2)要实现社会发展,就必须对外开放	(1)只有年满18周岁才有选举权 (2)除非政府出台政策,否则房价不会降	(1)一个数当且仅当能被2整除时才是偶数 (2)人不犯我,我不犯人;人若犯我,我必犯人

从定义我们可以看出这三种命题的区别:充分条件假言命题是"有 p 必有 q",必要条件假言命题是"无 p 必无 q",而充分必要条件假言命题是前两者的结合,即"p、q 同时成立或不成立"。

【例题】某校食堂发生一起严重的食物中毒事故。关于事故的原因,有如下四种说法:

甲:事故是由食物过期引起的。

乙:如果事故是由食物过期引起的,那么食堂管理方面一定存在着监管不到位的现象。

丙:事故确实是由食物过期引起的,但食堂管理方面并不存在监管不到位的现象。

丁:事故不是由食物过期引起的,但食堂管理方面存在监管不到位的现象。

如果上述四种说法中只有一种是真的,由此可以推出(　　)。

A.丙为真

B.乙为真,但食堂没有存在监管不到位的现象

视频讲解

C.甲为真

D.乙为真,且食堂存在监管不到位的现象

【答案】B。解析:四人的话都比较长,且具有相似的肢命题,不妨设 p=事故是由食物过期引起的,q=食堂管理方面存在监管不到位的现象,则四种说法依次为:

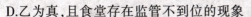

甲:p　　　　　乙:p→q　　　　　丙:p 且非 q　　　　　丁:非 p 且 q

易知乙和丙是矛盾命题,必有一真一假,由只有一真,可知甲和丁的话必然为假,由甲的话为假即 p 为假,可知事故不是由食物过期引起的,再结合丁的话为假,可推出 q 为假,即"食堂管理方面不存在监管不到位的现象",则丙的话为假,乙的话为真。故本题选 B。

(三)结论型

结论型题目的题干给出一段论述或推理,要求选出能够根据题干所给信息进行归纳或推理的选项,类似于言语理解与表达的片段阅读题。常见的提问方式有:

问法一,由此可以推出……

问法二,如果上述断定是真的,以下哪项也一定是真的?

问法三,如果上述断定是真的,那么除了以下哪项,其余的断定也必定是真的?

问法四,以下哪项作为结论从上述题干中推出最为恰当?

问法五,下列哪项最能概括上文的主要观点?

结论型题目的选项特点:

1.错误选项

无中生有,即与题干无关的或者超出题干范围的选项;

过度推断,即由题干信息无法客观推出的选项;

偷换概念,即选项中的概念与题干概念不一致,是看似有关、其实无关的选项;

与题干信息相矛盾的选项;

违反假言推理规则的选项,如通过否定前件得到否定后件的选项。

2.正确选项

既可能是对题干材料整体内容的概括,也可能仅是对题干某一细节的概括。

【例题】生物处于污染条件下,可以通过结合固定、代谢解毒、分室作用等过程将污染物在体内富集、解毒。其中生物的解毒能力是生物抗性的基础,解毒能力强的生物都具有抗性。但解毒能力不是抗性的全部,抗性强的生物不一定解毒能力就强。

由此可以推知( )。

A.解毒能力不强的生物不具有抗性

B.具有抗性的生物一定具有较强的解毒能力

C.生物可将污染物富集、解毒,所以生物能在污染环境下生存

D.不具有抗性的生物解毒能力一定不强

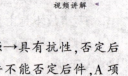
视频讲解

【答案】D。**解析:**由"解毒能力强的生物都具有抗性"可知解毒能力强→具有抗性,否定后件则否定前件,即不具有抗性的生物解毒能力不强,D项正确;否定前件不能否定后件,A项错误;肯定后件不能肯定前件,B项错误;C项"在污染环境下生存"由题干不能推出。故本题选D。

二、定义判断

(一)"属"+"种差"

"属"+"种差",就是通过揭示概念最邻近的"属"概念和"种差"来明确概念内涵的逻辑方法。可用公式表示为:被定义项=属概念+种差

在逻辑中,属是指一个相对较大的类,而种是指一个相对较小的子类。

例如:"动物"和"哺乳动物"这两个概念,"动物"就是属概念,"哺乳动物"就是种概念;而说到"哺乳动物"和"猫科动物"这两个概念,"哺乳动物"就是属概念,"猫科动物"就是种概念。

种差是在一个属里区别不相同的种的属性。

例如:"猫科动物"里"老虎"区别于其他的种的种差包括体形大、有斑纹、凶猛等。

当一个属被一个种差限定的时候,就确定了一个种的内涵,"属"+"种差"的定义形式就是由此而来。

例如:商品^{【定义】}是指用于交换^{【种差】}的劳动产品^{【属】}。

上例中位于句末的"劳动产品"就是商品所在的"属",揭示了商品的本质属性,而"种差"就是商品与其他劳动产品的区别,即"用于交换"。

在考试中,定义所在的属(本质)一般比较明显,往往位于句末,有时甚至省略。因此,在解题时,除了关注定义所在的属以外,更需要重点关注的是"种差"。

(二)找关键词法

关键词也就是题干定义的要点。在阅读题干时,考生通过一些特定的提示词可迅速找到定义的关键词,将其标注出来,有助于快速解题。需要注意的是,对于定义的要点,可以没有体现,但不能不符合。

(三)选项对比法

对于一些选择不符合的题目,可以直接对比四个选项,并结合题干定义,选出不同于其他三项的一项,也就是正确答案。此方法可以加快做题的速度,但需要和找关键词法结合使用才能确保答案的正确性。

三、图形推理

(一)分类型图形推理

解题思路:
(1)以图形之间的共同特征或共有元素为突破口,猜想并验证分类标准。
(2)分析单个图形的外部整体特征和内在细节特征,然后用其他图形去匹配。

(二)顺推型图形推理

顺推型图形推理包含一组题干图形和一组选项图形,需要根据题干图形的排列规律,在选项中选择一个合适的图形。一般情况下,顺推型图形推理的规律有共同特征型、连续变化型和间隔排列型三种。

1.共同特征型

从图形整体特征和构成元素出发,归纳出图形之间的共同特征。

2.连续变化型

根据题干图形表现出的具有连续性的某种规律,延续得到下一个图形。

3.间隔排列型

这类题的题干通常给出五个图形,其中第一、三、五个图形表现出一致的规律,第二、四个图形表现出某种规律,据此在选项中找出符合对应规律的图形。

【例题】

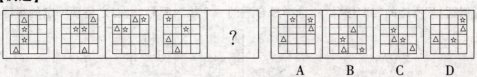

A   B   C   D

【答案】D。解析:给出的图形都是由2个星星和2个三角形分布在4×4的方格中构成的,构成元素相同、元素的个数也相同,图形表现出的唯一不同是这些小图形在方格内的位置不同。

视频讲解

分别来看,所有的三角形都分布在表格的边界上,所有的星星都在方格的对角线上,这样就找到了图形组成元素在位置分布上的规律,结合选项,符合这个规律的只有D项。

(三)空间型图形推理

空间型图形推理一直是众多考生的难题,最常考查的是折纸盒与拆纸盒问题。

"折纸盒问题":题干为平面展开图,四个选项均为立体图形,提问方式一般为"左边给定的是纸盒的外表面,下列哪一项能由它折叠而成?""将题干图形折叠后,得到的图形是?"。

"折纸盒问题"是空间型图形推理中最重要的题型。

"拆纸盒问题":题干为立体图形,四个选项均为平面展开图,提问方式一般为"下面四个所给的选项中,哪一项能折成左边给定的图形?""将题干图形展开后应为?"。"拆纸盒问题"相对简单,逐一分析选项排除即可。

【例题】左边给定的是纸盒的外表面,下列哪一项能由它折叠而成?

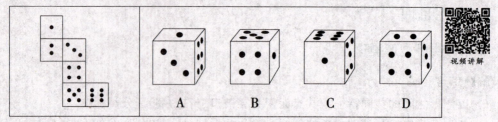

A B C D

【答案】A。解析:A项的三个面分别是含1点、3点和6点的面,左边图形中这三个面不相连,先将其转化为相连。

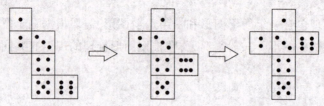

转化后含1点、3点和6点的面如右侧图形所示,折叠后得A项,故A项可由左边给定的图形折成。1点与4点的面相对,排除B项;C项,假设5点和6点的面正确,正面应为4点;D项,2点连线应垂直于4点的面,3点应在另一条对角线上。

(四)类比型图形推理

类比型图形推理的题干是两组图形,每组三个图形,需要根据第一组图形的排列规律,在选项中选择一个合适的图形作为第二组中所缺少的图形。

【例题】从所给的四个选项中,选择最合适的一个填入问号处,使之呈现一定的规律性:

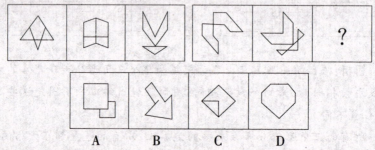

A B C D

【答案】A。解析:从整体观察,题干图形都是由直线构成的轴对称图形,首先考虑对称性。第一组图形都是竖直对称图形;第二组前两个图形的对称轴是向左倾斜45°的直线,选项中只有A项符合这一特征,故本题选A。

(五)九宫格图形推理

九宫格图形推理的题干是一个 3×3 的方格,给出了其中的 8 个图形,要求根据这几个图形的排列规律,在选项中选择一个合适的图形作为第 9 个图形。

【例题】

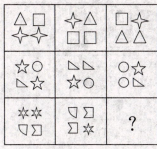

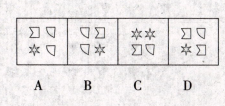

A   B   C   D

【答案】A。解析:都有 4 个小图形,且有 2 个小图形相同,即都含有 3 种小图形。每行的图形构成具有相似性,所以从每行来看,每种小图形都在四个位置上各出现一次。故本题选 A。

经典真题

1.根据以下图形的规律,问号处应填入的是(   )。

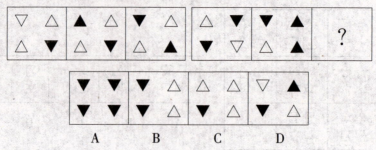

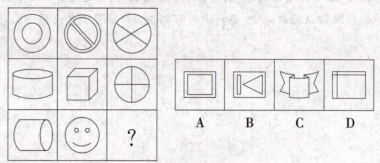

2.根据以下图形的规律,问号处应填入的是(   )。

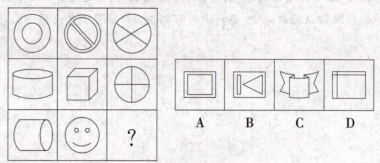

3.根据以下图形的规律,问号处应填入的是(   )。

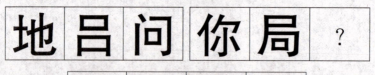

4.根据以下图形的规律,问号处应填入的是(   )。

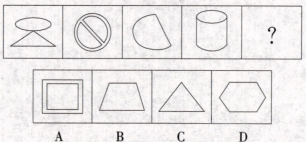

5.根据以下图形的规律,问号处应填入的是(   )。

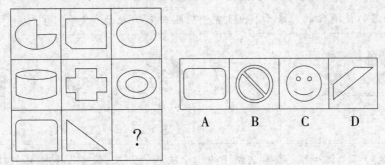

6.转基因食品可能带来副作用,但一种转基因大豆含有有益于人体健康的微量元素,专家建议人们食用这种大豆加工成的产品。

以下哪项最能支持专家的建议?(   )

A.从其他食品中不能得到此种微量元素

B.没有证据表明转基因食品会带来副作用

C.加工后的转基因食品副作用会减少

D.这种微量元素对人体健康的益处大于转基因食品副作用带来的危害

7.根据以下图形规律,图形的空缺处应填的是(   )。

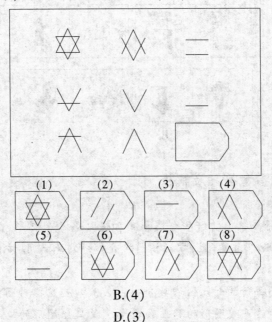

A.(1)   B.(4)

C.(7)   D.(3)

8.电视、广播、新闻等各大媒体争相报道明星的婚礼,而关于将一生奉献给科研的科学家的报道却明显冷清很多。所以有人认为:一生努力不敌一场作秀。下面每一项,如果正确,都能削弱这个观点,除了(   )。

A.媒体的报道不是评价一个人一生对社会贡献的指标

B.明星和科学家职业不同,不具有可比性

C.是否受到媒体的关注是一个人是否有意义的表现

D.曝光率是明星之间进行比较的,而科学家主要看研究

9.下图给定的是纸盒的外表面,下列哪一项能由它折叠而成?( )

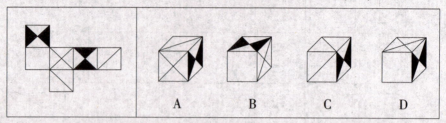

A   B   C   D

10.从所给的四个选项中,选择最合适的一个填入问号处,使之呈现一定的规律性( )。

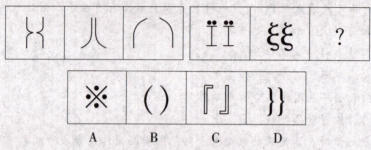

A   B   C   D

11.从所给的四个选项中,选择最合适的一个填入问号处,使之呈现一定的规律性( )。

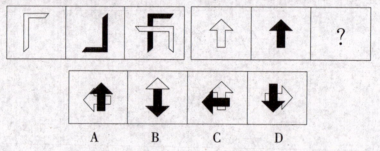

A   B   C   D

经典真题参考答案及解析

1.【答案】A。解析:每组中的前两个图形叠加得到第三个图形,叠加规律为,阴影方面,白+白=白,黑+白=白+黑=黑+黑=黑;方向相同的叠加得到正三角,方向不同的叠加得到倒三角。按照这一规律。

2.【答案】D。解析:每行的封闭区域数分别为2,3,4,应选择封闭区域数为4的图形。

3.【答案】C。解析:第一组图形的笔画数均为6,第二组图形的笔画数均为7。

4.【答案】C。解析:图形直线数以第三个图形对称,向两边依次递增。即第三个图形的直线数为1,第二个、第四个图形的直线数均为2,第一个、第五个图形的直线数均为3,应选择直线数为3的图形。

5.【答案】C。解析:第一列图形既有直线又有曲线,第二列图形只含有直线,第三列图形只含有曲线,应选择一个曲线图形。

6.【答案】D。解析:专家的建议是支持食用这种转基因食品。A项这种微量元素来源只有

一种,C项副作用会减少,分别从益处大和危害小的角度支持了专家的建议;B项诉诸无知不能加强专家建议;D项说明食用这种食品利大于弊,支持了专家的建议,相较A、C两项仅从利或弊的角度出发,更为全面,支持力度更大。故本题选D。

7.【答案】D。解析:每行第一个和第二个图形叠加去同存异得到第三个图形。故本题选D。

8.【答案】C。解析:A,B,D三项从不同角度说明了二者的区别,不具有可比性,削弱了题干观点,而C项媒体是否关注与一个人是否有意义相关加强了题干观点。故本题选C。

9.【答案】B。解析:A项,假设正面与右侧面正确,顶面应为空白;B项可以由给出图形折出;C项,假设正面和顶面正确,右侧面阴影位置错误;D项的空白不会与阴影边相接。故本题选B。

10.【答案】D。解析:第一组图形可看成由对称的两部分小图形构成,第二组图形可看成由完全相同的两部分小图形构成,故本题选D。

11.【答案】D。解析:第一个图形顺时针旋转90°,第二个图形旋转180°,组合后得到第三个图形。

同步训练

1.秘书对张强说:"你的方案很好,我认为董事们都会赞同。"过一会儿,她又说:"没有哪一个董事不会不赞同的。"

可以看出(   )。

A.秘书赞同张强的方案　　　　B.董事们赞同张强的方案

C.董事们反对张强的方案　　　　D.秘书的话前后矛盾

2.一起盗窃案发生,经调查共有二人合伙作案。警察逮捕了甲、乙、丙、丁四名嫌疑人,罪犯必是其中二人。经询问,甲说:"丁是罪犯。"乙说:"甲是罪犯。"丙说:"我不是罪犯。"丁说:"我也不是罪犯。"

经调查,四人中二人说了假话,二人说了真话。则下列哪项可能为真?(   )

A.甲、丁二人合伙作案

B.丙、丁二人合伙作案

C.甲、丙二人合伙作案

D.甲、乙二人合伙作案

3.随着女性教育水平和工作薪酬的不断提高,"家庭煮夫"的数量正与日俱增,有学者据此推测,未来将会有更多的聪明女性"下嫁"给条件不如自己的普通男性,而这一趋势很有可能会逐渐扭转传统的"夫唱妇随式"家庭模式。

以下哪项如果为真,最能支持上述学者的推测?(   )

A.教育水平不是决定家庭模式的唯一因素

B.聪明女性未必能够获得很高的工作薪金

C.传统的家庭模式已经不能适应现代社会的发展

D.家庭模式不是由男女双方的教育水平和经济条件决定的

4.1967年,有科学家在南极找到了一块属于两栖动物迷齿类的化石。有些人认为这就是大陆间连接的证据。1969—1971年在南极早三叠纪弗拉莫夫组地层中,找到了一个生活在两亿多年前的庞大的陆生动物群(即水龙兽动物群)。这个动物群,种类多、数量大,而更重要的是它和非洲南部的一个动物群完全一样,据此,有人认为这更证实了大陆间连接的观点。

以下选项如果为真,最能反驳上述观点的是(　　)。

A.南极离非洲遥远且被大海隔断

B.水龙兽动物生存能力强繁殖快

C.上亿年前南极的气候条件适合生存

D.水龙兽动物善于游泳,可跨越大洋

5.从所给的四个选项中,选择最合适的一个填入问号处,使之呈现一定的规律性(　　)。

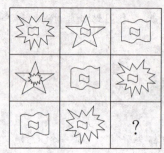
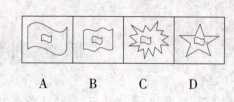

6.左边给定的是纸盒的外表面,下面哪一项能由它折叠而成?(　　)

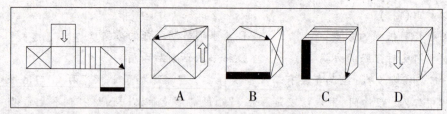

7.把下面的六个图形分为两类,使每一类图形都有各自的共同特征或规律,分类正确的一项是(　　)。

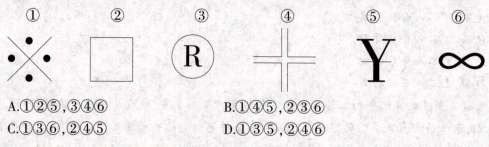

A.①②⑤,③④⑥　　　　　　　　B.①④⑤,②③⑥

C.①③⑥,②④⑤　　　　　　　　D.①③⑤,②④⑥

同步训练参考答案及解析

1.【答案】D。解析:秘书前一句话是一个全称肯定命题,表示所有董事都赞同;后一句话不是一个标准形式的直言命题,是三重否定,转换成标准形式的直言命题为"所有的董事都不赞同",表示了否定意见,可见秘书的话是前后矛盾的。故本题选D。

2.【答案】C。解析:甲和丁是矛盾关系,则必有一真一假。四人中二人说假话,二人说真话,则乙和丙也是一真一假。若乙真丙假,则可推出甲、丙作案;若乙假丙真,则可推出甲、丙没作案,则乙、丁作案。选项中可能为真的只有C项。

3.【答案】C。解析:题干学者的预测是未来会有更多的聪明女性"下嫁"给条件不如自己的普通男性,而这一趋势很有可能扭转传统的"夫唱妇随式"的家庭模式。A项只提到了题干中的一个方面,和结论没有直接联系;C项说明传统的家庭模式已经不能适应现代社会的发展,则需要转变为新的模式,支持了题干推测;B、D两项削弱了题干结论。故本题选C。

4.【答案】D。解析:题干由在南极找到的水龙兽动物群和非洲南部的一样,从而得出"大陆间连接"的观点。A项只是说明现在的情况,不能反驳;B项与题干论证无关,也不能反驳题干观点;C项仅能反驳题干第一句,力度有限;D项指出水龙兽出现在南极有可能是通过游泳的方式实现的,有效地反驳了大陆间连接的观点。故本题选D。

5.【答案】A。解析:每行第三个图形的外部图形是第一个图形的内部图形,第三个图形的内部图形是第二个图形的内部图形,故本题选A。

6.【答案】B。解析:A项图形右侧的箭头方向错误;B项可由左侧图形折叠而成;C项图形的上表面线段的方向应与含阴影的一面垂直;D项正面箭头方向错误。

7.【答案】B。解析:图形①④⑤是开放图形,图形②③⑥是封闭图形。

第四章 思维策略

第一节 备考攻略

一、考情分析

思维策略包含了数学运算的知识,或者说比前面的数学运算稍微简单一点,更侧重于利用技巧快速计算。

表 3-4-1 2015—2018 年中国农业银行思维策略部分题量

年份	题量
2018	13
2017	12
2016	12
2015	12

二、备考指导

思维策略主要考查数理能力,涉及知识点繁杂,需要系统梳理,这是快速解答此类问题的基础。考查的基本题型众多,每一基本题型都有其核心的解题公式或解题思路,考生要全面学习常见考点。在此基础上,有意识地培养自己的综合分析能力,即在复杂的问题面前,能够透过现象看到本质,挖掘其中深层次的等量关系。考生应该每天定量做一些相关的模拟题,模仿本书对题目的分析,通过解答模拟题来培养对思维策略的感觉,这种感觉不仅能够提高数学运算的解题速度和正确率,对数字推理部分也很有帮助。

第二节 重要知识点讲解

一、算式求值

算式求值是思维策略中的常见题型,解题关键是利用合适的计算技巧简化计算,达到快速求值的目的。常用的计算技巧主要有以下几种:

(一)凑整与拆分

凑整,即把一些数凑成整一、整十或者整百后再计算。拆分,即把一个数写成两个数或多个数的和差积的形式。

【例题】 $9\frac{4}{5}+99\frac{4}{5}+999\frac{4}{5}+9\ 999\frac{4}{5}+99\ 999\frac{4}{5}=(\quad)$。

A.111 111　　　　　　　　　　B.111 110

C.111 109　　　　　　　　　　D.111 108

【答案】C。解析:原式$=(10-\frac{1}{5})+(100-\frac{1}{5})+(1\ 000-\frac{1}{5})+(10\ 000-\frac{1}{5})+(100\ 000-\frac{1}{5})=$

$111\ 110-\frac{1}{5}\times5=111\ 109$,故本题选 C。

(二)提取公因数

将算式中各项的公因数提取出来,剩下的部分进行加减运算后得到较易计算的数字,以此达到简化计算的目的。

【例题】 $567\times568\times569-566\times568\times570=(\quad)$。

A.1 604　　　　B.1 684　　　　C.1 704　　　　D.1 784

【答案】C。解析:原式$=568\times(567\times569-566\times570)$

$\qquad\qquad=568\times[(568^2-1^2)-(568^2-2^2)]$

$\qquad\qquad=568\times3=1\ 704$

注:本题逆用了平方差公式 $a^2-b^2=(a+b)(a-b)$。

(三)分数裂项

当分数的分母可以写为两个不为1的整数的乘积时,这个分数可以写成以这两个整数为分母的两个分数的差。如:$\frac{1}{2\times3}=\frac{1}{2}-\frac{1}{3}$,$\frac{1}{3\times5}=\frac{1}{2}\times(\frac{1}{3}-\frac{1}{5})$,$\frac{1}{2\times3\times4}=\frac{1}{2}\times(\frac{1}{2\times3}-\frac{1}{3\times4})$。

【例题】 $2\ 008\frac{1}{18}+2\ 009\frac{1}{54}+2\ 010\frac{1}{108}+2\ 011\frac{1}{180}+2\ 012\frac{1}{270}=(\quad)$。

A.$10\ 050\frac{5}{54}$　　　B.$10\ 050\frac{7}{54}$　　　C.$10\ 050\frac{11}{54}$　　　D.$10\ 050\frac{13}{54}$

【答案】A。解析:原式$=2\ 008+2\ 009+2\ 010+2\ 011+2\ 012+\frac{1}{3\times6}+\frac{1}{6\times9}+\frac{1}{9\times12}+\frac{1}{12\times15}+$

$\frac{1}{15\times18}=2\ 010\times5+\frac{1}{3}\times(\frac{1}{3}-\frac{1}{6}+\frac{1}{6}-\frac{1}{9}+\cdots+\frac{1}{15}-\frac{1}{18})=10\ 050+\frac{1}{3}\times(\frac{1}{3}-\frac{1}{18})=10\ 050+\frac{5}{54}=$

$10\ 050\frac{5}{54}$,故本题选 A。

注:题中运用了等差数列的中项求和公式,连续奇数个整数的和等于中间数字乘以整数个数。

(四)整体代换

当算式的各项中有相同部分时,将相同部分用字母表示,简化计算。

【例题】$(\frac{1}{5}+\frac{1}{7}+\frac{1}{9}+\frac{1}{11})\times(\frac{1}{7}+\frac{1}{9}+\frac{1}{11}+\frac{1}{13})-(\frac{1}{5}+\frac{1}{7}+\frac{1}{9}+\frac{1}{11}+\frac{1}{13})\times(\frac{1}{7}+\frac{1}{9}+\frac{1}{11})=($)。

A.$\frac{1}{143}$　　　　B.$\frac{1}{35}$　　　　C.$\frac{1}{55}$　　　　D.$\frac{1}{65}$

【答案】D。解析:设$\frac{1}{5}+\frac{1}{7}+\frac{1}{9}+\frac{1}{11}=x$,$\frac{1}{7}+\frac{1}{9}+\frac{1}{11}=y$。原式=$x(y+\frac{1}{13})-(x+\frac{1}{13})y=\frac{1}{13}(x-y)=\frac{1}{13}\times\frac{1}{5}=\frac{1}{65}$,选择 D。

(五)整除性

许多题目我们可以利用整除的传递性、可加减性质,来确定正确答案。

【例题】11 338×25 593 的值为多少? ( )

A.290 133 434 　　　　　　　　　B.290 173 434

C.290 163 434 　　　　　　　　　D.290 153 434

【答案】B。解析:25 593 能被 3 整除,因此乘积也能被 3 整除。将每个选项各位数字相加,只有 B 项能被 3 整除。

(六)尾数法

当选项中尾数各不相同且计算量较大时,可以只计算结果的尾数,以确定答案。

【例题】$110.1^2+1\,210.3^2+1\,220.4^2+1\,260.8^2=($)。

A.4 555 940.8 　　　　　　　　　B.4 555 940.9

C.4 555 941.18 　　　　　　　　　D.4 555 940.29

【答案】B。解析:结果的后两位数为 0.01+0.09+0.16+0.64=0.90,故本题选 B。

二、方程思想

方程思想就是根据题中的等量关系或函数关系正面求解问题。主要涉及列方程、解方程、解不定方程、简单函数求解等知识。

(一)方程法及其技巧

解方程的过程就是对方程进行化简、做等价变形的过程。当方程中存在多个未知数时,尽量消去无关未知数,保留相关的未知数;当方程中有小数或分数时,应首先考虑两边乘以同一个数将其化为整数。

【例题】用白铁皮做罐头盒,每张铁皮可制 16 个盒身或 43 个盒底,一个盒身与两个盒底配成一套罐头盒。现有 150 张白铁皮,则应用( )张来制盒身,余下的制盒底,可以正好全部制成整套的罐头盒。

A.86   B.78   C.64   D.54

【答案】A。解析：设用 x 张白铁皮来制作盒身，盒身与盒底的个数比为1:2，由题意可列方程，$2×16x=43×(150-x)$，解得 $x=86$，故本题选 A。

1.设未知数的技巧

设未知数是列方程的第一步，未知数设定的优化程度决定了解方程的速度。为了便于列方程和解方程，在某些情况下，不一定要直接设所求量，也可以按照以下方式巧设未知数。

(1)利用题干中的比例关系设未知数，如两个量的比例为 $m:n$，则可以设这两个量分别为 mx 和 nx。这样设未知数，可以减少未知数的个数，并且规避分数的出现，进而减少计算量。

(2)当题干中有两个或更多个未知数时，根据各未知数之间的关系，采用取中间量的方法，减少未知数的个数。由于一次方程中未知数的个数通常与方程的个数相等。因此减少未知数的个数在一定程度上减少了计算量。

【例题】下图为某公园花展的规划图。其中，正方形面积的 $\dfrac{3}{4}$ 是玫瑰花展区，圆形面积的 $\dfrac{6}{7}$ 是郁金香花展区，且郁金香花展区比玫瑰花展区多占地450平方米。那么，水池占地( )平方米。

A.100   B.150   C.225   D.300

【答案】B。解析：正方形面积的 $\dfrac{3}{4}$ 是玫瑰花展区，则水池面积与玫瑰花展区面积比为1:3；圆形面积的 $\dfrac{6}{7}$ 是郁金香花展区，则水池面积与郁金香花展区面积比为1:6。设水池的面积为 x，则玫瑰花展区的面积为 $3x$，郁金香花展区的面积为 $6x$。由题意可得 $6x-3x=450$，解得 $x=150$。

2.解方程组的技巧

方程组由多个方程组成，并含有多个未知数，在解方程组时要将其转化为一元一次方程。解方程组通常采用代入消元法求出单个未知数的解，但这样逐一求解比较费时。在不需要求出方程组所有未知数的解时，可以把方程视为一个整体进行加减运算，即整体代换法。

【例题】(单选)某商店进了5件工艺品甲和4件工艺品乙。如将甲加价110%，乙加价90%出售，利润为302元；如将乙加价110%，甲加价90%出售，利润为298元。则甲的进价为每件多少元？( )

A.14   B.32   C.35   D.62.5

【答案】B。解析：设甲的进价为 x，乙的进价为 y，则根据题意有 $\begin{cases} 5.5x+3.6y=302……① \\ 4.5x+4.4y=298……② \end{cases}$，将方

程组变换为 $5\times(①-②)$ 和 $(①+②)\div2$，形成新的方程组 $\begin{cases}5x-4y=20\\5x+4y=300\end{cases}$，解得 $x=32$（元）。

（二）解不定方程

通俗来说，"一个方程，两个未知数"就是不定方程，形如 $ax+by=c$（约去 a、b、c 的最大公因数，至最简形式）。其中，未知数 x、y，以及 a、b、c 均为整数，通过数字之间的某些特性可以确定未知数的取值，实现"在一个方程中解出两个未知数。"

1.利用互质性质求解

对两个整数进行质因数分解后，若它们没有相同的质因数，则称这两个数互质。互质的两个数相除必然不能得到整数，譬如 $ax=by$，若 a 与 b 互质，则根据 $x=\dfrac{by}{a}$ 可知，若令 x 为整数则 y 必然是 a 的倍数。

【例题】某单位实行无纸化办公，本月比上个月少买了 5 包 A4 纸和 6 包 B5 纸，共节省了 197 元。已知每包 A4 纸的价格比 B5 纸的贵 2 元，并且本月用于购买 A4 纸和 B5 纸的费用相同（大于 0 元），那么该单位本月用于购买纸张的费用至少多少元？（　　）

A.646　　　　　　　　　　B.520

C.323　　　　　　　　　　D.197

【答案】A。解析：设 A4 纸的价格为 x，则 B5 纸的价格为 $x-2$，依题意 $5x+6(x-2)=197$，解得 $x=19$。即两种纸的价格分别是 19 元、17 元。现已知购买两种纸的费用相同，即 $19m=17n$，19 与 17 互质，则至少购买 A4 纸 17 包，购买 B5 纸 19 包。总费用是 $17\times19\times2=646$（元）。

2.利用同余特性求解

同余特性可以简记为"和与余数的和同余""差与余数的差同余""积与余数的积同余"。在不定方程 $ax+by=c$（最简形式）中，对方程两边各项同时除以 a、b 中任意一个，利用同余特性分析未知数的余数特征，进行取值验证。

【例题】某单位将 100 多名实习生分配到 2 个不同的部门中，如果要按照 5:9 的比例分配，则需额外招 4 个实习生才能按要求比例分配。如果按照 7:11 的比例分配，最后会多出 2 个人。问该单位至少需要再招几个实习生，才能按照 3:7 的比例分配给 2 个部门？（　　）

A.2　　　　　　　　　　B.4

C.6　　　　　　　　　　D.8

【答案】C。解析：由题意可知，实习生总数可以表示为 $(5+9)m-4=14m-4$，亦可表示为 $(7+11)n+2=18n+2$，其中 m、n 均为整数。则 $14m-4=18n+2$，即 $7m=9n+3$，等式右边显然是 3 的倍数，则 m 应是 3 的倍数。考虑到实习生总数介于 100 和 200 之间，m 从 9 开始取值检验，当 $m=12$ 时，$n=9$，总人数为 164，符合题意。若按照 3:7 的比例进行分配，则要求总人数是 10 的倍数，故至少需要再招 6 人。

三、智力推理

智力推理问题在近年来的试题中出现的频率越来越高，这些题目题型灵活、思路多变，主要考查考生的数理逻辑思维能力。要解决这类问题,关键是紧扣题中条件,运用逻辑思维,挖掘其中隐含的数学内容。

(一)条件推理

大部分推理问题可以根据题干条件直接推理,略有难度的问题则需要在题目背景中寻找一些常识性的隐含条件,进行合理的推导,最终得出正确的答案。

【例题】五个互不相同的自然数两两相加,只得到 8 个不同的结果,分别是:15、20、23、25、28、33、38 和41,那么这五个数中最大数与最小数的差是多少?(　　)

A.17　　　　　　　　　　　　B.18

C.19　　　　　　　　　　　　D.20

【答案】B。解析:设五个互不相同的自然数从大到小依次是 A、B、C、D、E。两两相加,得到的数中(无论得到几个不同的数),可以确定的是,最大的是 A+B,次大的是 A+C,最小的是 D+E,次小的是 C+E。本题中,即 A+C=38,C+E=20,则 A-E=(A+C)-(C+E)=38-20=18。

(二)操作推理

这类问题通常给出了一个目标,实现这个目标是一个操作的过程,需要分析其中的关键,找到最佳的操作方法。

【例题】一架天平,只有 5 克和 30 克的砝码各一个,要将 300 克的食盐平均分成三份,最少需要用天平称几次?(　　)

A.6　　　　　　　　　　　　B.5

C.4　　　　　　　　　　　　D.3

【答案】D。解析:第一次先用 30 克的砝码将 300 克的盐分成165 克和 135 克,第二次用 5 克和 30 克砝码在135 克的食盐中称出 35 克,剩下 100 克,将称出的 35 克放入 165 克的食盐中。第三次将 200 克的食盐平分,即完成分成三份,故本题选 D。

(三)综合推理

与逻辑判断中的智力推理不同,思维策略中的推理问题在解答过程中不仅要使用代数工具进行计算,有时比较抽象的推理过程还需要借助生动直观的图形,帮助解答。

【例题】甲、乙两人在玩一个沙盘游戏,比赛的规则是:在一个分为 50 个单位的区域上,每人轮流去划定这些区域作为自己的领地,每次可以划定 1 到 5 个单位,谁是最后划定区域的人则为胜利者。如果由甲先划定,那么甲一开始要划定(　　)个单位,才能保证自己获胜。

A.1　　　　　　　　　　　　B.2

C.3　　　　　　　　　　　　D.4

【答案】B。解析:甲第一次划后,由乙先划,每次乙划 x 个单位的时候,甲就划(6-x)个,保证每轮"乙甲"下来都是减少 x+(6-x)=6(个),那么 50÷6=8……2,故经过 8 轮之后就划完了,且最后一个单位必然是甲划的。因此甲第一次划 2 个单位后,必然获胜。

四、极限思想

极限思想是考虑极端情况下事物的结论。接下来依次讲述与极限思想相关的均值不等式、抽屉原理、最不利原则、和定最值等内容。

(一)均值不等式

数学运算中,均值不等式是指若干个正数的算术平均数不小于它们的几何平均数。如下:

$$\frac{a_1+a_2+\cdots+a_n}{n} \geq \sqrt[n]{a_1 a_2 \cdots a_n}$$ 当且仅当 $a_1=a_2=\cdots=a_n$ 时,等号成立。

考试中,多考查两个数或三个数的均值不等式。

(1) $\frac{a+b}{2} \geq \sqrt{ab}$ 　　当且仅当 $a=b$ 时等号成立

(2) $\frac{a+b+c}{3} \geq \sqrt[3]{abc}$ 　　当且仅当 $a=b=c$ 时等号成立

均值不等式的应用:当两个正数的和一定时,它们越接近时乘积越大,当二者相等时乘积最大;同理,当两个正数的积一定时,它们越接近时和越小,当二者相等时和最小。

【例题】同样价格的某商品在四个商场销售时都进行了两次价格调整。甲商场第一次提价的百分率为 a,第二次提价的百分率为 $b(a>0, b>0,$ 且 $a \neq b)$;乙商场两次提价的百分率均为 $\frac{1}{2}(a+b)$;丙商场第一次提价的百分率为 $\frac{1}{3}(a+b)$,第二次提价的百分率为 $\frac{2}{3}(a+b)$;丁商场第一次提价的百分率为 b,第二次提价的百分率为 a。那么,两次提价后该商品售价最高的商场是(　　)。

A.甲商场　　　　　　　　　B.乙商场

C.丙商场　　　　　　　　　D.丁商场

【答案】B。解析:设原价为 1,第一次提价率为 x,第二次提价率为 y,则提价后为 $(1+x)(1+y)=1+x+y+xy$。甲、乙、丙、丁提价后售价分别为 $1+a+b+ab$、$1+a+b+\frac{(a+b)^2}{4}$、$1+a+b+\frac{2(a+b)^2}{9}$、$1+a+b+ab$,由于 $a \neq b$,根据均值不等式,$\frac{(a+b)^2}{4}>ab$,又 $\frac{1}{4}>\frac{2}{9}$,显然乙的最高。

(二)抽屉原理

抽屉原理主要有两种表述形式,较简单的一种是:若有 n 个笼子和 $n+1$ 只鸽子,所有的鸽子都被关在笼子里,那么至少有一个笼子有至少 2 只鸽子。

如下所示,我们能够更加形象地理解抽屉原理的本质,就是研究在两个集合进行配对后,子集呈现的一种极端情况。

$$\{a_1, a_2, a_3, \cdots, a_n, a_{n+1}\} \quad 鸽子$$
$$\downarrow \quad \downarrow \quad \downarrow \qquad \downarrow$$
$$\{b_1, b_2, b_3, \cdots, b_n\} \quad 笼子$$

n 个笼子对应为集合 $\{b\}$,$n+1$ 只鸽子对应为集合 $\{a\}$。当两个集合中的元素一一配对时,多出来的标 a_{n+1} 的鸽子必然导致有一个鸽笼有 2 只鸽子。这就是"至少有一个笼子有至少 2

只鸽子"的表述。

在第一种表述形式的基础上,将其扩展为另一种表述:若有 n 个笼子和 $m×n+1$ 只鸽子,所有的鸽子都被关在笼子里,那么至少有一个笼子有至少 $m+1$ 只鸽子。

以上两个抽屉原理在单独表述时,还比较容易理解。但考生在解题过程中,若遇到叙述比较繁杂的题干,使用时可能会有些麻烦,此时可以使用一种更加简洁、便于记忆的表述。

如果要把 n 个物件分配到 m 个容器中,必有至少一个容器容纳至少 $\lceil \frac{n}{m} \rceil$ 个物件。($\lceil x \rceil$ 表示大于等于 x 的最小整数,即对 x 向上取整)

【例题】有 20 位运动员参加长跑,他们的参赛号码分别是 1、2、3、…、20,至少要从中选出多少个参赛号码,才能保证至少有两个号码的差是 13 的倍数?(   )

A.12   B.15

C.14   D.13

【答案】C。解析:号码 1~20 中差是 13 倍数的有 {1,14}、{2,15}、{3,16}、{4,17}、{5,18}、{6,19}、{7,20}7 组,还余下 8、9、10、11、12、13 这 6 个数。因此构造 7+6=13(个)抽屉,根据抽屉原理最简单的表述,取 13+1=14(个)号码就能保证肯定有一个抽屉至少有两个号码的差是 13 的倍数,故本题选 C。

(三)最不利原则

从最不利的情况出发分析问题,考虑完成时最差的情况,这就是最不利原则。其题干中通常会出现"至少……才能保证(一定)""保证一定",考虑的就是最不利的情况。

解题方法:"保证数"="最不利数"+1。

【例题】有软件设计专业学生 90 人、市场营销专业学生 80 人、财务管理专业学生 20 人及人力资源管理专业学生 16 人参加求职招聘会,问至少有多少人找到工作就一定保证有 30 名找到工作的人专业相同?

A.59   B.75

C.79   D.95

【答案】D。解析:考虑最不利的情况,即财务管理专业的 20 名学生和人力资源管理专业的 16 名学生全部找到工作,然后软件设计专业和市场营销专业的学生各 29 名找到工作,此时再有 1 名学生找到工作,就能保证有 30 名找到工作的人专业相同,则至少需 20+16+29+29+1=95 名学生。故本题选 D。

经典真题

1. $(\frac{1}{6}+\frac{2}{6}+\frac{3}{6})+(\frac{1}{8}+\frac{2}{8}+\frac{3}{8}+\frac{4}{8})+(\frac{1}{10}+\frac{2}{10}+\frac{3}{10}+\frac{4}{10}+\frac{5}{10})+\cdots\cdots+(\frac{1}{20}+\frac{2}{20}+\frac{3}{20}+\cdots\cdots+\frac{10}{20})=(\quad)$。

A.$\frac{35}{2}$ B.26

C.15   D.$\frac{27}{2}$

2. $999\times22+1\,000\times20+1\,001\times21=(\quad)$。

A.62 999   B.63 001

C.62 998   D.63 002

3. $19\times199+199\times1\,999+1\,999\times19\,999=(\quad)$。

A.37 299 563   B.40 379 583

C.41 529 543   D.45 618 713

4. $2^{2\,001}+3^{2\,002}+5^{2\,003}$ 的尾数是$(\quad)$。

A.6   B.5

C.3   D.2

5. $\dfrac{1\,995\times1\,996-2}{1\,995+1\,994\times1\,996-1}=(\quad)$。

A.$\dfrac{1\,996}{1\,995}$ B.$\dfrac{1\,995}{1\,996}$

C.1   D.$\dfrac{1\,994}{1\,995\times1\,996}$

6. $2\,006\times1\,997-1\,996\times1\,995=(\quad)$。

A.15 232   B.23 962

C.33 162   D.42 652

7. $78\times7\,979-79\times7\,878=(\quad)$。

A.1   B.-1   C.101   D.0

8. $1\div2\times3\times4\div6\div4\times5\times8\div10\div6\times7\times12\div14\div9=(\quad)$。

A.$\dfrac{1}{7}$ B.$\dfrac{1}{6}$ C.$\dfrac{1}{9}$ D.$\dfrac{1}{10}$

9.某天,带有数字5的号码忽然大受欢迎。现从1号到500号拿出500个号码,几分钟内其中带5的号码都被抢光,只剩下不带5的号码。问还剩多少号码?$(\quad)$

A.400   B.404

C.395   D.401

经典真题参考答案及解析

1.【答案】C。解析：原式=$\frac{3\times4}{6\times2}+\frac{4\times5}{8\times2}+\frac{5\times6}{10\times2}+\cdots+\frac{10\times11}{20\times2}=\frac{4}{4}+\frac{5}{4}+\frac{6}{4}+\cdots+\frac{11}{4}=$
$\frac{(4+11)\times8}{4\times2}=15$。

2.【答案】A。解析：原式=(1 000−1)×22+1 000×20+(1 000+1)×21=1 000×(22+20+21)−1=63 000−1,尾数为9。

3.【答案】B。解析：原式=(20−1)×(200−1)+(200−1)×(2 000−1)+(2 000−1)×(20 000−1)=4 000+400 000+40 000 000−220−2 200−22 000+3,显然末两位为83,故本题选B。

4.【答案】A。解析：2 的多次方尾数以"2,4,8,6"为一循环,3 的多次方尾数以"3,9,7,1"为一循环,5 的多次方尾数均为5。2 001、2 002除以4的余数分别为1、2,故2^{2001}的尾数为2,3^{2002}的尾数为9,2+9+5=16,则原式的尾数为6。

5.【答案】C。解析：原式=$\frac{1995\times1996-2}{1995+(1995-1)(1995+1)-1}=\frac{1995\times1996-2}{1995+1995^2-2}=\frac{1995\times1996-2}{1995\times(1995+1)-2}=1$。

6.【答案】B。解析：原式=2 006×(1 996+1)−1 996×1 995=(2 006−1 995)×1 996+2 006=1 996×11+2 006=19 960+1 996+2 006=199 960+4 002=23 962。

7.【答案】D。解析：原式=78×79×101−79×78×101=0。

8.【答案】C。解析：原式=$\frac{1}{2}\times3\times4\times\frac{1}{6}\times\frac{1}{4}\times5\times8\times\frac{1}{10}\times\frac{1}{6}\times7\times12\times\frac{1}{14}\times\frac{1}{9}=\frac{1}{9}$。故本题选C。

9.【答案】B。解析：从1~100含有5的数为19个,其中个位数字是5的有10个,十位数字含有5的数字个数有10个,但是其中55这个数计算了两遍,所以共19个;同理可知,101~200含5的数字也有19个,201~300中含有5的数字的个数为19个,所以从1~499所含5的个数是19×5=95个,加上500这个含5的数,共有含5的数96个,还剩下的数量为404个。

同步训练

1. 173×173×173−162×162×162=(　　)。
A.926 183　　　　　　　　B.936 185
C.926 187　　　　　　　　D.926 189

2. $\frac{7}{5}\times600\times0.25+3\times7\frac{3}{4}+23.25\div\frac{1}{3}$ 的值是(　　)。
A.117　　　　　　　　B.163.5
C.256.5　　　　　　　　D.303

3.计算 99 999×22 222+33 333×33 334 的值为( )。

A.3 333 400 000

B.3 333 300 000

C.3 333 200 000

D.3 333 100 000

4.小吴到商店买布。有两种同样长的布料,小吴买了第一种布料25米,买了第二种布料12米。小吴买完后,第一种布料剩下的长度是第二种布料剩下的长度的一半。那么这两种布料原来共有( )米。

A.26

B.38

C.72

D.76

同步训练参考答案及解析

1.【答案】D。解析:选项四个数的尾数各不相同,直接计算其尾数。3×3×3-2×2×2=27-8=19;可知结果的尾数应该是9,故本题选D。

2.【答案】D。解析:原式$=210+3×\frac{31}{4}+23\frac{1}{4}×3=210+\frac{93}{4}+\frac{93}{4}×3=303$,故本题选D。

3.【答案】B。解析:将 99 999 分解成 33 333×3,可以找到公因式。

原式$=33\ 333×3×22\ 222+33\ 333×33\ 334$

$=33\ 333×(66\ 666+33\ 334)$

$=33\ 333×100\ 000=3\ 333\ 300\ 000$

4.【答案】D。解析:两种布料长度相等,设为 x 米,由题意得,$2(x-25)=x-12$,解得 $x=38$,则两种布料共 $38×2=76$(米)。

第五章 资料分析

第一节 备考攻略

一、考情分析

通过分析近三年中国农业银行招聘考试真题,资料分析题都只考查了一篇资料,一共5题,题量很少,难度不大,考生可以通过查找、比较和计算得出答案。

二、备考指导

资料分析虽然题目较少,但考查范围很广。考查的概念仍以增长、比重、倍数、平均数及这些概念综合形式的考查为主,而常考技巧也以首数法、有效数字法、特征数字法、范围限定法为主。

第二节 重要知识点讲解

一、增长

增长问题是资料分析中考查频率最高的一类题型。增长问题包括增长率问题和增长量问题,可分为同比增长、环比增长和年均增长三类。同比增长与环比增长的共同点:都表示的是不同时间下两个量的变化情况。

同比增长与环比增长的区别:同比强调的是相同时间特性下的两个量之间的比较,环比强调的是时间顺延特性下两个量之间的比较。

(一)增长率

增长率主要包括同比增长率、环比增长率和年均增长率。同比增长率是考试当中出现频率最高、考查比重最多的一类题型,考生要重点掌握。

1.同比增长率

同比增长率指本期发展水平与上年同期发展水平相比较的变化幅度,也称同比增长速度。同比增长率的相关公式如下:

(1)同比增长率=$\dfrac{\text{本期量}-\text{上年同期量}}{\text{上年同期量}}\times100\%=\dfrac{\text{同比增长量}}{\text{上年同期量}}\times100\%$

(2)同比增长率=$(\dfrac{\text{本期量}}{\text{上年同期量}}-1)\times100\%$

(3)同比增长率=$\dfrac{\text{同比增长量}}{\text{本期量}-\text{同比增长量}}\times100\%$

2.环比增长率

环比增长率指本期发展水平和上期发展水平相比较的变化幅度,也称环比增长速度。环比增长率的相关公式如下:

(1)环比增长率=$\dfrac{\text{本期量}-\text{上期量}}{\text{上期量}}\times100\%=\dfrac{\text{环比增长量}}{\text{上期量}}\times100\%$

(2)环比增长率=$(\dfrac{\text{本期量}}{\text{上期量}}-1)\times100\%$

(3)环比增长率=$\dfrac{\text{环比增长量}}{\text{本期量}-\text{环比增长量}}\times100\%$

3.年均增长率

年均增长率是指一段时间内某一数据指标平均每年的增长幅度。如果第 m 年的为 A,第 n 年为 B,则年均增长率为 $\bar{x}=\sqrt[n-m]{\dfrac{B}{A}}-1$。

(二)增长量

增长量问题主要包括同比增长量问题和环比增长量问题。同比增长量问题相较于环比增长量问题考查的频率更高一些。

增长量与增长率的区别:增长量表示的是增加的多少,是一个绝对数;增长率表示的是增加的速度快慢,是一个相对数。

增长量和增长率的联系:增长率=$\dfrac{\text{增长量}}{\text{基期数}}\times100\%$

1.同比增长量

同比增长量是本期发展水平与上年同期发展水平之差,表明本期较上年同期增减变化的绝对量。同比增长量的相关公式如下:

(1)同比增长量=本期量-上年同期量

(2)同比增长量=上年同期量×同比增长率

(3)同比增长量=$\dfrac{\text{本期量}}{1+\text{同比增长率}}\times\text{同比增长率}$

2.环比增长量

环比增长量是本期水平与上期水平之差,表明本期较上期增减变化的绝对量。环比增长量的相关公式如下:

(1)环比增长量=本期量-上期量

(2)环比增长量=上期量×环比增长率

(3)环比增长量$=\dfrac{\text{本期量}}{1+\text{环比增长率}}\times\text{环比增长率}$

3.年均增长量

年均增长量是指一段时间内某一数据指标平均每年的增长量。某一指标第一时期的值为A_1,第二时期为A_2,……,第n时期为A_n,则

年均增长量$=\dfrac{(A_2-A_1)+(A_3-A_2)+\cdots+(A_n-A_{n-1})}{n-1}=\dfrac{A_n-A_1}{n-1}$

二、比重

比重是指某部分在总体中所占的百分比,一般用百分数的形式表示。

比重问题考查的是总量、分量和比重三个量之间的关系,假设总量为A,分量为B,则分量占总量的比重x为:$x=\dfrac{B}{A}\times100\%$。

比重问题的考查主要有两种方式,一种是比重的直接考查,另外一种是结合增长的综合考查。

比重与增长综合考查有两方面,一是比重在不同时间条件下的一种变化幅度,另外一个是分量在不同时间条件下的增量。

三、倍数与翻番

(一)倍数

倍数是由两个有联系的指标对比,将对比的基数抽象化为1而计算出来的相对数,常常用于比数(分子)远大于基数(分母)的场合。数值A与数值B之间的倍数关系为$\dfrac{A}{B}$。

1.倍数与增长率

(1)同一事物第1年的值为C,第n年的值为D,则第n年比第1年增长了:

$$m=(\dfrac{D}{C}-1)\text{倍}$$

(2)今年两个量分别为A、B,分别同比增长$a\%$、$b\%$,则去年两个量的倍数关系m为:

$$m=\dfrac{A}{B}\times\dfrac{1+b\%}{1+a\%}$$

2.倍数与增长量

今年某物相较于上年的增长量为x,增长了y倍,则该物上年的量为:

$$\dfrac{\text{增长量}}{\text{增长倍数}}=\dfrac{x}{y}$$

(二)翻番

翻番是指数量的加倍,翻番的量是以2^n变化的。A翻一番为$A\times2$,翻两番为$(A\times2)\times2$……,则翻n番为:

$$(A \times 2) \times \cdots \times 2 = A \times 2^n$$

【例题】党的十六大报告中提出的全面建设小康社会的目标,即在优化结构和提高效益的基础上,国内生产总值到 2020 年力争比 2000 年翻两番,综合国力和国际竞争力明显增强。

2020 年我国的国内生产总值将是 2000 年的多少倍?

解析:2020 年我国的国内生产总值将是 2000 年的 2^2 倍。

四、平均数、中位数

(一)平均数

1.算术平均数

算术平均数是根据同一时期的某事物的总个数与总体总量计算的,是总体总量与总个数的比。

$$平均数 = \frac{总量}{总个数}$$

2.加权平均数

加权平均数是指假设某一个总量可以分为部分总量 A_1、A_2,某分量在部分总量 A_1、A_2 中的标志值分别为 x_1、x_2,则该分量在总量中的标志值为:

$$x = \frac{A_1 x_1 + A_2 x_2}{A_1 + A_2}$$

当 $x_1 = x_2$ 时,$x = x_1 = x_2$;

当 $x_1 > x_2$ 时,$x = \frac{A_1 x_1 + A_2 x_2}{A_1 + A_2} < x_1$,且 $x > x_2$;

当 $x_1 < x_2$ 时,$x = \frac{A_1 x_1 + A_2 x_2}{A_1 + A_2} > x_1$,且 $x < x_2$;

即当 x_1 和 x_2 不相等时,x 介于 x_1 和 x_2 之间。

在资料分析题目中,常见的标志值通常有比重、增长率等。

(二)中位数

中位数是将一组数据按大小排列,排在最中间的数或者中间两个数的平均数。个数为奇数,中位数是排序之后在数据正中间的数。个数为偶数,中位数是排序之后数据正中间两个数的平均数。

五、百分数、百分点

百分数也称百分比,是相对指标最常用的一种表现形式。它是将对比的基数抽象化为100 而计算出来的相对数,用"%"表示。

百分点是指不同时期以百分数形式表示的相对指标,如资料分析中涉及的增长率、比重、指数等的变动幅度。

(一)"降低(增加)了 a%"和"降低(增加)为 a%"

"降低了 $a\%$"即过去为 100,则现在为 $100-a$;"降低为 $a\%$"即过去为 100,则现在为 a;
"增加了 $a\%$"即过去为 100,则现在为 $100+a$;"增加为 $a\%$"即过去为 100,则现在为 a。

(二)区分"占""超""为""比"

"XX 占 AA 的 $a\%$"即 AA 为 100,XX 为 a,则 XX 占 AA 的 $a\%$;

"XX 超 AA$a\%$"即 AA 是 100,XX 是 $100+a$,则 XX 超 AA$a\%$;

"XX 为 AA 的 $a\%$"即 AA 为 100,XX 为 a,则 XX 为 AA 的 $a\%$;

"XX 比 AA 增长了 $a\%$"即 AA 为 100,XX 为 $100+a$,则 XX 比 AA 增长 $a\%$。

(三)拉动……增长……百分点

拉动增长是指总体中某部分值的增加造成总体值相对于原来的增长。

$$拉动……增长……百分点=\frac{部分的增长量}{总体原来的值}\times100$$

【例题】2005年,我国对外贸易进出口总额为 14 221 亿美元,居世界第三位,占全球贸易进出口总额的6.7%。2005 年我国吸引外国直接投资额由 2001 年的 469 亿美元增加到 603 亿美元,居世界第三位。

2005 年我国吸引外资直接投资较 2001 年增长的百分比是多少?

解析:百分数问题。增长的百分比=$\frac{603}{469}\times100\%-1$。

六、进出口额

进出口总额是指实际进出我国国境的货物总金额。进出口总额包括进口额和出口额两部分,即进出口总额=进口额+出口额。

贸易顺差:当进口额小于出口额时,进出口贸易表现为顺差。顺差额=出口额-进口额

贸易逆差:当进口额大于出口额时,进出口贸易表现为逆差。逆差额=进口额-出口额

七、指数

指数一般有两种形式,一种是将一个固定时期的量定为基期 100,用以后各时期的量和基期的量比较所计算出的百分比作为该时期的指数,股票指数就是这类指数的代表;另一种则是以上一期的量作为基期 100, 本期的指数就是本期的量与上一期的量比较所计算出来的百分比,常见的有居民消费价格指数等。在计算指数时,首先要确定以哪个量为基期。

八、人口自然增长率

出生率是指在一定时期内(通常为一年)一定地区的出生人数与同期平均人数(或期中人数)之比,一般用千分率表示。

$$出生率=\frac{年出生人数}{年平均人数}\times1\,000‰$$

死亡率是指在一定时期内(通常为一年)一定地区的死亡人数与同期平均人数(或期中人数)之比,一般用千分率表示。

$$死亡率=\frac{年死亡人数}{年平均人数}\times1\,000‰$$

人口自然增长率是指在一定时期内(通常为一年)人口自然增加数(出生人数减死亡人数)与该时期内平均人数(或期中人数)之比,一般用千分率表示。

$$人口自然增长率=人口出生率-人口死亡率=\frac{年出生人数-年死亡人数}{年平均人数}\times1\,000‰$$

九、速解技巧

1.数据定位法

表3-5-1 数据定位法

题型特点	题干及选项通常给出多个指标,且各指标涉及数据(量或率)材料均直接给出,或通过简单分析比较得出
使用方法	通过题干及选项关键词直接定位材料数据分析作答

2.反算法

表3-5-2 反算法

题型特点	题干要求满足某个或某些条件的指标个数。通常是指两数之比或增长在某个范围的条件,且给出的比值较为简单易算
使用方法	第一步:将除法转化为乘法 第二步:检验">"或"<"关系是否成立 第三步(视情况而定):若正面计数个数较多,可先从反面计数,再用总数相减

【示例】要判断"2 593不足438的6倍"是否正确,可计算438×6是否大于2 593。由于438×6=2 628>2 593,所以该结论正确。

3.首数法

表3-5-3 首数法

题型特点	选项的首位或前两位数字各不相同,常用于一步除法
使用方法	分母有效数字多于三位时四舍五入保留前三位,分子不变

【示例】637÷1.47=4XX

【示例】25 637÷35.266≈25 637÷35.3=7XX(分母有效数字大于3位,故先将分母四舍五入保留前三位,再用首数法计算)

4.尾数法

表 3-5-4 尾数法

题型特点	选项尾数各不相同,常用于简单加、减运算中
使用方法	几个数和的尾数与尾数的和相等。两个数相减,尾数不够减时,先借位再相减

【示例】2 452+613=XXX5,尾数为 5

【示例】2 452−613=XXX9,尾数为 9

5.有效数字法

表 3-5-5 有效数字法

题型特点	有效数字较多、选项有一定差距的求值类题目,一般在复杂的乘除法运算中运用较多
使用方法	(1)一般在第 3 位有效数字上四舍五入 (2)遇到 5 或接近 5 时:减/除法取舍同向变化;加/乘法取舍反向变化

【示例】$1\ 119.99 \times 6.82\% \approx 1\ 120 \times 7\% = 78.4$

【示例】$\dfrac{3\ 976.7}{(1+7.2\%)(1-3.6\%)} \approx \dfrac{4\ 000}{1+7.2\%-3.6\%} = \dfrac{40\ 00}{1+3.6\%} = 3\ 8XX$

6.特征数字法

表 3-5-6 特征数字法

题型特点	列式中涉及的百分数近似下表中的特征分数
使用方法	将近似特征分数的百分数转化为分数,一般用于乘、除法运算中

1							
2	$50\%=\dfrac{1}{2}$						
3	$33.3\%=\dfrac{1}{3}$	$66.7\%=\dfrac{2}{3}$					
4	$25\%=\dfrac{1}{4}$	$\dfrac{2}{4}=\dfrac{1}{2}$	$75\%=\dfrac{3}{4}$				
5	$20\%=\dfrac{1}{5}$	$40\%=\dfrac{2}{5}$	$60\%=\dfrac{3}{5}$	$80\%=\dfrac{4}{5}$			
6	$16.7\%=\dfrac{1}{6}$	$\dfrac{2}{6}=\dfrac{1}{3}$	$\dfrac{3}{6}=\dfrac{1}{2}$	$\dfrac{4}{6}=\dfrac{2}{3}$	$83.3\%=\dfrac{5}{6}$		
7	$14.3\%=\dfrac{1}{7}$	$28.6\%=\dfrac{2}{7}$	$42.9\%=\dfrac{3}{7}$	$57.1\%=\dfrac{4}{7}$	$71.4\%=\dfrac{5}{7}$	$85.7\%=\dfrac{6}{7}$	
8	$12.5\%=\dfrac{1}{8}$	$\dfrac{2}{8}=\dfrac{1}{4}$	$37.5\%=\dfrac{3}{8}$	$\dfrac{4}{8}=\dfrac{1}{2}$	$62.5\%=\dfrac{5}{8}$	$\dfrac{6}{8}=\dfrac{3}{4}$	$87.5\%=\dfrac{7}{8}$
9	$11.1\%=\dfrac{1}{9}$	$22.2\%=\dfrac{2}{9}$	$\dfrac{3}{9}=\dfrac{1}{3}$	$44.4\%=\dfrac{4}{9}$	$55.6\%=\dfrac{5}{9}$	$\dfrac{6}{9}=\dfrac{2}{3}$	$77.8\%=\dfrac{7}{9}$	$88.9\%=\dfrac{8}{9}$
分母／分子	1	2	3	4	5	6	7	8

图 3-5-1 特征数字法

【示例】$15\,777 \div (1+11.1\%) \times 11.1\% \approx 15\,777 \div (1+\frac{1}{9}) \times \frac{1}{9} = 1\,577.7$

7.运算拆分法

表3-5-7 运算拆分法

题型特点	适用于简单的 $A \times B$、$A \times (1+x\%)$、$A \div B$ 型列式
使用方法	将列式中数据拆分成两个或两个以上便于计算的数的和或差的形式,再计算得到答案。拆分过程中产生的误差相对较小,因此,精度要求比较高的上述列式推荐使用

8.同位比较法

表3-5-8 同位比较法

定义	同位,相同位置。即在相同位置上比较数字大小
使用方法	比较两个分数大小时,若一个分数的分子、分母分别小于另外一个分数的分子、分母,并且两个分数的分子或分母存在明显的倍数关系,考虑应用同位比较法 (1)$A \div B$ 型:两个分数的分子存在倍数关系,将分子化同或近似化同 　　　　两个分数的分母存在倍数关系,将分母化同或近似化同 (2)$A \times B$ 型:两个乘积 $a \times b$ 与 $c \times d$ 比较大小,若 $a>c$,$d>b$,则记 $\frac{a}{c}=X$,$\frac{d}{b}=Y$ 　　　若 $X=Y$,则 $a \times b=c \times d$;　若 $X>Y$,则 $a \times b>c \times d$;　若 $X<Y$,则 $a \times b<c \times d$

【示例】比较 $\frac{333}{1297}$ 和 $\frac{110}{435}$ 的大小。

解读:$110 \times 3=330$,接近 333,则 $\frac{110 \times 3}{435 \times 3}=\frac{330}{1305}$,推出 $\frac{333}{1297}>\frac{330}{1305}=\frac{110}{435}$。

【示例】比较 103×94,52×210 的大小。

解读:103 不足 52 的 2 倍,210 超过 94 的 2 倍,则 $52 \times 210>103 \times 94$。

9.差分法

表3-5-9 差分法

定义	两个分数的分子、分母作差后与原来分数对比来判断分数大小的方法
使用方法	两个分数 $\frac{a}{b}$ 和 $\frac{c}{d}$,如果 $a>c$,$b>d$,$\frac{a}{b}$ 记为"大分数",$\frac{c}{d}$ 记为"小分数",$\frac{a-c}{b-d}$ 记为"差分数" ①若 $\frac{a-c}{b-d}=\frac{c}{d}$,则 $\frac{a}{b}=\frac{c}{d}$;　②若 $\frac{a-c}{b-d}>\frac{c}{d}$,则 $\frac{a}{b}>\frac{c}{d}$;　③若 $\frac{a-c}{b-d}<\frac{c}{d}$,则 $\frac{a}{b}<\frac{c}{d}$

【示例】比较 $\frac{5.32}{4.25}$ 和 $\frac{4.27}{3.01}$ 的大小。

解读:差分数为 $\frac{5.32-4.27}{4.25-3.01}=\frac{1.05}{1.24}$,$\frac{1.05}{1.24}<1<\frac{4.27}{3.01}$,因此 $\frac{5.32}{4.25}<\frac{4.27}{3.01}$。

10.错位加减法

表 3-5-10 错位加减法

题型特点	列式分母较复杂,不适用其他速算方法且计算精度要求较高的题目
使用方法	错开相同位,加减相同倍

【示例】$\dfrac{7\,237}{1.137} \times 0.137 \approx \dfrac{724}{114} \times 137 \approx \dfrac{724+72\times2+7}{114+23} \times 137 = 875$

经典真题

阅读下列资料,回答1~5题。

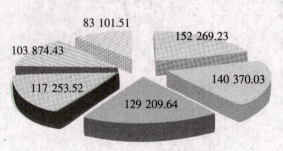

财政收入(亿元)

	2015年
	2014年
	2013年
	2012年
	2011年
	2010年

83 101.51　152 269.23
103 874.43　140 370.03
117 253.52　129 209.64

财政收入增长速度(%)

	2015年
	2014年
	2013年
	2012年
	2011年
	2010年

21.3　8.4　8.6
25　12.9　10.2

我国2010—2015年财政收入情况

1.财政收入增速最快的一年财政收入( )亿元。

A.117 253.52　　　　　　　　B.140 370.03

C.103 874.43　　　　　　　　D.152 269.23

2.与上一年相比,财政收入增速下降近五成的年份,财政收入比上年度增加( )亿元。

A.13 379.09　　　　　　　　B.11 956.12

C.20 772.92　　　　　　　　D.11 899.20

3.2015年财政收入与2010年相比增加了( )%。

A.5.8　　　　　　　　　　B.25

C.83.23　　　　　　　　　D.83.8

4.所有财政收入增速介于10%和20%之间的年份,财政收入的总和是( )亿元。

A.117 253.52　　　　　　　　B.329 564.67

C.269 579.67　　　　　　　　D.246 463.16

5.下列选项中,表述错误的是( )。

A.2015年财政收入与2011年相比增加近五成

B.2011年,我国财政收入突破10万亿元

C.2010—2015年,我国财政收入增速一直稳中有升

D.2010—2015年,我国财政收入一直稳中有升

阅读下列资料,回答6~10题。

图一 2013年全球旅行交易结构图

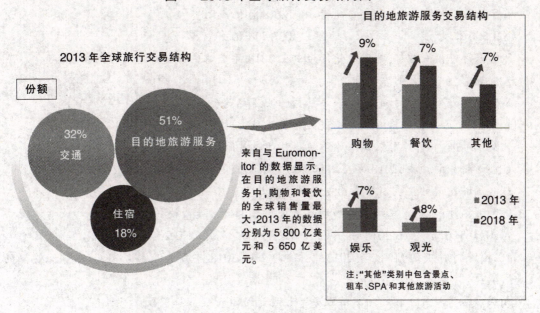

图二 2014年1~12月中国在线旅游移动端月度覆盖人数

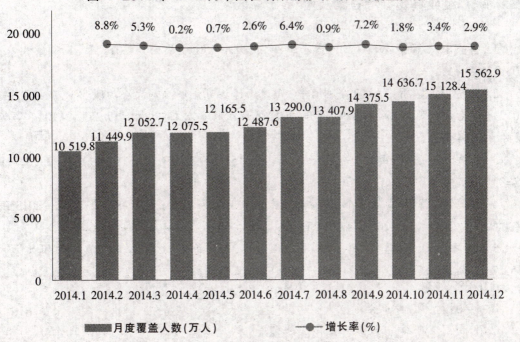

6.已知 2013 年购物行为占全球目的地旅游服务额的 30%,按照材料图表中相关信息,2013 年全球旅行交易结构中住宿金额约为(   )。

A.5 800 亿美元　　　　　　　　B.6 800 亿美元

C.3 500 亿美元　　　　　　　　D.7 500 亿美元

7.根据材料相关信息,下列消费行为中在 2013 年全球旅行交易结构占比最高的是(   )。

A.交通　　　　　B.景点　　　　　C.观光　　　　　D.购物

8.根据材料及图形的相关内容,不能得出以下结论(   )。

A.2014 年我国在线旅游移动端覆盖人数逐月上升

B.2014 年全年中我国在线旅游移动端月度覆盖面扩大了近50%

C.按材料中的预测,2018 年全球旅游消费中餐饮消费将达到 6 045 亿美元

D.我国旅游者的主要消费支出是餐饮和娱乐

9.下列各月中,我国在线旅游移动端月度覆盖人数增速最快的是(   )。

A.2014 年 6 月　　B.2014 年 9 月　　C.2014 年 12 月　　D.2014 年 3 月

10.按照材料中的预测,与 2013 年相比,全球 2018 年目的地旅游服务中增长最快的是(   )。

A.娱乐旅游服务　　B.购物旅游服务　　C.观光旅游　　D.餐饮旅游服务

经典真题参考答案及解析

1.【答案】C。解析:由第 2 个图可知,财政收入增速最快的是 2011 年,其财政收入为 103 874.43 亿元。

2.【答案】A。解析:由第 2 个图可知,增速下降近五成即扇形大小约减少一半,2011 年、2012 年增速为分别为 25%、12.9%,符合,2012 年财政收入比上年增加 117 253.52−103 874.43,尾数为 52−43=9。

3.【答案】C。解析:由第 1 个图可知,所求为 152 269.23÷83 101.51−1 ≈ (152−83)÷83=69÷83=83.1%,C 项最接近。

4.【答案】D。解析:由第 2 个图可知,增速介于 10%和 20%之间的年份是 2012—2013 年,其财政收入总和为 129 209.64+117 253.52,尾数为 64+52=116,末两位为 16。

5.【答案】C。解析:A 项,由图 1 可知,2015 年财政收入与 2011 年相比增加 $\frac{152\,269.23-103\,874.43}{103\,874.43} \approx \frac{152-104}{104} = \frac{48}{104} = 46.X\%$,正确。

B 项,由图 1 可知,正确。

C 项,由图 2 可知,错误。可直接选择 C。

验证 D 项,由图 1 可知,正确。

6.【答案】B。解析:已知 2013 年购物行为占全球目的地旅游服务额的 30%,则目的地旅游服务额为:5 800÷30%,则 2013 年全球旅行交易结构中住宿金额为:5 800÷30%÷51%×18% ≈ 6 824,故答案选 B。

7.【答案】A。解析:由图一可知,交通占比为32%,结合上一题可知,购物占比为51%×30%,可见交通占比>购物占比。由"目的地旅游服务中,购物和餐饮的全球销售量最大"可知,景点、观光的占比均小于购物占比。故选项四个消费行为中在2013年全球旅行交易结构占比最高的是交通,答案选A。

8.【答案】D。解析:A项,由图二的条形可知A项说法正确。

B项,2014年12月我国在线旅游移动月度覆盖面相比2014年1月扩大了$\dfrac{15\,562.9-10\,519.8}{10\,519.8}=\dfrac{5\,043.1}{10\,519.8}$,接近50%,故B项说法正确。

C项,由图一可知,2018年全球旅游消费中餐饮消费将达到$5\,650×(1+7\%)≈6\,045$(亿美元),C项说法正确。

D项,由"目的地旅游服务中,购物和餐饮的全球销售量最大"可判断D项说法错误。

9.【答案】B。解析:由图二的折线可知,6月增长率为2.6%,9月增长率为7.2%,12月增长率为2.9%,3月增长率为5.3%,可见四个选项中,B项9月增速最快。

10.【答案】B。解析:由图一可知,购物旅游服务增长9%,增长最快。娱乐增长7%,观光增长8%,餐饮增长7%。

同步训练

阅读下列资料,回答1~5题。

2011年全国共发生各类地质灾害15 664起,其中,滑坡11 490起、崩塌2 319起、泥石流1 380起、地面塌陷360起、地裂缝86起、地面沉降29起。与上年相比,发生数量下降48.9%;造成人员伤亡的地质灾害119起,死亡245人、失踪32人、受伤138人;直接经济损失40.1亿元。

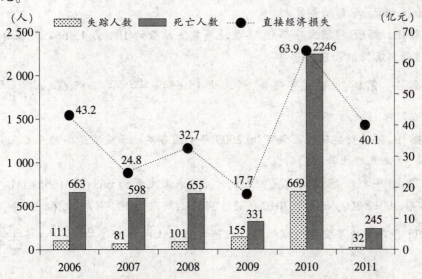

2006—2011年全国地质灾害死亡、失踪人数和直接经济损失

1.2011年全国发生各类地质灾害造成的死亡人数比上年下降了( )。

A.89.1%   B.90.5%   C.91.2%   D.91.6%

2."十一五"(2006—2010年)时期全国发生各类地质灾害造成的年平均直接经济损失为( )。

A.27.2亿元   B.32.6亿元   C.36.5亿元   D.39.1亿元

3.2011年在全国发生各类地质灾害总数中所占比重超过10%的地质灾害有( )。

A.1类   B.2类   C.3类   D.4类

4.2011年全国发生各类地质灾害的数量比2010年少( )。

A.8 004起   B.16 753起   C.16 369起   D.14 990起

5.下列判断正确的有( )。

(1)2007—2011年,全国发生各类地质灾害造成的死亡人数、失踪人数和直接经济损失具有相同的变动态势

(2)2010年全国发生各类地质灾害死亡人数占2006—2011年六年全国发生各类地质灾害死亡总人数的一半以上

(3)2011年全国发生各类地质灾害造成的直接经济损失比上年下降了约37%

A.0个   B.1个

C.2个   D.3个

同步训练参考答案及解析

1.【答案】A。解析:由图形可知,所求为 $\frac{2\ 246-245}{2\ 246}=\frac{2\ 001}{2\ 246}=8X\%$,A项符合。

2.【答案】C。解析:根据图形,所求为(43.2+24.8+32.7+17.7+63.9)÷5≈(43+25+33+18+64)÷5=183÷5=36.6亿元,与C项最接近。

3.【答案】B。解析:根据文字部分,各类地质灾害总数的10%为15 664×10%=1 566.4,超过这一数值的只有滑坡和崩塌2类。

4.【答案】D。解析:根据文字部分,所求为 $15\ 664\times\frac{48.9\%}{1-48.9\%}=15\ 664\times\frac{48.9\%}{51.1\%}$,略小于15 664,故本题选D。

5.【答案】B。解析:(1)观察图形可知,2009年全国各类地质灾害造成的死亡人数、直接经济损失下降,失踪人数上升,(1)错误;

(2)除2010年之外,各类地质灾害造成的死亡人数之和为663+598+655+331+245>600+600+600+300+200=2 300人,大于2010年的2 246人,所以2010年的占比不到一半,(2)错误;

(3)2011年各类地质灾害造成的直接经济损失比上年下降了 $\frac{63.9-40.1}{63.9}=\frac{23.8}{63.9}≈37\%$,(3)正确。

综上,正确的说法有1个,故本题选B。

第四篇
英　语

第一章 单项选择

第一节 备考攻略

一、考情分析

2015—2018 年中国农业银行招聘考试真题英语部分的单项选择一共 45 题,考点涉及词汇、语法、词组,需要考生注意平时积累,多做练习题。

二、备考指导

单项选择解题方法可采用三步法:

第一步:理解语境,推敲语义。

第二步:化繁为简,锁定考点。

第三步:寻找题眼,排除干扰项,确定答案。

除了经常用到的直接法和排除法,以下两种解题方法在答单项选择题时非常有效:

还原法:把题干还原为自己熟悉的结构,如将感叹句、倒装句、疑问句的题干改为陈述句,将被动句改为主动句,将强调句式、从句、插入语去掉,或者是将省略句补全。

类推法:如对题目的备选答案没有把握,利用"如果 A 对,那么 B 也对"进行判断和推理,排除 A、B 两个选项。要注意语境,利用信息,适当分析句子结构,特别注意疑问句、感叹句、定语从句中的句子成分;选定答案后尽量不琢磨,不轻易改动所选答案;注意这部分一定不要花过多的时间,尽量以 30 秒一题的速度答题。

第二节 重要知识点讲解

一、名词

(一)概说

名词是表示人、事物、抽象概念等名称的词,如 boy 男孩,mother 母亲,news 消息,progress 进步,computer 计算机,Tom 汤姆,Paris 巴黎,Japan 日本,furniture 家具等。

名词根据其词汇意义,通常分为专有名词和普通名词。专有名词主要指人、地方、组织、机构等的专有的名称,专有名词的第一个字母通常大写,如 Mary 玛丽,Mr. Green 格林先生,Beijing 北京等;普通名词通常指人、物、概念等的一般名称。根据普通名词的语法性质,它又可以细分为个体名词、物质名词、集合名词和抽象名词四类:个体名词表示人或物的个体,如 girl 女孩,pen 钢笔等;物质名词表示无法分为个体的实物,如 wood 木头,meat 肉等;集合名词表示若干个体组成的集合体,如:family 家庭,crowd 人群等;抽象名词表示性质、行为、状态、感情等抽象概念,如 work 工作,happiness 幸福等。

(二)名词的数

1.名词复数的构成方法

(1)在一般情况下,加词尾 -s: book / books 书。

(2)以 s, x, z, sh, ch 等结尾的名词,通常加词尾 -es: bus / buses 公共汽车。

(3)以 y 结尾的名词,其复数构成要分两种情况:以"辅音字母+y"结尾的名词,将 y 变 i 加 es: city / cities 城市;以"元音字母+y"结尾的名词,直接加词尾 s: boy / boys 男孩。

(4)以 o 结尾的名词,有些加词尾 -s,有些加 -es,有些加 -s 或 -es 均可:

piano / pianos 钢琴;tomato / tomatoes 西红柿;zero-zeros / zeroes 零。

(5)以 f 或 fe 结尾的名词,也有两种可能:即有些直接加词尾-s,有些则把 f / fe 变 v 加 es:chief / chiefs 首领; leaf / leaves 叶子, thief / thieves 小偷。

2.单数与复数同形式的名词

常用的单复数同形的名词主要有:sheep 绵羊,fish 鱼,deer 鹿,Chinese 中国人,Japanese 日本人,Portuguese 葡萄牙人,Swiss 瑞士人,aircraft 飞行器,means 方法,series 系列等。

3.不规则的复数名词

有的名词单数变复数时,没有一定的规则:

man / men 男人 woman / women 女人 child / children 小孩 tooth / teeth 牙齿

4.复合名词的复数形式

通常是将其主要名词变为复数:passer-by / passers-by 过路人

shoe-maker / shoe-makers 鞋匠;looker-on / lookers-on 旁观者

5.名词的可数性

名词根据其可数性,可分为可数名词与不可数名词。一般说来,个体名词和大部分集合名词是可数的;而专有名词、物质名词、抽象名词以及少部分集合名词则通常是不可数的。

(1)专有名词的可数性。在通常情况下,专有名词具有"独一无二"的含义,因此它通常没有复数形式,即不可数。但是若专有名词转化成了普通名词,也可以是可数的,如:

Thousands of Lei Fengs have emerged in China. 中国涌现出了千千万万个雷锋。

(2)个体名词的可数性。个体名词表示的是一个一个的人或物的个体,所以它通常是可数的。如:Two girls are talking about the exam.两个女孩正在讨论这次考试。

(3)物质名词的可数性。由于物质名词在通常情况下不能分为个体,所以它通常是不可数的。但是,在某些特殊情况下(如表示种类等),有些物质名词也可以连用不定冠词或用复数形式。如:

wine 酒(不可数),a wine 一种酒(可数)

beer 啤酒(不可数),two beers 两杯啤酒(可数)

(4)抽象名词的可数性。抽象名词是表示事物性质、行为、状态、感情等抽象概念的,因此它通常是不可数的。但是,有时抽象名词也可转化为具体名词(可数),表示具有某种性质的人或事物:

success 成功(不可数),a success 成功的人或事(可数)

pleasure 愉快(不可数),a pleasure 令人愉快的人或事(可数)

(5)集合名词的可数性。集合名词表示若干个体组成的集合体,它本身通常是可数的,其复数形式表示多个集合体:

a family 一个家庭,three families 三个家庭

a team 一个队,two teams 两个队

6.可数与不可数名词的常用修饰语

(1)修饰可数名词的常用修饰语有:these, those, few, a few, many, a good (great) many, a great (good) number of 等:

He has a great many friends here. 他在这儿有很多朋友。

注:a good (great) many 后直接跟名词,不用介词 of。但是,若其后所接名词有 the, these, my 等限定词修饰,则要用介词 of:a great many of my friends 我的朋友当中的许多人。

(2)修饰不可数名词的常用修饰语有 this, that, little, a little, a bit of, much, a great deal of 等:

I have little time to do it. 我没什么时间来做此事。

A great deal of money is spent on research. 研究工作上花了许多钱。

(3)有些修饰语既可修饰可数名词也可修饰不可数名词:all, some, enough, a lot of, lots of, plenty of, a (large) quantity of 等:

You needn't hurry. There's plenty of time. 你不必着急。时间很足够。

There are plenty of men out of work. 失业的人很多。

We need a quantity of baskets. 我们需要一批篮子。

He puts a small quantity of sugar in the milk. 他在牛奶中放了少量的糖。

(4)有些名词形式上是复数,但却被用作不可数名词,使用 much, little 等修饰语:

He hasn't got much brains. 他没什么头脑。

7.单位词与不可数名词数量表示法

单位词是表示事物个体性的词语,不可数名词通常没有复数形式,也不可以用个数计算,要表示不可数名词的个体性需借助单位词:

a piece of paper　　　一张纸

a piece of advice　　　一条建议

a piece of news　　　一条消息

an article of furniture　　一件家具

(三)名词的格

1.名词的格的种类

英语名词有三个格,即主格、宾格和所有格。名词的主格和宾格形式相同,所以它们又统称作通格。当名词用作主语、宾语、表语时,用通格。英语名词的所有格表示所属关系,它分-'s所有格和of所有格两种形式。

Tom loves Mary. (Tom 为主格,Mary 为宾格,均为通格形式)

Tom's best friend is Mary. (Tom's 是所有格,Mary 为通格)

The title of the book is interesting. (of the book 为所有格)

2. -'s 所有格的构成方法

(1)一般情况(包括单数名词和不带词尾 s 的复数名词)加-'s:

Children's books 儿童图书   today's paper 今天的报纸

(2)带词尾 s 的复数名词或者个别专有名词只加省字撇('):

girls' school 女子学校   the Smiths' car 史密斯家的小汽车

(3)用 and 连接的并列名词的所有格分两种情况,即表示各自的所有关系时,要分别在名词后加-'s,表示共同的所有关系时,只在最后一个名词后加-'s:

Tom's and Jim's rooms 汤姆和吉姆(各自)的房间

Tom and Jim's room   汤姆和吉姆(共同)的房间

3. -'s 所有格的用法

-'s 所有格主要用于有生命的东西,但有时也可用于无生命的东西,这主要见于:

(1)用于表时间的名词后:

tomorrow's weather   明天的天气

two days' journey   两天的旅程

(2)用于表国家、城市的名词后:

America's policy   美国的政策

the city's population   这个城市的人口

(3)用于某些集合名词后:

the majority's view 多数人的观点

the government's policy 政府的政策

(4)用于组织机构后:

the station's waiting-room 车站候车室

the newspaper's editorial policy 这家报纸的编辑方针

(5)用于度量及价值名词后:

a mile's distance 1 英里的距离

twenty dollars' value 20 美元的价值

(6)用于表天体的名词后:

the moon's rays 月光

the earth's surface 地球表面

(7)用于某些固定表达中:

a stone's throw 一箭之遥

at one's wits' end 黔驴技穷

4. -'s 所有格与 of 所有格的用法比较

(1)of 所有格既可用于有生命的人或物,也可用于无生命的东西。of 所有格有时可以与-'s 所有格互换。如:

Mr. Smith's son = the son of Mr. Smith 史密斯先生的儿子

(2)必须用 's 所有格的情形:

①表类别时:men's shoes 男鞋,children's stories 儿童故事

②表来源时:John's telegram 约翰的电报

③当被修饰的名词后有同位语修饰时:Mary's husband, a policeman, has just been here. 玛丽的丈夫是个警察,刚刚来过这儿。

(3)必须用 of 所有格的情形:

①用于无生命的事物时:the subject of the sentence 句子主语

②表同位关系时:the City of Beijing 北京市

③当中心词是名词化的形容词时:the life of the poor 穷人的生活

④当 of 所有格中的名词后跟有后置修饰语或同位语时:Mr. Smith is a foreign teacher of a university in China. 史密斯先生是中国一所大学的外籍教师。

5.双重所有格

(1)所谓双重所有格就是指将 's 所有格与 of 所有格结合起来一起使用:

a friend of my father's 我父亲的一位朋友

a photo of Mr. Smith's 史密斯先生的一张照片

(2)双重所有格的使用场合:

①当被修饰名词前有指示代词、疑问代词、不定代词或数词等限定词时,一般要用双重所有格:

I don't like that big nose of David's. 我不喜欢大卫的那个大鼻子。

Which novel of Dickens' are you referring to? 你指的是狄更斯的哪部小说?

②有时既可用双重所有格也可用 of 所有格,但含义稍有差别。比较:

a photo of Mary's 玛丽收藏的一张照片   a photo of Mary 玛丽(自己)的照片

二、代词

视频讲解

(一)概说

代词是代替名词及起名词作用的短语或句子的词。代词可分为人称代词、物主代词、反身代词、指示代词、相互代词、疑问代词、连接代词、关系代词、不定代词等十类。

(二)人称代词

1.人称代词的用法

人称代词在句中可以用作主语(用主格,如 I, you, he, she, we, they 等)和宾语(用宾格,如 me, you, him, her, us, them 等):

He loves her, but she hates him. 他爱她,但她却讨厌他。

2.人称代词的排序

(1)人称代词的排列顺序为:单数人称代词通常按"二三一"排列,即 you, he and I;复数人称代词通常按"一二三"排列,即 we, you and they:

You, he and I are of the same age. 你,他和我都是同一年龄。

We, you and they are all good citizens. 我们,你们和他们都是好公民。

(2)在通常情况下,人称代词在句子中出现在它所代替的名词之后,即先出现名词,再出现相应的代词。但是,在书面语中,有时也可先出现代词,后出现代词所代替的名词:

As soon as it had hopped off, the plane picked up speed. 飞机刚起飞,就加速。(比较:As soon as the plane had hopped off, it picked up speed.)

(三)物主代词

1.物主代词的用法

物主代词分形容词性物主代词(my, your, his, her, its, our, your, their)和名词性物主代词(mine, yours, his, hers, its, ours, yours, theirs)。形容词性物主代词在句中只用作定语;名词性物主代词则不能用作定语,但可以用作主语、宾语、表语。

His son is taller than hers. 他的儿子比她的儿子高。

2.物主代词与 own 连用

为了强调,有时可在物主代词后加上 own 一词:

Mind your own business. 别管闲事。

(四)反身代词

1.反身代词的基本形式

反身代词是 oneself 根据所指词的人称、性别、单复数等的变化可以有 myself, himself, herself, yourself, itself, ourselves, yourselves, themselves 等形式。

2.反身代词的句法功能

(1)用作同位语(加强被修饰词的语气,紧放在被修饰名词后,或句末):

The box itself is not so heavy. 箱子本身并不重。

(2)用作宾语(动词或介词的宾语):

Take good care of yourself. 照顾好自己。

(3)用作表语:

The poor boy was myself. 那个可怜的孩子就是我自己。

(4)用作主语。在现代英语中,反身代词一般不能独立用作主语,但是它却可以借助 and,

or, nor 等连词与其他名词一起构成并列主语(且位于并列主语的后部),以及用于某些特殊结构(如 as ... as 等):

My brother and myself went there yesterday. 昨天我兄弟和我一起去了那儿。

(五)相互代词

1.相互代词的形式与用法

英语的相互代词只有 each other 和 one another,它们在句中通常只用作宾语:

We should help each other. 我们应该互相帮助。

2.使用相互代词注意点

(1)相互代词在句中通常只用作宾语,不可用作主语,所以以相互代词为宾语的句子不能变为被动语态。

(2)不要将相互代词误认为是副词,将其用作状语,如可说 talk to each other,但不能说 talk each other。

(3)相互代词可以有所有格形式:

The students borrowed each other's notes. 学生们互相借笔记。

(六)指示代词

1.指示代词的用法

指示代词(this, that, these, those)在句中可作主语、宾语、表语、定语:

This is yours and that is mine. 这是你的,那是我的。

I want this book, not that book. 我要这本书,不是那本书。

2.表替代的 that 与 those

有时为了避免重复,可用 that 和 those 代替前面提到的名词:

The population of China is much larger than that of Japan. 中国人口比日本人口多得多。(that = the population)

3. this 与 that 用法比较

(1)用来回指上文提到的事情时,可用 this 或 that,但是若要指下文叙述的事情,通常要用 this:

She married Jim, and this (that) surprised me. 她嫁给了吉姆,这使我感到很吃惊。

(2)在打电话时,通常用 this 指自己,用 that 指对方:

Hello. This is Jim. Is that John? 喂,我是吉姆,你是约翰吗?

(3)除用作代词外,this 和 that 都可用作副词,与形容词或副词连用,其义为"这么""那么":

It's about this (that) high. 大约这(那)么高。

Is it this hot every day? 每天都有这么热吗?

(七)疑问代词

1.疑问代词的用法

疑问代词(who, whom, whose, which, what 等)在句中可用作主语、表语、宾语、定语等:

Who is your English teacher? 你们的英语老师是谁?

Whose is this umbrella? 这把伞是谁的?

2.两类易混句型的区别

请先看以下两句:

What do you think he wants? 你认为他想要什么?

Do you know what he wants? 你知道他想要什么吗?

上面第一句为特殊疑问句,第二句为一般疑问句,它们不能倒过来说成 Do you think what he wants? What do you know he wants? 其原则区别是:可以用 yes 或 no 回答者,用一般疑问句的形式(疑问词放在句中,即主句之后),适合这类句型的主句动词通常有 know, hear, ask, tell 等;不能用 yes 或 no 回答者,用特殊疑问句的形式(疑问词放在句首),适合这类句型的主句动词通常有 think, believe, suppose, guess 等:

Where do you suppose he has gone? 你认为他去什么地方了?

Did you ask why he had left so soon? 你问过他为什么那么快就离开吗?

(八)连接代词

1.连接代词的用法

连接代词主要包括 who, whom, what, which, whose, whoever, whatever, whichever, whosever 等,它们在句中可用作主语、宾语、表语、定语等,可以引导主语从句、宾语从句和表语从句:

I don't know who he is. 我不知道他是谁。

The question is who(m) we should trust. 问题是我们该信任谁。

2. whatever, whoever, whichever 用法说明

主要用于引导主语从句和宾语从句:

He does whatever she asks him to do. 她要他做什么,他就做什么。

Whoever breaks the rules will be punished. 谁违反这些规则都将受到处罚。

(九)不定代词

1.英语的不定代词

英语的不定代词有 all, each, both, either, neither, one, none, little, few, many, much, other, another, some, any, no 等,以及由 some, any, no 和 every 构成的合成代词(即 somebody, anyone, nothing 等)。在这些不定代词中,多数都能作主语、宾语、表语或定语,但是代词 none 以及由 some, any, no 和 every 构成的合成代词只能作主语、宾语或表语,不能作定语,而 no 和 every 则只用作定语。

2.指两者和三者的不定代词

有些不定代词用于指两者(如 both, either, neither),有的不定代词用于指三者(如 all, any, none, every),注意不要弄混:

Both of my parents are doctors. 我的父母都是医生。

All of the students are interested in it. 所有的学生对此都很感兴趣。

He has two sons, neither of whom is rich. 他有两个儿子,都不富有。

He has three sons, none of whom is rich. 他有三个儿子,都不富有。

3.复合不定代词的用法特点

复合不定代词包括 something, somebody, someone, anything, anybody, anyone, nothing, nobody, no one, everything, everybody, everyone 等。它们在句中可用作主语、宾语或表语,但不能用作定语。something, someone 等和 anything, anyone 等的区别与 some 和 any 的区别一样,前者一般用于肯定句,后者一般用于否定句、疑问句或条件句。具体使用时应注意以下几点:

(1)复合不定代词受定语修饰时,定语应放在它们后面:

There is nothing wrong with the radio. 这收音机没有问题。

(2)指人的复合不定代词若用作主语,其谓语动词一般用单数,相应的人称代词和物主代词也用单数 he, him, his (不一定指男性)。但在非正式文体中常用复数代词 they, them, their:

Everyone knows this, doesn't he / don't they? 人人都知道这一点,不是吗?

(3)指事物的复合不定代词若用作主语,谓语动词只能用单数,相应的人称代词也只能用 it,而不用 they:

Everything is ready, isn't it? 一切都准备好了,是吗?

(4)anyone, everyone 等只能指人,不能指物,且其后一般不接 of 短语。若是指物或后接 of 短语,可用 any one, every one (分开写):

any one of the boys (books) 孩子们(书)当中的任何一个(本)

every one of the students (schools) 每一个学生(一所学校)

4.不定代词与部分否定

不定代词 all, both, every 等与 not 连用时构成部分否定;若要表示完全否定,则需换用 none, neither, no one 等。比较:

All of the students like the novel. 所有这些学生都喜欢这本小说。

Not all of the students like the novel. 并不是所有学生都喜欢这本小说。

5. so little 与 such little 的区别

用 so little 还是 such little 取决于 little 的意思:若表示数量方面的"少",则用 so little;若表示形状体积的"小",则用 such little:

He has so little time for reading. 他读书的时间少得可怜。

I've never seen such little boxes. 我从未见过那样小的盒子。

6. some 与 any 的用法区别

一般说来,some 用于肯定句中,any 用于否定句和疑问句中。但是,在表示请求、邀请或征求意见的句子中,通常要用 some 而不用 any:

Would you like some cake? 吃点蛋糕吗?

注:any 有时也用于肯定句中,此时表示"任何":

Any color will do. 任何颜色都行。

7. many 与 much 的用法区别

两者都表示"许多",但 many 修饰或代替可数名词(复数),与 few(少数)相对;而 much 用来修饰或代替不可数名词(单数),与 little(少量)相对。

Many of us left early. 我们有许多人离开得很早。

Much work has been done. 许多工作都已经做了。

8. few, a few 与 little, a little 的用法区别

(1)few 和 a few 后接可数名词的复数形式。few 表示数量很少或几乎没有,强调"少",含有否定意义;a few 表示数量虽然少但毕竟还有,强调"有",含有肯定意义:

It is very difficult, and few people understand it. 它很难,没有几个人能懂。

It is very difficult, but a few people understand it. 它虽然很难,但是有些人懂。

(2)little 和 a little 之后接不可数名词,其区别跟 few 和 a few 之间的区别相似:

Unfortunately, I had little money on me. 很不巧,我身上没带什么钱。

Fortunately, I had a little money on me. 幸好我身上带着一点钱。

9. other, the other, another 与 others 的用法区别

这些不定代词不仅在含义上有单复数之分,而且在用法上有泛指(无 the)和特指(有 the)之别。其用法区别可归纳如下:

(1)指单数时,若泛指用 another,若特指用 the other:

Give me another (one). 另外给我一个。

Shut the other eye, please. 请把另一只眼睛也闭上。

(2)指复数时,若泛指用 other(后接复数名词),若特指用 the other(后接复数名词):

There are other ways of doing it. 做这事还有其他的办法。

Where have the other students gone? 其他学生都到哪里去了?

(3)others 永远表示复数意义(且其后不能再接名词)。其用法大致相当于"other+复数名词",同样地 the others 大致相当于"the other+复数名词":

Other people (Others) may not think that way. 别的人可能不这样想。

He is cleverer than the others (the other students) in his class. 他比班上其他学生聪明。

(4)与 some 对比使用时,用 others(此时与 some 同义):

Some say yes, and others say no. 有人说对,有人说不对。

(十)关系代词

1.关系代词的用法

主要的关系代词有 that, who, whom, whose, which, as 等。其中 who, whom 只用于指人，which, as 只用于指事物，whose, that 既可用于指人也可用于指物。关系代词在定语从句中主要作主语、宾语(可以省略)、表语或定语：

He is the man who (that) lives next door. 他就是住在隔壁的那个人。

How do you like the photo that (which) I took? 你觉得我拍的这张照片怎么样？

This is the same watch as I lost. 这块表跟我丢失的那块一样。

2. that 与 which 的用法区别

两者都可指物，常可互换。其区别主要在于：

(1)引导非限制性定语从句时，通常要用 which：

She received an invitation from her boss, which came as a surprise.

她收到了老板的邀请，这是她意想不到的。

(2)直接放在介词后作宾语时，通常要用 which：

The tool with which he is working is called a hammer. 他干活用的那个工具叫作锤子。

(3)当先行词是 much, little, none, all, few, every(thing), any(thing), no(thing)等或被它们修饰时，通常用 that：

There was little that the enemy could do but surrender. 敌人无法，只有投降了。

All that can be done must be done. 凡能做的事都必须做。

(4)当先行词有 the very, the only, the same 等修饰时，通常用 that：

This is the only example that I know. 我知道的例子只有这一个。

Those are the very words that he used. 那是他的原话。

(5)当先行词有形容词最高级或序数词(包括 last, next 等)等修饰时，通常用 that：

This is the best dictionary that I've ever used. 这是我用过的最好的词典。

The first thing that you should do is to work out a plan. 你应该做的第一件事是制订计划。

(6)当关系代词在定语从句中用作表语时，通常用 that：

China is not the country (that) it was. 中国已不是过去的中国了。

(7)当先行词是一个既指人又指物的并列词组时，通常用 that：

They talked about the persons and things that most impressed them.

他们谈论了使他们印象最深的人和事。

(8)当要避免重复时：

Which is the course that we are to take? 我们选哪门课程？

3. that 与 who 的用法区别

(1)两者均可指人，有时可互换：

All that (who) heard him were delighted. 所有听过他讲话的人都很高兴。

Have you met anybody that (who) has been to Paris? 你遇见过到过巴黎的人吗？

(2)但是在下列情况中,通常要用 that:

①当先行词是一个既指人又指物的并列词组时:

I made a speech on the men and things that I had seen abroad.

我就我在国外所见到的人和事做了报告。

②当先行词是 who 时(为避免重复):

Who was it that won the World Cup in 1982? 谁赢得了 1982 年的世界杯?

③当关系代词在定语从句中作表语时(可省略):

Tom is not the boy (that) he was. 汤姆这孩子已不是以前那个样子了。

4. as 与 which 的用法区别

(1)引导限制性定语从句时,在 such, as, the same 后只能用 as,其他情况用 which:

I've never heard such stories as he told. 我从未听过他讲那样的故事。

It's the same story as I heard yesterday. 这故事跟我昨天听到的一样。

(2)引导非限制性定语从句时,有时两者可互换:

I live a long way from work, as (which) you know. 我住得离工作单位很远,这你是知道的。

(3)但是,在以下情况引导非限制性定语从句时,两者不可换用:

①当从句位于主句前面时,只用 as:

As is known to everybody, the moon travels round the earth once every month.

月球每月绕地球转一周,这是每个人都清楚的。

② as 引导的非限制性定语从句应与主句在意义上和谐一致,which 无此限制:

He went abroad, as (which) was expected. 他出国了,这是大家预料到的。

He went abroad, which was unexpected. 他出国了,这让大家感到很意外。(不用 as)

③ as 引导非限制性定语从句时,先行词通常不能是主句中某个具体的词,而应是整个句子、整个短语或某个短语推断出来的概念,而 which 则无此限制:

The river, which flows through London, is called the Thames.

这条流经伦敦的河叫泰晤士河。(不用 as)

④当 as 引导非限制性定语从句作主语时,其谓语通常应是系动词,而不宜是其他动词,而 which 则无此限制:

She has married again, as (which) seemed natural. 她又结婚了,这似乎很正常。

三、形容词和副词

(一)概说

视频讲解

形容词用来修饰名词或代词,表示人或事物的性质、状态和特征。通常,可将形容词分成性质形容词和叙述形容词两类, 其位置不一定都放在名词前面。有 "限定词—数词—描绘词—(大小,长短,形状,新旧,颜色)—性质—名词"的公式。

副词主要用来修饰动词,形容词,副词或其他结构。例如:not(不),here(这里),now(现在)。副词和状语是两个概念,副词是词的一种类别,而状语则是一个句子成分,是词或词组在句子中所起的作用。

(二)形容词

1.形容词的位置

(1)形容词作定语通常前置,但在下列情况中后置(见表4-1-1):

表 4-1-1 形容词作定语后置

修饰 some, any, every, no 和 body, thing, one 等构成的复合不定代词时	nobody absent, everything possible
以-able, -ible 结尾的形容词可置于有最高级或 only 修饰的名词之后	the best book available the only solution possible
alive, alike, awake, aware, asleep 等可以后置	the only person awake
和空间、时间、单位连用时	a bridge 50 meters long
成对的形容词可以后置	a huge room simple and beautiful
形容词短语一般后置	a man difficult to get on with

(2)多个形容词修饰同一个名词的顺序(见表4-1-2):

表 4-1-2 多个形容词修饰同一个名词的顺序

代词		数词		性状形容词					
冠词前形容词	冠词 指示代词 不定代词 代词所有格	序数词	基数词	性质状态	大小 长短 形状	新旧 温度	颜色	国籍 产地	材料 质地
all both such	the a this another your	second third	one four	beautiful good poor	large short square	new cool	black yellow	Chinese London	silk stone

2.复合形容词的构成(见表 4-1-3)

表 4-1-3 复合形容词的构成

形容词 + 名词 + ed	kind-hearted	名词 + 形容词	world-famous
形容词 + 形容词	dark-blue	名词 + 现在分词	peace-loving
形容词 + 现在分词	ordinary-looking	名词 + 过去分词	snow-covered
副词 + 现在分词	hard-working	数词 + 名词 + ed	three-egged
副词 + 过去分词	newly-built	数词 + 名词	twenty-year

（三）副词

1.副词的分类（见表 4-1-4）

表 4-1-4　副词的分类

时间副词	soon, now, early, finally, once, recently ...	频度副词	always, often, frequently, seldom, never ...
地点副词	here, nearby, outside, upwards, above ...	疑问副词	how, where, when, why ...
方式副词	hard, well, fast, slowly, excitedly, really ...	连接副词	how, when, where, why, whether, however, meanwhile ...
程度副词	almost, nearly, very, fairly, quite, rather ...	关系副词	when, where, why ...

2.副词的用法

（1）大部分形容词加-ly 可构成副词。如 quickly, smoothly，但 friendly, lovely, lonely, lively, ugly, brotherly 仍为形容词。

（2）有些以-ly 结尾既为形容词，也为副词。如 daily, weekly, monthly, yearly, early。

（3）副词主要用来修饰动词、形容词、副词或整个句子。

3.副词的位置

（1）在动词之前。

（2）在 be 动词、助动词之后。

（3）多个助动词时，副词一般放在第一个助动词后。

注意：

a. 大多数方式副词位于句尾，但宾语过长，副词可以提前，以使句子平衡。

b. 方式副词 well, badly, hard 等只放在句尾。

4.副词的排列顺序

（1）时间、地点副词，小单位的在前，大单位的在后。

（2）方式副词，短的在前，长的在后，并用 and 或 but 等连词连接。

（3）多个不同副词的排列顺序：程度 + 地点 + 方式 + 时间副词。

注意：

副词 very 可以修饰形容词，但不能修饰动词。副词 enough 要放在形容词的后面，形容词 enough 放在名词前后都可。

（四）形容词和副词比较级

大多数形容词（性质形容词）和副词有比较级和最高级的变化，即原级、比较级和最高级，用来表示事物的等级差别。原级即形容词的原形，比较级和最高级有规则变化和不规则变化两种。

1.规则变化(见表 4-1-5)

表 4-1-5 形容词和副词比较级的规则变化

构成法	原级	比较级	最高级
一般单音节词末尾加-er, -est	tall(高的) great(巨大的)	taller greater	tallest greatest
以不发音的 e 结尾的单音词和少数以-le 结尾的双音节词只加-r, -st	nice(好的) large(大的)	nicer larger	nicest largest
以一个辅音字母结尾的闭音节单音节词,双写结尾的辅音字母,再加-er, -est	big(大的) hot (热的)	bigger hotter	biggest hottest
"以辅音字母+y"结尾的双音节词,改 y 为 i,再加-er, -est	easy(容易的) busy(忙的)	easier busier	easiest busiest
少数以-er,-ow 结尾的双音节词末尾加-er, -est	clever(聪明的) narrow(窄的)	cleverer narrower	cleverest narrowest
其他双音节词和多音节词,在前面加 more,most 来构成比较级和最高级。	important(重要的) easily(容易地)	more important more easily	most important most easily

2.不规则变化(见表 4-1-6)

表 4-1-6 形容词和副词比较级的不规则变化

原级	比较级	最高级
good(好的) well(健康的)	better	best
bad (坏的) ill(有病的)	worse	worst
old (老的)	older / elder	oldest / eldest
much / many(多的)	more	most
little(少的)	less	least
far (远的)	farther / further	farthest / furthest

3. as / so + 形容词或副词原级 + as 的用法

①肯定句中用 as + 形容词或副词原级 + as,如:

He likes math as much as he likes English.

②否定句中用 not as / so + 形容词或副词原级 + as,如:

It doesn't rain so / as much here as it does in my hometown.

4.可修饰比较级的词

①a bit, a little, rather, much, far, many, a lot, lots, a great deal, any, still, even, by far 等,除 by far 外,这些词一般置于形容词或副词比较级的前面。如:

Could you please speak a little more slowly so I can follow you?

②old 和 far 的比较级用法。

old 有两种比较级和最高级形式: older / oldest 和 elder / eldest。 elder, eldest 只用于兄弟姐妹的长幼关系。

far 有两种比较级: farther 和 further 在英语中都可指距离。在美语中, farther 表示距离, further 表示进一步。

5. the + 最高级 + 比较范围

①形容词最高级前通常必须用定冠词 the, 副词最高级前可不用。

②形容词 most 前面没有 the, 不表示最高级的含义, 只表示"非常"。

注意:

使用最高级时要注意将主语放进比较范围。

6. 和 more 有关的词组

①the more ... the more ... 越……就越……

②more B than A; less A than B 与其说 A 不如说 B

③no more ... than ... 与……一样……, 不比……多

④more than 不只是, 非常

四、介词

介词是一种用来表示词与词、词与句之间关系的虚词, 在句中不能单独作句子成分。介词后面一般有名词、代词或相当于名词的其他词类、短语或从句作它的宾语。介词和它的宾语构成介词词组, 在句中作状语、表语、补语或介词宾语。

(一)介词分类

(1)简单介词。简单介词包括 in, on, with, by, for, at 等。

(2)合成介词。合成介词包括 into, within, throughout, inside, outside 等。

(3)重叠介词。重叠介词包括 from among 从……当中, from behind 从……后面, until after 直至……之后, at about 在大约……, after about 在大约……之后等。

(4)介词短语。一个或两个简单介词和一个或几个其他词类构成一个短语, 作用相当于一个介词, 这就叫做介词短语。这类介词的末尾总是一个简单介词, 如 according to, because of, by means of, in addition to, in front of, in spite of 等。

(二)主要用途

1.表示时间

(1)表示在某时间常用介词 at, on, in 等。

①用 at 来表示在某一段时刻:

at dawn 在黎明

at six 在 6 点钟

at midnight 在午夜

at 4:30 在 4 点 30 分

②用 at 来表示在……岁时:

at sixteen / at the age of sixteen 在 16 岁的时候

③用 on 来表示在星期几 / 某日

on Monday 在星期一

on 4 June 在 6 月 4 日

on Christmas Day 在圣诞节那一天

(2)表示期间常用介词 during, for, over, within, throughout, from, to 等。

during 用于已知的一段时间,包括大家熟知的节日或者某种已确切限定的时期或阶段之前:

during the Middle Ages 在中世纪

during 1942 在 1942 年中

during the summer(of that year) 在(那一年的)夏季

during his childhood 在他童年时期

for 用来表示一段时间:

for six years 六年之久

for two months 有两个月

for ever 永远

(3)表示其他时间概念的介词有 before, after, since, until, till, between, by, up to 等。

2.表示方位

a.表示位置的介词有 at, on, in, before, after, above, among, below, behind, between, beside, near, over, under 等。

b.表示方向的介词有 to, into, along, at, down, for, from, out, of, toward, up 等。

c.表示经过、穿过的介词有 across, by, over, through, past 等。

d.表示遍及的介词有 throughout, all over, all along 等。

3.表示原因

常用介词有 because of, for, with 等。

4.表示方法 / 手段

常用介词有 by, in, with, through 等。

5.表示数量

常用介词有 about(around), over 等。

(三)常见介词搭配

1.动词与介词(或副词)的搭配

add ... to	加到……上	agree with	同意(某人)
arrive at(in)	到达	ask for	询问
begin ... with	从……开始	believe in	相信

视频讲解

break into	闯入	break off	打断
break out	爆发	bring down	降低
bring in	引进	bring up	教育,培养
build up	建立,增进	burn down	烧毁,火力减弱
call back	回电话	call for	要求,约请
call in	召来	call on	拜访,访问
care for	喜欢	carry on	继续开展
carry out	实行,开展	check out	查明,结账
clear up	整理,收拾	come about	发生,产生
come across	(偶然)遇见	come out	出来
come to	共计,达到	compare ... with	与……比较
compare to	把……比作	cut off	切断
date from	始于	depend on	依靠
devote to	献于	die out	灭绝,逐渐消失
divide up	分配	dream of	梦想
fall off	下降	fall over	跌倒
feed on	以……为食	get down to	开始认真考虑,善于处理
get through	通过	give in	让步,屈服
give out	分发	give up	放弃
go abroad	出国	go against	反对
go on with	继续	go through	浏览
grow up	生长	hand down	传下来
hear about	听说	hold out	伸出
join up	连接起来	keep off	让开,不接近
keep on	继续	lead to	导致
live on	靠……为生	look down upon	看不起
look forward to	盼望	look into	调查
look out	当心	look round	仔细查看
set off	动身	set up	建立
show off	炫耀	shut up	住口
speed up	加速	stand for	代表,象征
stick to	坚持	suffer from	遭受
talk of	谈论	think of	考虑,想起
try out	试验	turn down	调低
turn off	关掉	worry about	担心

2.介词搭配

at:

at a stretch	一口气地,不休息地	at a time	一次,每次
at ease	稍息,安心	at first sight	乍一看,初看起来
at first	最初,开始时	at heart	在内心
at home	在家,随便	at last	最后
at least	至少	at length	最后,详细地
at most	至多	at once	立即,同时
at peace(war)	处于和平(战争)状态	at play(work)	在玩耍(工作)
at present	现在,目前	at random	随意地,胡乱地
at the risk of	冒……的风险	at the same time	(与此)同时
at the start	一开头	at the time	此刻,这时
at times	有时候	at will	任意地

by:

by accident	偶然	by air	航空
by all means	想尽一切办法	by bus (plane, etc)	坐巴士(飞机等)
by chance	偶然	by cheque	用支票
by choice	出于自愿	by daylight	在大白天
by day(night)	白天(夜间)	by force	靠武力
by mistake	错误地,误把……	by turns	轮流
by surprise	突然,出其不意	by the way	顺便说一句

in:

in a sense	从某种意义上说	in addition(to)	此外(除……之外)
in advance	提前	in all	总共
in any case (event)	不管怎样,反正	in brief	简而言之
in case	要是,如果	in case of	在……情况下
in comparison	比较起来	in danger	处于危险中
in debt	负债	in demand	有需求
in detail	详细地	in fact	实际上
in general	一般说来	in one's opinion	在(某人)看来
in order to (that)	以便,为了	in other words	换句话说
in part(s)	部分地	in person	亲自
in practice	实际上	in public(private)	公开(私下)地
in regard to	关于	in short	总之
in the end	最后	in the middle of	在……中间
in time	及时地,经过一段时间	in vain	白白地,没有结果

on:

on account of	由于	on behalf of	代表(某人)
on board	在船(飞机)上	on condition	在……条件下
on duty	值班	on fire	着火
on foot	步行	on guard	有警惕,值班
on hand	在身边	on holiday	在休假
on purpose	故意地	on sale	在出售
on strike	罢工	on the contrary	相反
on the way	在路上	on time	准时
on the top of	在……上面	on the run	正在逃窜

out of:

out of action	失灵,出故障	out of breath	气喘吁吁
out of control	失去控制	out of danger	脱离危险
out of doors	在户外	out of fashion	不流行
out of hand	失去控制	out of order	坏了
out of reach	无法得到(拿到)	out of sight	看不见
out of temper	发脾气	out of question	毫无疑问
out of touch(with)	和……失去联系	out of tune	走调
out of use	不再使用	out of work	失业

3.有些介词夹在名词之间构成成语

day after day	日复一日地	year after year	年复一年
one after another	一个接一个地	one by one	一个接一个
little by little	一点一点地	side by side	并肩
step by step	一步步地	face to face	面对面
arm in arm	臂挽臂	hand in hand	手牵手地
day to day	天天,日复一日	day by day	一天一天地
day before yesterday	前天	day after tomorrow	后天
heart to heart	互相交心的		

4.还有一些成语包含两个介词

from beginning to end	从头至尾	from bad to worse	越来越糟
from time to time	不时地	from head to foot	浑身
from morning to night	从早到晚	from start to finish	从头至尾
from door to door	挨家挨户地	from place to place	到各地
from generation to generation	一代一代地		
from cover to cover	(书面)全部地,从头至尾		

5.此外，"be+形容词+介词"也是一类成语

be fond of	喜欢	be full of	充满
be interested in	对……有兴趣	be keen on	热衷于
be confident in	对……有信心	be short of	缺乏
be sick of	厌恶	be proud of	对……感到骄傲
be loyal to	对……忠诚	be ashamed of	为……感到羞耻
be worried about	为……担心	be aware of	意识到
be busy with	忙于(某事)	be different from	和……不同
be famous for	因……而出名		

五、连词

连词是一种虚词,用于连接单词、短语、从句或句子,在句子中不单独作句子成分。连词按其性质可分为并列连词和从属连词。并列连词用于连接并列的单词、短语、从句或句子,如 and, but, or, for 等;从属连词主要引导名词性从句和状语从句。引导名词性从句的连词有that, whether, if 等,引导状语从句的连词有 when, because, since, if 等。

(一)并列连词

并列连词是用来连接语法地位相同的结构、单词、短语及句子(见表4-1-7)。

并列连词主要有:

表 4-1-7 并列连词类型

表示并列关系	and, or, neither ... nor , either ... or, not only ... but also, both ... and, as well as
表示转折关系	but, yet, however, nevertheless, while, still
表示因果关系	for, so, thus

1.表示并列关系的并列连词

He could hardly see **or** hear.

他几乎听不见也看不见。

He did not go **and** she did not go either.

他没去,她也没去。

The weather is mild today; it is **neither** hot **nor** cold.

今天天气很温暖,不冷也不热。

Both New York **and** London have traffic problems.

纽约和伦敦都存在交通问题。

It is important for you **as well as** for me.

这对你和对我都很重要。

People who are **either** under age **or** over age may not join the army.

年龄不到或者超龄的人都不得参军。

2.表示转折关系的并列连词

Someone borrowed my pen, **but** I do not remember who.

有人借了我的钢笔,但我不记得是谁了。

He said he was our friend, **yet** he would not help us.

他说他是我们的朋友,却不肯帮助我们。

I would like to go with you. **However**, my hands are full.

我很想和你一块儿去,可是我忙不过来。

The news may be unexpected, **nevertheless**, it is true.

这消息可能出乎意料,但是,它是真实的。

Most digital camera owners are male, **while** women prefer film.

大部分数码相机的主人都是男性,而女性偏爱用胶卷。

3.表示因果关系的并列连词

The child had a bad cough, **so** his mother took him to the doctor.

这孩子咳得很厉害,所以他妈妈带他去看医生。

You are supposed to get rid of carelessness, **for** it often leads to serious errors.

你们一定要克服粗心大意的毛病,因为粗心常常引起严重的错误。

注意:

for 表示结果通常不能放句首,也不能单独使用。

(二)从属连词

从属连词是连词的一种,用来引导状语从句和名词性从句(见表4-1-8)。

表 4-1-8 从属连词类型

表示时间	when, while, as, whenever, before, after, till, until, since, every time, each time, the first time, by the time, the moment, the minute, directly, instantly, immediately, scarcely ... when
表示条件	if, as long as, in case, unless(=if not), once, suppose(supposing), on condition that, provided that, except when ...
表示目的	so that, that, for fear that ..., in case, lest, in order that
表示结果	so ... that ..., such ... that ..., so that ..., that ...
表示原因	because, as, since, seeing (that), now (that), in that
表示让步	even if, even though, although, though, while, as though, no matter + who (what, how, where, when)= whoever(whatever, however, wherever, whenever)
表示方式	as if, as though, (just) as, the way
表示地点	where, wherever, anywhere, everywhere
表示比较	as ... as, not as(so) ... as, than ...

1.引导时间状语从句的从属连词

(1)表示"当……时候"或"每当"的时间连词。主要有 when, while, as, whenever。

例如:

Do not talk **while** you are eating.

吃饭时不要说话。

Vegetables are best **when** they are fresh.

蔬菜新鲜时最好吃。

He came just **as** I was leaving.

我正要走时他来了。

(2)表示"在……之前(或之后)"的时间连词。主要有 before, after。

例如:

Try to finish your work **before** you leave.

离开前设法把工作做完。

After we have finished tea, we will sit on the grass.

喝完茶之后我们将坐在草地上。

(3)表示"自从"或"直到"的时间连词。主要有 since, until, till。

例如:

She has been playing tennis **since** she was eight.

她从八岁起就打网球了。

Hold on **until** I fetch help.

坚持一下,等我找人来帮忙。

Never trouble trouble **till** trouble troubles you.

(谚)不要无事惹事。

(4)表示"一……就"的时间连词。主要有 as soon as, the moment, the minute, the second, the instant, immediately, directly, instantly, once, no sooner ... than, hardly ... when 等。

例如:

I will let you know **as soon as** I hear from her.

我一接她的信就通知你。

The moment I have finished I will give you a call.

我一干完就给你打电话。

I came **immediately** I heard the news.

我一听到这个消息,马上就来了。

Once you begin you must continue.

你一旦开始, 便不可停下来。

(5)表示"上次""下次""每次"等的时间连词。主要有 every time(每次),each time(每次),(the) next time(下次),any time(随时),(the) last time(上次),the first time(第一次)。

例如:

I will tell him about it **(the) next time** I see him.

我下一次见到他时,我就把这个情况告诉他。

We lose a few skin cells **every time** we wash our hands.

每当我们洗手的时候,我们都要损失一些皮肤细胞。

You can call me **any time** you want to.

你随时都可以给我打电话。

注意：

every time, each time, any time 前不用冠词，(the) next time, (the) last time 中的冠词可以省略，而 the first time 中的冠词通常不能省略。

2.引导条件状语从句的从属连词

这类连词主要有 if, unless, as(so)long as, in case 等。

例如：

Do you mind **if** I open the window?

你不介意我开窗吧？

Do not come **unless** I telephone.

除非我打电话，否则你别来。

As long as you are happy, it does not matter what you do.

只要你高兴，你做什么都没关系。

In case it rains they will stay at home.

万一下雨，他们就待在家里。

注意：

在条件状语从句中，通常要用一般现在时表示将来意义，而不能直接使用将来时态。

3.引导目的状语从句的从属连词

主要有 in order that, so that, in case, for fear(that),lest 等。

例如：

He raised his voice **so that** everyone could hear.

他提高了嗓音，以便每个人都能听见。

Take your umbrella **(just) in case** it rains.

带上雨伞，以防下雨。

She repeated the instructions slowly **in order that** he should understand.

她把那些指示慢慢重复了一遍好让他听明白。

Please remind me of it again tomorrow **lest** I (should) forget.

明天请再提醒我一下，免得我忘记。

He locked up the document **for fear that** it (should) be stolen.

他把文件锁好了，免得被偷。

4.引导结果状语从句的从属连词

主要有 so ... that, so that, such ... that 等。

例如：

I had **so** many falls **that** I was black and blue all over.

我摔了许多跤，以至于全身都是青一块紫一块的。

I went to the lecture early **so that** I got a good seat.

我去听演讲去得很早，所以找到了好座位。

He shut the window with **such** force **that** the glass broke.

他关窗时用力很大，结果玻璃震破了。

5.引导原因状语从句的从属连词

主要有 because, as, since, seeing (that), now (that), considering (that),in that 等。

例如：

He distrusted me **because** I was new.

他不信任我，因为我是新来的。

As you are sorry, I will forgive you.

既然你悔悟了，我就原谅你。

Since we have no money, we can't buy it.

由于我们没钱，我们无法购买它。

Seeing that he is ill, he is unlikely to come.

因为他病了，他大概不会来了。

Now that she has apologized, I am content.

既然她已经道了歉，我也就满意了。

Most of them are not engineers, **in that** the work they do is mostly clerical.

他们中的大多数人都不是工程师，因为他们做的主要是办公室的工作。

6.引导让步状语从句的从属连词

主要有 although, though, even though, even if, while, however, whatever, whoever, whenever, wherever 等。

例如：

Although they are twins, they look entirely different.

他们虽是孪生，但是相貌却完全不同。

I like her **even though** she can be annoying.

尽管她有时很恼人，但我还是喜欢她。

You will not move that stone, **however** strong you are.

不管你力气多大，也休想搬动那块石头。

Whatever we have achieved, we owe to your support.

我们取得的一切成就都归功于你们的支持。

Whoever you are, you can't pass this way.

不管你是谁，你都不能从这里通过。

Whenever I see him I speak to him.

每当我见到他，我都和他讲话。

7.引导方式状语从句的从属连词

主要有 as, as if, as though, the way 等。

例如：

Why did not you catch the last bus **as** I told you to?

你怎么不按照我说的去赶乘末班公共汽车呢?

He bent the iron bar **as if** it had been made of rubber.

他将铁棍折弯,仿佛那是用橡皮做成的。

Nobody else loves you **the way** (=as) I do.

没有人像我这样爱你。

8.引导地点状语从句的从属连词

主要有 where, wherever, everywhere, anywhere 等。

例如：

The church was built **where** there had once been a Roman temple.

这座教堂盖在一座罗马寺庙的旧址上。

I will take you **anywhere** you like.

你想到哪儿我就带你到哪儿。

Everywhere I go,I find the same thing.

不管我走到哪里,我都发现同样的情况。

9.引导比较状语从句的从属连词

主要有 than 和 as ... as。

例如：

She was now happier **than** she had ever been.

现在她比过去任何时候都快活。

I glanced at my watch. It was earlier **than** I thought.

我看了看表,时间比我想象的早。

He does not work **as** hard as she does.

他工作不像她那样努力。

10.引导名词性从句的连接词主要有 that, whether, if 等

它们用于引导主语从句、表语从句、宾语从句和同位语从句。其中 that 不仅不充当句子成分,而且没有词义,在句子中只起连接作用;而 if, whether 虽不充当句子成分,但有词义,即表示"是否"。

例如：

He replied **that** he was going by train.(宾语从句)

他回答说他将坐火车去。

I wonder **if** it is large enough.(宾语从句)

我不知道它是否够大。

Whether I hurt her feelings is unknown.(主语从句)

不知我是否伤了她的心。

The question is **whether** he will come.(表语从句)

问题是他是否会来。

视频讲解

六、非谓语动词

非谓语动词是指在句子中不是谓语的动词,主要包括不定式、动名词和分词(现在分词和过去分词),即动词的非谓语形式。非谓语动词除了不能独立作谓语外,可以承担句子的其他成分。

(一)动词不定式

1.动词不定式的构成

动词不定式:(to)+ do,具有名词、形容词、副词的特征。

否定式:not + (to) do。

以 do 为例,动词不定式的构成如下:

(1)一般式:不定式的一般式所表示的动作与谓语动词动作同时发生或发生在谓语动词动作之后。

例如:

I'm nice to meet you. 很高兴见到你。

He seems to know a lot. 他看起来懂很多。

We plan to pay a visit to Shanghai. 我们计划去上海旅游。

He wants to be an artist. 他想成为一个艺术家。

The patient asked to be operated on at once. 病人要求马上手术。

The teacher ordered the work to be done. 老师要求完成工作。

(2)进行式:不定式的进行式所表示的动作与谓语动词动作同时发生。例如:

The boy pretended to be working hard. 男孩假装工作很努力。

He seems to be reading in his room. 看起来他正在他的房间里面读书。

(3)完成式:不定式的完成式表示的动作发生在谓语动词动作之前。例如:

I happened to have seen the film. 我碰巧看过这部电影。

He is pleased to have met his friend. 他很高兴能遇上他的朋友。

2.不定式的句法功能

(1)作主语。

To finish the work in ten minutes is very hard. 十分钟之内完成这项工作是很难的。

To lose your heart means failure. 灰心意味着失败。

动词不定式短语作主语时,常用 it 作形式主语,真正的主语不定式置于句后,例如上面两句可用如下形式:

It is very hard to finish the work in ten minutes. 十分钟之内完成这项工作是很难的。

It means failure to lose your heart. 灰心意味着失败。

常用句式有：

a. It + be + 名词 + to do。

b. It takes sb. + some time + to do。

c. It + be + 形容词 + of sb. + to do。

常用 careless, clever, good, foolish, honest, kind, lazy, nice, right, silly, stupid, wise 等表示赞扬或批评的形容词,不定式前的 sb.可作其逻辑主语。

(2)作表语。

Her job is to clean the hall. 她的工作是打扫大厅。

He appears to have caught a cold. 他似乎感冒了。

(3)作宾语。

常与不定式作宾语连用的动词有:want, hope, wish, offer, fail, plan, learn, pretend, refuse, manage,help, agree, promise, prefer。如果不定式(宾语)后面有宾语补足语,则用 it 作形式宾语,真正的宾语(不定式)后置,放在宾语补足语后面,例如:

Marx found it important to study the situation in Russia. 马克思发现研究俄国的形势是很重要的。

动词不定式也可充当介词宾语,例如:

I have no choice but to stay here. 我只能留在这里,别无选择。

动词不定式有时可与疑问词连用,例如:

He gave us some advice on how to learn English. 他给了我们一些学英语的建议。

(4)作宾语补足语。

在复合宾语中,动词不定式可充当宾语补足语,如下动词常跟这种复合宾语:want, wish, ask, tell, order, beg, permit, help, advise, persuade, allow, prepare, cause, force, call on, wait for, invite。

有些动词如 make, let, see, watch, hear, feel, have 等与不带有 to 的不定式连用,但改为被动语态时,不定式要加 to,例如:

I saw him cross the road. 我看见他横过马路。

He was seen to cross the road. 他被我看见横过马路。

(5)作定语。

动词不定式作定语,放在所修饰的名词或代词后,与所修饰名词有如下关系:

①动宾关系:

I have a meeting to attend. 我有一个会议要出席。

注意:

不定式为不及物动词时,所修饰的名词如果是地点、工具等,应有必要的介词,如:

He found a good house to live in. 他找到了一个居住的好房子。

The child has nothing to worry about. 这个孩子无忧无虑。

如果不定式修饰 time, place, way, 可以省略介词, 如:

He has no place to live. 他无处安身。

如果不定式所修饰名词是不定式动作承受者, 不定式可用主动式也可用被动式, 如:

Have you got anything to send? 你要送什么东西吗?

Have you got anything to be sent? 你有什么东西需要送吗?

②说明所修饰名词的内容:

We have made a plan to finish the work. 我们制订了一个完成工作的计划。

(6)作状语。

①表目的:

He worked day and night to get the money. 他夜以继日地工作来赚钱。

She sold her hair to buy the watch chain. 她卖掉了自己的头发来买那条表链。

注意:

不定式放句首时, 逻辑主语与句子主语要一致:

(错) To save money, every means has been tried.

(对) To save money, he has tried every means. 为了省钱, 他使出了浑身解数。

(错) To learn English well, a dictionary is needed.

(对) To learn English well, he needs a dictionary. 为了学好英语, 他需要一本词典。

②表结果(往往是与预期愿望相反的结果, 意料之外): 常放在 never, only 后。

He arrived late only to find the train had gone. 他来晚了, 却发现火车已经走了。

I visited him only to find him out. 我去拜访他, 却发现他出去了。

③表原因: 常放在形容词后面。

They were very sad to hear the news. 他们听到这条新闻非常伤心。

(二)动名词

1.动名词

动名词既具有动词的一些特征, 又具有名词的句法功能(见表4-1-9)。

表 4-1-9 动名词

一般式 (谓语动词同时发生)	doing	being done
完成式 (谓语动词发生之前)	having done	having been done

动名词的形式: V + ing

否定式: not + 动名词

(1)一般式。

Seeing is believing. 眼见为实。

(2)被动式。

He came to the party without being invited. 他未被邀请就来到了晚会。

(3)完成式。

We remembered having seen the film. 我们记得看过这部电影。

(4)完成被动式。

He forgot having been taken to Guangzhou when he was five years old.

他忘记五岁时曾被带到广州去过。

(5)否定式:not + 动名词。

I regret not following his advice. 我后悔没听他的劝告。

(6)复合结构:物主代词(或名词所有格)+ 动名词。

He suggested our trying it once again. 他建议我们再试一次。

His not knowing English troubled him a lot. 不懂英语给他带来许多麻烦。

2.动名词的句法功能

(1)作主语。

Reading aloud is very helpful. 大声朗读是很有好处的。

Collecting stamps is interesting. 集邮很有趣。

当动名词短语作主语时常用 it 作形式主语。

It's no use quarrelling. 争吵是没用的。

(2)作表语。

In the ant city, the queen's job is laying eggs. 在蚂蚁王国,蚁后的工作是产卵。

(3)作宾语。

They haven't finished building the dam. 他们还没有建好大坝。

要记住如下动词及短语只跟动名词作宾语:

enjoy, finish, suggest, avoid(避免),excuse, delay, imagine, keep, miss, consider, admit(承认),deny（否认）,mind, permit, forbid, practise, risk（冒险）,appreciate（感激）,be busy, be worth, feel like, can't stand, can't help（情不自禁）,think of, dream of, be fond of, prevent …(from）, keep … from, stop …（from）,protect … from, set about, be engaged in, spend …(in）, succeed in, be used to, look forward to, object to, pay attention to, insist on, feel like 等。

(4)作定语。

He can't walk without a walking-stick. 他没有拐杖不能走路。

Is there a swimming pool in your school? 你们学校有游泳池吗？

(5)作同位语。

The cave, his hiding-place is secret. 那个山洞,是他藏身的地方,很隐秘。

His habit, listening to the news on the radio remains unchanged.

他收听收音机新闻节目的习惯从未改变。

(三)现在分词

1.现在分词的语态

现在分词既具有动词的一些特征,又具有形容词和副词的句法功能。

现在分词的形式：V+ing。

否定式：not + 现在分词。

(1)现在分词的主动语态：现在分词主动语态的一般式表示与谓语动词所表示的动作同时发生，完成式表示的动作在谓语动词所表示的动作之前发生，常作状语。例如：

They went to the park, singing and talking. 他们边唱边说向公园走去。

Having done his homework, he played basketball. 做完作业后，他开始打篮球。

(2)现在分词的被动语态：一般式表示与谓语动词同时发生的被动的动作，完成式表示发生在谓语动词之前的被动的动作。

The problem being discussed is very important. 正在被讨论的问题很重要。

Having been told many times, the naughty boy made the same mistake.
被说了好几次，这个淘气的孩子又犯了同一个错误。

2.现在分词的句法功能

(1)作定语。

现在分词作定语，当分词单独作定语时，放在所修饰的名词前；如果是分词短语作定语，放在名词后。

In the following years he worked even harder. 在后来的几年中，他工作更努力了。

The man speaking to the teacher is our monitor's father.
正与老师谈话的那个人是我们班长的父亲。

现在分词作定语相当于一个定语从句的句法功能，如：in the following years，也可用 in the years that followed；the man speaking to the teacher 可改为 the man who is speaking to the teacher.

(2)作表语。

The film being shown in the cinema is exciting. 正在这家影院上映的电影很棒。

The present situation is inspiring. 当前的形势鼓舞人心。

be + doing 既可能是现在进行时，也可能是现在分词作表语，它们的区别在于 be + doing 表示进行的动作时是进行时，而表示特征时是系动词 be 与现在分词构成系表结构。

(3)作宾语补足语。

如下动词后可跟现在分词作宾语补足语：

see, watch, hear, feel, find, get, keep, notice, observe, listen to, look at, leave, catch 等。例如：

Can you hear her singing the song in the next room? 你能听见她在隔壁唱歌吗？

He kept the car waiting at the gate. 他让小汽车在门口等着。

(4)作状语。

①作时间状语：

(While) Working in the factory, he was an advanced worker.
在工厂工作时，他是一名先进工人。

②作原因状语：

Being a League member, he is always helping others. 由于是共青团员，他经常帮助他人。

③作方式状语,表示伴随:

He stayed at home, cleaning and washing. 他待在家里,又擦又洗。

④作条件状语:

(If) Playing all day, you will waste your valuable time.

如果整天玩,你会浪费宝贵的时间。

⑤作结果状语:

He dropped the glass, breaking it into pieces. 他扔掉了杯子,结果摔得粉碎。

(四)过去分词

过去分词只有一种形式:规则动词由动词原形加词尾-ed 构成。不规则动词的过去分词没有统一的规则要求,要一一记住。

过去分词的句法功能主要有:

(1)作定语。

Our class went on an organized trip last Monday. 上周一我们班开展了一次有组织的旅行。

Those selected as committee members will attend the meeting.

当选为委员的人将出席这次会议。

注意:

当过去分词是单词时,一般用于名词前,如果是过去分词短语,就放在名词的后面。过去分词作定语相当于一个被动语态的定语从句。

(2)作表语。

The window is broken. 窗户破了。

They were frightened at the sad sight. 他们对眼前悲惨的景象感到很害怕。

注意:

be + 过去分词,如果表示状态是系表结构,如果表示被动的动作是被动语态。区别:

The window is broken.(系表)

The window was broken by the boy.(被动)

有些过去分词是不及物动词构成的,不表示被动,只表示完成。例如:

boiled water(开水)　　　　　　fallen leaves(落叶)

newly arrived goods(新到的货)　　the risen sun(升起的太阳)

the changed world(变了的世界)

这类过去分词有:gone, come, fallen, risen, changed, arrived, returned, passed 等。

(3)作宾语补足语。

I heard the song sung several times last week. 上周我听见这首歌被唱了好几次。

有时过去分词作 with 短语中的宾语补足语:

With the work done, they went out to play. 工作做完后,他们便出去玩了。

(4)作状语。

Praised by the neighbours, he became the pride of his parents.

受到邻居们的表扬,他成为父母的骄傲。(表示原因)

Once seen, it can never be forgotten. 一旦它被看见,人们就忘不了。(表示时间)

Given more time, I'll be able to do it better.

如果有更多的时间,我能做得更好。(表示条件)

Though told of the danger, he still risked his life to save the boy.

虽然被告之有危险,他仍然冒着生命危险去救那个孩子。(表示让步)

Filled with hopes and fears, he entered the cave. 心中充满了希望与恐惧,他走进山洞。

七、动词的时态和语态

动词的时态是谓语所表示的动作或情况发生时间的各种形式。英语动词
有 16 种时态,但是常用的只有一般现在时、一般过去时、一般将来时、现在进行时、过去进行时、现在完成时、过去完成时、过去将来时,下面将分别介绍。

视频讲解

(一)一般现在时

(1)表示经常性、习惯性的动作;表示现在的状态、特征和真理。句中常用 often, usually, every, sometimes 等时间状语。例如:

a. He goes to school every day. 他每天都去上学。

b. He is very happy. 他很开心。

c. The earth moves around the sun. 地球围绕太阳转。(特性)

(2)在时间状语从句和条件状语从句中,用一般现在时表示将来。例如:

a. If you come this afternoon, we'll have a meeting. 如果你今天下午过来,我们将开个会。

b. When I graduate, I'll go to countryside. 毕业后我要去乡下。

(3)有时这个时态表示按计划、规定要发生的动作(句中都带有时间状语),但限于少数动词,如:begin, come, leave, go, arrive, start, stop, return, open, close 等。例如:

a. The meeting begins at seven. 会议七点开始。

b. The rain starts at nine in the morning. 上午九点开始下雨。

(4)表示状态和感觉的动词(be, like, hate, think, remember, find, sound 等)常用一般现在时。

a. I like English very much. 我非常喜欢英语。

b. The story sounds very interesting. 这个故事听起来很有趣。

(5)书报的标题、小说等情节介绍常用一般现在时。

(二)一般过去时

(1)在确定的过去时间里所发生的动作或存在的状态。常用的时间状语有:yesterday, last week, an hour ago, the other day, in 1982 等。例如:

Where did you go just now? 刚才你上哪儿去了？

(2)表示在过去一段时间内,经常性或习惯性的动作。例如:

When I was a child, I often played football in the street.

当我是个孩子的时候,常在马路上踢足球。

Whenever the Browns went during their visit, they were given a warm welcome.

那时,布朗一家无论什么时候去,都受到热烈欢迎。

(三)一般将来时

(1)一般将来时表示将来的动作或状态。其表达形式除了"will 或 shall + 动词原形"表示即将发生的或最近打算进行的事,还可以用"be going to + 动词原形"结构表示。

a. It is going to rain. 要下雨了。

b. We will have a meeting today. 我们今天要开个会。

(2)"be to + 动词原形" 表示按计划进行或征求对方意见。

a. The boy is to go to school tomorrow. 男孩明天要去上学。

b. Are we to go on with this work? 我们要继续这项工作吗?

(3)"be about to + 动词原形"表示即将发生的动作,意为 be ready to do sth.后面一般不跟时间状语。例如:

We are about to leave. 我们正要离开。

(4)go, come, start, move, sail, leave, arrive, stay 等可用进行时态表示按计划即将发生的动作。例如:

I'm leaving for Beijing. 我将要去北京。

(5)某些动词(如 come, go, leave, arrive, start, get, stay 等)的一般现在时也可表示将来。例如:

a. The meeting starts at five o'clock. 会议将在五点开始。

b. He gets off at the next stop. 他要在下一站下车。

我们重点学习一下 be to 和 be going to。be to 表示客观安排或受人指示而做某事,be going to 表示主观的打算或计划。例如:

I am to play football tomorrow afternoon. 明天下午我去踢球。(客观安排)

I'm going to play football tomorrow afternoon. 明天下午我想去踢球。(主观安排)

(四)现在完成时

现在完成时用来表示之前已发生或完成的动作或状态,其结果的影响现在还存在;也可表示持续到现在的动作或状态。现在完成时的构成:have(has) +过去分词。

重点:比较一般过去时与现在完成时

(1)一般过去时表示过去某时发生的动作或单纯叙述过去的事情,强调动作;现在完成时为过去发生的,强调过去的事情对现在的影响,强调的是影响。

(2)一般过去时常与具体的时间状语连用,而现在完成时通常与模糊的时间状语连用,或无时间状语。

一般过去时的时间状语:yesterday, last week, ... ago, in 1980, in October, just now 等,皆为具体的时间状语。

现在完成时的时间状语:for, since, so far, ever, never, just, yet, till / until, up to now, in past years, always 等,皆为不确定的时间状语。

(3)现在完成时可表示持续到现在的动作或状态,动词一般是延续性的,如 live, teach, learn, work, study, know。

一般过去时常用的非持续性动词有 come, go, leave, start, die, finish, become, get married 等。例如:

a. I saw this film yesterday. (强调看的动作发生过了)

b. I have seen this film. (强调对现在的影响,电影的内容已经知道了)

c. Why did you get up so early? (强调起床的动作已发生过了)

d. Who hasn't handed in his paper? (强调有卷子未交)

e. He has been in the League for three years. (在团内的状态可延续)

句子中如有过去时的时间副词(如 yesterday, last week, in 1960)时,不能使用现在完成时,要用过去时。

(错)Tom has written a letter to his parents last night.

(对)Tom wrote a letter to his parents last night.

注意:

(1)It is the first / second time that ... 结构中的从句部分,用现在完成时。例如:

It is the first time that I have visited the city. 这是我第一次访问这城市。

This is the first time (that) I've heard him sing. 这是我第一次听他唱歌。

It was the third time that the boy had been late. 这是男孩第三次迟到了。

(2)This is + 形容词最高级 + that ... 结构,that 从句要用现在完成时。例如:

This is the best film that I've (ever) seen. 这是我看过的最好的电影。

【例题1】——Do you know our town at all? ——No, this is the first time I _____ here.

A. was   B. have been

C. came   D. am coming

【答案】B。解析:This is the first time 后面所加从句应为现在完成时。

【例题2】——Have you _____ been to our town before? ——No, it's the first time I _____ here.

A. even, come   B. even, have come

C. ever, come   D. ever, have come

【答案】D。解析:ever 意为曾经或无论何时,反义词为 never,此两词常用于完成时。

注意:

非延续性动词的否定形式可以与表示延续时间的状语连用,即动作不发生的状态是可以持续的。

(错)I have received his letter for a month.

(对)I haven't received his letter for almost a month.

重点：比较 since 和 for

since 用来说明动作起始时间,for 用来说明动作延续时间长度。例如：

I have lived here for more than twenty years. 我住在这儿二十多年了。

I have lived here since I was born. 我从出生起就住在这儿了。

注意：

(1)并非有 for 作为时间状语的句子都用现在完成时。

I worked here for more than twenty years. (我现在已不在这里工作)

I have worked here for many years. (现在我仍在这里工作)

(2)用句型转换的方法,很容易排除非延续动词在有 for / since 结构的完成时中的误用。

(对) Tom has studied Russian for three years. = Tom began to study Russian three years ago, and is still studying it now.

(错) Harry has got married for six years. = Harry began to get married six years ago, and is still getting married now.

显然,第二句不对,它应改为 Harry got married six years ago. 或 Harry has been married for six years.

(五)过去完成时

1.概念：表示过去的过去

过去完成时的构成是 had + 过去分词。

那时以前　　　那时　　现在

2.用法

(1)在 told, said, knew, heard, thought 等动词后的宾语从句。例如：

She said (that)she had never been to Paris. 她告诉我她从未去过巴黎。

(2)状语从句。在过去不同时间发生的两个动作中,发生在先,用过去完成时;发生在后,用一般过去时。例如：

When the police arrived, the thieves had run away. 警察到达时,小偷们早就跑了。

(3)表示意向的动词,如 hope, wish, expect, think, intend, mean, suppose 等,用过去完成时表示"原本……,未能……"。例如：

We had hoped that you would come, but you didn't. 那时我们希望你能来,但是你没有来。

3.过去完成时的时间状语

时间状语主要有 before, by, until , when, after, once, as soon as。例如：

He said that he had learned some English before. 他说过他以前学过一些英语。

By the time he was twelve, Edison had begun to make a living by himself.

到了十二岁那年,爱迪生开始自己谋生。

Tom was disappointed that most of the guests had left when he arrived at the party.

汤姆失望了,因为他到达晚会时,大部分客人已经走了。

【例题】The students _____ busily when Miss Brown went to get a book she _____ in the office.

A. had written, left   B. were writing, has left

C. had written, had left   D. were writing, had left

【答案】D。解析:"把书忘在办公室"发生在"去取书"这一过去的动作之前,因此"忘了书"这一动作发生在过去的过去,用过去完成时。句中 when 表示的是时间的一点,表示"在同学们正忙于……"这一背景下,when 所引导的动作发生。因此前一句应用过去进行时。

注意:

had hardly ... when 还没等……就……。例如:

I had hardly opened the door when he hit me. 我刚打开门,他就打了我。

had no sooner ... than 刚…… 就……。例如:

He had no sooner bought the car than he sold it. 他刚买了这辆车,转眼又卖了。

(六)将来完成时

(1)构成:will have done。

(2)概念:

a. 状态完成:表示某事继续到将来某一时为止一直有的状态。例如:

They will have been married for 20 years by then. 到那时他们结婚将有二十年了。

b. 动作完成:表示将来某一时间或另一个将来的动作之前,已经完成的动作或获得的经验。例如:

You will have reached Shanghai by this time tomorrow. 明天此时,你已经到达上海了。

(七)现在进行时

现在进行时的基本用法:

(1)表示现在(指说话人说话时)正在发生的事情。例如:

We are waiting for you. 我们正在等你。

(2)习惯进行:表示长期的或重复性的动作,说话时动作未必正在进行。例如:

Mr. Green is writing another novel.

他在写另一部小说。(说话时并未在写,只处于写作的状态。)

(3)表示渐变,这样的动词有:get, grow, become, turn, run, go, begin 等。例如:

The leaves are turning red. 叶子在变红。

It's getting warmer and warmer. 天越来越热了。

(4)与 always, constantly, forever 等词连用,表示反复发生的动作或持续存在的状态,往往带有说话人的主观色彩。例如:

You are always changing your mind. 你老是改变主意。

【例题】My dictionary _____, I have looked for it everywhere but still _____ it.

A. has lost; don't find

B. is missing; don't find

C. has lost; haven't found

D. is missing; haven't found

【答案】D。解析:前句是一个仍在持续的状态,应用进行时,由于没有找到,其影响仍然存在,应用完成时,瞬间动词用于否定式时可用于完成时。

(八)过去进行时

(1)概念:表示过去某时正在进行的状态或动作。

(2)过去进行时的主要用法是描述一件事发生的背景;一个长动作延续的时候,另一个短动作正在发生。

(3)常用的时间状语有 this morning, the whole morning, all day yesterday, from nine to ten last evening, when, while 等。例如:

My brother fell while he was riding his bicycle and hurt himself.

我兄弟骑车时摔了下来,受了伤。

It was raining when they left the station. 他们离开车站时,正下着雨。

When I got to the top of the mountain, the sun was shining. 我到达山顶时,阳光正灿烂。

【例题1】Mary _____ a dress when she cut her finger.

A. made

B. is making

C. was making

D. makes

【答案】C。解析:割伤手指是已发生的事情,应用过去时。同时,when 表时间的同时性,"玛丽在做衣服时"提供事情发生的背景,因此用过去进行时。

【例题2】As she _____ the newspaper, Granny _____ asleep.

A. read; was falling

B. was reading; fell

C. was reading; was falling

D. read; fell

【答案】B。解析:句中的 as = when, while 意为"当……之时"。描述一个长动作发生的时候,另一个短动作正在发生。句意为"在她看报纸时,奶奶睡着了。"句中的 fell(fall 的过去时)是系动词,后跟形容词,如 fall sick。

(九)动词的语态

1.主动语态和被动语态

当句子的主语是动作的执行者时,谓语的形式叫主动语态。句子的主语是动作承受者时,谓语的形式叫被动语态。被动语态由助动词 be + 过去分词构成,时态通过 be 表现出来。

(1)一般现在时:You are required to do this.

(2)一般过去时:The story was told by her.

(3)一般将来时:The problem will be discussed tomorrow.

(4)现在进行时:The road is being widened.

(5)过去进行时:The new tool was being made.

(6)现在完成时:The novel has been read.

(7)过去完成时:He said that the work had been finished.

(8)过去将来时:He said that the trees would be planted soon.

2.一些特殊的被动结构

(1)带情态动词的被动结构:The problem must be solved soon.

(2)带不定式的被动结构:The room is going to be painted.

The homework needs to be done with care.

(3)短语动词的被动:

(不及物)动词+介词:若这类短语动词是及物性的,则可用于被动语态中,如 laugh at, look after, talk about, think of 等。若这类短语动词是不及物性的,则不可用于被动语态中,如 book up, look down 等。

(4)带复合宾语的动词在改为被动语态时,一般把主动结构中的宾语改为主语,宾语补足语保留在谓语后面。如:

We always keep the classroom clean.

(比较:The classroom is always kept clean.)

(5)主动形式表示被动意义的词。常见的有:

a. 主动形式,这时动名词同句中的主语有动宾关系。

The children need looking after.

The windows wants / requires repairing.

This point deserves mentioning.

b. 有些及物动词后须加副词 (如 well, easily 等);有些可不加,如 act, clean, cut, draw, lock, open, play, read, sell, shut, strike, wash, write 等。

The cloth washes / sells well.

The door won't shut. The play won't act.

c. 形容词 worth 后直接加动名词时,例如:

The book is worth reading twice.

d. 某些作表语的形容词后,用不定式主动形式表示被动意义。例如:

The fish is not fit to eat.

e. 某些感官动词(如 feel, look, prove, smell , sound, taste, wear 等)与形容词连用时,例如:

The water feels very cold.

The dish tastes delicious.

(6)以下动词构成的句子不能改为被动句:

a. 动词 leave, enter, reach 等的宾语是表示处所、地点(国家、团体、组织、军队)等的词。

b. 表示状态的动词, 如:become, benefit, cost, contain, equal, fit, fail, have, lack, last, mean, suit, look like 等。

c. 下列不及物动词及短语:appear, belong to, break out, die, happen, lie, occur, rise, take place, agree with, belong to, consist of, have on, keep up with;一些固定词组,如 keep words,

视频讲解

lose heart, make a face 等。

d. 宾语是反身代词、相互代词、同源代词、不定式、动名词、抽象名词等。

八、主谓一致

主谓一致指"人称"和"数"方面的一致关系。对大多数考生来说，往往会在主语和随后的谓语动词之间是否一致的问题上遇到困难。一般情况下，主谓之间的一致关系受以下三个原则的支配：语法一致原则、意义一致原则和就近原则。"主谓一致"考查内容涉及名词单数或复数作主语、不可数名词作主语、不定代词作主语、并列结构作主语、特殊名词作主语时与谓语动词数的一致等。

(一)语法一致

主谓一致的原则是指主语和谓语从语法形式上取得一致：主语是单数形式，谓语也采取单数形式；主语是复数形式，谓语亦采取复数形式。例如：

A grammar book helps you learn something about the rules of a language.

(主语是单数形式，谓语也采取单数形式)

语法书帮助你学习语言的某些规则。

Grammar books help you learn something about the rules of a language.

(主语是复数形式，谓语也采取复数形式)

语法书帮助你学习语言的某些规则。

主语和谓语从语法形式上取得一致的问题远不止上述的那么简单，有许多情况需要去具体地对待：

(1)不定式、动名词以及从句作主语时应看作单数，谓语动词用单数。例如：

Reading often means learning. 读书常意味着学习。

To read English aloud every morning does you a lot of good.

每天早晨朗读英语有许多好处。

What he said has been recorded. 他说的话已被录音了。

(2)不定代词 one, every, each, everybody, everyone, one of, no one, nothing, nobody, someone, somebody, either, neither, many a 等作主语或是修饰主语时应看作单数，谓语动词用单数。例如：

Neither of my sisters likes sports. 我的两个妹妹都不喜欢运动。

Many a student takes a walk on campus after dinner. 许多学生晚饭后常在校园里散步。

Every boy and girl shows great interest in extra-curriculum activities.

每个男孩和女孩对课外活动都表现出了很大的兴趣。

(3)表示国家、机构、事件、作品等名称的专有名词作主语时应看作单数，谓语动词用单数。例如：

The United States is leading the world in science and technology.

美国常在世界科技方面领先。

The United Nations plays an important role in the international affairs.

联合国在国际事务中起着重要作用。

（4）a portion, a series of, a kind of, the number of 等与名词构成名词短语作主语时应看作单数，谓语动词用单数。例如：

A series of high technology products has been laid out in the exhibition.

一系列高科技产品已在展览会上展出。

The number of printing mistakes in some recent books often surprises people even to death.

近来一些书籍里印刷错误的数量让人吃惊得要命。

A substantial portion of the reports is missing. 这些报告缺失了不少信息。

A kind of rose in the garden smells very pleasant. 这个花园里有一种玫瑰香气怡人。

（5）由 some, several, both, few, many, a number of 等词修饰主语，或是由它们自身作主语时应看作复数，谓语动词用复数。另外，由 and 连接两个主语时，谓语一般用复数。例如：

Both of us are fond of watching football games. 我们俩都喜欢看足球赛。

A number of will-be graduates are voluntarily going to work in the west of China.

许多即将毕业的学生打算自愿去中国西部工作。

（6）有些短语如：a lot of, most of, any of, half of, three fifths of, eighty percent of, some of, none of, the rest of, all of 等后接不可数名词，或是单数形式的名词作主语时应看作单数，谓语动词用单数；但如果后接可数名词的复数形式作主语时应看作复数，谓语动词用复数。例如：

A lot of money in the shop was stolen yesterday when the electricity was suddenly cut off.

昨天突然断电时，那家商店丢失了许多钱。

A lot of books about investment fund have been published recently.

最近出版了许多关于投资基金的书籍。

（二）意义一致

这一原则是指从意义着眼来解决主谓一致问题。有时主语形式上为单数，但意义上却是复数，那么谓语依意义也用复数形式；而有时主语形式上为复数，但意义上却是单数，那么谓语依意义亦用单数形式。

（1）当主语后面接由 as well as, as much as, accompanied by, including, in addition to, more than, no less than, rather than, together with 等引导的词组时，其谓语动词的形式要依主语的单复数而定。在这样的句子里，这些词所引导的词组不影响主语自身的单复数形式，它们在句子里其实是状语。也就是说，我们完全可以将这些词组搬到句首或是放到句末去。从表面上我们也可以看出，它们与主语之间有","隔开。例如：

Petroleum, along with fuel gas, has recently risen in price.

最近石油和燃料煤气的价格上涨了。

The teacher, with all his students, is going to have a picnic this weekend.

老师打算这个周末与学生们一起去野炊。

The students, together with their teacher, are going to have a picnic this weekend.

学生们打算这个周末与他们的老师一起去野炊。

The missing things, as well as the suitcase, have been found and returned to the owner.

丢失的东西连同手提箱找到并物归原主了。

我们完全可以将上面句子中的那些词组都分别搬到句首或是放到句末去，因为它们在句子里是状语：

Petroleum has recently risen in price, along with fuel gas.

Along with fuel gas, petroleum has recently risen in price.

The students are going to have a picnic this weekend together with their teacher.

As well as the suitcase, the missing things have been found and returned to the owner.

The missing things have been found and returned to the owner, as well as the suitcase.

(2)表示时间、金钱、距离、体积、重量、面积、数字等词语作主语时，其意义若是指总量应看作单数，谓语动词用单数；但如果其意义是指"有多少数量"则应该看作是复数，那么谓语动词也应该用复数。例如：

Four weeks are often approximately regarded as one month.

人们常大约地将四个星期看成一个月。

Twenty years stands for a long period in one's life.

二十年在人的一生里意味着一个很长的时期。

(3)形容词前加定冠词即"the + 形容词"作主语时，其意义若是指个人或是抽象概念应看作单数，谓语动词用单数；但如果其意义是指一类人则应该看作是复数，那么谓语动词也应该用复数。例如：

The young, on the one hand, often think of the old conservative. On the other hand, the old always consider the young inexperience.

一方面，青年人常认为老年人保守；另一方面，老年人总是认为青年人没有经验。

In many stories, the good are well rewarded and the bad are doomed to unfortunate.

在许多故事里，好人总是有好报，坏人注定要倒霉。

(4)当 and 连接两个并列主语在意义上指同一人、同一物、同一事或者同一概念时，应看作单数，谓语动词用单数。另外，当 and 连接两个形容词去修饰一个单数形式的主语时，其实是指两种不同的事物，主语则应该看作复数，那么谓语动词也应该用复数。例如：

War and peace is a constant theme in history. 战争与和平是历史上的永恒的主题。

Chinese and Japanese silk are good quality. 中国丝绸和日本丝绸质量都很好。

Different people respectively welcome white and black coffee.

加奶的咖啡与清咖啡都分别受到不同人们的喜爱。

(5)集体名词作主语时，谓语动词的数取决于主语的意义：主语表示整体时视为单数，谓语动词用单数；主语表示集体中的个体成员时视为复数，谓语动词用复数。这类集体名词常见的有：army, audience, cattle, class, club, committee, crowd, family, government, group, majority, minority, part, people, police, public, staff, team 等，其中一般将 cattle, people, police 看成复数

形式。例如：

The family are all fond of football. 那一家人都喜欢足球。

The family is the tiniest cell of the society. 家庭是社会最小的细胞。

The public has every reason to be cautious of professional deception.

人民大众完全有理由谨防职业骗局。

The public now come to know the whole story. 人们现在越来越清楚那是怎么回事了。

（三）就近原则

这一原则是指谓语动词的人称和数常常与最近作主语的词语保持一致。常出现在这类句子中的连词有：or, either ... or ..., neither ... nor ..., not only ... but also ...等。例如：

Either I or they are responsible for the result of the matter.

不是我，就是他们要对那件事的结局负责任。

Neither the unkind words nor the unfriendly attitude has caused me any distress.

既不是那些不友好的话，也不是那不友好的态度让我沮丧。

Not only he but also all his family are keen on concerts.

不仅是他，而且他全家都很热衷于音乐会。

九、名词性从句

在句子中起名词作用的句子叫名词性从句(Noun Clauses)。名词性从句的功能相当于名词词组，它在复合句中能担任主语、宾语、表语、同位语、介词宾语等，根据它在句中不同的语法功能，名词性从句又可分别称为主语从句、宾语从句、表语从句和同位语从句。

（一）连接词

1.分类

引导名词性从句的连接词可分为三类：

连词(5个)：that (宾语从句或表语从句中"that"有时可以省略)，whether, if (均表示"是否"表明从句内容的不确定性)，as if, as though (均表示"好像"，"似乎")，以上在从句中均不充当任何成分。

连接代词(9个)：what, whatever, who, whoever, whom, whomever, whose, which, whichever。

连接副词(7个)：when, where, how, why, whenever, wherever, however。

2.不可省略的连词

a. 介词后的连词。

b. 引导主语从句和同位语从句的连词。

That she was chosen made us very happy.

We heard the news that our team had won.

c. 在从句中做成分的连词。

(二)whether 与 if 的比较

whether 与 if 均为"是否"的意思。但在下列情况下,只可用 whether:

(1)whether 引导主语从句并在句首。

Whether he can come to the party on time depends on the traffic.

(2)引导表语从句。

The question is whether we can get in touch with her.

(3) whether 从句作介词宾语。

I am thinking about whether I should quit my present job.

(4) if 与 whether 都可以与 or not 连用,但后面紧跟 or not 时只能用 whether。

We didn't know whether or not she was ready.(此时只能用 whether)

I wonder whether / if the news is true or not.(此时则两者都可以用)

(5)引导主语从句。

Whether he will come is not clear.

大部分连接词引导的主语从句都可以置于句末,用 it 充当形式主语。

It is not important who will go.

It is still unknown which team will win the match.

(三)分类

1.主语从句

作句子主语的从句叫主语从句。主语从句通常由下列词引导:

(1)从属连词:that,whether, if 等。

(2)连接代词:what,who,which,whatever,whoever,whom 等。

(3)连接副词:how,when,where,why 等。

that 在句中无词义,只起连接作用;连接代词和连接副词在句中既保留自己的疑问含义、又起连接作用,在从句中充当从句的成分。注:whom, who 指人,what 指物,whatever,whoever 表示泛指意义。例如:

What he wants to tell us is not clear. 他要跟我们说什么,还不清楚。

Who will win the match is still unknown. 谁能赢得这场比赛还不得而知。

It is known to us how he became a writer. 我们都知道他是如何成为一名作家的。

Where the English evening will be held has not yet been announced.

英语晚会将在哪里举行,还没有宣布。

有时为避免句子头重脚轻,常用形式主语 it 代替主语从句作形式主语放于句首,而把主语从句置于句末。主语从句后的谓语动词一般用单数形式。常用句型如下:

(1) It be + 名词 + that 从句。

It's a great pity(that)they didn't get married. 他们没能结婚,真是令人惋惜。

It's a good thing(that)you were insured. 你保了险,这可是件好事。

（2）It be + 形容词 + that 从句。

It's splendid that you passed your exam. 你通过考试了,真棒。

It's strange that there are no lights on. 真奇怪,没有一盏灯是开着的。

（3）It + 不及物动词 + that 从句。

另须注意在主语从句中用来表示惊奇、不相信、惋惜、理应如此等语气时,谓语动词要用虚拟语气"(should) + do",常用的句型有:

It is necessary (important, natural, strange, etc.) that ...

It is suggested (requested, proposed, desired, etc.) that ...

2.宾语从句

名词从句用作宾语的从句叫宾语从句。引导宾语从句的关联词与引导主语从句、表语从句的关联词大致一样,在句中可以作谓语动词或介词及非谓语动词的宾语。

（1）由连接词 that 引导的宾语从句。

由连接词 that 引导宾语从句时,that 在句中不担任任何成分, 在口语或非正式的文体中常被省去,但如果从句是并列句时,第二个分句前的 that 不可省。

He has told me that he will go to Shanghai tomorrow. 他已经告诉了我他明天要去上海。

We must never think (that) we are good in everything while others are good in nothing.

我们绝不能认为自己什么都好,别人什么都不好。

注意:

在 demand, order, suggest, decide, insist, desire, request, command, doubt 等表示要求、命令、建议、决定等意义的动词后,宾语从句常用"(should) + 动词原形"。

I insist that she (should) do her work alone. 我坚持要她独自工作。

The commander ordered that troops (should) set off at once. 司令员命令部队马上出发。

（2）用 who,whom, which, whose, what, when, where, why, how, whoever, whatever, whichever 等关联词引导的宾语从句相当于特殊疑问句,应注意句子语序要用陈述语序。

I want to know what he has told you. 我想知道他告诉了你什么。

She always thinks of how she can work well. 她总是在想怎样能把工作做好。

She will give whoever needs help a warm support. 凡需要帮助的人,她都会给予热情的支持。

（3）可运用 it 作形式宾语。

①动词 make, find, think, feel, consider, believe 等后面有宾语补足语的时候, 则需要用 it 作形式宾语,而将 that 宾语从句后置,结构:S. + vt. + it + adj. / n. + OC(宾语补足语)。

I think it necessary that we take plenty of hot water every day.

我认为每天多喝热水是有必要的。

I feel it a pity that I haven't been to the get-together. 我没去聚餐,感觉非常遗憾。

②有些动词带宾语从句时需要在宾语与从句前加 it,这类动词主要有:hate, take, owe, have, see to 等。

We take it that you will agree with us. 我们认为你会同意我们的。

He will have it that our plan is really practical. 他认为我们的计划确实可行。

3.表语从句

在复合句中,位于系动词之后作表语的从句叫表语从句。引导表语从句的关联词与引导主语从句的关联词大致一样,表语从句位于连系动词后,有时用 as if 引导。

其基本结构为:主语 + 连系动词 + that 从句。

(1)that 引导表语从句,无词义,只起连接作用,不可省略。

(2)连系动词可为 be, look, seem, sound, appear 等。

(3) 主语可为名词 fact, truth, cause, question, explanation, trouble, assumption, belief 等,代词 this, that, these, it 等。

The fact is that we have lost the game. 事实是我们已经输了这场比赛。

That's just what I want. 这正是我想要的。

This is where our problem lies. 这就是我们的问题所在。

That is why he didn't come to the meeting. 那就是他为什么不到会的原因。

It looks as if it is going to rain. 看上去天要下雨了。

Raw material is what we are badly in need of. 原材料是我们所急需的。

China is not what it used to be. 中国已不是过去的中国了。

注意:

a. 当主语是 reason 时,表语从句要用 that 引导而不是 because。

The reason why he was late was that he missed the train by one minute this morning.

b. whether 可引导表语从句,但与之同义的 if 却通常不用于引导表语从句。

c. That is why ... 译为"这就是……的原因/因此"。

其中 why 引导的名词性从句在句中作表语, 该句型通常用于针对前面已经说过的原因进行总结。

That is why I come. 这就是我来的原因。

区别:①That is why ... 与 That is the reason why ... 同义,只不过从语法结构上讲,前者中的 why 引导表语从句,后者中的 why 引导定语从句。

That is (the reason) why I cannot agree. 这就是我不能同意的理由。

②That is because ... 句型中从属连词 because 引导的名词性从句在此作表语,意为"这就是为什么…… / 因为……"。

That is because ... 指原因或理由。

That is why ... 指由于各种原因所造成的后果。

He did not see the film last night. That is because he had to help his little sister with her homework.

昨晚他没有去看电影,那是因为他得帮他的妹妹做作业。(第一句话说明结果,第二句话说明原因)

He had seen the film before. That is why he did not see it last night.

他以前曾看过那部电影,因此他昨晚没有去看。(第一句话说明原因,第二句话说明结果)

4.同位语从句

同位语从句说明其前面的名词的具体内容。同位语从句通常由 that 引导,可用于同位语从句的名词有 advice, demand, doubt, fact, hope, idea, information, message, news, order, problem, promise, question, request, suggestion, truth, wish, word 等。例如:

The news that we won the game is exciting. 我们赢得这场比赛的消息令人激动。

I have no idea when he will come back home. 我不知道他什么时候回来。

The thought came to him that Mary had probably fallen ill. 他想到可能玛丽生病了。

同位语从句和定语从句的区别:

that 作为关系代词,可以引导定语从句,充当句子成分,在从句中作宾语时可以省略; that 引导同位语从句时,起连词的作用,没有实际意义,不充当句子成分,一般不能省略。

试比较下面两个例句:

I had no idea that you were here.(that 引导同位语从句,不能省略)

Have you got the idea(that)this book gives you the life in ancient Greece?

(that 引导定语从句,作宾语,可以省略)

十、定语从句

视频讲解

定语从句(Attributive Clauses)在句中作定语,修饰一个名词或代词,被修饰的名词、词组或代词即先行词。定语从句通常出现在先行词之后,由关系词(关系代词或关系副词)引出。

1.先行词

先行词是指被定语从句修饰的名词、代词。先行词一般出现在定语从句的前面。

2.关系词

关系词常有三个作用:

(1)连接作用,引导定语从句。

(2)代替先行词。

(3)在定语从句中充当一个成分。

注意:

关系代词有主语、宾语、定语之分。一般 who 作主语或其宾格形式的 whom 作宾语,whose 作为定语(whom,whose 不可省略)。关系代词在从句中作主语、宾语、定语等,关系副词在从句中作地点状语(where)、时间状语(when)和原因状语(why)。

3.定语

定语用来限定、修饰名词或代词,是对名词或代词起修饰、限定作用的词、短语(动词不定式短语、动名词表示的),汉语中常用"……的"表示。主要由形容词担任,也可以由名词、代词、数词、分词、副词、不定式以及介词短语来担任,还可以由一个句子来担任。单词作定语时通常放在它所修饰的词之前,作前置定语。短语、从句作定语时则放在所修饰的词之后,作后置定语。

被定语从句修饰的名词、代词称为先行词。如"the girl""the book"。

如：She is the girl who likes singing. 她就是那个爱唱歌的女孩。

4.代词引导

关系代词所代替的先行词是人或物的名词或代词,并在从句中充当主语、宾语、定语等成分。

5.关系代词

(1)作主语。

(2)作宾语。

(3)指物。which / that；which / that(可省略)；whose。

(4)代替指人。who 作主语指人,whom 在定语从句中作宾语指人,that 既可作主语又可作宾语(作宾语可以省略),可以指人也可以指物。在从句中所起作用如下：

① Is he the man who / that wants to see you?

他是那个想见你的男人吗？(who / that 在从句中作主语)

② He is the man (whom / that) I saw yesterday.

他就是我昨天见的那个人。(whom / that 在从句中作宾语)

③ The man whom you spoke to just now is our English teacher.

你刚刚说话的那个男人是我们的英语老师。(whom 在从句中作宾语)

注意：

who 在定语从句中指人,作主语和宾语。作宾语时可省略。

6. which、that 用来指物

用作主语、宾语,作宾语时可以省略,例如：

(1)The prosperity which / that had never appeared before took on in the countryside.

农村出现了前所未有的繁荣。(which / that 在从句中作主语)

(2)The package (which / that) you are carrying is about to come unwrapped.

你拿着的那个包裹快要散开了。(which / that 在从句中作宾语)

注意：

which 在定语从句中指物,可作主语或及物动词或介词的宾语,作宾语时可省略。that 在定语从句中既可指人又可指物,在定语从句中作主语、宾语和表语,作宾语时可省略。指人时,相当于 who 或 whom；指物时,相当于 which。作介词宾语时,介词不可提到 that 前,当介词提前时,需要用 which 或 whom 来代替。

7. whose

只用作定语。

"whose"表示谁(可以为人也可以为物)的(东西)。例如：

A child whose parents are dead is called an orphan.

双亲都去世的孩子叫作孤儿。("whose parents"表示那个孩子的双亲)

He lives in a room whose window faces south.

他住的那个房子的窗户是朝南的。("whose"表示那个房子的窗户)

8.关系副词 why

关系副词 why 主要用于修饰表原因的名词(主要是 the reason),同时它在定语从句中用作原因状语。例如:

We don't know the reason why he didn't show up. 我们不知道他为什么没有来。

She didn't tell me the reason why she refused the offer.

她没跟我讲她拒绝这项工作的原因。

与关系副词 when 和 where 不同,why 可以换成 that 或省略。例如:

That's one of the reasons (why, that) I asked you to come. 这就是我请你来的原因之一。

另外,与关系副词 when 和 where 可以引导非限制性定语从句不一样,why 只能引导限制性定语从句,不能引导非限制性定语从句。例如:

他失去工作的主要原因是他喝酒。

(错) The main reason, why he lost his job, was that he drank.

(对) The main reason why he lost his job was that he drank.

9.关系副词 when

关系副词 when 主要用于修饰表时间的名词,同时它在定语从句中用作时间状语。例如:

There comes a time when you have to make a choice. 你必须做出抉择的时候到了。

Gone are the days when they could do what they liked. 他们为所欲为的日子一去不复返了。

We'll put off the picnic until next week, when the weather may be better.

我们将把野餐推迟到下星期,那时天气可能会好一点。

注意:

不要一见到先行词为时间名词,就以为一定要用关系副词 when 来引导定语从句,同时还要看它在定语从句中充当什么成分——如果在定语从句中用作时间状语, 就用 when;如果在定语从句中不是用作时间状语,而是用作主语或宾语,那就不能用 when,而要用 that, which 等。例如:

Don't forget the time (that, which) I've told you. 不要忘记我告诉你的时间。

关系代词 that / which 在定语从句中用作动词 told 的宾语,正因为是用作宾语,所以也可以省略。

10.关系副词 where

关系副词 where 主要用于修饰表地点的名词,同时它在定语从句中用作地点状语。例如:

This is the village where he was born. 这就是他出生的村子。

That's the hotel where we were staying last summer. 这就是我们去年夏天住的旅馆。

Barbara was working in Aubury, where she went daily in a bus.

巴巴拉在奥伯里工作,每天得坐公共汽车去上班。

与前面 when 的情况一样,注意不要一见到先行词为地点名词,就以为一定要用关系副词 where 来引导定语从句, 同时还要看它在定语从句中充当什么成分——如果在定语从句中用作地点状语,就用 where;如果在定语从句中不是用作地点状语,而是用作主语或宾语,

那就不能用 where,而要用 that, which 等。例如:

He works in a factory that (which) makes TV sets. 他在一家电视机厂工作。

关系代词 that / which 在定语从句中用作主语。

另外注意,where 有时还可用于抽象名词后引导定语从句。例如:

We have reached a point where a change is needed. 我们到了必须改一改的地步。

There are cases where the word "mighty" is used as an adverb.

在一些情况下,mighty 一词可用作副词。

He got into a situation where it is hard to decide what is right and wrong.

他陷入一种难以分辨是非的局面。

I don't want a job where I'm chained to a desk all day.

我不想找一份整天坐办公桌前的工作。

11.非限定性定语从句

(1)非限定性定语从句起补充说明作用,缺少也不会影响全句的理解。在非限定性定语从句的前面往往有逗号隔开,例如:

a. The house, which I bought last year, has a lovely garden.

我去年买的房子带了个漂亮的花园。

b. This novel, which I have read three times, is very touching.

这本小说我已经读过三遍,它很感人。

(2)非限定性定语从句可将整个主句作为先行词,对其进行修饰,这时从句谓语动词要用第三人称单数,例如:

a. He seems not to have grasped what I meant, which greatly upsets me.

他似乎没懂我的意思,这使我心烦。

b. Liquid water changes to vapor, which is called evaporation.

液态水变为蒸汽,这就叫作蒸发。

(3)在非限定性定语从句中,有时 as 也可用作关系代词,若 as 在从句中作主语,其引导的句子可以放在句首,也可以放在句中。例如:

a. The boy has as much progress as we had expected.

正像我们所预料的那样,这个男孩取得了大的进步。

b. As everyone knows, China is a beautiful country with a long history.

每个人都知道,中国是一个有着悠久历史的美丽国家。

12.限定性定语从句

(1)限定性定语从句对被修饰的先行词有限定制约作用,使该词的含义更具体、更明确。限定性定语从句不能被省略,否则句意就不完整,例如:

I met someone who said he knew you.

(2)在引导限定性定语从句时,that 有时相当于 in which, at which, for which 或 on which。

a. Attitudes towards day dreaming are changing in much the same way that (in which) attitudes towards night dreaming have changed.

人们对白日做梦的态度正在改变,这与人们对夜间做梦的看法的变化有非常相似的地方。

b. I like the music for the very reason that (for which) he dislikes it.

我出于某种原因喜欢这种音乐,而他恰恰与我相反。

c. We arrived the day that (on which) they left. 刚好我们到的那天他们走了。

(3)在限定性定语从句中,当关系代词在从句中担任动词宾语时,关系代词可省略。

a. The book (that / which) I am reading is very interesting. 我在读的书很有趣。

b. Is there anything (that) you wanted? 想要什么东西吗?

13.限定性定语从句和非限定性定语从句的区别

(1)从结构上来看,限定性定语从句不能用逗号与先行词分开;而非限定性定语从句却必须用逗号分开。引导非限定性定语从句的关系代词不能省略。例如:

The clock, which my great-grandfather bought, is still in good order.

这时钟是我曾祖父买的,现在走得还是很准。

(2)两种形容词性从句往往赋予同一个先行词不同的含义。例如:

My sister who lives in London is a doctor. 我住在伦敦的妹妹是医生。

My sister, who lives in London, is a doctor. 我的妹妹是一个医生,她住在伦敦。

(3)非限定性定语从句可以把整个主句当作先行词,而限定性从句没有这种功能。非限定性定语从句修饰整个主句时,只能用 which 或 as 来引导。例如:

I said nothing, which made him still more angry. 我一声不吭,这使他更加生气。

He was a Frenchman, as I could tell from his accent.

他是个法国人,我从他的口音中可以听出来。

He was drunk, which seemed to make a bad impression on the policeman.

他喝醉了,这似乎给警察留下了不好的印象。

十一、状语从句

视频讲解

状语从句 (Adverbial Clauses) 指句子用作状语时,起副词作用的句子。它可以修饰谓语、非谓语动词、定语、状语或整个句子。根据其作用可分为时间、地点、原因、条件、目的、结果、让步、方式和比较等从句。状语从句一般由连词(从属连词)引导,也可以由词组引起。从句位于句首或句中时通常用逗号与主句隔开,位于句尾时可以不用逗号隔开。

1.时间状语从句

常用引导词:when, as, while, as soon as, before, after, since , till, until 等。

特殊引导词:the minute, the moment, the second, every time, the day, the instant, immediately, directly, no sooner ... than, hardly ... when, scarcely ... when 等。例如:

I didn't realize how special my mother was until I became an adult.

While John was watching TV, his wife was cooking.

The children ran away from the orchard(果园)the moment they saw the guard.

No sooner had I arrived home than it began to rain.

Every time I listen to your advice, I get into trouble.

2.地点状语从句

常用引导词:where。

特殊引导词:wherever, anywhere, everywhere。

Generally, air will be heavily polluted where there are factories.

Wherever you go, you should work hard.

地点状语从句一般由连接副词 where, wherever 等引导,已经形成了固定的句型,例如:

句型 1:Where+地点从句,(there) + 主句。

注意:

此句型通常译成"哪里……哪里就……";主句在从句后面时,there 可用可不用;如果主句在从句的前面时,一般都不用 there。例如:

Where there is no rain, farming is difficult or impossible.

在没有雨水的地方,耕作是困难的,或根本不可能的。

They were good persons. Where they went, there they were warmly welcomed.

他们都是好人。因此他们走到哪里都受到热烈欢迎。

You should have put the book where you found it. 你本来应该把书放回原来的地方。

Where the Communist Party of China goes, there the people are liberated.

哪里有了中国共产党,哪里人民就得到解放。

句型 2:anywhere / wherever + 地点从句 / 主句。

注意:

anywhere 本身是个副词,可以引导从句,相当于连词,意思相似于 wherever, anywhere 引导的从句可位于主句之前,也可以位于主句之后。 而 wherever 本身就是个连词,表示"在何处,无论何处"。例如:

Wherever the sea is, you will find seamen. 有海就有海员。

3.原因状语从句

常用引导词:because, since, as, for。

特殊引导词:seeing that, now that, in that, considering that, given that。

My friends like me because I'm handsome and successful.

我的朋友喜欢我,因为我既英俊又成功。

Now that everybody has come, let's begin our conference.

既然每个人都到了,那让我们开始我们的会议吧。

4.目的状语从句

常用引导词:so that, in order that。

特殊引导词:lest, in case, for fear that,in the hope that, for the purpose that, to the end that。

The boss asked the secretary to hurry up with the letters so that he could sign them.

老板要求秘书快写函件以便他能在上面签字。

The teacher raised his voice on purpose that the students in the back could hear more clearly. 为了让后面的学生听得更清楚,老师有意地提高了他的声音。

5.结果状语从句

常用引导词:so ... that, such ... that。

特殊引导词:such that, to the degree that, to the extent that, to such a degree that。

He got up so early that he caught the first bus.

It's such a good chance that we must not miss it.

To such a degree was he excited that he couldn't sleep last night.

6.条件状语从句

常用引导词:if, unless。

特殊引导词:as / so long as, only if, providing / provided that, supposing that, in case that, on condition that。

We'll start our project if the president agrees.

You will certainly succeed so long as you keep on trying.

Provided that there is no opposition, we shall hold the meeting here.

7.让步状语从句

常用引导词:though, although, even if, even though。

特殊引导词: as(用在让步状语从句中必须要倒装),while（一般用在句首）,no matter ...,in spite of the fact that, whatever, whoever, wherever, whenever, however, whichever。

Much as I respect him, I can't agree to his proposal.

The old man always enjoys swimming even though the weather is rough.

No matter how hard he tried, he could not change her mind.

He won't listen whatever you may say.

8.比较状语从句

常用引导词:as(同级比较), than(不同程度的比较)

特殊引导词:the more ... the more ... ; just as ..., so ..., A to B is what / as X is to Y; no ... more than, not so much A as B。

She is as bad-tempered as her mother.

The house is three times as big as ours.

The more you exercise, the healthier you will be.

Food to men is what oil is to machine.

9.方式状语从句

常用引导词:as, as if, how。

特殊引导词:the way。

When in Rome, do as the Roman do.

She behaved as if she were the boss.

Sometimes we teach our children the way our parents have taught us.

十二、倒装

倒装句就是将正常的陈述语序加以变化,主要作用是强调被提前的部分。倒装句可分为全部倒装和部分倒装两种。

1.全部倒装

全部倒装是将整个谓语提到主语前面。

例如:

In the distance was a boat.

远处有一条船。

Now comes my turn.

现在轮到我了。

(1)当 here, there, out, in, up, down 等副词放在句首时,句子需全部倒装。

例如:

There goes the bell!

铃响了!

There lived an old man.

那儿住着一位老人。

Here comes the bus.

公交车来了。

注意:

①这种情况下倒装仅限于不及物动词或 be 动词,像 go, come 等。

②主语如果是代词时不需倒装。

例如:Away he went. 他走远了。

　　　Here you are. 给你。

(2)方位状语在句首,句子需全部倒装。

例如:

In front of the house stopped a police car.

房子前面停着一辆警车。

Nearby were two canoes in which they had come to the island.

附近是他们来小岛时坐的独木舟。

Under the tree sat a boy.

树下坐着一个男孩。

2.部分倒装

部分倒装是将助动词或情态动词提至主语之前,谓语动词位置不变。

例如:

Neither could he see through your plan.

他也看不穿你的计谋。

So little did I know about him that I was easily taken in by his words.

我对他了解如此之少以至于我轻易地就被他的话骗了。

Doesn't her invitation appeal to you?

她的邀请对你没有吸引力吗?

(1)否定词提前倒装。

否定词用于句首时,句子应进行部分倒装。

否定词常用的有:

not until ... (直到……才);

no sooner ... (than)(一……就);

never / rarely / seldom(几乎没有);

hardly / scarcely ... (when)(几乎没有);

few / little(几乎没有);

neither / nor (也不);

nowhere(任何地方都不);

at no time (从不、决不);

under no circumstances(决不);

on no account (决不);

in no way(决不).

其中 not only, no sooner, hardly 分别和 but (also), than, when 搭配使用。

注意:

后一组词之后的部分不进行倒装,只有否定词之后的部分倒装。

例如:

Hardly had I arrived home when it began to rain.

我一到家,就开始下雨了。

Not only was he able to enter the final round of the contest, but he came out first as well.

他不仅能进入最终决赛,同样也能得第一名。

No sooner had I got any chance to speak than the clerk slammed the door in my face.

我一有说话机会,办事员就当面用力关上了门。

Seldom does he travel about.

他很少出去旅游。

Under no circumstances should you betray your own country.

在任何情况下,你都不能背叛你的国家。

(2)介词、分词词组提前倒装。

当句子没有宾语,且主语偏长时,往往将句中作状语的介词短语或作表语的形容词短语或作表语的分词短语提至句首,引起主谓的全部倒装。

例如:

In the middle of the river floated the cluster of plants that she had cast.

河流中央漂浮着她刚扔下去的一簇植物。

Lying on the grassland is a pretty girl in her early twenties.

躺在草地上的是一位二十多岁的漂亮女孩。

(3)副词提前倒装。

副词提至句首引起倒装,可分以下几种情况:

① only + 副词(when, before, if, after 等)或 only + 介词状语(由 in, under, by, on, after 等引导)提前,必须部分倒装。

例如:

Only then did he realize how stupid he had been.

只有到那时,他才意识到他以往有多傻。

Only after entering the store did Arthur realize that there was danger.

只有进入商店之后,亚瑟才意识到有危险。

Only in the library can she concentrate on her study.

只有在图书馆她才能专注在学习上。

② often, such, so, always, once 等副词提前,部分倒装。

例如:

So diligently did he work that he got high scores on the final exam.

=He worked so diligently that he got high scores on the final exam.

他学习如此勤奋以至于在期末考试中得了高分。

Such was his wish that the world would stay away from war forever.

这就是他的愿望:世界能够永远远离战争。

Often did we go on a holiday in hot summer.

我们经常在炎热的夏天去度假。

注意:

so 的另一种倒装是表示"也……"。

例如:

California relies heavily on income from crops, and so does Florida.

加利福尼亚过多地依赖于来自农作物的收入,佛罗里达也是这样。

You are a student, and so am I.

你是学生,我也是。

如果 so 引起的省略句不作"也……"讲,只是对前面的情况表示确认、肯定,这时省略句的主语和谓语不必倒装,意为"确定如此"。

例如:

——He has made great progress.

——Yes, so he has. And so have you.

——他取得了巨大进步。

——是的,他确实是。你也是。

③表示方位的词 in, out, down, up, away, off, here, there, over 等副词提前,全部倒装。

例如:

Off got the staggering gentleman.

车上下来一位蹒跚的先生。

Here are the photos I took at the seaside.

这就是我在海边拍的相片。

(4)疑问倒装。

疑问句需部分倒装语序。

例如:

What part did he play in *Hamlet*?

他在哈姆雷特里面扮演什么角色?

Do you prefer tea or coffee?

你喝茶还是咖啡?

十三、虚拟语气

虚拟语气用于表示主观愿望和假设的虚拟情况。虚拟语气不太顾及事实的存在,它表现出说话人的主观因素比较多。所以说话人所讲的内容往往是与事实相反的;或是其实现的可能性微乎其微,甚至没有实现的可能性。当然,有时为了使说话的语气客气、缓和、委婉,也使用虚拟语气。

例如:

I wish you were more careful.

但愿你更细心一些。

If I had more money, I would buy a bigger apartment.

我要是有再多一点钱,我就买一套更大一些房子。

Would you mind shutting the door?

劳驾您把门关上。

(一)虚拟语气在条件状语从句中的应用(见表 4-1-10)

表 4-1-10　虚拟语气在条件状语从句中的应用

	If 引导的条件状语从句	主句
与过去事实相反	had + done	would / should / could / might + have + done
与现在事实相反	were / did	could / should / could / might + do
与将来事实相反	should + do; were to do; did	would + do

1.表示一种与过去事实相反的假设情况

例如:

If you had come here yesterday, you would have seen him.

如果你昨天来到这里,你就会看见他了。

2.表示一种与现在事实相反的假设情况

例如:

If I had his telephone number, I would call him now.

如果我有他的电话号码,我现在就打电话给他。

If I were you, I would not tell him that.

如果我是你,我就不把那件事告诉他。

3.表示与将来的事实可能相反的假设情况

例如:

If it snowed tomorrow, many crops would die of cold.

= If it were to snow tomorrow, many crops would die of cold.

= If it should snow tomorrow, many crops would die of cold.

如果明天下雪,许多庄稼都会冻死。

注意:

(1)有时候,条件和结果不是指同一个时间,这时,应根据上面谈到的几种情况,在从句和主句分别使用相应的形式,这种虚拟语气形式被称为错综虚拟语气。

例如:

If you had listened to the teacher carefully yesterday, you would know how to do the exercise now.

如果你昨天认真听了老师的讲话,你现在就知道如何做这道题了。

(2)使用虚拟语气时,有时候可以省略引导条件状语从句的连词 if。这时,从句部分要使用部分倒装,即将从句部分的助动词 were / had / should 等提到主语前面。

例如:

Were I you, I would not tell him that.

Should it snow tomorrow, many crops would die of cold.

Had you listened to the teacher carefully yesterday, you would know how to do the exercise now.

(二)含蓄性条件句

在表示假设的虚拟语气中,有时假设的条件并不以条件从句的形式出现,而是通过上下文或句中内在的逻辑关系,或用其他形式表达出来,这就是"含蓄性条件句"。

常用的有以下四种:

1.介词短语常用来表示虚拟条件

主要有 without, with, in, under, but for 等,它们表示的虚拟条件都可以被 if 从句替换。

(1)without 表示否定的条件,意为 if ... not;with 与 without 意义相反,表示肯定的条件。

例如:

Without air (= If there were no air), there would be no living things.

如果没有空气,就不会有生物。

With his help (= If I had his help), I would do the experiment well.

如果有他的帮助,我会做好这个实验。

(2)under。

例如:

Under the leadership of a less experienced person (= If there had been the leadership of a less experienced person), the experiment would have failed.

如果是由一个没有经验的人领导,这个实验就失败了。

(3)in。

例如:

I would have lost my head in that position (in that position = if I had been in that position).

我处在那种情况下,是会丧失理智的。

(4)but for (如果没有)。

例如:

But for their help (= If it were not for their help), we could not get over the difficulties.

要不是他们的帮助,我们是克服不了这些困难的。

2.连接词 or / otherwise (否则,要不然), but, but that (要不是)

例如:

He felt very tired yesterday, or he would have attended the party.

他昨天很累,不然他就去参加那个聚会了。

He was having a meeting, otherwise he would have come over to help us.

他当时正在开会,否则他就会来帮助我们了。

I should have returned the book last week, but I was so busy that I forgot to do so.

我本来应该在上周归还那本书的,但我太忙了,把这件事给忘了。

But that you had seen me in the water, I would have drowned.

要不是你看见我掉在水里,我早就被淹死了。

3.分词短语

例如：

United (= If they had been united), they wouldn't have been defeated.

他们要是团结起来,就不会被打败。

Seen from a high mountain (= If it were seen from a high mountain), the field in which wheat is growing would look like a great green sea.

倘若从高山上看,麦田就像一片碧绿的大海。

4."名词 + and"结构

例如：

One step further and you would be dead. (= If you took one step further, you would be dead).

再往前走一步,你就会死。

(三)虚拟语气在主语从句中的应用

在主语从句中用以表示惊奇、惋惜、理应如此等意,其谓语用 should + 动词原形,should 在口语中可省略。主要用于以下三种结构：

1. It is necessary / important / natural / strange / essential / advisable / desirable / urgent + that ...

例如：

It is necessary that he (should) get everything ready by tomorrow evening.

他在明天晚上前把一切都准备好是必要的。

It is important that you (should) read English aloud every morning.

你们每天早上大声朗读英语是很重要的。

2. It is a pity (a shame, no wonder ...) + that ...

例如：

It is a pity that she (should) be so careless.

真遗憾她这么粗心。

It is no wonder that they (should) go there by air.

难怪他们要坐飞机到那里去。

3. It is suggested (decided, ordered, requested, desired, demanded, required, proposed, recommended) + that ...

例如：

It is requested that that factory (should) stop polluting the river.

要求那家工厂停止对这条河的污染。

It is decided that the sports meeting (should) be put off till next week.

运动会已被决定推迟到下星期。

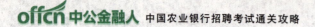

(四)虚拟语气在宾语从句中的应用

(1)在表示命令、建议、劝告、欲望、要求、主张这一类动词后的宾语从句中,从句应用虚拟语气, 其谓语用 should + 动词原形,should 可省略, 这类动词有 suggest, insist, demand, request, desire, order, ask, advise, propose, command, recommend, require 等。

例如:

The teacher insisted that we (should) use an English-English dictionary.

老师坚持要我们使用英英词典。

I suggest the invitation to the conference (should) be sent to Dr Baker.

我建议给贝克博士发出席邀请。

(2)wish 后的宾语从句要用虚拟语气,表示不能实现的愿望。表示现在不能实现的愿望, 从句谓语动词用过去式;表示将来不能实现的愿望,从句谓语动词用 could / would + 动词原形;表示过去不能实现的愿望,从句谓语用“had + 过去分词”。

例如:

I wish I were a bird.

我要是一只鸟该多好啊!

I wish I had started to study English years ago.

我要是早几年开始学英语就好了。

I wish you would stop asking silly questions.

但愿你不要再问愚蠢的问题了。

(3)would rather(宁愿,宁可)后接从句,从句用过去时指现在或将来,用过去完成时指过去。

例如:

I'd rather you went there now.

我宁愿你现在就去那里。

I would rather he came to see me tomorrow.

我宁愿他明天来看我。

I would rather he hadn't told you about it.

我宁愿他没有把这件事告诉你。

(4)Would you mind if ...? 这是表示请求许可的句型,if 从句用虚拟语气, 谓语用一般过去时。

例如:

Would you mind if I smoked in the next room?

你介意我在隔壁房间里抽烟吗?

(五)虚拟语气在表语从句中的应用

(1)as if / though(似乎,好像,仿佛)引导的表语从句如果表示与现在事实相反,谓语动词用一般过去时;表示与过去事实相反,谓语动词用过去完成时;表示与将来事实相反,谓语用would / might / could + 动词原形。

例如:

It is so cold that it seems as if we were in Siberia.

天冷得仿佛我们到了西伯利亚。

It looks as if it might rain.

天看起来好像要下雨。

(2)当表示间接的要求、建议、命令、决定、欲望、劝告、主张等名词作主语时,其表语从句用虚拟语气。这类名词有 suggestion, proposal , request, order, advice, idea, demand, recommendation 等,其谓语用(should) + 动词原形。

例如:

Our suggestion is that you (should) be the first to go.

我们的建议是你应该先去。

My idea is that he (should) do his homework first.

我的想法是他先做作业。

注意:

上述名词的同位语从句也用虚拟语气,其谓语用(should) + 动词原形。

例如:

Do you know the order that you (should) keep watch?

你知道你该去放哨的命令吗?

We all agreed to his suggestion that we (should) go to Beijing for sightseeing.

我们都同意他要我们去北京游览的建议。

(六)虚拟语气在定语从句中的应用

在"It is (high) time (that) ..."句型中(that)引导的是定语从句,从句的谓语动词习惯上用过去式,(有时也可用 should + 动词原形,should 不能省略),表示"早该干某事了,是某人该干某事的时候了"。

例如:

It is time we went (should go) home.

我们该回家了。

It is high time you made (should make) up your mind.

是你下决心的时候了。

(七)If only 引导的从句中虚拟语气的用法

If only ... 引导的从句表示一种愿望或是向往的假设,其意义是"要是……就好了""但愿……"。这个句型中的语序是正常语序,不倒装。另外,其谓语动词的虚拟式与 wish 后面宾语从句中谓语动词的虚拟式相同。

例如:

If only she could understand my real feelings.

要是她能了解我的真实想法就好了。

If only my mother had survived the disease and lived till now.

要是我妈妈没有病逝而活到现在就好了。

If only he would find a satisfactory job after his graduation.

但愿他毕业后找到一份称心如意的工作。

经典真题

1. He is neither _____ European, nor _____ American. He is from _____ Australia.

A. a; a; /　　　B. a; an; the　　C. a; an; /　　D. an; an; /

2. _____ the 2008 Olympic Games will be held in Beijing is quite clear to the people all over the world.

A. That　　　B. Whether　　C. What　　　D. If

3. _____ coal, the most important natural fuels are the gas and oil.

A. Except for　　B. Except　　C. Beside　　D. Apart from

4. No fault is attached _____ the bus driver for the terrible accident at the railway crossing.

A. for　　　B. with　　　C. in　　　D. to

5. This hotel _____ $60 for a single room with bath.

A. claims　　B. demands　　C. prices　　D. charges

6. Much _____ I have traveled, I have never seen anyone to equal her in efficiency.

A. although　　　　　B. as

C. while　　　　　　D. if

7. _____ all of us who are here tonight, I would like thank Mr. Brown for his talk.

A. On behalf of　　　　B. On account of

C. In honor of　　　　D. In terms of

8. These books were very dear to him and he bought them at _____ expense when he was studying abroad.

A. considerate　　　　B. considered

C. considerable　　　　D. considering

9. None of us expected the chairman to _____ at the party. We thought he was still in hospital.

A. turn in　　　　　B. turn up

C. turn over　　　　D. turn down

10. _____ of the boys in the class who have passed the test is to receive certificates.

A. Every　　B. Every one　　C. Any　　D. Anyone

11. You _____ pay too much attention to your reading skill, as it is so important.

A. should't　　B. cannot　　C. mustn't　　D. needn't

12. Don't do that again, _____?
A. will you　　B. do you　　C. does you　　D. can you

13. The book has been well reviewed, but _____ actual sales it hasn't been very successful.

    A. in need of   B. in terms of

    C. in place of   D. in contrast to

14. It is imperative that students _____ their term papers on time.

    A. hand in   B. would hand in

    C. have to hand in   D. handed in

15. Michael is very good at each subject, and it is _____ that he will be admitted by the university in which he has been longing to study.

    A. no problem   B. no doubt

    C. out of the question   D. out of question

16. It is necessary that the plan _____ before Thursday.

    A. were fulfilled   B. was fulfilled

    C. be fulfilled   D. would be fulfilled

17. You _____ all those calculations! We have a computer to do that sort of thing.

    A. needn't have done   B. must not have done

    C. shouldn't have done   D. could not have done

18. At last the girl received the letter she _____ for so long a time.

    A. has been expecting   B. had been expecting

    C. was expecting   D. had expected

19. She told her children that they must not _____ play with matches.

    A. by no means   B. in no sense

    C. on any account   D. to good account

20. You thought they could have completed the project, _____?

    A. haven't you   B. won't you

    C. doesn't you   D. didn't you

经典真题参考答案及解析

1.【答案】C。解析："European"的发音是以辅音音素开头,所以前面用不定冠词a,表示"一个欧洲人";"American"是以元音开头,前面用不定冠词"an",表示"一个美国人";第三个空指他来自澳大利亚,前面不用冠词。故本题选C。

2.【答案】A。解析："That"引导主语从句,不可省略。

3.【答案】D。解析："Except for"一般放在句首,表示"除了……之外,若不是";"Except"意为"除了",一般放在句中;"Beside"表示"在旁边;与……相比";"Apart from"有两种意思:①"除了……外(都),若不是",相当于"except for";②"除了……之外(还),此外",相当于"besides"。

本句句意为:除了煤以外,最重要的天然燃料是天然气和石油。故本题选 D。

4.【答案】D。解析:"be attached to …"意为"与……相关",故本题选 D。

5.【答案】D。解析:"charge"意为"要价,收费",代入句中意为"这家旅馆的带浴室的单人间的收费是 60 美元"。故本题选 D。

6.【答案】B。解析:此题为"as"引导让步状语从句时的倒装结构。句意为:我虽然见多识广,但还从未见过比她更有效率的人。故本题选 B。

7.【答案】A。解析:"On behalf of"意为"代表";"On account of"意为"因为,由于";"In honor of"意为"向……表示敬意";"In terms of"意为"依据,按照",根据语境可知,只有"On behalf of"符合句意,故本题选 A。

8.【答案】C。解析:根据句中的"dear"可知,这些书花费很大。"considerable"意为"相当大的",符合题意。"considerate"意为"体贴的,考虑周到的";"considered"意为"经过仔细考虑的";"considering"意为"考虑到,鉴于",均不符合。故本题选 C。

9.【答案】B。解析:"turn up"可以表示"出现",符合题意。"turn in"意为"上交,归还,上床睡觉";"turn over"意为"移交,翻转,仔细考虑,换频道";"turn down"意为" 拒绝,驳回",均不符合题意。

10.【答案】B。解析:"Every one of the boys"指"每个男孩",代入句中,表示"班上通过考试的每个男孩都将得到证书",符合句意,故本题选 B。

11.【答案】B。解析:"cannot too … to …"意为"再怎么……都不为过",把"cannot"代入句中,意为"你在阅读技巧上花再多的时间也不为过"。其他三项代入后均与"as it is so important"矛盾。故本题选 B。

12.【答案】A。解析:在省略主语的祈使句的反义疑问句中,疑问部分用"will you"。故本题选 A。

13.【答案】B。解析:句意为:这本书得到很多好评,但是从销售情况来看,它并不成功。"in need of"意为"需要";"in terms of"意为"从……角度而言,在……方面";"in place of"意为"代替";"in contrast to"意为"与……相反"。根据语境可知,只有 B 项正确。

14.【答案】A。解析:句型"It is imperative that … + V(动词原形) …"表示"……是必须的",句意为:学生必须按时上交他们的学期论文。故本题选 A。

15.【答案】D。解析:句意为:迈克尔每门功课都很棒,他将被他一直渴望去学习的大学录取,这点是毫无疑问的。"out of question"意为"毫无疑问",符合句意。"no problem"意为"没问题";"out of the question"意为"不可能";"no doubt"意为"无疑,固然",常用于"There is no doubt …",均不符合题意。故本题选 D。

16.【答案】C。解析:句型"It is neccessary that … + (should) + V(动词原形) …"表示"……是必须的"。句意为:这个计划必须在周四前完成。故本题选 C。

17.【答案】A。解析:"needn't have done sth."意为"本不必做某事,但实际上做了",本句句意为:你根本不必做那些计算,我们有做那些事情的电脑。"must not have done sth."意为"一定不能做某事";"shouldn't have done sth." 意为 "不该做某事但做了";"could not have done sth."意为"不可能做某事",这三项均不符合题意。故本题选 A。

18.【答案】B。解析:A项是现在完成进行时,表示从过去某时开始一直持续到现在的动作,并且还将持续下去;B项是过去完成进行时,表示过去某个时间点之前一直进行的动作;C项是过去进行时,表示在过去某一时刻或在过去某一段时间内正在进行的动作,强调动作的"正在进行";D项是过去完成时,表示过去某一时刻或动作之前已完成的动作。题中句子意在表达"女孩终于收到了她期待已久的信",主句中为过去时,从句中表示的是"她在过去的很长一段时间一直期盼的信件",应该使用过去完成进行时,故本题选B。

19.【答案】C。解析:句意:她告诉她的孩子们,他们无论如何不能玩火柴。"on any account"意为"无论如何"。故C项正确。"by no means"意为"决不",主要表示否定(语气较强);"in no sense"意为"决不";"to good account"是错误的表达,三项均不符合题意。

20.【答案】D。解析:句意为:你认为他们能完成这个项目,对吗?陈述部分是复合句时,反义疑问句中的主语和谓语在人称和数上通常与主句保持一致,故本题选D。

同步训练

1. The accounting department will _____ an internal audit into the company's expenditure over the next two quarters.

A. conduct

B. conducted

C. conducting

D. be conducted

2. Police officers caught the _____ outside a shopping center on the afternoon of March 14th.

A. offence

B. offensive

C. offend

D. offender

3. Ms. Long is preparing for _____ meeting with the executives from Western Technology Institute on Thursday.

A. she   B. her

C. hers   D. herself

4. Mr. Bill's _____ of the job offer at the Department of Defense is dependent on his receiving a security clearance.

A. accept

B. acceptable

C. accepted

D. acceptance

5. The independent report on government infrastructure contains _____ reviews of the road and rail network.

    A. prompt
            B. capable

    C. extensive
         D. spacious

6. _____ the start-up venture is risky, Mr. Skinner is still willing to invest $2 million of his own money in it.

    A. Even though
      B. Despite

    C. Because
          D. Whenever

7. It looks as though Ms. Poidevan will not _____ the company at the tradeshow because she is feeling unwell.

    A. represent
        B. demonstrate

    C. expand
          D. preserve

8. The law prohibits hospitals and medical practices from distributing a patient's _____ information to any third party.

    A. person
         B. personal

    C. personally
      D. personality

9. Although some bus drivers have signed the collective pay agreement, there are many _____ are refusing to do so.

    A. what
          B. which

    C. who
           D. when

10. Several important diplomats were _____ the guests attending the president's 50th birthday celebrations at his home in Bolivia.

    A. prior
          B. among

    C. throughout
     D. selected

11. With Netwise Bank, you will not be charged any additional fees for online banking _____.

    A. deficits
         B. transaction

    C. expenses
       D. providers

12. Sales of our car model have risen by around 50 percent _____ to the results last quarter.

    A. matched
        B. evaluated

    C. compared
      D. weighed

13. _____ attending a conference on regional development today, the mayor will hold a press conference to discuss the election.

    A. According to
     B. Seeing as

    C. Instead of
      D. Due to

14. The findings from our market research are _____ unexpected that we must conduct another test to confirm them.

    A. as

    C. so

    B. too

    D. very

15. Ms. Suarez _____ for Chair of the Board in December 2009, and took up the position in March of the following year.

    A. was nominated

    B. was nominating

    C. had nominated

    D. will be nominated

16. The hotel management trains all its staff members to deal with guest inquires _____.

    A. courtesy

    C. courteously

    B. courteous

    D. more courteous

17. The ski season is _____ over, so many people will head up to the mountains this weekend for one last time.

    A. gradually

    C. severely

    B. nearly

    D. formerly

18. The attorney's _____ to the shipping company is to sue the port authorities for causing a loss of profit.

    A. judgment

    C. activity

    B. recommendation

    D. progression

19. Mr. Lyall _____ to the waiter at Merci Beaucoup that his steak had been overcooked.

    A. congratulated

    C. resisted

    B. complained

    D. demanded

20. The Consumers' Institute website is normally a _____ primary source of information about new products.

    A. rely

    C. reliable

    B. relying

    D. reliably

21. —Have you seen _____ Audi car? I parked it here this morning.

—Is it _____ white one? A young woman drove it away just now.

    A. 不填；the

    C. an；不填

    B. an；a

    D. a；the

22. James had practiced a lot for his driving test so that he could be sure of passing it at his first _____.

    A. purpose

    C. attempt

    B. desire

    D. intention

23. Li Na said in _____ newspaper interview that her ankle was still not ready for her to compete. _____ 31-year-old suffered an ankle injury just over one month ago.

A. a; The   B. the; The

C. the; A   D. a; 不填

24. In 2012, the cartoon was among the list of the world's most valuable cartoons, _____ $3.8 billion a year in sales world wide.

A. made   B. to make

C. makes   D. making

25. The students who are not _____ with the progress they have made in their study will have great success.

A. content   B. serious

C. friendly   D. popular

26. —What's the matter?

—The shoes don't fit properly. They _____ my feet.

A. are hurting   B. will hurt

C. have hurt   D. are hurt

27. When _____ to compare the education of China and Britain, the professor gave no answer.

A. ask   B. asked

C. asking   D. to ask

28. A good advertisement often uses words _____ people attach positive meanings.

A. that   B. which

C. with which   D. to which

29. —Do you think that she will finish the work on time?

—Sure. So long as she _____ to do it in her own way.

A. leaves   B. is left

C. is leaving   D. has left

30. Our association, which has consistently pressed for greater employment opportunities for the disabled, will publish _____ proposals in the near future.

A. their   B. our

C. his   D. its

31. The questions that the speaker raised were well _____ the average adult.

A. beyond   B. on   C. past   D. through

32. It is imperative that the government _____ more investment into the shipbuilding industry.

A. attracts   B. shall attract

C. attract   D. has to attract

33. The reception was attended by _____ members of the local community.

A. excellent

B. conspicuous

C. prominent

D. noticeable

34. The majority of nurses are women, but in the higher ranks of the medical profession women are in a _____.

A. minority

B. scarcity

C. rarity

D. minimum

35. _____ you are here, you should put all your heart into your work.

A. Now that

B. Because of

C. As a result

D. Since then

36. From next term, students in our school _____ an email instead of a letter, to be told the exam results.

A. will send

B. are sending

C. are sent

D. will be sent

37. —How about going out for a picnic on Sunday morning?

—Hmm. _____. The weather is quite warm these days.

A. Well, no way

B. Oh, never mind

C. Yes, why not

D. Sure, no doubt

38. Suddenly it occurred to Charlie _____ he could use the leftover birthday money to buy for the homeless.

A. whether

B. what

C. that

D. which

39. Their boat was damaged by the big waves. Fortunately, they were _____ by a passing ship.

A. set up

B. taken up

C. made up

D. picked up

40. It's no use just _____ me to do it; give me some positive help if possible.

A. told

B. having been told

C. telling

D. to be told

41. Carbon dioxide _____ from burning fuels is the most common of the so-called greenhouse gases.

A. producing

B. having been produced

C. to be produced

D. produced

42. The manager _____ the workers how to improve the program since 9 a.m.

A. has told   B. is telling

C. has been telling   D. will have told

43. I like such houses with beautiful gardens in front, but I don't have enough money to buy _____.

A. it   B. one

C. that   D. this

44. The beautiful mountain village _____ we spent our holiday last year is located in _____ is now part of Guangxi.

A. which; where   B. where; what

C. that; what   D. when; which

45. _____ children believe they can succed, they will never become totally independent.

A. If   B. Though

C. Unless   D. When

46. —Guess what? One bullet struck my car, _____ missing me yesterday!

—Lucky you! Come back to our motherland as soon as possible!

A. narrowly   B. nearly

C. lightly   D. slightly

47. —Hi, Johnson, any idea where Susan is!

—It's class time, so she _____ in the classroom now.

A. can be   B. must have been

C. might have been   D. should be

48. Lionel Messi, _____ the record for the most goals in a calendar year, is considered the most talented football player in Europe.

A. set   B. setting

C. to set   D. having set

49. —It's said it's going to turn colder later on.

— _____ it won't last until the weekend.

A. As long as   B. Ever since

C. Even if   D. As soon as

50. —Now that I've finished my exams, I'm going to relax and go to a movie tonight.

— _____ I've still got two finals to take.

A. Good luck to you!

B. Lucky you!

C. So far, so good!

D. Mind your own business!

同步训练参考答案及解析

1.【答案】A。解析："will"在这里用作情态动词,后面接动词原形,且此处应为主动形式。

2.【答案】D。解析:offence指"犯罪、违反、过错",名词。offensive是形容词,表示"攻击的,冒犯的,无礼的"。"offend"是动词"冒犯、使不愉快"。这里应该是指人,应该选择 D 项"offender"。

3.【答案】B。解析:这道题主要考查的是人称代词、物主代词和反身代词的用法。"she"是人称代词第三人称单数的主格形式,"her"是人称代词第三人称单数的宾格形式,也是形容词性物主代词。"hers"是名词性物主代词第三人称单数形式,"herself"是第三人称单数的反身代词。这里应该选择形容词性物主代词形式,修饰名词。

4.【答案】D。解析:名词所有格后面接名词,这里面只有 D 项是名词。

5.【答案】C。解析:备选答案都是形容词。"prompt"指的是"迅速的,立刻的","capable"指的是"能胜任的,能干的","extensive"指的是"广泛的,大量的,广阔的","spacious"指的是"宽敞的,广阔的"。故本题选 C。

6.【答案】A。解析:根据句意应该选择一个具有让步意义的词,并且可以接句子,所以只能选择"even though",意为"即使,虽然"。

7.【答案】A。解析:"represent"指的是"代表","demonstrate"指的是"证明,展示,论证","expand"指的是"扩张,膨胀,详述","preserve"指的是"保存,保护,维持"。故本题选 A,其他选项不符合题意。

8.【答案】B。解析:这里应该选择一个形容词用来修饰名词"information",只有 B 项是形容词。

9.【答案】C。解析:此处"many"指代的是前面的"bus drivers",定语从句的先行词应该用指人的"who"。

10.【答案】B。解析:这里可以用排除法,根据句意很明显可以看出应该指的是"一些重要的大使"在受邀嘉宾之列,因此用"among"。

11.【答案】B。解析:"deficit"指的是"亏损,赤字",不符合题意。"providers"指的是"提供者,供应商"。主要是区分"transaction"和"expense"两个词,前者指交易,后者指费用、开支。B 项符合题意。

12.【答案】C。解析:上升、下降一般都是有参照对象的,根据题意应该选择 C,与"上个季度的销售额相比,这个季度车模的销售额上升了将近 50%"。

13.【答案】C。解析:"According to"指的是"根据","Seeing as"指的是"鉴于","Instead of"指的是"不是……而是,代替","Due to"指的是"由于"。根据题意可知"市长本来准备参加有关区域发展会议的,但是准备举办记者招待会了",因此,这里存在替代关系。

14.【答案】C。解析:"so ... that"是固定搭配,指的是"如此……以至于……"。

15.【答案】A。解析:这里应该选择被动语态形式,即"被任命为董事长",同时事情是发生在过去,故本题选 A。

16.【答案】C。解析：这里应该选择副词用来修饰动词"deal with"，只有C项符合。

17.【答案】B。解析：A项指的是"不断地"，B项指的是"接近"，C项指的是"严重地"，D项指的是"以前，原来"。根据题意，很容易得知应该选B。

18.【答案】B。解析：A项指的是"判断，辨别力"，B项指的是"建议"，C项指的是"行动，活动"，D项指的是"前进，连续"。这里应该是指律师给船运公司的建议，故本题选B。

19.【答案】B。解析：A项指的是"恭喜"，B项指的是"抱怨"，C项指的是"抵抗，经得住"，D项指的是"要求"。根据整个句意，故本题选B。

20.【答案】C。解析："primary source"是名词性短语，应该选择形容词来修饰。

21.【答案】B。解析："Audi"是以元音音素开头的单词，因此第一个空填"an"，指"一辆奥迪车"。第二个空回答的时候不确定是不是特指那个"一辆白色的汽车"，需用不定冠词"a"，故本题选B。

22.【答案】C。解析："at one's first attempt"意为"某人的第一次尝试"。该句意为：为了确保第一次驾驶考试能够通过，詹姆斯做了大量练习。

23.【答案】A。解析：本题考查的是定冠词"the"和不定冠词"a"的用法，第一空指"一次报纸访问"，用不定冠词"a"；第二空特指31岁的李娜，用定冠词"the"。故本题选A。

24.【答案】D。解析："making"为现在分词，在引导状语从句时作伴随状语。

25.【答案】A。解析："be content with"意为"对……感到满意"。该句意为：那些不满足于自己在学习中取得点滴进步的学生将会获得大的成功。

26.【答案】A。解析：由"What's the matter?"和"don't fit"可知，"hurt"是现在正在进行的动作。故本题选A。

27.【答案】B。解析：本句意为：当被问到如何比较中国和英国的教育时，教授没有给出答案。此处"when asked"中省略了"he was"，即把时间状语从句简化为过去分词作状语，故本题选B。

28.【答案】D。解析："_____ people attach positive meanings"可理解为"people attach positive meanings to which"。"attach ... to"意为"把……附在……上"。故本题选D。

29.【答案】B。解析："so long as"引导条件状语从句，空格处所在句子意为：只要让她继续以她自己的方式去做事。因此，应用一般现在时的被动语态"is left"，故本题选B。

30.【答案】D。解析："our association"是第三人称单数，故用"its"指代。句子意为：我们协会一直以来强调要为残疾人争取更好的就业机会，并将在近期公开发表建议方案。

31.【答案】A。解析：此句意为：这个演说家提出的问题远远地超过一般人的能力范围。"beyond""超过"，符合句意，故本题选A。

32.【答案】C。解析：在表示愿望、建议、请求、命令等时，"it is imperative that"结构后面的主语从句必须用虚拟语气，即"should + 动词原形(should可以省略)"。故本题选C。

33.【答案】C。解析："excellent"意为"极好的，很棒的"；"conspicuous"意为"显著的"；"prominent"意为"著名的，卓越的，突出的"；"noticeable"意为"显而易见的，值得注意的"。句中是指地方社区的杰出成员。故本题选C。

34.【答案】A。解析：本句意为：女性在护士职业中占很大比例，但在医疗行业中担任高职位的女性却占少数。"in a minority"意为"少数的",符合句意,故本题选 A。

35.【答案】A。解析: 本句意为:既然你在这里,你就应该全身心投入到工作中去。"now that"意为"既然,由于",引导原因状语从句。故本题选 A。

36.【答案】D。解析: 一般将来时被动语态的句子结构为"will be + 过去分词形式"。"from next term"表明了是将来要发生的事,故应用一般将来时,"students"被动地接收学校发送的电子邮件,故用被动语态。故本题选 D。

37.【答案】C。解析: 本题大意为:——周日早上出去野餐怎么样?——嗯,去吧。最近天气确实很暖和。"why not"是用来回答提建议的日常用语,符合此处语境,故本题选 C。

38.【答案】C。解析: "It occurred to sb. that"表示"某种想法突然出现在某人脑海中"。故本题选 C。

39.【答案】D。解析: "set up"意为"设置,建立";"take up"意为"拿起,开始从事,建立";"make up"意为"弥补,化妆,组成,整理";"pick up"意为"捡起,获得,顺道去接某人"。句子大意:他们的船被大浪摧毁了。幸运的是,他们被一个路过的轮船接走了。故本题选 D。

40.【答案】C。解析: "It's no use doing sth."表示"做某事是无用的"。本句意为:仅仅告诉我去做它是没什么用的;如果可能的话,给我一些积极的帮助。故本题选 C。

41.【答案】D。解析: 从燃烧的燃料中所产生的二氧化碳是最常见的所谓的温室气体。过去分词"produced"表被动,故本题选 D。

42.【答案】C。解析: 句意为:从上午九点开始,经理就在一直不停地告诉工人如何去完善这个项目。由时间状语"since 9 a.m."可先排除 B、D 两项;根据句意,此处需要的是"一直不停地告诉",强调持续性,应用完成进行时,故本题选 C。

43.【答案】B。解析: 本题考查的是"one""it""that"和"this"的区别。"this"指近物;"that"指远物;"it"没有远近之分,常有特指的意思;"one"指上文中出现过,但是不具体说明是上文中的哪一个。句中说:我喜欢前面这些带漂亮花园的房子,但是我还没有足够的钱去买一个。具体是买哪一个,句中没有明确说明,故本题选 B。

44.【答案】B。解析: "where"在此充当地点状语,"what"既充当"located in"的宾语又充当"is"的主语,本题考查定语从句和名词性从句。"mountain village"在定语从句"we spent our holiday last year"中作地点状语,故用关系副词"where";第二个空考查宾语从句,从句中缺少主语,故用"what"作主语。故本题选 B。

45.【答案】C。解析: 本句句意为:除非孩子们相信他们能够成功,否则他们永远都不会完全独立。"Unless"意为"除非,如果不",符合句意,故本题选 C。

46.【答案】A。解析: "narrowly"意为"狭窄地,勉强地";"nearly"意为"是几乎,将近";"lightly"意为"轻轻地,轻松地";"slightly"意为"稍微,轻微"。该句意为:昨天一颗子弹击中了我的车,我差点儿就没命了。A 项符合句意,表示"险些击中我"。如果用 B 项,则表示"击中了",与后面的"Lucky you"矛盾。故本题选 A。

47.【答案】D。解析: 根据语境可知句意为:现在是上课时间,所以她应该是在教室里。"should be"表示"应该会,想必会",符合句意。"can"表推测时一般用于否定句和疑问句中,"must / might have done"表示对过去的推测,均不符合题意。故本题选 D。

48.【答案】D。解析：句意：里奥内尔·梅西创下了这一年进球最多的记录，被认为是在欧洲最有天赋的足球运动员。A项是被动语态，C项表将来，均可以排除。梅西已经创下了这个记录，发生在谓语之前，要用完成时。故本题选D。

49.【答案】A。解析：根据句意：——据说之后天气会渐凉。——_____ 这种天气持续不到周末了。"as long as"意为"只要"；"ever since"意为"自从"；"even if"意为"尽管"；"as soon as"意为"一……就……"，代入后可知，只有A项符合句意。

50.【答案】B。解析：根据句意：——现在我已经完成了我所有的考试，我今晚要去放松一下并且去看场电影。——_____ 我还有两场考试。横线中要填的是对上句的一个回应，因此空格处应填"你真幸运"，故本题选B。

第二章 阅读理解

第一节 备考攻略

一、考情分析

2015—2018 年中国农业银行招聘考试中阅读理解部分都是 35 道题，考生要掌握好时间，答题速度一般应保持在 8 分钟一篇。

二、备考指导

试题中所选的阅读文章题材多样化，涉及政治经济、社会文化、风俗习惯、历史地理、科学技术等各个方面。(这要求考生平时对各方面的知识都要有所积累)

体裁多样化，包括记叙文、说明文、议论文、应用文以及新闻报道、广告、通知、操作说明、表格(要求考生能看懂这类阅读材料尤其是时下出题的趋势)等各种文体。它要求考生阅读理解准确率高、阅读速度快。

大致来说，阅读理解题主要针对如下方面：

①文章的个别词或句子，可以给出生词让考生猜意思，对此类题目考生应尽量在阅读材料中找定义或解释；②文章的某细节或情节；③文章的主题；④文章的背景知识；⑤文章的结论或结局；⑥文章内涵的隐义或寓意等。阅读理解主要是考查考生综合运用所学语言知识的能力，包括阅读、理解、归纳概括、逻辑推理以及对材料的评估能力等。

在阅读中，所要用到的信息提取能力主要有：信息定位、推理技能、总结归纳、提炼主旨和猜测词句意思这五项能力。

1.信息定位

定位，即确定题目所考内容在文章中的位置。在阅读中，需要这种解题技巧的考题有细节题、词汇题和一部分推断题。这项技能是其他综合技能的基础，因此值得多加练习。

2.推理技能

根据上下文进行推理也是阅读技巧当中考查的另一个重点。

阅读考试的大部分题型的出题思路可以被归纳为：挑出文章里的某个关键信息(其表现形式可能是句子，也可能是段落)，对其进行改写，然后将其中的重要信息空出，把这个重要信息和其他三个干扰信息放到一起构成选项。

3.总结归纳

总结归纳是阅读的一种最重要的技巧。

总结归纳技能指的是对文章的一个或几个段落乃至整篇文章进行要点提炼、综合归纳的能力。其目的在于总结出文章的核心和主旨大意。

通过对中国农业银行历年真题英语部分的阅读文章结构的研究可以知道，大部分阅读文章都采用演绎法展开，其结构是"总—分—(总)"结构。因此全文会有明确的一个或多个观点或结论，那么文章中的分段落就会用更加具体的分论点来论证它。

把握住每个段落的观点和全文的主旨也就把握住了文章的要点。把这些要点加以提炼，换成一种更加精炼概括的表达，就是此项技能的应用之处，同时也是银行招聘考试阅读题中一个占比很大的考查环节。

如果根据题目对文章定位后，发现不是直接的定位题，并且经过区分得出的是某种具体的结论或者鲜明的观点，而不是客观事实的时候，一般情况下都要运用到总结归纳技能，即给出一个相对简短概括的陈述。

4.提炼主旨

提炼主旨技能是主要针对考查作者如何通过分论点组织其论证题目的。考生必须要对文章的宏观结构有足够的把握，了解文章的组织结构。

这种技能经常应用在阅读中的全文主旨题、观点题或者态度题中。此类题需要对全文的脉络有所了解，并不是对某一具体信息、事实例证、分论点或者某一段落的推断或者总结，所以无法根据题干中的某一信息回文定位，这是区别于其他技能和题型的特点，而且是考生在解题过程中特别要注意的一点。

5.猜测词句意思

通过上下文猜测词句意思是阅读技巧的最后一种。每年的阅读题里都会考查这种能力。

这里经常是考查一个超纲词或熟悉词的生僻含义，有的时候也考查一个短语或句子的含义。"通过上下文猜测单词或句子的含义"这样的题目中，命题者往往已经给出了题目所在的具体位置，因而不需要大家进行定位了。解题的时候要充分调动大家的阅读技巧，根据作者在文章中使用的同位语、定语、插入语或者平行结构来推测词义；或者根据文章的行文结构，以该词为基点向前或向后查读一到两句，基本上可以找到题目的正确答案。

第二节 重要知识点讲解

一、阅读理解常见四大逻辑关系

英语阅读题做得好不好，重点在于考生的分析能力，而清晰的逻辑关系则是分析能力不可缺少的部分。下面是英语阅读中经常出现的四大逻辑关系，供考生记忆。

不少考生提到在备考英语时，发现阅读中有不少句子超出自己的理解范围。对于这些句子，我们需要从语法的角度去完全把握。但是如果是在考试中遇到不能理解的句子时，许多考生比较偏向于一遍一遍地读句子，最后不但没读懂还浪费了时间，影响下面的答题。下面我们来看看英语阅读中常见四种逻辑关系的解析。

其实长难句在考试中最直接的运用就是考查插入句子题和解释句子题。对于这样的题目,我们在不能读懂句子的情况下,能够把握的就是句子的内在关系,即逻辑。逻辑在解释句子题中的运用尤为重要,以前有学生反映,在考试中其实句子根本就不能读懂,而利用逻辑就能迅速排除选项,从而找到正确的答案。所以说,逻辑是我们英语阅读中的隐形解题帮手,考生们一定要尤为关注。

(一)因果关系

因:because,because of,for,as,since,in that,on account of,with

果:so,so that,therefore,thereby,as a result,hence,thus,consequently,accordingly

因果关系除了传统意义上的显性因果表达词外,隐性的因果同样是不可忽略的一个重要部分。

(1)导致(因—果):cause,reason,lead to,give rise to,result in,render,make,let,ask,push,stimulate,fuel,produce

如:The increased presures of expanding population have led to the removal of woody plants so that many cities and towns are surrounded by large areas completely lacking in trees.

在这段话中,有 lead to 表示了导致的意思,即结果,而 so that 更进一步表示了后面的结果,所以可以充分判定这段话有因果关系的逻辑。

(2)由……而来(果—因):result from,derive from,originate from,initiate from,stem from,be attributable to

如:The extreme seriousness of desertification results from the vast areas of land and tremendous numbers of people affected,as well as from the great difficulty of reversing or even slowing the proce.

在这段话中,根据 result from 可以推断出有因果关系,那如果是解释句子题时,选项中有因果关系就可以优先考虑。

(3)反映,体现(果—因):reflect,present,demonstrate,suggest,imply

(4)考虑到:given,considering,in view of,thanks to,according to

He succeeded thanks to (in view of) his effort.

(5)依赖于:rely on,depend on,resort to

He resorted to books when he had problems.

(6)条件关系:when,once,as soon as,as long as

As soon as he got the money, he would leave the country at once.

(7)分词短语,不定式做状语:Failing in the final exam, she cried.

(二)对比转折关系

(1)对比:while,whereas,on the other hand

在解释句子题、插入句子题中,一旦出现对比关系,考生在掌握的基础上就能非常快速的判定句间和句内的关系。While,whereas 前后连接的是平行结构,on the other hand 前必定有 on the one hand,可以用来把握句间关系。

(2)转折:but,although,nevertheless,however

转折是英语阅读的一个经典考点之一,掌握这些转折词对考试非常有帮助。

(三)比较关系

(1)同级比较 the same to

(2)比较级:more than,-er than

(3)变化:change,alter,vary,modify,revise,increase,decrease,enhance,diminish,develop,progress,advance,improve,retreat,degenerate

(4)差异:different,distinguish,separate,comparable,compare to

(5)超越:surpass,exceed,excel,over

(6)最高级,本身有最高级含义:maximum,minimum,peak,outstanding

(7)本身程度比较深:amazing,surprising,astonishing,prohibitively

(8)否定+比较=最高级

No one is more outstanding than him.

从这句话中可以看出,否定加比较表示的是一种最高级关系。

(四)否定关系

显性否定:no,not,never,nor,none,neither

隐性否定:fail to,refuse,remove,reject,absence of,lack of

否定前缀:a-,ab-,dis-,il-,im-,in-,non-,un-否定前缀是词汇题中经常出的一个考点,把握否定前缀可以帮助考生把握一些生词,依靠否定前缀对选项进行排除。

双重否定:not fail to,not illegal,not uncommon,not unavailable 双重否定是英文中经常运用的表达方式,由于在平时中文对话中用得很少,所以对双重否定的把握就显得特别重要。

二、阅读理解五类题型解题技巧

(一)细节题

1.细节题解题方法

细节题考查信息查找能力和句子的理解能力。由于考试时间非常紧张,对于考生来说,做好细节题,首先是要在原文找到相关信息。正是由于这点,我们需要有目的地阅读文章。有同学是先看文章再做题,导致做题时还得回去在文章中寻找相关内容,或者干脆凭着对文章的主观印象匆忙求解,结果是浪费时间或者错误较多。建议考生先看题干再看文章,这样就会有方向感、目的感。所以,细节题的重要做题方法就是:先看题干,再看原文,带着题干个别的特有信息或者带着题干的中心话题在原文定位。如"What did the handball player do when he was not allowed a time out to change his gloves?"就可以结合 handball player 这个中心话题在原文找答案。

细节题题干有时会有比较明显的信息,如时间数字,专有名词,中心名词。如:What was confirmed by the Boston University Medical Center's study? 题干中 Boston University Medical Center 这个专有名词可以让考生迅速找到考到的原文内容。如果用题干信息在原文找答案没有结果,可以根据题目的先后顺序来确定大概范围(除个别情况外,细节题大体上还是按照出题的先后顺序找答案的)。

2.细节题注意点

考生做细节题时,要注意合理但不正确的选项。很多考生在做题时,忽视了题目与原文的联系,凭着合理性的主观猜想选择答案。结果很多考生感觉做得很好,但对答案时发现错了很多。另外,很多表示程度、范围、频率等的副词或形容词可能会导致选项错误。

(二)态度题

1.态度题表现形式

态度题一般提问方式是:The author's attitude towards ... is _____.或者是 What is the author's attitude towards _____?

2.态度题解题方法

从原则上来讲,态度题可以考查作者对一个中心话题的看法,也可以考查作者对某一具体细节的态度,但是从历年考法来看,阅读更加注重考查文章中心话题。所以,解答态度题时,考生经常可以通过文章主题来判断作者的态度。

原文首句:It's no secret that many children would be healthier and happier with adoptive parents than with the parents that nature dealt them.

题目:The author's attitude towards the judge's ruling could be described as _____.

A. doubtful   B. critical   C. cautious   D. supportive

全文首句可以体现文章讨论的中心话题,它明确道出了作者的观点:有时小孩与养父母在一起比与亲生父母在一起更好。而原文中 judge's ruling 的结果就是把小孩判给了养父,所以作者一定会持支持态度,故选 D。

3.态度题注意点

考生应该熟练掌握在态度题中经常出现的单词,如 positive, negative, optimistic, pessimistic, approving, concerned, objective, compromise 等。另外,作者的态度一般是或褒或贬,或乐观或担忧,中性评价为正确答案的较少。

(三)主旨题

1.主旨题表现形式

阅读中,主旨题主要可以表现为"What's the best title for this passage""What is the main idea of the passage""The author's purpose of writing this passage is to _____"。当然,这些提问方式可以有很多微小的变化,比如问"The passage is mainly about _____"等等。

2.主旨题解题方法

从理论上来讲,主旨题是英语阅读各类题型中要求最高的,因为它要求考生看完文章后,能对文章的大概框架作一个宏观把握,从而解答后面的题目。但是把握文章框架对很多考生来说,是不能做到的。庆幸的是,一般的文章,都可以找到文章主题句,或者是可以体现文章主题的句子或单词。

文章主题一般在前两段出现,所以考生要比较关注前两段结论性的语言。英语阅读在全文首句出现文章主题的情况比较多见。另外,第一段转折性的语言,通常也能体现作者的观点偏好。

3.主旨题注意点

如果是考文章主题,那么正确答案一定具有概括性和结论性,细节性的选项肯定是错的。如:

What is the author's purpose in writing this article?

A. To justify the study of the Boston University Medical Center.

B. To stress the importance of maintaining proper weight.

C. To support the statement made by York Onnen.

D. To show the most effective way to lose weight.

一看这四个选项,就可以发现 A 项和 C 项里面包含十分具体的信息 "the Boston University Medical Center"和"York Onnen",是利用原文中的具体话题,某个细节内容而设计的干扰选项。

值得注意的是,很多干扰选项还会以"以偏概全"的形式出现,所以分析时要注意正确答案概括的全面性。而利用扩大主题的范围来设计干扰选项的方式,在阅读理解中相对较少。为了说明主题,为了论证,作者会引用一些其他人讲的话,而这些观点也很可能被考到。

(四)推理题

1.推理题表现形式

推理题提问的方式有很多,比如 suggest,imply,indicate,conclude,infer 等。然而,以 suggest,imply 和 indicate 这些单词提问,往往按照细节题的方法来处理即可,真正难把握的是conclude 和 infer 两个单词,这也是阅读推理题经常用来提问的方式。

2.推理题解题方法

推理题难度高,不在于推理难,而在于找答案没有方向。比如,题目可能会问 What can be inferred from the passage? What can be concluded from the passage? 另外,conclude 和 infer 还是有些答案查找的方向的。

Conclude 提问的题目,一般会涉及原文中结论性、观点性的语言,尤其是段落首末的句子。而 infer 提问的题目,如果题干信息比较多比较具体,一般可以当作细节题来处理,如果题干信息比较少,则考查原文观点结论的语言比较多,甚至会考文章主题。

3.推理题注意点

很多考生在做推理题时,有一种思维误区,认为一个选项与原文相去越远,就越可能是正确答案,所以在找不到原文的依据时,就随心所欲地推导。其实,很多情况下,推理题的正确答案相差并不大,不应把这类题想得太难了。

(五)词汇题

1.词汇题表现形式

词汇题一般会明确地告诉考生出题点在哪里,不需要考生查找所考查内容。它可以考一个单词的含义,一个词组的意思,或者考一个句子的弦外之音。

2.词汇题解题方法

词汇题是考生得分率较低的一类题,因为它需要考生从上下文中进行分析,推敲单词背后的意思。问单词或词组的意思,加强调上下文逻辑分析;有时用转折逻辑,但更多是利用并列逻辑,例如:

原文:This is the Shadowland of hope, and anyone with a dream must learn to live there.

"Shadowland"in the last sentence refers to _____.

A. the wonderland one often dreams about

B. the bright future that one is looking forward to

C. the state of uncertainty before one's final goal is reached

D. a world that exists only in one's imagination

此题解法有多种,其中可以利用并列关系来求解。首先,and 后面的句子告诉我们"任何有梦想的人必须要学会在那里生活",这暗含了"那里"不好的环境。再从 and 可知,两个分句的逻辑是一致的,据此 Shadowland 也应该是不利的环境,故选择 C 项。

考句子的含义,查找答案的方向还得做一个细分:如果句子简单,一般在上下文中寻找答案;如果句子复杂,则更加倾向于在句子内部找答案。

3.词汇题注意点

如果考简单单词,正确答案会与该单词的常用意思没有多大关系;如果考难词,感觉很难有分析的线索时,就把四个选项代到原文中,使得原文逻辑正确的为正确答案;如果考句子的含义而导致分析完全没有思路时,不妨结合文章问题来分析,可以体现主题,或与主题的逻辑一致,一般就是答案。

综合上面各种题型的分析,可以发现题干反映题型,题型反映考查重点,重点体现阅读原文的方向。另外,从文章本身来讲,考试的形式可以变化,文章的长短可以变化,段落的多少可以变化,但是考试的本质似乎没有改变。比如,考查观点性的语言,考查涉及逻辑关系的地方,比如因果关系,比较关系,并列关系,转折关系等。所以,我们要结合这些考查重点,培养一些"考试的眼光",培养原文中相关语言点的感觉。

阅读理解需要总结,分析错误的原因,不能一味搞题海战术。只有通过总结才能明白为什么错,才能发现自己最需要提高的地方在哪里,是单词量不够大,句子理解有问题,还是找答案速度比较慢。如果发现是大量单词不认识,那就需要赶紧背单词(时间不够则背阅读文章曾经出现过的单词);如果虽然单词已经大都背出,但在句子理解方面仍有问题,那就需要多看一些长难句,提高一次性看懂句子的能力;如果找答案速度偏慢,那就需要提高对题型的判断能力,提高对原文中常考语言现象的敏感度。

经典真题

Text 1

Family caregivers of seniors should be cognizant of stress as it relates to their loved ones. Knowing the signs and detecting them early on can help seniors learn to recognize stress factors and to take steps to alleviate the effects stress can cause. Activities such as yoga, walking and other physical exercises designed for seniors are great tension relievers. Many seniors enjoy the benefits of tai chi classes geared to their physical abilities. The Mayo Clinic supports this gentle form of martial arts as a way to relieve stress and help other health-related conditions.

Some seniors are unable to participate in physical activities, but there are other ways to reduce stress. Eating a healthy, well-balanced diet and getting a good night's sleep can keep stress at bay. Joining a non-physical group activity, such as a bridge club or volunteering, offers socialization and a chance to clear the mind of daily responsibilities. There are also local agencies that can help with tasks that might cause undue stress for seniors. Respite care organizations can help with housework or grocery shopping. Religious organizations often have groups who can assist seniors with yard work or other strenuous tasks around the home.

The fact that stress is a part of life does not mean that overwhelming stress is a burden seniors have to shoulder all alone. With help, seniors can combat stress and its negative effects. Spend time helping seniors determine what burdens they face. Help them plan ways suited to their lifestyles that are not only fun but that can minimize the pressures stress can cause. By doing so, the quality of life seniors experience can increase, further paving the way for them to lead independent lives within the comfort of their own homes.

1. Which of the following is not mentioned as one way to reduce seniors' stress?(　　)

A. Chatting with the volunteers from religious organizations.

B. Joining a bridge club to clear the mind of daily responsibilities.

C. Eating healthily and sleeping well.

D. Seeking help from some organizations to do housework.

2. What does the author say about stress?(　　)

A. Stress can be avoided.

B. Stress only has negative effects.

C. Stress is the result of daily burden.

D. Stress is a component of life.

3. According to the passage, what's the benefit of minimizing the pressures caused by seniors' stress?(　　)

A. Those seniors'quality of life can be improved.

B. Those seniors can live independently.

C. Those seniors can finally stay at their own homes.

D. Those seniors can enjoy the comfort offered by caregivers.

4. Why is it necessary for family caregivers to get aware of seniors' stress?(   )

A. Because this can help seniors recognize what problems they are facing.

B. Because this is the first step of alleviating the effects caused by stress.

C. Because some family caregivers are the loved ones of seniors.

D. Because seniors' stress is the biggest obstacle caregivers should deal with.

5. What kind of physical activities may NOT help seniors relieve tension?(   )

A. Yoga.

B. Walking.

C. Martial arts.

D. Tai chi.

Text 2
The Same Story, Different Reports

Belton and Canfield are two seashore towns, not far apart. Both towns have many hotels, and in summer the hotels are full of holiday-makers and other tourists.

Last August there was a fire at the Sea Breeze Hotel in Belton. The next day, this news appeared on page two of the town's newspaper, The Belton Post:

Fire at Sea Breeze

Late last night firemen hurried to the Sea Breeze Hotel and quickly put out a small fire in a bedroom. The hotel manager said that a cigarette started the fire. We say again to all our visitors: "Please don't smoke cigarettes in bed." This was Belton's first hotel fire for five years.

The Canfield Times gave the news in these words on page one.

Another Belton Hotel Catches Fire

Last night Belton firemen arrived just too late to save clothing, bedclothes and some furniture at the Sea Breeze Hotel. An angry holiday-maker said, "An electric lamp probably started the fire. The bedroom lamps are very old at some of these hotels. When I put my bedside light on, I heard a funny noise from the lamp." We are glad to tell our readers that this sort of adventure does not happen in Canfield.

What are the facts then? It is never easy to find out the exact truth about an accident. There was a fire at the Sea Breeze Hotel last August: that is one fact. Do we know anything else? Yes, we know that firemen went to the hotel. Now what do you think of the rest of the "news"?

6. Which of the following best gives the main idea of this text?(   )

A. Belton and Canfield are both good places for tourists in summer.

B. A fire broke out one night in the Sea Breeze Hotel last summer.

C. It was not easy to find out the exact truth from newspapers.

D. Two newspapers gave reports on the same matter.

7. Which of the following is true?(　　)

A. The fire broke out at the Sea Breeze Hotel.

B. A cigarette started the fire.

C. An old lamp started the fire.

D. There has never been a fire in Canfield.

8. The Canfield times used the headline like this in order to make its readers think _____.

A. hotels in Belton often catch fire

B. hotel in Belton don't often catch fire

C. this was the second fire at the Sea Breeze Hotel

D. Belton was a good place except there are not quite safe

9. The Canfield newspaper gave a report just the opposite to the Belton Post by saying that

_____.

A. the bedroom lamps were very old at the Sea Breeze Hotel

B. the bedroom lights made funny noise when the fire took place

C. the firemen failed to save clothing, bedclothes and other things

D. such accidents never happened in Canfield for the past 5 years

10. From the passage we learn that _____.

A. Belton is a larger hotel

B. Belton is far away from Canfield

C. The fire happened in the summer of last year

D. There wasn't a fire in the Sea Breeze Hotel

经典真题参考答案及解析

1.【答案】A。解析：细节题。题干问的是下列哪一个不是帮助老年人减压的方法。A 项"与宗教组织的志愿者聊天"，根据"religious organization"可以定位到第二段，"Religious organizations often have groups who can assist seniors with gard work or other strenuous tasks around the home"可知宗教机构人士志愿者是帮助老年人做一些庭院工作或繁重的家务活，而不是和他们聊天，故 A 项表述有误，其他选项在原文中都有提到。故本题选 A。

2.【答案】D。解析：态度题。作者对压力的看法在文中最后一段第一句有提到："The fact that stress is a part of life does not mean that overwhelming stress is a burden seniors have to shoulder all alone."可知作者认为压力是生活的一部分，但也表明压力并不是只有消极作用，B 项错误，A、C 项过于绝对，所以 D 项为正确答案。

3.【答案】A。解析：细节题。老年人减压的好处在文中最后一段有提到："can minimize the pressures stress can cause. By doing so, the quality of life seniors experience can increase, further paving the way for them to lead independent lives within the comfort of their own homes."可见生活质量可以提高,另外也为他们进一步在家自主生活铺下了道路,故 A 项表述正确,B 项表述不准确,文中说的是老人在家中自主生活,而 B 项为老人能够自己生活,表述不准确;C、D 两项明显错误,故本题选 A。

4.【答案】B。解析:细节题。找原因,本题容易误选 C 项,原文第一句有提到 "Family caregivers of seniors should ... as it relates to their loved ones"由此可知,家庭成员要意识到老年人的压力,因为这关乎他们深爱的人——老年人;C 项说的是因为"family caregivers"是老年人深爱的人,正好与原文相反;在该句话后面又提到"help seniors learn to recognize stress factors and to take steps to alleviate the effects stress can cause",家庭成员意识到老年人的压力,主要是帮助老年人减轻压力的危害,B 项与此相符,故 B 项为正确选项。

5.【答案】C。解析:细节题。题干:下列哪一项活动不能帮助老年人减压。原文第一段有提到"Activities such as yoga, walking and other physical exercises designed for seniors are great tension relievers. Many seniors enjoy the benefits of tai chi classes geared to their physical abilities."据此排除 A、B、D 项。下一句"The Mayo Clinic supports this gentle form of martial arts as a way to relieve stress ..."是说梅奥诊所支持太极这种柔和的武术帮助减压,并不等于所有的武术形式都可以帮助减压,故本题选 C。

6.【答案】C。解析:主旨题。由最后一段"It is never easy to find out the exact truth about an accident",故本题选 C。

7.【答案】A。解析:细节题。根据文章最后一段第三句"There was a fire at the Sea Breeze Hotel last August: that is one fact."可知 A 项正确。

8.【答案】A。解析:推断题。用 Another Belton Hotel Catches Fire 作标题意为"另外一次火灾",这样可以使读者认为其旅馆火灾频繁发生,以使自己城市的旅游业更具有竞争力。

9.【答案】C。解析:细节题。从倒数第二段"Last night Belton firemen arrived just too late to save clothing, bedclothes and some furniture at the Sea Breeze Hotel"可知,本题选 C。

10.【答案】C。解析:推断题。由第二段"Last August there was a fire at the Sea-breeze Hotel in Belton"可知,本题选 C。A 项无中生有,B、D 项表述错误。

同步训练

Text 1

You're busy filling out the application form for a position you really need; let's assume you once actually completed a couple of years of college work or even that you completed your degree. Isn't it tempting to lie just a little, to claim on the form that your diploma represents a Harvard degree? Or that you finished an extra couple of years back at State University?

More and more people are turning to <u>utter</u> deception like this to land their job or to move ahead in their careers, for personnel officers, like most Americans, value degrees from famous schools. A job applicant may have a good education anyway, but he or she assumes that chances of being hired are better with a diploma from a well-known university. Registrars at most well-known colleges say they deal with deceitful claims like these at the rate of about one per week.

Personnel officers do check up on degrees listed on application forms, then. If it turns out that an applicant's lying, most colleges are reluctant to accuse the applicant directly. One Ivy League school calls them impostors; another refers to them as special cases. One well-known West Coast school, in perhaps the most delicate phrase of all, says that these claims are made by no such people.

To avoid outright lies, some job-seekers claim that they attended or were associated with a college or university. After carefully checking, a personnel officer may discover that attending means being dismissed after one semester. It may be that being associated with a college means that the job-seeker visited his younger brother for a football weekend. One school that keeps records of false claims says that the practice dates back at least to the turn of the century—that's when they began keeping records, anyhow.

If you don't want to lie or even stretch the truth, there are companies that will sell you a phony diploma. One company, with offices in New York and on the West Coast, will put your name on a diploma from any number of non-existent colleges. The price begins at around twenty dollars for a diploma from Smoot State University. The prices increase rapidly for a degree from the University of Purdue. As there is no Smoot State and the real school in Indiana properly called Purdue University, the prices seem rather high for one sheet of paper.

1. The main idea of this passage is that _____.

A. employers are checking more closely on applicants now

B. lying about college degrees has become a widespread problem

C. college degrees can now be purchased easily

D. employers are no longer interested in college degrees

2. According to the passage, special cases refer to cases where _____.

A. students attend a school only part-time

B. students never attended a school they listed on their application

C. students purchase false degrees from commercial films

D. students attended a famous school

3. We can infer from the passage that _____.

A. performance is a better judge of ability than a college degree

B. experience is the best teacher

C. past work histories influence personnel officers more than degrees do

D. a degree from a famous school enables an applicant to gain advantage over others in job

petition

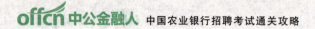
4. This passage implies that _____.

A. buying a false degree is not moral

B. personnel officers only consider applicants from famous schools

C. most people lie on applications because they were dismissed from school

D. society should be greatly responsible for lying on applications

5. As used in the first line of the second paragraph, the word "utter" means _____.

A. address

B. thorough

C. ultimate

D. decisive

Text 2

We once had a poster competition in our fifth grade art class.

"You could win prizes,"our teacher told us as she wrote the poster information on the blackboard. She passed out sheets of construction paper while continuing,"The first prize is ten dollars. You just have to make sure that the words on the blackboard appear somewhere on your poster. "

We studied the board critically. Some of us looked with one eye and held up certain colors against the blackboard, rocking the sheets to the right or left while we conjured up our designs. Others twisted their hair around their fingers or chewed their erasers while deep in thought. We had plans for that ten-dollar grand prize,each and every one of us. I'm going to spend mine on candies,one hopeful would announce, while another practiced looking serious,wise and rich.

Everyone in the class made a poster. Some of us used parts of those fancy paper napkins, while others used nothing but colored construction paper. Some of us used big designs, and some of us preferred to gather our art tidily down in one corner of our poster and let the space draw the viewer's attention to it. Some of us would wander past the good students'desks and then return to our own projects with a growing sense of hopelessness. It was yet another grown-up trick of the soil they seemed especially fond of making all of us believe we had a fair chance,and then always—rewarding the same old winners.

I believe I drew a sailboat, but I can't say that with any certainty. I made it. I admired it. I determined it to be the very best of all of the posters I had seen, and then I turned it in.

Minutes passed.

No one came along to give me the grand prize, and then someone distracted me, and I probably never would have thought about that poster again.

I was still sitting at my desk, thinking, What poster? When the teacher gave me an envelope with a ten-dollar bill in it and everyone in the class applauded for me.

11. What was the teacher's requirement for the poster?(   )

A. It must appear in time

B. It must be done in class

C. It must be done on a construction sheet

D. It must include the words on the blackboard

12. The underlined phrase in paragraph 3 most probably means _____.

A. formed an idea for

B. made an outline for

C. made some space for

D. chose some colors for

13. After the teacher's words, all the students in the class _____.

A. looked very serious

B. thought they would be rich

C. began to think about their design

D. began to play games

14. After seeing the good students' designs, some students _____.

A. loved their own designs more

B. thought they had a fair chance

C. put their own designs in a comer

D. thought they would not win the prize

15. We can infer from the passage that the author _____.

A. enjoyed grown-up tricks very much

B. loved poster competitions very much

C. felt surprised to win the competition

D. became wise and rich after the competition

Text 3

Sign has become a scientific hot button. Only in the past 20 years have specialists in language study realized that signed languages are unique—a speech of the hand. They offer a new way to probe how the brain generates and understands language, and throw new light on an old scientific controversy: Whether language, complete with grammar, is something that we are born with, or whether it is a learned behavior. The current interest in sign language has roots in the pioneering work of one rebel teacher at Gallaudet University in Washington, D. C., the world's only liberal arts university for deaf people.

When Bill Stokoe went to Gallaudet to teach English, the school enrolled him in a course in signing. But Stokoe noticed something odd: Among themselves, students signed differently from his classroom teacher.

Stokoe had been taught a sort of gestural code, each movement of the hands representing a word in English. At the time, American Sign Language (ASL) was thought to be no more than a form of pidgin English (混杂英语). But Stokoe believed the "hand talk" his students used looked richer. He wondered: Might deaf people actually: Have a genuine language? And could that language be unlike any other on Earth? It was 1955, when even deaf people dismissed their signing as "substandard". Stokoe's idea was academic heresy (异端邪说).

It is 37 years later. Stokoe, now devoting his time to writing and editing books and journals and to producing video materials on ASL and the deaf culture, is having lunch at a cafe near the Gallaudet campus and explaining how he started a revolution. For decades educators fought his idea that signed languages are natural languages like English, French and Japanese. They assumed language must be based on speech, the modulation (调节) of sound. But sign language is based on the movement of hands, the modulation of space. "What I said," Stokoe explains, "is that language is not mouth stuff—it's brain stuff."

16. The study of sign language is thought to be _____.

A. a new way to look at the learning of language

B. a challenge to traditional, views on the nature of language

C. an approach to simplifying the grammatical structure of a language

D. an attempt to clarify misunderstanding about the origin of language

17. The present growing interest in sign language was stimulated by _____.

A. a famous scholar in the study of the human brain

B. a leading specialist in the study of liberal arts

C. an English teacher in a university for the deaf

D. some senior experts in American Sign Language

18. According to Stokoe, sign language is _____.

A. a Substandard language

B. a genuine language

C. an artificial language

D. an international language

19. Most educators objected to Stokoe's idea because they thought _____.

A. sign language was not extensively used even by deaf people

B. sign language was too artificial to be widely accepted

C. a language should be easy to use and understand

D. a language could only exist in the form of speech sounds

20. Stokoe's argument is based on his belief that _____.

A. sign language is as efficient as any other language

B. sign language is derived from natural language

C. language is a system of meaningful codes

D. language is a product of the brain

Text 4

Exercise is one of the few factors with a positive role in long-term maintenance of body weight. Unfortunately, that message has not gotten through to the average American, who would rather try switching to "light" beer and low-calorie bread than increase physical exertion. The Centers for Disease Control, for example, found that fewer than one-fourth of overweight adults who were trying to shed pounds said they were combining exercise with their diet.

In rejecting exercise, some people may be discouraged too much by caloric-expenditure charts: for example, one would have to briskly walk three miles just to work off the 275 calories in one delicious Danish pastry (小甜饼). Even exercise professionals concede half a point here. "Exercise by itself is a very tough way to lose weight," says York Onnen, program director of the President's Council on Physical Fitness and Sports.

Still, exercise's supporting role in weight reduction is vital. A study at the Boston University Medical Center of overweight police officers and other public employees confirmed that those who dieted without exercise regained almost all their old weight, while those who worked exercise into their daily routine maintained their new weight.

If you have been sedentary (极少活动的) and decide to start walking one mile a day, the added exercise could burn an extra 100 calories daily. In a year's time, assuming no increase in food intake, you could lose ten pounds. By increasing the distance of your walks gradually and making other dietary adjustments, you may lose even more weight.

21. What is said about the average American in the passage?（   ）

A. They tend to exaggerate the healthful effect of "light" beer

B. They usually ignore the effect of exercise on losing weight

C. They prefer "light" beer and low-calorie bread to other drinks and food

D. They know the factors that play a positive role in keeping down body weight

22. Some people dislike exercise because _____.

A. they think it is physically exhausting

B. they find it hard to exercise while on a diet

C. they don't think it possible to walk 3 miles every day

D. they find consulting caloric-expenditure charts troublesome

23. "Even exercise professionals concede half a point here"（Line 3, Para. 2）means "They _____".

A. agree that the calories in a small piece of pastry can be difficult to work off by exercise

B. partially believe diet plays a supporting role in weight reduction

C. are not fully convinced that dieting can help maintain one's new weight

D. are not sufficiently informed of the positive role of exercise in losing weight

24. What was confirmed by the Boston University Medical Center's study?

A. Controlling one's calorie intake is more important than doing exercise

B. Even occasional exercise can help reduce weight

C. Weight reduction is impossible without exercise

D. One could lose ten pounds in a year's time if there's no increase in food intake

25. What is the author's purpose in writing this article?

A. To justify the study of the Boston University Medical Center

B. To stress the importance of maintaining proper weight

C. To support the statement made by York Onnen

D. To show the most effective way to lose weight

Text 5

Now let us look at how we read. When we read a printed text, our eyes move across a page in a short, jerky movement. We recognize words usually when our eyes are still when they fixate. Each time they fixate, we see a group of words. This is known as the recognition span or the visual span. The length of time for which the eyes stop-the duration of the fixation-varies considerably from person to person. It also varies within any one person according to his purpose in reading and his familiarity with the text. Furthermore, it can be affected by such factors as lighting and tiredness.

Unfortunately, in the past, many reading improvement courses have concentrated too much on how our eyes move across the printed page. As a result of this misleading emphasis on the purely visual aspects of reading, numerous exercises have been devised to train the eyes to see more words at one fixation. For instance, in some exercises, words are flashed on to a screen for, say, a tenth or a twentieth of a second. One of the exercises has required students to fix their eyes on some central point, taking in the words on either side. Such word patterns are often constructed in the shape of rather steep pyramids so the reader takes in more and more words at each successive fixation. All these exercises are very clever, but it's one thing to improve a person's ability to see words and quite another thing to improve his ability to read a text efficiently. Reading requires the ability to understand the relationship between words. Consequently, for these reasons, many experts have now begun to question the usefulness of eye training, especially since any approach which trains a person to read isolated words and phrases would seem unlikely to help him in reading a continuous text.

26. The time of the recognition span can be affected by the following facts except _____.

A. one's familiarity with the text

B. one's purpose in reading

C. the length of a group of words

D. lighting and tiredness

27. The author may believe that reading _____.

A. requires a reader to take in more words at each fixation

B. requires a reader to see words more quickly

C. demands an deeply-participating mind

D. demands more mind than eyes

28. What does the author mean by saying "but it's one thing to improve a person's ability to see words and quite another thing to improve his ability to read a text efficiently." in the second paragraph?(　　)

A. The ability to see words is not needed when an efficien treading is conducted

B. The reading exercises mentioned can't help to improve both the ability to see and to comprehend words

C. The reading exercises mentioned can't help to improve an efficient reading

D. The reading exercises mentioned has done a great job to improve one's ability to see words

29. Which of the following is NOT true?(　　)

A. The visual span is a word or a group of words we see each time

B. Many experts began to question the efficiency of eye training

C. The emphasis on the purely visual aspects is misleading

D.The eye training will help readers in reading a continuous text

30. The tune of the author in writing this article is _____.

A. critical

B. neutral

C. pessimistic

D. optimistic

同步训练参考答案及解析

Text 1

1.【答案】B。解析：主旨题。第一段通过讨论现象，引出第二段的主旨句——"More and more people are turning to utter deception like this to land their job or to move ahead in their careers, for personnel officers, like most Americans, value degrees from famous schools"。根据"More and more"推断出一个"widespread problem"。故本题选 B。

2.【答案】C。解析：细节题。从文章中第三段"Personnel officers do check up on degrees listed on application forms, then. If it turns out that an applicant's lying, most colleges are reluctant to accuse the applicant directly. One Ivy League school calls them impostors; another refers to them as special cases."可以判断出"special cases"指的是"false degrees"。故本题选 C。

3.【答案】D。解析：推断题。本道题考查的是细节推断。从"value degrees from famous schools. A job applicant may have a good education anyway, but he or she assumes that chances of being hired are better with a diploma from a well-known university."可以推出名校学历对于

一个求职者而言意味着在就业竞争中可以赢得更多的机会。故本题选 D。

4.【答案】D。解析:推断题。本题关键句是"As there is no Smoot State and the real school in Indiana properly called Purdue University, the prices seem rather high for one sheet of paper."由此可以推断出文章其实暗含着社会应该倡导诚信风气。故本题选 D。

5.【答案】B。解析:词义猜测题。"utter"在文中是指完全的。故本题选 B。

Text 2

11.【答案】D。解析:细节题。由第二段末句,老师说的话"You just have to make sure that the words on the blackboard appear somewhere on your poster"可知。

12.【答案】A。解析:词义猜测题。上下句是"Some ... Others ..."句式,"while we conjured up our designs"的对应部分是"while deep in thought",可见"conjured up"的意思是"思考,想象",故本题选 A。

13.【答案】C。解析:细节题。由第三段可知。

14.【答案】D。解析:细节题。由第四段倒数第二句"Some of us would wander past the good students' desks and then return to our own projects with a growing sense of hopelessness"可知。

15.【答案】C。解析:推断题。由"always—rewarding the same old winners,""I can't say that with any certainty"和"I probably never would have thought about that poster again"等可推断出,作者对得奖还是惊讶的。

Text 3

16.【答案】B。解析:细节题。第一段的第三句话"They offer a new way to probe how the brain generates and understands language, and throw new light on an old scientific controversy: Whether language, complete with grammar, is something that we are born with, or whether it is a learned behavior."句意是:手语提供了一种新方式来探索大脑生成和理解语言的方式,同时也为一个古老的问题提供了新的思维,这个古老的问题是"语言是与生俱来的还是后天习得的"。故本题选 B。

17.【答案】C。解析:细节题。第一段的最后一句话"The current interest in sign language has roots in the pioneering work of one rebel teacher"里的"has roots in"词组是指"根源于",应该和题目里的"stimulated"意思相近。可以看到,这位先驱者是一位教师(one rebel teacher),其所在的学校是专门教育聋人的文科大学(liberal arts university for deaf people)。这位老师是教授什么科目的呢?下一段开头给出了答案 "When Bill Stokoe went to Gallaudet to teach English",科目是英语。故本题选 C。

18.【答案】B。解析:推断题。第三段中的"He wondered: Might deaf people actually have a genuine language?"虽然使用了疑问句的形式,但实际上应该是 Stokoe 的观点所在,根据是该段最后一句话"Stokoe's idea was academic heresy"。如果 Stokoe 没有形成"手语是一种真正的语言"的观点,文章又为何会说他的思想被视为异端邪说呢?因此可以判断 B 项的说法是正确的。

19.【答案】D。解析:细节题。最后一段中间部分"For decades educators fought his idea that signed languages are natural languages like English, French and Japanese. They assumed language must be based on speech, the modulation of sound."第一句意思是教育家们反对手语和英语、法语、日语一样属于自然语言。第二句指明了教育家们自己的观点:语言必须基于语

言。"be based on"是"以……为基础"的意思,意义等同于 D 项所说的"only exist",这样 D 项的说法就和原文一致,是正确答案。

20.【答案】D。**解析:**细节题。由"But sign language is based on the movement of hands, the modulation of space"这一句推断而来。该句意思上和前面教育家们的观点恰好相反,应该就是 Stokoe 的论点。那么他的这一论点基于何处,答案也应该在最后一段寻找。后文引用了 Stokoe 的原话,提到"language is not mouth stuff—it's brain stuff,"大体意思是语言不是嘴上的东西,而是脑子的东西,这极有可能就是答案所在。观察四个选项,D 项的说法和"it's brain stuff"意义基本一致,可以判断 D 项就是正确答案。再观察其他三个选项,在文章关于 Stokoe 的叙述中都没有提到过,可以排除。

Text 4

21.【答案】B。**解析:**细节题。在第一段中提到"that message has not gotten through to the average American, who would rather try switching to "light" beer and low-calorie bread than increase physical exertion"。这里的 "that message"(那一信息) 肯定应该在前一句 , 也就是 "Exercise is one of the few factors with a positive role in long-term maintenance of body weight"(锻炼是对长期保持体重起积极作用的少有因素之一)。词组"has not gotten through to"指的是 "在……中并不流行", 这里的意思就是那一信息对于一般美国人来说并没有受到重视。"who"引导了一个从句,是对一般美国人的描述。这里使用了"would rather ... than"(宁可,也不)句型,意思是美国人宁可把兴趣投向淡爽啤酒和低卡路里面包,也不增加身体锻炼。四个选项中,B 项符合文义。

22.【答案】B。**解析:**细节题。第二段专门对有些人不喜欢锻炼的原因进行了说明,主要有两句话。第一句"some people may be discouraged too much by caloric-expenditure charts",这句话的意思是"卡路里消耗表会使有些人非常泄气",后面给出了原因,即锻炼消耗的卡路里太少。由此看来,并不是他们觉得参考卡路里消耗表麻烦,D 项说法不对。第二句借专业人士之口说出了原因:"Exercise by itself is a very tough way to lose weight." "tough"这个词强调艰苦、艰难性,也就是说用锻炼来减肥太过于艰难了。与前面消耗卡路里的说法结合起来就是:因为锻炼消耗的卡路里非常少,所以要想减肥的话,锻炼的投入要非常大才能起到效果。

23.【答案】A。**解析:**语义理解题。"一块小面饼中的卡路里通过锻炼消耗掉是困难的"这句话是用来支持"锻炼身体实际上对于减肥来说费力不讨好"这个观点的,所以他们可以说是承认"一块小面饼中的卡路里通过锻炼消耗掉是困难的"这句话有一定的道理。A 项说法正确。

24.【答案】C。**解析:**细节题。第三段对波士顿大学医疗中心的研究做了描述,其中直接出现了"confirm"一词,验证的内容是 "those who dieted without exercise regained almost all their old weight, while those who worked exercise into their daily routine maintained their new weight",那些节食而不锻炼的人几乎全部反弹到原来的体重,而那些把锻炼身体列入日常项目的人则保持住了减肥后的体重。C 项说法正确。

25.【答案】D。**解析:**主旨题。从前面的分析可知,这篇文章主要讲的是锻炼在减肥中的重要性,A、C 两项提到的人物和机构都只是作者用来支撑这一观点的论据,可以首先排除。B 项说法也是明显错误的,文章讲的是如何保持合适的体重,而不是在强调其重要性。作者强调了身体锻炼在减肥中的重要性,向人们说明最好在节食的同时参加体育锻炼,这可以说是介绍了一种最好的减肥方法。

Text 5

26.【答案】C。解析:细节题。由文章第一段中"The length of time in which the eyes stop — the duration of the fixation—varies considerably from person to person. It also varies within any one person according to his purpose in reading and his familiarity with the text. Furthermore, it can be affected by such factors as lighting and tiredness."可知,在注视的持续时间上,人与人之间是不同的。它跟一个人的阅读目的、对阅读材料的熟悉程度、光线及疲劳程度均有关系。文中没有提及跟"一组词的长度"有关。故本题选C。

27.【答案】C。解析:细节题。由文章第二段倒数第二句"Reading requires the ability to understand the relationship between words."可知阅读要求具备理解单词间关系的能力,因此C项"阅读需要大脑的深度参与"正确。文中没有否定阅读的视觉因素的必要性,也没有说读者应该练习拓宽视幅,加快阅读速度。因此A、B项都不正确。文中没有对大脑和眼睛在阅读过程中的重要性进行对比,所以D项不正确。

28.【答案】C。解析:推断题。从题干中句子的句意及上下文的理解可知,提高人们看单词的能力只是一方面,它与提高人们有效阅读的能力是完全不同的。可知那些(训练眼睛的)阅读练习并不能帮助提高有效的阅读能力。因此正确答案为C项。尽管有效阅读能力和人们看单词的能力不同,但这并不能说明进行有效阅读时不需要人们看单词的能力,因此A项错误。B项与文章相反。D项是句是题干句子中蕴涵的其中一个意思,却不是作者想表达的方向。

29.【答案】D。解析:细节题。由文章第二段最后一句"Consequently, for these reasons, many experts have now begun to question the usefulness of eye training, especially since any approach which trains a person to read isolated words and phrases would seem unlikely to help him in reading a continuous text."可知,很多专家开始质疑这些眼睛训练的无用性,眼睛训练对于帮助读者阅读连贯文章无益,所以D项错误,是本题答案。

30.【答案】A。解析:态度题。本文主要说明了传统阅读训练的方法只重在提高视觉跨度内接受更多单词的能力,而这种训练在作者看来是一种误导,因为阅读需要理解单词之间关系的能力。作者写本文的主要目的是对那些只关注阅读的视觉因素的阅读能力课程进行批判。"critical"意为"批评的,批判的","neutral"意为"中立的","pessimistic"意为"悲观的","optimistic"意为"乐观的"。故本题选A。

第五篇

性格测试

第一章 备考攻略

一、考情分析

中国农业银行的性格测试主要测查测试者的人格、职业倾向性(职业匹配性)、职业能力等要素。一般来说,性格测试与笔试同步,在笔试结束后加试性格测试,测评结果不折合分数,不计入考试总成绩,仅判定达标与否,未达标者不能参加面试。

二、备考指导

1.紧扣职业要求,把握答题的一些关键点

尽管性格测试题最好的作答方式是快速按要求答题,实事求是。但由于考试时,紧张在所难免,所以考生还是会受考试环境的影响使答题出现偏差,因此在考前考生还是要把握一些关键点:

一是要有积极的心态。人们常说态度决定一切,无论我们从事什么职业,都要有积极向上的心态,这是我们事业成功、人生辉煌的根本和基础。科学研究表明,积极的心理暗示会告诉你注意什么、追求什么、致力于什么和怎样行动,因而它能支配、影响你的行为。心态决定命运,经常给自己积极的心理暗示是考生取得成功的法宝。比如回答任何人只要他有能力而且愿意努力工作是否能成功的这类题,选"是"就能反映一个人的积极心态。

二是要紧扣职业能力要求。对于明显的职业倾向类题目考生一般会做出明智的选择,如"银行的工作对我很有吸引力";另外还要注意的是,银行职业要求从业者要有很好的记忆力、观察力、逻辑推理能力、快速反应能力、抗压力能力、自我控制能力、人际交往能力等,因此答题时要注意题目的考查方向和侧重点。比如,回答身体方面的问题"我时常咳嗽",那么你要选"否"。回答"别人对我所说的话,我立刻就忘记了",你肯定要选"否",否则就说明你记忆力等方面有问题了。

2.注意测谎类题目

绝大部分职业性格测试都会安排一些用来探测效度的题目,这些题目通称为测谎题。它们是用来探测受测者在答卷时,是否有说谎的倾向,即是否为了社会赞许不按照自己的真实感受和现状来作答,而是按照社会上公认是好的答案来作答,借以表现自己是一个值得被接受及赞许的人。

测谎题是为了检查考生回答的真实性和有效性,以及考生在回答中是否故意进行掩饰,测谎题常常会在量表或回答中穿插出现。

测谎分数,在心理测量学上称之为真实性校正分数,它只是说明考生回答是否真实,用于鉴定量表的有效性,并不代表其他含义。但是,如果测谎分数过高,则会首先被淘汰掉。

但是,考生大可不必过于担心,因为实际性格测试过程中,回答测谎题并不难,关键在于题目的鉴别。甚至鉴别也是不难的,关键在于心态的扭转,只要明确了银行职员的要求,并把这种要求内化,按照一个合格的银行职员的状态去答题就一定没问题。这也回到根本上了——只要你是一个符合要求的人,怎么还怕通不过测评呢?这类题目主要分为有固定答案的题目、一对相同题目、一对相反的题目几种情况。

(1)有固定答案的题目。这类题目有两个特点:一是答案是固定的,考生在作答时不需要顾虑过多,只需诚实作答即可,思考过多,反而会导致答案出现偏差;二是考生要仔细分辨出题人的语言拿捏度,一般这类题,题目中都会出现有时、偶尔等字眼,题目描述的并不是经常性的常态,而是合情合理的客观事实,是考生日常生活中肯定会遇到的、无法避免的情况。

(2)一对相同题。相同题一般都是成对穿插出现在量表前后。有的前后两个题目一字不差,问法完全相同,这样的题目不会造成考生理解的偏差,不容易出现前后不一致的现象,出错概率较小。

(3)一对相反题。与相同题一样,相反题也是成对穿插出现在量表前后的。通常,相反题会从两个相反的方面对一个主题或同一情景进行考查。由于考生在作答时很难分辨这类题目,所以出错的概率较大,考生在作答时要运用逆向思维保持答案前后的高度一致。比如,前面问"我喜欢忙忙碌碌过日子",隔几个题目后,会再问"我无法忍受闲着无事情干"。如果你前一个答案选择喜欢忙碌过日子,后一个答案却选择能忍受闲着无事情干,这就出现了前后矛盾的现象,所以考生在作答这类测谎题时要注意前后选择的一致性。

测谎题的原理是题目前后重复出现。考生如果前后作答不一致,将导致测评的说谎分数过高,致使测评无法通过。但是,考生对此也不必过于担心,因为就算是完全诚实作答,也可能会因为疏忽出现差错。因此,在统计分数时,测评有个合理的缓冲区间,只要不超过这个区间,作答就是有效的,即可通过测评。

3.相对论法则应对疑惑题

测评编制者希望考查出考生的真实能力、素质和心理状态,而考生希望通过学习应试策略快速提高考试成绩,展现较好心理状态。其实,标准化测评的编制与备考从来都是一种相互对立又相互促进的博弈关系。备考时通过总结试题的类型和规律,发掘一切可能的信息和途径来应对考题,从而使自己以最快的速度提升能力、应对考题;而当一类测评题目已经能够被大多数受测者掌握时,这类题目的区分度就会非常低,失去了鉴别受测者的意义,因而需要研发新的测评题型和方式。在这个过程中,测验的科学性渐渐增强,难度渐渐加大,疑惑题也就应运而生了。

那什么是疑惑题呢?学习过答题原则和测谎题后,有些考生开始琢磨每道题目的答案,备感纠结:有些题目难以判断考查意图,有些题目更是雾里看花,似是而非,考生不知道该从积极和善良的角度往好的方向作答还是完全按照实际情况作答。这就是所谓的疑惑题。导致疑惑题出现的原因有两个:一是测评题目在编制的时候经过了精心处理,隐藏了真实意图,出题形式更加灵活;二是这种题目考查个性倾向。考生在面对较难把握的疑惑题目时,需要注意相对论法则。

　　疑惑题的题干看上去似是而非,决定其答案倾向性的往往是频率副词。频率副词在题干中描述一类行为出现的概率和频率,从总体上说,频率副词有两类:一类词表示的概念非常绝对,如时常、经常、总是、从来没有、几乎没有,包括大多数人这种不太明显的频率副词,我们统称为绝对词;另一类表示的概念较为相对,发生的频率比较低,如有时、偶尔、曾经,我们将其统称为相对词。

　　要注意审题,不要因为没有看清题目而误选答案,比如题目"我总是会多次确认是否把门锁上",大多数人都会检查一下是否锁门,这是正常的,但要注意题目中的多次确认,这个行为显然有些过分了,从专业的角度看就有强迫症的嫌疑。希望考生注意这一点,否则可能会在某些病理性测试题目上出现偏差。

第二章 常见性格测试工具

模拟一　MBTI 性格测试

测试前须知

1.参加测试的人员请务必诚实、独立地回答问题,只有如此,才能得到有效的结果。

2."性格分析报告"展示的是你的性格倾向,而不是你的知识、技能、经验。

3.MBTI 提供的性格类型描述仅供测试者确定自己的性格类型之用,性格类型没有好坏,只有不同。每一种性格特征都有其价值和优点,也有缺点和需要注意的地方。清楚地了解自己的性格优劣势,有利于更好地发挥自己的特长,而尽可能地在为人处世中避免自己性格中的劣势,更好地和他人相处,更好地作重要的决策。

4.本测试分为四部分,共93题;需时约18分钟。所有题目没有对错之分,请根据自己的实际情况选择。将你选择的 A 或 B 所在的 〇涂黑,例如:●

只要你是认真、真实地填写了测试问卷,那么通常情况下你都能得到一个确实和你的性格相匹配的类型。希望你能从中或多或少地获得一些有益的信息。

(一)哪一个答案最能贴切地描绘你一般的感受或行为。

序号	问题描述	选项	E	I	S	N	T	F	J	P
1	当你要外出一整天,你会 A.计划你要做什么和在什么时候做 B.说去就去	A							〇	
		B								〇
2	你认为自己是一个 A.较为随兴所至的人 B.较为有条理的人	A								〇
		B							〇	
3	假如你是一位老师,你会选教 A.以事实为主的课程 B.涉及理论的课程	A			〇					
		B				〇				
4	你通常 A.与人容易混熟 B.比较沉静或矜持	A	〇							
		B		〇						
5	一般来说,你和哪些人比较合得来? A.富于想象力的人 B.现实的人	A				〇				
		B			〇					

(续表)

序号	问题描述	选项	E	I	S	N	T	F	J	P
6	你是否经常让 A.你的情感支配你的理智 B.你的理智主宰你的情感	A						○		
		B					○			
7	处理许多事情上,你会喜欢 A.凭兴所至行事 B.按照计划行事	A								○
		B							○	
8	你是否 A.容易让人了解 B.难于让人了解	A	○							
		B		○						
9	按照程序表做事, A.合你心意 B.令你感到束缚	A							○	
		B								○
10	当你有一份特别的任务,你会喜欢 A.开始前小心组织计划 B.边做边找需做什么	A							○	
		B								○
11	在大多数情况下,你会选择 A.顺其自然 B.按程序表做事	A								○
		B							○	
12	大多数人会说你是一个 A.重视自我隐私的人 B.非常坦率开放的人	A		○						
		B	○							
13	你宁愿被人认为是一个 A.实事求是的人 B.机灵的人	A			○					
		B				○				
14	在一大群人当中,通常是 A.你介绍大家认识 B.别人介绍你	A	○							
		B		○						
15	你会跟哪些人做朋友? A.常提出新主意的 B.脚踏实地的	A				○				
		B			○					
16	你倾向 A.重视感情多于逻辑 B.重视逻辑多于感情	A						○		
		B					○			
17	你比较喜欢 A.坐观事情发展才做计划 B.很早就做计划	A								○
		B							○	
18	你喜欢花很多的时间 A.一个人独处 B.和别人在一起	A		○						
		B	○							
19	与很多人一起会 A.令你活力倍增 B.常常令你心力交瘁	A	○							
		B		○						
20	你比较喜欢 A.很早便把约会、社交聚会等事情安排妥当 B.无拘无束,看当时有什么好玩就做什么	A							○	
		B								○
21	计划一个旅程时,你较喜欢 A.大部分的时间都是跟当天的感觉行事 B.事先知道大部分的日子会做什么	A								○
		B							○	

序号	问题描述	选项	E	I	S	N	T	F	J	P
22	在社交聚会中,你 A.有时感到郁闷 B.常常乐在其中	A		○						
		B	○							
23	你通常 A.和别人容易混熟 B.趋向自处一隅	A	○							
		B		○						
24	哪些人会更吸引你? A.一个思维敏捷及非常聪颖的人 B.实事求是,具丰富常识的人	A				○				
		B			○					
25	在日常工作中,你会 A.颇为喜欢处理迫使你分秒必争的突发事件 B.通常预先计划,以免要在压力下工作	A								○
		B							○	
26	你认为别人一般 A.要花很长时间才认识你 B.用很短的时间便认识你	A		○						
		B	○							

(二)在下列每一对词语中,哪一个词语更合你心意? 请仔细想想这些词语的意义,而不要理会它们的字形或读音。

序号	问题描述	选项	E	I	S	N	T	F	J	P
27	A.注重隐私 B.坦率开放	A		○						
		B	○							
28	A.预先安排的 B.无计划的	A							○	
		B								○
29	A.抽象 B.具体	A				○				
		B			○					
30	A.温柔 B.坚定	A						○		
		B					○			
31	A.思考 B.感受	A					○			
		B						○		
32	A.事实 B.意念	A			○					
		B				○				
33	A.冲动 B.决定	A								○
		B							○	
34	A.热情 B.文静	A	○							
		B		○						

（续表）

序号	问题描述	选项	E	I	S	N	T	F	J	P
35	A.文静　　B.外向	A		○						
		B	○							
36	A.有系统　　B.随意	A							○	
		B								○
37	A.理论　　B.肯定	A				○				
		B			○					
38	A.敏感　　B.公正	A						○		
		B					○			
39	A.令人信服　　B.感人的	A					○			
		B						○		
40	A.声明　　B.概念	A				○				
		B			○					
41	A.不受约束　　B.预先安排	A								○
		B							○	
42	A.矜持　　B.健谈	A		○						
		B	○							
43	A.有条不紊　　B.不拘小节	A							○	
		B								○
44	A.意念　　B.实况	A				○				
		B			○					
45	A.同情怜悯　　B.远见	A						○		
		B					○			
46	A.利益　　B.祝福	A					○			
		B						○		
47	A.务实的　　B.理论的	A			○					
		B				○				
48	A.朋友不多　　B.朋友众多	A		○						
		B	○							
49	A.有系统　　B.即兴	A							○	
		B								○
50	A.富想象的　　B.以事论事	A				○				
		B			○					
51	A.亲切的　　B.客观的	A						○		
		B					○			

（续表）

序号	问题描述	选项	E	I	S	N	T	F	J	P
52	A.客观的　　B.热情的	A					○			
		B						○		
53	A.建造　　B.发明	A			○					
		B				○				
54	A.文静　　B.爱合群	A		○						
		B	○							
55	A.理论　　B.事实	A				○				
		B			○					
56	A.富同情　　B.合逻辑	A						○		
		B					○			
57	A.具分析力　　B.多愁善感	A					○			
		B						○		
58	A.合情合理　　B.令人着迷	A			○					
		B				○				

（三）哪一个答案最能贴切地描绘你一般的感受或行为。

序号	问题描述	选项	E	I	S	N	T	F	J	P
59	当你要在一个星期内完成一个大项目,你在开始的时候会 A.把要做的不同工作依次列出 B.马上动工	A							○	
		B								○
60	在社交场合中,你经常会感到 A.与某些人很难打开话匣儿和保持对话 B.与多数人都能从容地长谈	A		○						
		B	○							
61	要做许多人也做的事,你比较喜欢 A.按照一般认可的方法去做 B.构想一个自己的想法	A			○					
		B				○				
62	你刚认识的朋友能否说出你的兴趣? A.马上可以 B.要待他们真正了解你之后才可以	A	○							
		B		○						
63	你通常较喜欢的科目是 A.讲授概念和原则的 B.讲授事实和数据的	A				○				
		B			○					
64	哪个是较高的赞誉,或称许为 A.一贯感性的人 B.一贯理性的人	A						○		
		B					○			

（续表）

序号	问题描述	选项	E	I	S	N	T	F	J	P
65	你认为按照程序表做事 A.有时是需要的,但一般来说你不大喜欢这样做 B.大多数情况下是有帮助且是你喜欢做的	A								○
		B							○	
66	和一群人在一起,你通常会选 A.跟你很熟悉的个别人谈话 B.参与大伙的谈话	A		○						
		B	○							
67	在社交聚会上,你会 A.是说话很多的一个 B.让别人多说话	A	○							
		B		○						
68	把周末期间要完成的事列成清单,这个主意会 A.合你意 B.使你提不起劲	A							○	
		B								○
69	哪个是较高的赞誉,或称许为 A.能干的 B.富有同情心	A					○			
		B						○		
70	你通常喜欢 A.事先安排你的社交约会 B.随兴致所至做事	A							○	
		B								○
71	总的说来,要做一个大型作业时,你会选 A.边做边想该做什么 B.首先把工作按步细分	A								○
		B							○	
72	你能否滔滔不绝地与人聊天 A.只限于跟你有共同兴趣的人 B.几乎跟任何人都可以	A		○						
		B	○							
73	你会 A.跟随一些证明有效的方法 B.分析还有什么毛病,及针对尚未解决的难题	A			○					
		B				○				
74	为乐趣而阅读时,你会 A.喜欢奇特或创新的表达方式 B.喜欢作者直话直说	A				○				
		B			○					
75	你宁愿替哪一类上司(或者老师)工作? A.天性淳良,但常常前后不一的 B.言辞尖锐但总合乎逻辑的	A					○			
		B				○				
76	你做事多数是 A.按当天心情去做 B.按照拟好的程序表去做	A								○
		B							○	
77	你是否 A.可以和任何人按需求从容地交谈 B.只是对某些人或在某种情况下才可以畅所欲言	A	○							
		B		○						
78	要做决定时,你认为比较重要的是 A.据事实衡量 B.考虑他人的感受和意见	A					○			
		B						○		

（四）在下列每一对词语中，哪一个词语更合你心意。

序号	问题描述	选项	E	I	S	N	T	F	J	P
79	A.想象的 B.真实的	A				○				
		B			○					
80	A.仁慈慷慨的 B.意志坚定的	A						○		
		B					○			
81	A.公正的 B.有关怀心	A					○			
		B						○		
82	A.制作 B.设计	A			○					
		B				○				
83	A.可能性 B.必然性	A				○				
		B			○					
84	A.温柔 B.力量	A						○		
		B					○			
85	A.实际 B.多愁善感	A					○			
		B						○		
86	A.制造 B.创造	A			○					
		B				○				
87	A.新颖的 B.已知的	A				○				
		B			○					
88	A.同情 B.分析	A						○		
		B					○			
89	A.坚持己见 B.温柔有爱心	A					○			
		B						○		
90	A.具体的 B.抽象的	A			○					
		B				○				
91	A.全心投入 B.有决心的	A						○		
		B					○			
92	A.能干 B.仁慈	A					○			
		B						○		
93	A.实际 B.创新	A			○					
		B				○				

每项总分

评分规则：

1.当你将●涂好,把8项(E、I、S、N、T、F、J、P)分别加起来,并将总和填在方格内。

2.请复查你的计算是否准确,然后将各项总分填在下面对应的方格内。

每项总分

外向	E		内向	I	
实感	S		直觉	N	
思考	T		情感	F	
判断	J		认知	P	

确定类型的规则：

1.MBTI以四个组别来评估你的性格类型倾向:

E–I、S–N、T–F和J–P。请你比较四个组别的得分。每个类别中,获得较高分数的那个类型,就是你的性格类型倾向。例如,你的得分是:E(外向)12分,I(内向)9分,那你的类型倾向便是E(外向)了。

2.将代表获得较高分数的类型的英文字母,填在下方的方格内。如果在一个组别中,两个类型获同分,则依据下边表格中的规则来决定你的类型倾向。

评估类型

同分处理规则　假如　E=I　请填上I

假如　S=N　请填上N

假如　T=F　请填上F

假如　J=P　请填上P

性格解析：

性格是一种个体内部的行为倾向,它具有整体性、结构性、持久稳定性等特点,是每个人特有的,可以对个人外显的行为、态度提供统一的、内在的解释。

MBTI把性格分析为4个维度,每个维度上包含相互对立的2种偏好:

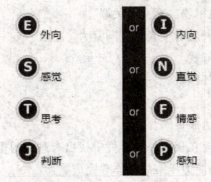

其中,外向 E—内向 I 代表着各人不同的精力(Energy)来源;感觉 S—直觉 N、思考 T—情感 F 分别表示人们在进行感知(Perception)和判断(Judgement)时不同的用脑偏好;判断 J—感知 P 针对人们的生活方式(Life Style)而言,它表明我们如何适应外部环境——在我们适应外部环境的活动中,究竟是感知还是判断发挥了主导作用。

每一种性格类型都具有独特的行为表现和价值取向。了解性格类型是寻求个人发展、探索人际关系的重要开端。

ISTJ

1.严肃、安静,借由集中心智与全力投入及可信赖获致成功。

2.行事务实、有序、实际、逻辑、真实及可信赖。

3.十分留意且乐于做任何事,工作、居家、生活均有良好组织及有序。

4.负责任。

5.照设定成效来做出决策且不畏阻挠与闲言会坚定为之。

6.重视传统与忠诚。

7.传统性的思考者或经理。

ISFJ

1.安静、和善、负责任且有良心。

2.行事尽责投入。

3.安定性高,常居项目工作或团体之安定力量。

4.愿投入、吃苦及力求精确。

5.兴趣通常不在于科技方面,对细节事务有耐心。

6.忠诚、考虑周到、知性且会关切他人感受。

7.致力于创构有序及和谐的工作与家庭环境。

INFJ

1.因为坚忍、创意及必须达成的意图而能成功。

2.会在工作中投注最大的努力。

3.默默强力地、诚挚地及用心地关切他人。

4.因坚守原则而受敬重。

5.提出造福大众利益的明确远景而为人所尊敬与追随。

6.追求创见、关系及物质财物的意义及关联。

7.想了解什么能激励别人及对他人具有洞察力。

8.光明正大且坚信其价值观。

9.有组织且果断地履行其愿景。

INTJ

1.有强大动力与本意来达成目的与创意。

2.有宏大的愿景且能快速在众多外界事件中找出有意义的模范。

3.对所承担职务,具良好能力于策划工作并完成。

4.具怀疑心、挑剔性、独立性、果决,对专业水准及绩效要求高。

ISTP

1.冷静的旁观者——安静、预留余地、弹性及会以无偏见的好奇心与未预期原始的幽默观察与分析。

2.有兴趣探索原因及效果,技术事件是为何及如何运作且使用逻辑的原理组构事实、重视效能。

3.擅长于把握问题核心及找出解决方式。

4.分析成事的缘由从能实时从大量资料中找出实际问题的核心。

ISFP

1.羞怯的、安宁和善的、敏感的、亲切的,且行事谦虚。

2.喜于避开争论,不对他人强加己见或价值观。

3.无意于领导却常是忠诚的追随者。

4.办事不急躁,安于现状,无意于以过度的急切或努力破坏现况,且非成果导向。

5.喜欢有自由的空间及照自定的程序办事。

INFP

1.安静观察者,具理想性,对其价值观及重要之人具忠诚心。

2.希望外在生活形态与内在价值观相吻合。

3.具有好奇心且很快能看出机会所在,常担负开发创意的触媒者。

4.除非价值观受侵犯,行事会具弹性、适应力高且承受力强。

5.具有了解及发展他人潜能的企图,想做太多事且全神贯注。

6.对所处境遇及拥有不太在意。

7.具有适应力、有弹性。

INTP

1.安静、自持、弹性及有适应力。

2.特别喜爱追求理论与科学事理。

3.习惯以逻辑分析来解决问题。

4.最有兴趣于创意事务及特定工作,对聚会与闲聊无大兴趣。

5.追求可发挥个人强烈兴趣的生涯。

6.追求发展对有兴趣事务之逻辑解释。

ESTP

1.擅长现场实时解决问题——解决问题者。

2.喜欢办事并乐于其中。

3.喜好技术事务及运动,交结同好友人。

4.具适应性、容忍度、务实性;投注心力于会很快具有成效工作。

5.不喜欢冗长概念的解释及理论。

6.最专精于可操作、处理、分解或组合的真实事务。

ESFP

1.外向、和善、接受性、乐于分享喜乐予他人。

2.喜欢与他人一起行动且促成事件发生,在学习时亦然。

3.知晓事件未来的发展并会热烈参与。

5.最擅长人际相处及具备完备常识,很有弹性,能立即适应他人与环境。

6.对生命、人、物质享受的热爱者。

ENFP

1.充满热忱、活力充沛、聪明的、富想象力的,视生命充满机会但期望能得到他人肯定与支持。

2.几乎能达成所有有兴趣的事。

3.对难题很快就有对策并能对有困难的人施以援手。

4.依赖能改善的能力而无须预做规划准备。

5.为达目的常能找出强制自己为之努力的理由。

6.即兴执行者。

ENTP

1.反应快、聪明、长于多样事务。

2.有激励伙伴、敏捷及直言不讳专长。

3.会为了有趣对问题的两面加以争辩。

4.对解决新鲜及有挑战性的问题富有策略,但会轻忽或厌烦重复的任务与细节。

5.兴趣多元,易倾向于转移至新生的兴趣。

6.对所想要的事物会有技巧地找出合逻辑的理由。

7.长于看清楚他人,有能力去解决新或有挑战的问题。

ESTJ

1.务实、真实、事实倾向,具技术天分。

2.不喜欢抽象理论,最喜欢学习可立即运用事理。

3.喜好组织与管理活动且专注以最有效率方式行事以达至成效。

4.具决断力、关注细节且很快做出决策——优秀行政者。

5.会忽略他人感受。

6.喜做领导者或企业主管。

ESFJ

1.诚挚、爱说话、合作性高、受欢迎、光明正大的——天生的合作者及活跃的组织成员。

2.重和谐且长于创造和谐。

3.常做对他人有益事务。

4.给予鼓励及称许会有更佳工作成效。

5.对直接、具体能够影响人们生活的事务有兴趣。

6.喜欢与他人共事去精确且准时地完成工作。

ENFJ

1.热忱、易感应及负责任的,具能鼓励他人的领导风格。

2.对别人所想或要求会表达真正关切且切实用心去处理。

3.能怡然且有技巧性地带领团体讨论或演示文稿提案。

4.爱交际、受欢迎及富同情心。

5.对称许及批评很在意。

6.喜欢带引别人且能使别人或团体发挥潜能。

ENTJ

1.坦诚、具决策力的活动领导者。

2.长于发展与实施广泛的系统以解决组织的问题。

3.专精于具内涵与智能的谈话,如对公众演讲。

4.乐于经常吸收新知识且能广开信息通道。

5.易生过度自信,强于表达自己创见。

6.喜于策划及目标设定。

模拟二 霍兰德职业兴趣测试

注意事项

请根据对每一题目的第一印象作答,不必仔细推敲,答案没有好坏、对错之分。具体填写方法是,根据自己的情况,如果选择是,请打"√",否则请打"×"。

1.我喜欢把一件事情做完后再做另一件事。 （ ）

2.在工作中我喜欢独自筹划,不愿受别人干涉。 （ ）

3.在集体讨论中,我往往保持沉默。 （ ）

4.我喜欢做戏剧、音乐、歌舞、新闻采访等方面的工作。 （ ）

5.每次写信我都一挥而就,不再重复。 （ ）

6.我经常不停地思考某一问题,直到想出正确的答案。 （ ）

7.对别人借我的和我借别人的东西,我都能记得很清楚。　　　　（　　）

8.我喜欢抽象思维的工作,不喜欢动手的工作。　　　　　　　（　　）

9.我喜欢成为人们注意的焦点。　　　　　　　　　　　　　　（　　）

10.我喜欢不时地夸耀一下自己取得的好成就。　　　　　　　（　　）

11.我曾经渴望有机会参加探险。　　　　　　　　　　　　　（　　）

12.当我独处时,会感到更愉快。　　　　　　　　　　　　　（　　）

13.我喜欢在做事情前,对此事情做出细致的安排。　　　　　（　　）

14.我讨厌修理自行车、电器一类的工作。　　　　　　　　　（　　）

15.我喜欢参加各种各样的聚会。　　　　　　　　　　　　　（　　）

16.我愿意从事虽然工资少,但是比较稳定的职业。　　　　　（　　）

17.音乐能使我陶醉。　　　　　　　　　　　　　　　　　　（　　）

18.我办事很少思前想后。　　　　　　　　　　　　　　　　（　　）

19.我喜欢经常请示上级。　　　　　　　　　　　　　　　　（　　）

20.我喜欢需要运用智力的游戏。　　　　　　　　　　　　　（　　）

21.我很难做那种需要持续集中注意力的工作。　　　　　　　（　　）

22.我喜欢亲自动手制作一些东西,从中得到乐趣。　　　　　（　　）

23.我的动手能力很差。　　　　　　　　　　　　　　　　　（　　）

24.和不熟悉的人交谈对我来说毫不困难。　　　　　　　　　（　　）

25.和别人谈判时,我总是很容易放弃自己的观点。　　　　　（　　）

26.我很容易结识同性朋友。　　　　　　　　　　　　　　　（　　）

27.对于社会问题,我通常持中庸的态度。　　　　　　　　　（　　）

28.当我开始做一件事情后,即使碰到再多的困难,我也要执着地干下去。（　　）

29.我是一个沉静而不易动感情的人。　　　　　　　　　　　（　　）

30.当我工作时,我喜欢避免干扰。　　　　　　　　　　　　（　　）

31.我的理想是当一名科学家。　　　　　　　　　　　　　　（　　）

32.与言情小说相比,我更喜欢推理小说。　　　　　　　　　（　　）

33.有些人太霸道,有时明明知道他们是对的,也要和他们对着干。　（　　）

34.我爱幻想。　　　　　　　　　　　　　　　　　　　　　（　　）

35.我总是主动地向别人提出自己的建议。　　　　　　　　　（　　）

36.我喜欢使用榔头一类的工具。　　　　　　　　　　　　　（　　）

37.我乐于解除别人的痛苦。　　　　　　　　　　　　　　　（　　）

38.我更喜欢自己下了赌注的比赛或游戏。　　　　　　　　　（　　）

39.我喜欢按部就班地完成要做的工作。　　　　　　　　　　（　　）

40.我希望能经常换不同的工作来做。　　　　　　　　　　　（　　）

41.我总留有充裕的时间去赴约会。　　　　　　　　　　　　（　　）

42.我喜欢阅读自然科学方面的书籍和杂志。　　　　　　　　（　　）

43.如果掌握一门手艺并能以此为生,我会感到非常满意。　　（　　）

44.我曾渴望当一名汽车司机。 （　　）

45.听别人谈家中被盗一类的事,很难引起我的同情。 （　　）

46.如果待遇相同,我宁愿当商品推销员,而不愿当图书管理员。 （　　）

47.我讨厌跟各类机械打交道。 （　　）

48.我小时候经常把玩具拆开,把里面看个究竟。 （　　）

49.当接受新任务后,我喜欢以自己的独特方法去完成它。 （　　）

50.我有文艺方面的天赋。 （　　）

51.我喜欢把一切安排得整整齐齐、井井有条。 （　　）

52.我喜欢做一名教师。 （　　）

53.和一群人在一起的时候,我总想不出恰当的话来说。 （　　）

54.看情感影片时,我常禁不住眼圈红润。 （　　）

55.我讨厌学数学。 （　　）

56.在实验室里独自做实验会令我寂寞难耐。 （　　）

57.对于急躁、爱发脾气的人,我仍能以礼相待。 （　　）

58.遇到难解答的问题时,我常常放弃。 （　　）

59.大家公认我是一名勤劳踏实的、愿为大家服务的人。 （　　）

60.我喜欢在人事部门工作。 （　　）

评分规则:

职业人格的类型:(符合以下"是"或"否"答案的记1分,不符合的记0分)

常规型:是(7,19,29,39,41,51,57),否(5,18,40)

现实型:是(2,13,22,36,43),否(14,23,44,47,48)

研究型:是(6,8,20,30,31,42),否(21,55,56,58)

企业型:是(11,24,28,35,38,46,60),否(3,16,25)

社会型:是(26,37,52,59),否(1,12,15,27,45,53)

艺术型:是(4,9,10,17,33,34,49,50,54),否(32)

请将得分最高的三种类型从高到低排列,得出一个(或两个)三位组合答案,再对照《人格类型与职业环境的适配》和《测试结果与职业匹配对照表》得出人格类型所匹配的职业。

表5-2-1　人格类型与职业环境的适配

形态	人格倾向	典型职业
现实型 R	具有顺从、坦率、谦虚、自然、坚毅、实际、有礼、害羞、稳健、节俭的特征,表现为: 1.喜爱实用性的职业或情境,以从事所喜好的活动为乐,避免社会性的职业或情境。 2.用具体实际的能力解决工作及其他方面的问题,较缺乏人际关系方面的能力。 3.重视具体的事物,如金钱、权力、地位等。	工人、农民、土木工程师
研究型 I	具有分析、谨慎、批评、好奇、独立、聪明、内向、条理、谦逊、精确、理性、保守的特征,表现为: 1.喜爱研究性的职业或情境,避免企业性的职业或情境。 2.用研究的能力解决工作及其他方面的问题,即自觉、好学、自信,重视科学,但缺乏领导方面的才能。	科研人员数学、生物方面的专家

表 5-2-1(续)

型态	人格倾向	典型职业
艺术型 A	具有复杂、想象、冲动、独立、直觉、无秩序、情绪化、理想化、不顺从、有创意、富有表情、不重实际的特征,表现为: 1.喜爱艺术性的职业或情境,避免传统性的职业或情境。 2.富有表达能力和直觉、独立、具创意、不顺从(包括表演、写作、语言),并重视审美的领域。	诗人、艺术家
社会型 S	具有合作、友善、慷慨、助人、仁慈、负责、圆滑、善社交、善解人意、说服他人、理想主义等特征,表现为: 1.喜爱社会型的职业或情境,避免实用性的职业或情境,并以社交方面的能力解决工作及其他方面的问题,但缺乏机械能力与科学能力。 2.喜欢帮助别人、了解别人,有教导别人的能力,且重视社会与伦理的活动与问题。	教师、牧师、辅导人员
企业型 E	具有冒险、野心、独断、冲动、乐观、自信、追求享受、精力充沛、善于社交、获取注意、知名度等特征,表现为: 1.喜欢企业性质的职业或环境,避免研究性质的职业或情境,会以企业方面的能力解决工作或其他方面的问题。 2.有冲动、自信、善社交、知名度高、有领导与语言能力,缺乏科学能力,但重视政治与经济上的成就。	推销员、政治家、企业家
常规型 C	具有顺从、谨慎、保守、自控、服从、规律、坚毅、实际稳重、有效率,但缺乏想象力等特征,表现为: 1.喜欢传统性质的职业或环境,避免艺术性质的职业或情境,会以传统的能力解决工作或其他方面的问题。 2.喜欢顺从、规律、有文书与数字能力,并重视商业与经济上的成就。	出纳、会计、秘书

测试结果与职业匹配对照表(仅供参考):

与银行业从业人员相关职位匹配类型:IAS、CRS、CIS、CIE、CSE、CSR、CSA、CER、CEI、CES、ECI、ECS、ESC。

模拟三 九型人格测试

注意事项

1.本测试包括 144 道 2 选 1 的题目。答案没有正确与错误之分,它反映的只是你的个性和你的世界观。

2.请仔细阅读每一道题中的两个选项,并根据你自己的行为习惯做出选择,并在相应的括号内打钩。在答题时,可能你觉得两个选项都不适合你,或两个选项都适合你。无论哪种情况,请选择其中你最倾向的答案。如果漏选或多选,将影响你的测试结果。

		A	B	C	D	E	F	G	H	I
1	我浪漫并富于幻想					【】				
	我很实际并实事求是		【】							
2	我倾向于接受冲突							【】		
	我倾向于避免冲突	【】								
3	我一般是老练的、有魅力的以及有上进心			【】						
	我一般是直率的、刻板的以及空想的					【】				
4	我倾向于集中注意某一事物时,容易紧张								【】	
	我倾向于自然的东西,喜欢开玩笑									【】
5	我待人友好,愿意结交新朋友						【】			
	我喜欢独处,不太愿意与人交往					【】				
6	我很难放松和停止思考潜在的问题		【】							
	潜在的问题不会影响我的工作	【】								
7	我是"聪明"的生存者						【】			
	我是"高尚"的理想主义者				【】					
8	我需要给别人爱					【】				
	我愿意与别人保持一定的距离						【】			
9	当别人给我一项新任务时,我通常会问自己它是否对我有用			【】						
	当别人给我一项新任务时,我通常会问自己是否有兴趣									【】
10	我倾向于关注自己					【】				
	我倾向于关注他人	【】								
11	别人依赖我的见识与知识								【】	
	别人依赖我的力量与决策						【】			
12	我给人的印象是十分不自信的			【】						
	我给人的印象是十分自信的					【】				
13	我更加注重关系						【】			
	我更加注重目的			【】						
14	我不能大胆地说出自己想说的话					【】				
	我能大胆地说出别人想说但没敢说的话									【】
15	不考虑其他选择而做某一确定的事对我来说是很困难的								【】	
	放松、更具灵活性对我来说是很困难的				【】					
16	我一般犹豫与拖延			【】						
	我一般大胆与果断						【】			

(续表)

		A	B	C	D	E	F	G	H	I
17	我不愿意别人给我带来麻烦	【】								
	我被别人依赖,让我帮忙解决麻烦						【】			
18	通常我会为了完成工作将感情置之不顾			【】						
	在做事之前我需要克制自己的感情					【】				
19	我一般是讲求方法并且很谨慎的		【】							
	我一般是敢于冒险的									【】
20	我倾向于帮助和给予,喜欢与他人在一起					【】				
	我倾向于严肃与缄默,喜欢讨论问题				【】					
21	我常常感到自己需要成为顶梁柱						【】			
	我常常感到自己需要做得十全十美				【】					
22	我喜欢问难题和保持独立性							【】		
	我喜欢保持心里的稳定与平静	【】								
23	我太顽固并保持怀疑的态度		【】							
	我心肠太软并多愁善感						【】			
24	我常常担心自己不能得到较好的东西									【】
	我常常担心如果自己放松警惕,别人就会欺骗我						【】			
25	我习惯性表现得很冷淡而使别人生气					【】				
	我习惯性指使别人做事而使他们生气				【】					
26	如果有太多的刺激和鼓舞,我会感到忧虑	【】								
	如果没有太多的刺激和鼓舞,我会感到忧虑									【】
27	我要依靠朋友,同时他们也可以依靠我		【】							
	我不依靠别人而独立行事				【】					
28	我一般独立行事							【】		
	我一般情绪化并热衷于自己的想法					【】				
29	我喜欢向别人提出挑战,使他们振奋起来						【】			
	我喜欢安慰他人,使他们冷静下来						【】			
30	我总的来说是个开朗并喜欢交际的人									【】
	我总的来说是个认真并很能自律的人				【】					
31	我希望能迎合别人,若别人距离我很远,我就会感到不舒服	【】								
	我希望与众不同,若不能看到别人与自己的区别,我就感到不舒服			【】						
32	对我来说,追求个人的兴趣比追求舒适与安全更重要							【】		
	对我来说,追求舒适比追求个人的兴趣更为重要			【】						

（续表）

		A	B	C	D	E	F	G	H	I
33	当与他人有冲突时,我倾向于退缩					【 】				
	当与他人有冲突时,我很少会改变自己的态度							【 】		
34	我很容易屈服并受他人摆布	【 】								
	我对他人不但不做出让步,而且还对他们下达命令				【 】					
35	我很赏识自己高昂的精神状态与深沉									【 】
	我很赏识自己对他人深沉的关心与热情							【 】		
36	我很想给别人留下好的印象				【 】					
	我并不在乎要给别人留下好的印象								【 】	
37	我依赖自己的毅力与常有的感觉			【 】						
	我依赖自己的想象与瞬间的灵感				【 】					
38	总的来说,我是很随和、很可爱的	【 】								
	总的来说,我是精力旺盛和过分自信的							【 】		
39	我努力工作以得到别人的接受与喜欢				【 】					
	能否得到别人的接受与喜欢对我来说并不重要				【 】					
40	当别人给我压力时我更容易退缩								【 】	
	当别人给我压力时我会变得更加自信									【 】
41	人们对我感兴趣是因为我很开朗,有吸引力,有趣						【 】			
	人们对我感兴趣是因为我很安静,不同寻常,深沉					【 】				
42	职责与责任对我来说很重要			【 】						
	协调与认可对我来说很重要	【 】								
43	我制订出重要的计划并做出承诺以此鼓励人们							【 】		
	我指出不按照我们的建议去做所产生的后果,以此来要求人们顺从					【 】				
44	我很少表露情绪							【 】		
	我经常表露情绪					【 】				
45	我不擅长处理琐碎的事									【 】
	我擅长处理琐碎的事			【 】						
46	我常常强调自己与绝大多数人的不同之处,尤其是家境的不同之处					【 】				
	我常常强调与绝大多数人的共同之处,尤其是家境的共同之处					【 】				
47	当场面变得热闹起来时,我一般站在一旁								【 】	
	当场面变得热闹起来时,我一般加入其中									【 】
48	即使朋友不对,我也会支持他们			【 】						
	我不会为了友情而在正确的事情上妥协					【 】				

(续表)

		A	B	C	D	E	F	G	H	I
49	我是善意的支持者						【】			
	我是积极的老手			【】						
50	当遇到困难时我倾向于夸大自己的问题					【】				
	当遇到问题时我倾向于转移注意力									【】
51	我一般对情况持相信的态度				【】					
	我一般对情况持怀疑的态度								【】	
52	我的悲观与抱怨给别人带来麻烦		【】							
	我常以死板、控制的方式给别人带来麻烦							【】		
53	我一般按感觉办事，并听之任之						【】			
	我一般不按感觉办事，以免产生更多问题	【】								
54	我成为注意焦点时会很自然			【】						
	我成为注意焦点时会很不习惯						【】			
55	我做事很谨慎，努力为意料之外的事情做准备		【】							
	我做事情凭一时冲动，在问题出现时临时做准备									【】
56	当别人不欣赏我为他们所做的事情时，我会很生气						【】			
	当别人不听我说话时我会很生气				【】					
57	独立、自力更生对我很重要							【】		
	价值被认可、得到别人的称赞对我很重要			【】						
58	当与朋友争论时，我一般强烈地坚持自己的观点								【】	
	当与朋友争论时，我一般顺其自然以免伤了和气	【】								
59	我常常占有所爱的人，不能放任他们						【】			
	我常常考察所爱的人，想确定他们是否爱我		【】							
60	组织资源并促使某些事情的发生是我的优势之一							【】		
	提出新观点并振奋人心是我的优势之一									【】
61	我不能依赖自己，要在别人的鞭策下才会做事				【】					
	我不能自律，过于情绪化						【】			
62	我试图使生活快节奏，紧张以及充满兴奋									【】
	我试图使生活有规律、稳定以及平静	【】								
63	尽管我已取得成功，我仍怀疑自己的能力		【】							
	尽管我受到挫折，但我仍相信自己的能力			【】						
64	我一般对自己的情感会仔细研究						【】			
	我一般对自己的情感并不加注意								【】	

(续表)

		A	B	C	D	E	F	G	H	I
65	我对许多人加以注意并培养他们						【 】			
	我对许多人加以指导并鼓励他们							【 】		
66	我对自己要求有点严格				【 】					
	我对自己要求比较宽容									【 】
67	我独断,追求卓越				【 】					
	我谦虚,喜欢按自己的节奏做事	【 】								
68	我为自己的清晰性与目标性感到自豪							【 】		
	我为自己的可靠与诚实感到自豪			【 】						
69	花大量的时间反省,理解自己的感受对我来说是很重要的					【 】				
	花大量的时间反省,做完事情对我来说是很重要的							【 】		
70	我认为自己是个灿烂和随和的人	【 】								
	我认为自己是个严肃和有品位的人				【 】					
71	我头脑灵活,精力充沛									【 】
	我有一颗炽热的心,具有奉献精神						【 】			
72	我所做的事情要有极大的可能性达到奖励与赏识				【 】					
	如果所做的事是我所感兴趣的,我愿意放弃别人对我的奖励与赏识							【 】		
73	我认为履行社会义务并不重要				【 】					
	我常常认真履行社会义务			【 】						
74	在绝大多数情况下我愿意做领导						【 】			
	在绝大多数情况下我愿意让其他人做领导	【 】								
75	几年来,我的价值观与生活方式变化了好多次				【 】					
	几年来,我的价值观与生活方式基本没有变化			【 】						
76	我一般缺乏自律能力									【 】
	我与别人的联系一般很少								【 】	
77	我拒绝别人爱,希望别人进入我的世界					【 】				
	我需要别人爱,希望自己进入别人的世界						【 】			
78	我一般做最坏的打算			【 】						
	我一般做最好的打算	【 】								
79	人们相信我是因为我很自信,并尽全力做得最好						【 】			
	人们相信我是因为我很公正,并能正确地做事				【 】					
80	我常忙于自己的事情而忽略了与他人交往								【 】	
	我常忙于与他人交往而忽略了自己的事情						【 】			

（续表）

		A	B	C	D	E	F	G	H	I
81	当第一次遇到某人时,我一般会镇定自若并沉默寡言			【】						
	当第一次遇到某人时,我一般会与他闲聊并使他觉得有趣									【】
82	总而言之,我是很悲观的					【】				
	总而言之,我是很乐观的	【】								
83	我更喜欢待在自己的小世界里								【】	
	我更喜欢让全世界的人知道我的所在							【】		
84	我常常被紧张、不安全以及怀疑困扰		【】							
	我常常被生气、完美主义以及不耐烦困扰				【】					
85	我意识到自己太有人情味,待人太亲密						【】			
	我意识到自己太酷,过于冷漠				【】					
86	我失败是因为我不能抓住机会					【】				
	我失败是因为我追求太多的可能性									【】
87	我要过很长的时间才会采取行动								【】	
	我会立即采取行动									【】
88	我一般很难做出决定	【】								
	我一般很容易做出决定							【】		
89	我容易给人留下态度强硬的印象						【】			
	我并不过多地坚持自己的意见	【】								
90	我情绪稳定				【】					
	我情绪多变					【】				
91	当不知道要干什么事情的时候,我常常会向别人寻求建议		【】							
	当不知道要干什么事情的时候,我会尝试不同的事情以确定哪一种最适合我去做									【】
92	我担心别人搞活动时会忘记我						【】			
	我担心参加别人活动时会影响到我做自己的事情				【】					
93	当我生气时,我一般会责备别人							【】		
	当我生气时,我一般会变得很冷淡				【】					
94	我很难入睡								【】	
	我很容易入睡	【】								
95	我常努力思考如何与别人建立亲密的关系						【】			
	我常努力思考别人想从我这里得到什么		【】							
96	我一般是慎重、有话直说以及深思熟虑的人							【】		
	我一般是易于兴奋、善于快速回避问题以及机智的人									【】

（续表）

		A	B	C	D	E	F	G	H	I
97	当看到别人犯错误时，我一般不会指出来					【】				
	当看到别人犯错误时，我一般会帮助他们认识自己所犯的错误				【】					
98	在生活中的绝大多数时间里，我是情感激烈的人，我会产生许多易变的情感									【】
	在生活中的绝大多数时间里，我是情感稳定的人，我会心如止水	【】								
99	当我不喜欢某些人时，我会掩藏自己的情感且努力保持热情				【】					
	当我不喜欢某些人时，我会以这种或那种方式让他们知道我的情感	【】								
100	我与别人交往有困难是因为我很敏感以及总是从自己的角度去考虑问题					【】				
	我与别人交往有困难是因为我不太在乎社会习俗								【】	
101	我的方法是直接帮助别人						【】			
	我的方法是告诉别人如何自助							【】		
102	总的来说，我喜欢释放并突破所受的限制									【】
	总的来说，我不喜欢过多失去自我控制				【】					
103	我过度关注要比别人做得好				【】					
	我过度关注把别人的事做好	【】								
104	我喜欢幻想，总是充满想象与好奇								【】	
	我很实际，只是试图保持事情的发展状况			【】						
105	我的主要优势之一就是能够控制场面							【】		
	我的主要优势之一就是能够讲述内心的感受					【】				
106	我努力争取把事情做好，却不管这样别人开心不开心					【】				
	我不喜欢有压力的感觉，所以也不喜欢压制别人	【】								
107	我常常因自己在别人的生活中起着重要的作用而感到骄傲						【】			
	我常常因自己对新的东西感兴趣并乐于接受而感到骄傲									【】
108	我认为自己给别人留下的印象是好样的，甚至是很令人钦佩的			【】						
	我认为自己给别人留下的印象是与众不同的，甚至是很古怪的							【】		
109	我一般去做自己必须做的事			【】						
	我一般去做自己想做的事					【】				
110	我很喜欢高压力或困境							【】		
	我不喜欢高压力或困境	【】								